BAEDEKER

# N

# NAMIBIA

»

Die Wüste ist das Land,
das Gott geschaffen hat,
als er wütend war.

«

*Namibisches Sprichwort*



baedeker.com

# DAS IST NAMIBIA



# TOUREN

## LEGENDE

**Baedeker Wissen**

● Textspecial, Infografik & 3D

**Baedeker-Sterneziele**

★★ Top-Reiseziele

★ Herausragende Reiseziele

## ZIELE VON A BIS Z

## HINTERGRUND



## ERLEBEN & GENIESSEN



## PRAKTISCHE INFORMATIONEN



## ANHANG



## PREISKATEGORIEN

**Restaurants**
Preiskategorien
für ein Hauptgericht

| | |
|---|---|
| €€€€ | über 300 NHS |
| €€€ | 180–300 NHS |
| €€ | 120–180 NHS |
| € | bis 120 NHS |

**Hotels**
Preiskategorien
für ein Doppelzimmer

| | |
|---|---|
| €€€€ | über 1600 NHS |
| €€€ | 800–1600 NHS |
| €€ | 500–800 NHS |
| € | unter 500 NHS |

## MAGISCHE MOMENTE



Da bleibt man einfach sprachlos ..

## ÜBERRASCHENDES

# D
# DAS IST…

## *Namibia*

Die fünf großen Themen rund
um Afrikas Südwesten.
Lassen Sie sich inspirieren!

Nicht ganz die Viktoriafälle, aber stattliche 40 m hoch:
die Epupafälle des Kumene River ▶

# ABSO-LUT GALAK-TISCH!

Namibia gilt wegen seiner klaren Luft und der geringen Lichtverschmutzung als eines der Traumziele für Sternengucker. Hier ist die Nacht der Star. Bei klarem Himmel zeigen sich auch ohne Fernglas bis zu 3000 Sterne.

Wo hat man schon solch einen Blick auf die Milchstraße? Namibia hat für Sternengucker Goldstatus.

**IN** einer Septembernacht vor gut 20 Jahren stand ich mit meinem Zelt in der Namib-Wüste. Über mir funkelte der südliche Sternenhimmel: Mit bloßem Auge konnte ich Sternbilder wie Orion, Skorpion und natürlich das Kreuz des Südens erkennen. Die Milchstraße war zum Greifen nah. Dies war eine der Nächte, die meine Faszination für Namibia begründeten. Seitdem hat sie mich fast 30 Mal an diesen magischen Ort zurückgebracht.

## Sterne mit Bestnote

Ein Blick in den Sternenhimmel erfüllt mit Ehrfurcht. In Namibia sieht man Sterne in nie gesehener Zahl und Klarheit. Der Grund: An vielen Orten gibt es an mehr als 300 Tagen im Jahr einen wolkenlosen Himmel, die Luftfeuchtigkeit liegt bei weniger als 40 Prozent, und es gibt so gut wie keine Lichtverschmutzung. In einer klaren Nacht kann man in Namibia ohne optische Hilfsmittel bis zu 3000 Sterne sehen.

Einer der besten Spots für die Sternbeobachtung ist das **Namib-Rand-Reservat**. Weltweit ist das Naturschutzgebiet eines von nur elf Dark-Sky-Lichtschutzgebieten, also eines der Paradiese für Sternengucker. Die International Dark Sky Association (www.darksky.org) hat das Namib-Rand-Reservat mit Goldstatus ausgezeichnet. Das bedeutet: Es gehört zu nur vier Regionen auf der Erde – die anderen liegen in Neuseeland, Kanada und Großbritannien –, die auf einer Skala von eins bis neun die Note eins erhielten.

Der schönste Nachthimmel zeigt sich in den namibischen Wintermonaten **zwischen Mai und September**. Die besten Nächte sind um Neumond, denn dann sind die Sterne am deutlichsten zu sehen. Manche Nächte sind so klar, dass die Gegenstände auf dem Boden Schatten werfen: Bäume, Büsche, Steine, Zelt.

## Blick in funkelnde Welten

Wegen des überwältigenden Sternenhimmels verfügt Namibia mittlerweile über eine **eigene Astro-Infrastruktur.** Damit ist natürlich zuallererst das gigantische H.E.S.S.-Teleskop auf dem Gelände der Göllschau Farm am Gamsberg gemeint. Benannt wurde es nach dem österreichischen Physiker Victor Franz Hess. Das 23 Mio. Euro teure Teleskop seines Hauptträgers, des Max-Planck-Instituts für Kernphysik in Heidelberg, ist weltweit das größte seiner Art. Mit dem aus vier 12 m großen und einem 24-mal 32 m großen Teleskop bestehenden Fernglas blicken die Wissenschaftler in das All außerhalb unserer Galaxie.

Die klare Luft zieht aber nicht nur Astrophysiker an, sondern auch Amateur-Astronomen. Schon mit dem Fernglas lassen sich **Sternbilder** wie Skorpion, Orion, Großer Hund, Großer Bär und Bärenhüter beobachten. Richtig spannend wird es mit dem Teleskop. Denn damit werden Kugelsternhaufen, Tarantelnebel, Magellan'sche Wolken und Supernova-Reste sichtbar. Viele Gästefarmen stellen professionelle Teleskope, zum Beispiel die Hakos Guest Farm (www.hakos-astrofarm.com), die Farm Kiripotib (www.kiripotib.com), die Sossusvlei Desert Lodge (www.andbeyond.com) und die Tivoli Southern Sky Guest Farm (www.tivoli-astrofarm.de; alle Adressen: ► S. 296).

## AM HIMMEL ÜBER DER WÜSTE

Einige der besten Teleskope für Hobby-Astronomen stehen auf der »Tivoli Southern Sky Guest Farm« 180 Kilometer südlich von Windhoek. Mehr als 20 Teleskope und ein Dutzend Sternwarten haben Besucher dort zur Verfügung. Bei den Gastgebern Kirsten und Reinhold Schreiber kann man – wie sollte es anders sein – auch stilvoll übernachten (▶ S. 298).

# GAUMEN-KITZEL IN DER WÜSTE

Noch vor wenigen Jahren galt Namibias Küche als wenig einfallsreich. Derzeit erfinden sich Namibias Köche allerdings völlig neu: In Windhoek und Swakopmund sprießen exzellente Restaurants wie Pilze aus dem Boden. Ein Streifzug durch den Hort des guten Geschmacks.

Es ist angerichtet in der Twyfelfontein Country Lodge. ▶

**FRANZISKA** weiß, was gut ist. Strahlend trägt sie zwei Gläser mit quietschrotem Milchshake heran. »Frische Milch mit Erdbeere«, sagt sie. »Alles bio.« Nur Sekunden später balancieren Franziska und ihre Kellner-Kollegen weitere Köstlichkeiten auf den Tisch: knusprigen Schweinebauch an Honig-Soja-Sauce mit Spinat-Feta-Quiche und Lammkeule in Rotwein-Rosmarinsoße mit hausgemachten Kürbis-Fritten. Das, was im »Lemon Tree« in Windhoeks Liliencron St. 18 (Tel. 061 240 346) serviert wird, ist ein Gedicht.

## Regionale Produkte liegen im Trend

Lange stand sie still, doch seit einiger Zeit kommt Bewegung in die namibische Küche. Wer sich dieser Tage durch Windhoeks Restaurants kostet, der entdeckt, dass das karge Namibia kulinarisch eine Schatzkammer ist. Das liegt

Besitzerstolz in Neuras Wine and Wildlife Estate (oben), Seehecht im Korb im The Social in Windhoek unten)

daran, dass immer mehr Köche **frische einheimische Zutaten** verwenden: Spargel aus Swakopmund, Austern aus Walvis Bay und Omajova-Pilze aus Otjiwarongo. Eine der begehrtesten einheimischen Ingredienzen ist aber eine andere: In der Kalahari wächst eine Knolle, die es auch in Europas Gourmet-Tempel schaffen würde. »N'abbas« oder auch **»Kalahari-Trüffel«** heißen die acht Zentimeter großen, unter dem Wüstensand wachsenden Pilze. In Namibias Restaurants kommen sie zwischen März und Mai zum Beispiel als Trüffel-Carpaccio mit Olivenöl und Trüffel-Ragout auf Feldsalat auf den Teller.

## Neue Wege in der Gastronomie

Wer von exzellenter Küche spricht, der kommt am Nice in Windhoek (www.nice.com.na) nicht vorbei. In diesem Restaurant mit angeschlossener Kochschule werden feinste Kreationen kredenzt: Thunfisch-Carpaccio, Meeresfrüchte-Ragout und Lamm-Schenkel mit Aprikosen-Couscous. Selbst ein Klassiker der namibischen Küche, das Oryx-Steak, wird nicht etwa mit Pommes Frites serviert, sondern mit Rucola und delikatem Balsamico-Senf-Dressing als leichte Beilage. Die Salate, Kräuter und Gemüse stammen aus dem hauseigenen Garten. Bis zur Unabhängigkeit 1990 wurde die schwarze Bevölkerung von der regierenden weißen Elite kleingehalten. Ausbildungsplätze im Gastgewerbe gab es so gut wie nicht. Heute nehmen Menschen wie Nice-Gründer Stephan Brückner das Zepter in die Hand: Seit der Eröffnung der Kochschule vor zehn Jahren wurden **mehr als 300 Kochschüler ausgebildet.** Und wer die Ausbildung abgeschlossen hat, der braucht sich um seine Zukunft keine Sorgen zu machen. Die Top-Restaurants und exklusiven Lodges des Landes reißen sich um gut ausgebildetes Personal.

## Frische Ideen auch in Swakopmund

Namibias Küche erlebt einen Boom, das gilt auch für Swakopmund. Moderne kulinarische Genüsse bietet u. a. das neu eröffnete »Strand Hotel« (www.strandhotelswakopmund.com, ▶ S. 178) mit seinem Farmhouse Deli, in dessen offener Küche vor den Augen der Gäste namibische und internationale Gerichte auf höchstem Niveau zubereitet werden. Ein Klassiker im Swakopmunder Gastgewerbe, das »Jetty 1905« (www.jetty1905.com, ▶ S. 178) auf dem Swakopmunder Pier, hat sich vor einiger Zeit ebenfalls einen neuen Anstrich verpasst: Während am Horizont die Abendsonne im Atlantik versinkt, zaubern die Kellner ein himmlisches Seafood-Menü auf die Teller, darunter gebackene Austern, frischer Krabbensalat und natürlich Sushi und Sashimi. Auch das ist Teil von Namibias neuen Gaumenfreuden.

BAEDEKER DAS IST...

### WEIN AUS DER WÜSTE

Nicht nur kulinarisch tut sich viel, mittlerweile gibt es auch guten Wein aus Namibia (▶ S. 299). Kosten kann man ihn (auch als Tagesbesucher) auf dem »Neuras Wine and Wildlife Estate« 280 km südwestlich von Windhoek. Auf den kargen Hügeln des Weinguts am Fuß der Naukluft-Berge wachsen Trauben der Rebsorten Shiraz und Grenache. Eine Flasche ist ein tolles Mitbringsel. In der Auffangstation des Guts kann man bedrohte Tiere wie Geparden und Leoparden hautnah erleben. (N/a'an ku sê Foundation, www.neuraswines.com).

# NAMIBIAS DEUTSCHE STIMME

Einer der bekanntesten Künstler Namibias ist der Kwaito-Musiker EES – 22 Alben in 15 Jahren machten ihn weit über die Landesgrenzen hinaus bekannt. Doch er ist nur die Speerspitze einer boomenden Musikszene.

EES auf der Gamescom 2017 in Köln ▶

**DER** Bass wummert, die Beats hämmern, eine deutsche Stimme singt: »Hier kommen wieder diese Nam Boys, eure Number One Choice. Einfach die gechilltesten Oukies auf der ganzen Welt. Ja! Das Highspeed-Internet ist da. Deswegen hört ihr jetzt erst von den Boys aus Afrika!« Im Hintergrund weht die namibische Fahne im Bild.
In seinem Video zum Song »Diese Nam Boys« zeigt **Eric Sell**, Künstlername EES, alles, was seine Musik ausmacht: Groove, gute Laune und fantasievolle Texte. Seine Lieder sind vor allem bei der namibischen Jugend der Renner. Seine Mischung aus deutschen und afrikanischen Texten ist das, was Namibia heute verkörpert: ein internationaler Kulturmix.
Seit 2004 lebt der Musiker den größten Teil des Jahres in Köln. In Deutschland wird seine Musik gerne einfach als Rap bezeichnet. Doch das ist bestenfalls die halbe Wahrheit. Seinen Sound beschreibt EES so: **»Kwaito ist das angesagteste Musik-Genre im südlichen Afrika,** eine Mischung aus House, Hip-Hop und Reggae mit frischen, tanzfreudigen Beats. Wir nennen es auch Nam Flava Music, also namibisch beeinflusste Musik.«

## Namibias junge Kulturszene

EES ist derzeit der bekannteste Musiker Namibias. Doch er ist nur die Speerspitze einer jungen Kulturszene in Namibia mit Künstlern wie dem Kwaito-Sänger Gazza, der in Omaruru geborenen Sängerin Nianell, der Afrikaans singenden Schlagerkünstlerin Juanita du Plessis, dem aus Oshakati stammenden Hiphopper Sunny Boy und der namibischen Reggae-Legende Ras Sheehama. Vor allem die Hauptstadt entwickelt sich mit

Selber singen leicht gemacht:
Karaoke-Abend in einer Bar in Windhoek

ihren zahlreichen Locations immer mehr zum **kulturellen Schmelztiegel.** Das hat einen einfachen Grund: Die meisten Namibier sind unter 30 Jahre alt. Aus dem ganzen Land strömen sie nach Windhoek.
Einer dieser angesagten Orte ist das Warehouse Theatre (▶Tipp rechts). Doch es dreht sich längst nicht mehr nur alles um populäre Musik. Auch andere Sparten wie Theater, Tanz, Ballett und Oper gibt es zunehmend in Namibia. Einer der Kristallisationspunkte der darstellenden Künste ist das National Theatre of Namibia (www.ntn.org.na. Dort tritt auch regelmäßig das nationale Sinfonieorchester mit internationalen Solisten auf. Für klassische Konzerte und Theatervorführungen ist das Franco Namibian Cultural Center (www.fncc.org.na,) ein exzellentes Pflaster.

## Tief verwurzelt

EES schätzt die neu gewachsene Kulturszene in Namibia. Auch deshalb reist er jedes Jahr mehrmals in seine Heimat. »Um Freunde zu treffen, Musik zu machen und neue Videos aufzunehmen«, wie er sagt. Sein Heimatland spielt in seinen Texten und Videos eine große Rolle: Immer wieder sieht man ihn in Windhoek, im ehemaligen Township Katutura oder in der Wüste vor der Kamera. Und wo ist er mehr zu Hause? »Das ist ganz easy«, sagt der Musiker. »In Namibia. Meine ganze Familie lebt noch dort. Wir sind bereits seit fünf Generationen im Land. Trotz meiner neuen Heimat bleibe ich also immer ein Afrikaner.«

## BÜHNE FÜR KREATIVE

Wer wissen will, wie Namibia klingt, bekommt im Warehouse Theatre in Windhoeks Tal Street den besten Einblick. In dem Kulturzentrum in den Räumen einer ehemaligen Brauerei mit Bars, Clubs und Theater bebt abends die Bühne, die Luft kocht. Geboten ist ein bunter Mix aus Musik, Theater und Comedy (▶ S. 216)

# BETT BEIM BUSCH-MANN

In Namibia leben mehr als ein Dutzend Ethnien, darunter Himba, Herero, San, Ovambo, Damara und Nama. In den »Lebenden Museen« präsentieren sie Besuchern mit Stolz ihre Kultur.

◀ Buschleute führen auf Ausflügen in die Wildnis ihre Jagdtechniken vor.

**AN** einem namenlosen Ort in der Kalahari kauern drei Männer im Sand. Sie tragen nichts an außer ihrem Lendenschurz aus Steinbock-Leder. Einer presst den Zeigefinger auf die Lippen und mahnt zur Ruhe. Der Zweite nimmt eine Hand voll Sand vom Boden, hebt die Faust, öffnet sie und lässt den Sand rieseln. »Der Wind steht schlecht«, sagt er. Dann schleichen die drei auf leisen Sohlen weiter, um eines der fünf Kudus, denen sie seit mehr als einer Stunde auf der Spur sind, habhaft zu werden.

## Das Dorf als Museum

Die drei Männer heißen Kxao, N!ani (»!« ist einer der Klicklaute in der Sprache der San) und Daqm. Sie stammen aus der winzigen Ansiedlung //Xa/oba bei Tsumkwe im Nordosten Namibias. Es sind harte Zeiten, denn die Ju/'hoansi-

Auch die BewohnerInnen des Lizauli Traditional Village im Caprivi-Zipfel haben sich auf Touristen eingestellt ...

San gehören zu den ethnischen Gruppen, die noch bis vor wenigen Jahren als reine Jäger und Sammler lebten. Sesshaftmachung, illegale Jagd auf ihr Wild und Verletzung ihrer Rechte haben sie ihrer traditionellen Lebensweise beraubt. **Entfremdung** ist die Folge. Immer häufiger beobachtet man in Tsumkwe und Umgebung Buschleute mit einem Bier in der Hand. Doch //Xa/oba, die kleine Gemeinde von 50 San am Rande der Kalahari, hat sich ein eigenes Auskommen geschaffen. Wer die Kultur der Buschleute kennenlernen möchte, kann im Dorf auf zwei spartanischen Camping-Plätzen übernachten. Das Dorf gehört zu insgesamt sechs **Living Museums** der Living-Culture-Stiftung (www.lcfn.info). Dort zeigen die San und andere Ethnien Besuchern ihre Kultur. Die Ziele der Stiftung: die traditionelle Kultur bewahren, Armut abbauen, interkulturellen Austausch schaffen.

## Mit den San auf der Jagd

Höhepunkt eines solchen Besuchs ist die Jagd. Die Einwohner von //Xa/oba gehören zu den wenigen Gruppen, die noch mit traditionellen Methoden jagen dürfen. Und das ist **kein bloßes Touristenspektakel.** Zwar haben sich Kxao, N!ani und Daqm für die Besucher in ihre Lederklamotten geworfen, doch ihre Pfeile sind mit dem Gift von Diamphidia nigroornata, dem Gefleckten Pfeilgiftkäfer, getränkt. Die althergebrachte Bogenjagd mit vergifteten Pfeilen praktiziert die Gruppe bis heute. Auch Praktiken wie das Ausgraben von Springhasen und Stachelschweinen und das Fallenstellen für Perlhühner und Trappen gehören zum Nahrungserwerb. Kxao, N!ani und Daqm sind Meister im Fährtenlesen. Sie zeigen den Touristen, wie sie die Spuren von Springbock, Oryx, Kudu, Steinbock, Ducker und Warzenschwein unterscheiden; auch auf die Fußabdrücke von Gepard und Afrikanischem Wildhund machen sie aufmerksam. Doch mit ihrer Jagd haben sie kein Glück. Ein paarmal kreuzen sie die Spur der Kudus, doch am Ende verlieren sich die Abdrücke im Sand.

## Was bringt die Zukunft?

Es ist ein entbehrungsreiches Leben, das die San seit Jahrtausenden in der Kalahari führen, doch zumindest die Menschen in //Xa/oba leben noch weitgehend nach alten Traditionen – der Tourismus hilft ihnen dabei. Wie lange ihre Kultur noch überleben wird? »Ich weiß es nicht«, sagt Kxao, der als einziger etwas Englisch spricht. »In unserem Dorf trinkt so gut wie niemand Alkohol. Wir jagen und ernähren uns weitgehend autark. Aber es wird immer schwerer, Wild zu jagen, denn Trophäenjagd und Wilderei dezimieren die Tiere und machen sie scheu«. Wie so oft sorgt der Mensch für die Probleme.

BAEDEKER DAS IST ...

### BESUCH BEI DEN JÄGERN

Die uralte Jäger- und Sammlerkultur kennenlernen – das geht im »Little Hunter's Museum« der Ju/'hoansi 24 Kilometer nördlich von Tsumkwe. Die zwei Stellplätze des »Elephant Song Campsite« sind einfach, aber sauber. Auf dem Programm stehen Tanzvorführungen, Buschwanderungen sowie ein- bis dreitägige Jagdausflüge mit erfahrenen Jägern (www.lcfn.info/hunters; ▶ S. 117). Auch Lodges wie die nahe gelegene Tsumkwe Lodge bieten Ausflüge zu den Buschleuten an (▶ S. 116).

# AM RANDE DER EXISTENZ

Die Wüstenpferde bei Aus sind eine der größten Touristenattraktionen Namibias. Doch wie lange noch? Durch jahrelange Dürre und die Zunahme von Raubtieren ist ihr Überleben in Gefahr. Nun gibt es Hoffnung: Eine Stiftung setzt sich für die Pferde ein.

Eine zähe und bedrohte Spezies: die Pferde von Aus ▶

**ALS** die Sonne untergeht, kriecht eine Hyäne aus ihrem Bau in der Namib-Wüste. Auf einer Anhöhe sucht sie sich einen Ansitz und wartet geduldig auf die Nacht. Die Beute, auf die sie lauert, ist keine Antilope, kein Zebra, kein Strauß. Es ist ein Pferd. Geduldig folgt die Hyäne einer Stute mit ihrem Fohlen. Es mag vielleicht drei Wochen alt sein und kann kaum noch laufen, so dürr ist es. Als das Jungtier zusammenbricht, die Mutter es nach Stunden alleine in der Wüste zurücklässt, hat die Raubkatze leichtes Spiel. Am nächsten Morgen sind nur noch Haut, Hufe und Knochen von ihm übrig.

## Die Gefahren der Wüste

Dass die Natur Leben schenkt und Leben nimmt, ist weder neu noch ungewöhnlich. Und dennoch ist dies ein besonderer Moment. Denn wieder hat kein einziges Fohlen von Namibias Wüstenpferden, die weit über die Grenzen des Landes hinaus bekannt sind, überlebt. 100 Jahre haben die Tiere in der Namib ein entbehrungsreiches Dasein geführt – an einem Ort, an dem im Sommer das Thermometer oft mehr als 45 Grad anzeigt und an dem in manchen Jahren kein einziger Tropfen Regen fällt. Doch jetzt scheint die Existenz der widerstandsfähigen Pferde bedroht. Die Herde, die sich aus **Nachkommen der versprengten Pferde** der deutschen Schutztruppe und der Südafrikanischen Union zusammensetzt, ist in Gefahr. Seit vier Jahren herrscht in der Namib **extreme Dürre.** Seit 2014 sind in der Ebene von Garub nicht mehr als fünf Millimeter Niederschlag gefallen. Und es lauert **eine neue Gefahr: Hyänen.** In den 1980er-Jahren gab es am Rande der Namib kaum Hyänen, weil die Farmer sie jagten. Seit der Unabhängigkeit Namibias 1990 und dem wachsenden »Schutz der natürlichen Ressourcen unseres Landes«, der sogar in der namibischen Verfassung verankert ist, nimmt ihre Zahl kontinuierlich zu. Mit einer gravierenden Folge: Seit 2013 hat kein einziges Fohlen in der Namib überlebt. Derzeit sind nur noch 40 Stuten und 70 Hengste von der einst fast 300 Tiere zählenden Herde übrig.

## Hilfe für die Pferde

Jetzt hat die »Namibia Wild Horses Foundation« die Reißleine gezogen. Die Wissenschaftlerin **Telané Greyling und Piet Swiegers,** Betreiber der nahen Klein-Aus Vista Lodge, sammeln Spenden und legen an verschiedenen Orten in der Namib Luzerne, Mineralien-Lecke und Proteinpulver aus, um die Pferde mit dem zu versorgen, was sie vom kargen Gras der Namib nicht mehr bekommen. Trotz aller Hilfe geht Greyling aber davon aus, dass es schon bald nicht mehr genug fortpflanzungsfähige Stuten geben könnte, um die Herde in die nächste Generation hinüber zu retten.

Deshalb soll für die wilden Pferde nun ein **Schutzgebiet** geschaffen werden, das ihnen ein Überleben in Freiheit ermöglicht. »Ein Grundstück in der Nähe von Garub, wo die Pferde in den vergangenen 100 Jahren gelebt haben, wäre ideal, sodass sie für die Touristen zugänglich bleiben«, sagt Greyling. Das ist teuer. Hierfür, vor allem aber für weiteres Pferdefutter sammeln Greyling und Swiegers weiter Spenden (www.wild-horses-namibia.com) – und das wenigstens, bis in Garub, diesem trockenen Ort im Süden Namibias, wieder etwas Regen fällt.

## AUF TUCHFÜHLUNG MIT DEN PFERDEN

Die ideale Unterkunft für den Besuch der Pferde ist die 20 Kilometer von Garub entfernte Klein-Aus Vista Lodge. Dort gibt es Unterkünfte für unterschiedliche Budgets, zum Beispiel das »Desert Horse Inn« mit 30 Zimmern, die »Eagles Nest Chalets«, die »Geisterschlucht Cabin« und den preiswerten »Desert Horse Campsite«. (► S. 48)

T

# TOUREN

*Durchdacht, inspirierend, entspannt*

Mit unseren Tourenvorschlägen lernen Sie Namibias beste Seiten kennen.

Touren in der Namib können zur Herausforderung geraten. ▶

# UNTERWEGS IN NAMIBIA

Ein ideales Reiseland

Spezielle Reiseerfahrung, ausgeprägter Abenteuergeist oder besondere Kenntnisse – nichts davon ist Voraussetzung, um Namibia auf eigene Faust zu bereisen. Das Straßennetz ist eines der besten auf dem Kontinent, die Menschen sind gastfreundlich und hilfsbereit, überall spricht man Englisch, mancherorts sogar Deutsch, und im ganzen Land gibt es schöne Quartiere. Die Auswahl an Hotels, Gästefarmen, Lodges, Backpackerunterkünften und Campingplätzen ist fast überall gut, für jeden Stil und Geldbeutel ist etwas dabei. Ausfahrten, Wanderungen und Safaris stehen bei Lodges wie Gästefarmen auf dem Tagesprogramm, auch Jagdgesellschaften, naturkundliche Exkursionen und sportliche Herausforderungen gehören dazu. Und abends dann kann man sich bei einem Sundowner auf der eigenen Terrasse erholen.

Reiseplanung

Namibia ist ein Land für Autofahrer. Die Entfernungen sind groß und viele der »Sehenswürdigkeiten« befinden sich fernab der Städte, sodass man mit öffentlichen Verkehrsmitteln kaum zurechtkäme. Es sei denn, man bucht eine Zugfahrt im **Desert Express** (▶ S. 329). Beim **Mietwagen** muss man entscheiden: normaler Straßenwagen oder offroad-taugliches Fahrzeug mit Allradantrieb? Ein Wohnmobil oder doch der Geländewagen mit Dachzelt und kompletter Campingausstattung? Einige lokale Anbieter haben sich ganz auf die Bedürfnisse von Selbstfahrern – und Selbstversorgern – ausgerichtet, sie bieten Allradfahrzeuge mit Ausrüstung und einer umfassenden Beratung. Achten Sie bei allen Buchungen von Mietwagen, Safari-Touren, Jagdveranstaltungen oder Unterkünften auf das Logo »Registered with NTB (Namibia Tourism Board)«. Diese Firmen sind amtlich registriert und arbeiten nach den gültigen Richtlinien. Ein **unentbehrlicher Helfer für die eigene Recherche** ist die deutsch- und englischsprachige Website »Namibia Travel Online«, www.natron.net.

Reiseveranstalter

Wer nicht gern alleine reist oder sich die Mühen der eigenen Planung ersparen will, lässt sich seine Reise planen. Erholsame Touren von Lodge zu Lodge, aufregende 4 x 4-Touren oder Fly-in-Safaris für Eilige sind nur ein Bruchteil der angebotenen Möglichkeiten. Die Vorteile einer Reiseorganisation von Fachleuten, zusammen mit denen der Unabhängigkeit und eigenen Zeiteinteilung, verbinden sogenannte **Selbstfahrertouren.** Der Veranstalter liefert Mietwagen, Routenbeschreibung und Gutscheine für die Übernachtung – alles andere kann der Kunde selbst gestalten. Einer der größten und erfahrensten Anbieter ist die Gondwana Collection (www.gondwana-collection.com).

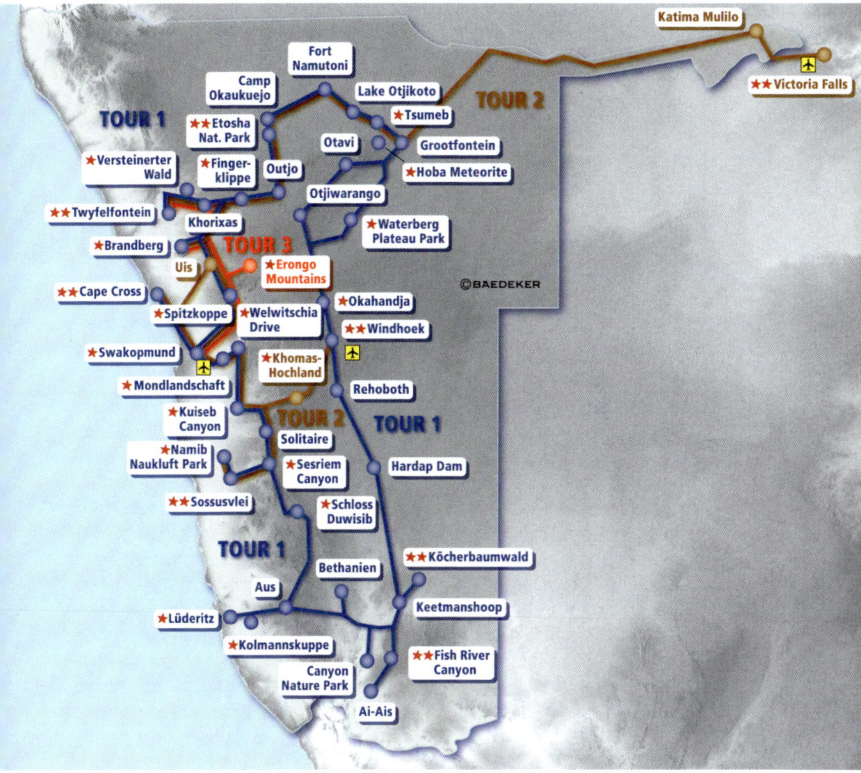


# GROSSE NAMIBIA-RUNDREISE

**Start und Ziel:** Windhoek | **Dauer:** mindestens 3–4 Wochen
**Länge der Tour:** ca. 4500 km | **Beste Reisezeit:** Mai–Juni

*Sie haben drei Wochen Zeit, besser noch vier? Perfekt! Auf dieser Rundreise lernen Sie alle Hauptsehenswürdigkeiten Namibias kennen. Bis auf wenige Teilstrecken lässt sich die Tour mit einem normalen Pkw bewältigen; Probleme könnte es allenfalls nach heftigen Niederschlägen geben. Los geht's – Namibia wartet!*

Tour 1

**Von Windhoek bis Keetmanshoop**

Nach der Ankunft auf dem Hosea Kutako International Airport von ❶ ★★**Windhoek** sollte man einen ein- bis zweitägigen Aufenthalt in Namibias Hauptstadt einplanen. Danach ist ein sehr früher Start notwendig, um bis zum Nachmittag das erste Etappenziel, Keetmanshoop, zu erreichen. Man verlässt Windhoek in südlicher Richtung auf der B 1. Auf der gut ausgebauten Straße kommt man zügig voran. Nach 90 km tauchen die ersten Häuser von ❷ **Rehoboth** auf; sehenswert ist das kleine Museum, das besonders über die Geschichte der Baster informiert. Zu den Erholungseinrichtungen des Reho Spa gehört auch ein Restaurant (zzt. wegen Renovierung geschl.). An der B 1 verweist 13 km hinter Rehoboth ein Schild darauf, dass man nun den »Tropic of Capricorn«, den Wendekreis des Steinbocks, überfährt. Die schnurgerade verlaufende Straße säumen Farmzäune; im trockenen Süden Namibias sind die Farmareale relativ groß.

Für einen Stopp am Mittag bietet sich ❸ **Hardap Dam** an (170 km südlich von Rehoboth). Den Stausee umschließt ein Wildschutzgebiet, das man auf Wanderungen oder Pirschfahrten erkunden kann. Das Hardap Resort mit seinem Restaurant hat Ende 2015 nach langer Renovierung frisch eröffnet. Falls man nur eine kurze Kaffeepause machen möchte, kann man im einfachen, aber gepflegten Hotel von Mariental (Mariental Hotel, Tel. 063 24 24 66, www.marientalhotel.com) einkehren. Knapp 100 km hinter Mariental zweigt bei Asab die D 3919 in östlicher Richtung ab, sie führt zur Einsturzstelle des Mukorob (Finger Gottes), einer einst bizarren Felsnadel. Da es außer Trümmern dort nicht mehr allzu viel zu sehen gibt, folgt man besser gleich der B 1 weiter in südlicher Richtung. Bald darauf erhebt sich rechts der Straße der markante Brukkaros-Krater, dessen gewaltigen Kessel man allerdings nur zu Fuß erreichen kann.

Nach insgesamt 516 km von Windhoek (ohne Abstecher) erreicht man ❹ **Keetmanshoop**. Die Ortschaft kann mit einigen hübschen historischen Bauten im Zentrum aufwarten. Von hier sollte man unbedingt zum berühmten ❺ ★★ **Köcherbaumwald** fahren, der 13 km nordöstlich auf dem Gelände der Farm Gariganus liegt. Wer nicht zu spät ankommt, wird belohnt: Am schönsten präsentieren sich die bizarren Köcherbäume im Licht der untergehenden Sonne! Will man wieder das beste Licht zum Fotografieren haben, muss man auch am nächsten Morgen früh aufbrechen.

**Im Fish River Canyon**

Die Anfahrt zum Fish River Canyon erfolgt von Keetmanshoop auf der B 4 bis zur Kreuzung bei Seeheim, dort biegt man nach links auf die C 12 ab. Auf ihr passiert man schon bald die Zufahrt zum Erholungsgebiet Nautedam und erreicht 77 km hinter Seeheim die Abzweigung der C 37, sie führt in westlicher Richtung zum ❻ ★★ **Fish River Canyon**. Vom Main View Point und von zahlreichen weiteren Aussichtspunkten bietet sich eine grandiose Sicht auf den Canyon.

Übernachtungsmöglichkeiten gibt es im weiter südlich gelegenen staatlichen Camp 7 ★ **Ai-Ais** sowie im privaten Gondwana Park mit der spektakulär gelegenen Canyon Lodge und dem preisgünstigeren Canyon Roadhouse (▶ S. 87). Hat man ausreichend Zeit zur Verfügung, lohnt sich ein mindestens zweitägiger Abstecher zum privaten 8 **Canyon Nature Park** am Westrand des Canyons (Übernachtung in der Fish River Lodge, ▶ S. 87) von der aus auch Wanderungen hinab in den Canyon organisiert werden. Die Anfahrt erfolgt auf der 28 km westlich von Seeheim von der B 4 nach Süden abzweigenden D 463; die letzten Kilometer der Strecke stellen einen Pkw auf eine harte Probe!

Zu den Wildpferden bei Aus

Die Hauptstrecke verläuft von Seeheim weiter in westlicher Richtung auf der B 4. Ein kurzer Abstecher (asphaltiert) führt von Goageb in das 26 km entfernte 9 **Bethanien**, wo man das Haus des Missionars Heinrich Schmelen besichtigen kann. Nachdem man Goageb wieder erreicht hat, müssen noch ca. 105 km bis nach 10 **Aus** zurückgelegt werden. Kurz vor Ortsanfang zweigt links die Zufahrt zu einem ehemaligen Deutschen Kriegsgefangenenlager ab. Bei der Weiterfahrt von Aus nach Lüderitz lohnt es sich, nach einer Wildpferdeherde Ausschau zu halten, die an der künstlichen Wasserstelle häufig gesehen wird. 1993 wurde nur 100 m vom Bohrloch entfernt ein Aussichtspunkt eingerichtet. Seit mehr als 100 Jahren überleben die Pferde unter der glühenden Wüstensonne. Lange Zeit war ihre Herkunft nicht ganz geklärt. Inzwischen wollen Wissenschaftler herausgefunden haben, dass sich die Herde aus Nachfahren der versprengten Tiere der deutschen Schutztruppe und der südafrikanischen Armee zusammensetzt. Menschen dürfen das Gelände rechts und links der Straße ansonsten nicht betreten: Rechts erstreckt sich der in diesem Teil für die Öffentlichkeit nicht zugängliche Namib Naukluft Park, links das Diamantensperrgebiet, dessen Betreten Schilder nachdrücklich verbieten.

Von Aus nach Lüderitz

Fast 130 km geht es von Aus bis nach Lüderitz durch eine Wüstenlandschaft, mit Sandverwehungen auf der Straße ist immer zu rechnen. Dann passiert man 13 km vor Lüderitz die ehemalige Diamantenstadt 11 ★ **Kolmannskuppe** und gelangt schließlich in das auf Felsen gebaute 12 ★ **Lüderitz**, das sich seinen kolonialen Charme bis heute erhalten hat. Zwei Tage sollte man einplanen, um das Städtchen und das Umland zu erkunden.

Alle Wege enden in Lüderitz, so fährt man bis kurz hinter 10 **Aus** zurück auf der schon für die Hinfahrt benutzten B 4. Dann zweigt man jedoch nach links auf die C 13 ab. Nach 55 km ist die Entscheidung über den Weiterweg zu treffen. Die links abbiegende D 707 verläuft am Rande des 16 ★★**Namib Naukluft Park**; immer wieder ergeben sich eindrucksvolle Ausblicke. Die D 707 zählt zu den landschaftlich schönsten Straßen Namibias. Begegnen wird man auf dieser Strecke jedoch möglicherweise auf einigen Hundert Kilometern niemandem. Wem das zu unsicher ist, der bleibt besser auf der C 13 und fährt weiter nach **Helmeringhausen** (Hotel, Tankstelle, Freilichtmuseum). Dort wechselt man auf die nordwärts führende C 14. Von ihr zweigt nach 68 km die Zufahrt (zunächst D 831, dann D 826) zum sehenswerten 13 ★ **Schloss Duwisib** ab (Campingplatz, Kiosk). Danach bleibt man auf der D 826 und erreicht bei Betta die C 27, die sich nun nach Nordwesten wendet. Als Übernachtungsmöglichkeit bietet sich in dieser einsamen Gegend das Wolwedans Dune Camp im **Namib Rand Nature Reserve** an (Zufahrt von der D 826 beschildert, nicht gerade günstig, Reservierung erforderlich, ▶ S. 148).

### Im Namib Naukluft Park

Der C 27 in nördlicher Richtung folgend, kommt man nach **Sesriem,** Ausgangspunkt für die Fahrt in den 14 ★ **Sesriem Canyon** und zur grandiosen Dünenlandschaft rund um das 15 ★★ **Sossusvlei** im 16 ★★ **Namib Naukluft Park.** Übernachtungsmöglichkeiten gibt es direkt in Sesriem bzw. in mehreren nahe gelegenen Lodges und Gästefarmen. Für die Erkundung des Sossusvlei sollte man auf jeden Fall einen ganzen Tag einplanen. Bis auf die letzten 5 km kann man die Anfahrt auch mit einem normalen Pkw bewältigen. Wer nicht selbst durch den tiefen Sand fahren will, kann hier Transfers mit Allradfahrzeugen buchen.

Wenige Kilometer hinter Sesriem stößt die C 27 auf die C 19, der man nun in nördlicher Richtung folgt. Sie durchquert die Naukluft-Berge und erreicht 17 **Solitaire.** Hier sollte man unbedingt volltanken, denn nun geht es mitten durch die Wüste. Nachdem man auf der C 14 den Kuiseb-Pass erklommen hat, gelangt man erneut in den 16 ★★ **Namib Naukluft Park.** Die schönste Route durch den Nordteil des Parks mit Besichtigung des 18 ★ **Kuiseb Canyons,** des 19 ★ **Welwitschia Drive** und der 20 ★ **Mondlandschaft** ist bei den Reisezielen von A bis Z beschrieben. Nach vielen grandiosen Landschaftserlebnissen erreicht man schließlich 21 ★ **Swakopmund.** Das »südlichste deutsche Seebad« lockt mit einem hübschen Stadtbild, vielen Läden und Boutiquen sowie etlichen Ausflugsmöglichkeiten in die Umgebung. Einplanen sollte man von hier die Fahrt zum 118 km nördlich gelegenen 22 ★★ **Cape Cross,** wo sich Tausende von Robben am Strand tummeln.

### Spitzkoppe und Brandberg

Man verlässt Swakopmund auf der B 2 Richtung Usakos und biegt nach 115 km links auf die D 1918 ab, wechselt schließlich auf die D 3716 und gelangt zur 23 ★ **Spitzkoppe**, einem weithin sichtbaren Wahrzeichen des Landes. Die im Gebiet der Spitzkoppe gefundenen Felsbilder sind mittlerweile stark zerstört. Schönere Hinterlassenschaften der Urbevölkerung findet man in den nahen **Erongo Mountains**. Hier bestehen auch Übernachtungsmöglichkeiten, beispielsweise im Ameib-Gästehaus (▶ S. 108).

Fort Namutoni
Etosha National Park
Etosha Pan
Camp Okaukuejo
Halali
Tsintsabis
★Tsumeb
Maroelaboom
Lake Otjikoto
★Hoba Meteorite
Okatjoruu
Grootfontein
Otavi
Möwe Bay
Sesfontein
Skeleton National Park
Otjovasandu
Kamanjab
★★Etosha Nat. Park
★Versteinerter Wald
Khorixas
Otjikondo
Outjo
★★Twyfelfontein
★Fingerklippe
Otjiwarango
★Waterberg Plateau Park
★Brandberg
Uis
Kalkfeld
Sukses
Osire
Otjosondu
Otjinene
Omawewon-zonyanda
Omaruru
Hochfeld
Summerdown
★★Cape Cross
★Spitzkoppe
Steinhausen
Henties Bay
Usakos
Karibib
Wilhelmstal
★Okahandja
Drimiopsis
Wlotzkasbaken
★Welwitschia Drive
Omitara
Seeis
Witvlei
Gobabis
★Swakopmund
★★Windhoek
Walvis Bay
★Kuiseb Canyon
Dordabis
Grüneberg
★Mondlandschaft
Gamsberg Pass
Rehoboth
Onderombapa
Solitaire
Klein Aub
Derm
Leonardville
Aminius
★Namib Naukluft Park
Uhlenhorst
Schlip
Hoachanas
Nossob
Kalkrand
Aranos
Gamis
Fish
Stampriet
★Sesriem Canyon
Hardap Dam
Mariental
Maltahöhe
Karichab
Gochas
Lendepas
★★Sossusvlei
Gibeon
Witbooisvlei
★Schloss Duwisib
Wolwekraal
Dina
Betta
Asab
Brakpan
Süderecke
Helmeringhausen
Berseba
Tses
Koës
Welverdient
Koichap Depression
Bethanien
★★Köcherbaumwald
Konkiep
Pfolz
Kubis North
Gross Aub
Asbospan
★Lüderitz
Aus
Goageb
Seeheim
Keetmanshoop
Aroab
Kinas Puts
Riet-fontei
Simplon
Narubis
Vredeshoop
★Kolmannskuppe
Chamaites
Warmfontein
100 km
©BAEDEKER
Hope
★★Fish River Canyon
Tsaraxaibis
Sperr-gebiet
Canyon Nature Park
Klein Karas
Grünau
Davignab Süd
Rosh Pinah
Oranje
Ai-Ais
Grootplaas
Karasburg
Hamab
Ariamsvlei
39 Entfernungsangaben in km

Danach geht es auf der D 1930 weiter Richtung Norden. Über das Bergbaustädtchen Uis gelangt man auf der C 35 (und der D 2359) zum 24 ★ **Brandberg**, berühmt für die Felszeichnung der »White Lady« in der Tsisab-Schlucht. Nun geht es auf der C 35 weiter nach Norden, nach 25 **Khorixas**. Der Ort selbst bietet keine Sehenswürdigkeiten, in der Umgebung gibt es aber gleich mehrere lohnende Ziele: die Felszeichnungen von 26 ★★ **Twyfelfontein**, der 27 ★ **Versteinerte Wald**, der Verbrannte Berg, das Tal der Orgelpfeifen und die 28 **Fingerklippe**. Zum Übernachten stehen mehrere Lodges zur Auswahl.

Im Etosha National Park

Die C 39 verbindet **Khorixas** mit 29 **Outjo**, wo sie auf die nordwärts zum 30 ★★ **Etosha National Park** führende C 38 trifft. Nach Passieren des Andersson-Tors erreicht man bald das 31 ★ **Camp Okaukuejo** – ein idealer Ort zum Übernachten! Am nächsten Tag sollte man sich langsam von Wasserstelle zu Wasserstelle entlang dem Südrand der Etosha-Pfanne vorwärts bewegen. Übernachten kann man unter anderem im 32 ★★ **Fort Namutoni** oder in einer der privaten Lodges am Ostrand des Parks. Man verlässt das Nationalparkgebiet durch das Von Lindequist Gate. Knapp 35 km hinter dem Fort Namutoni trifft die C 38 auf die B 1, der man Richtung Süden nach Tsumeb folgt. Nach etwa 60 km Fahrt auf der B 1 liegt rechts der Straße der 33 **Lake Otjikoto**, einer der beiden natürlichen Seen Namibias. Hier gibt es einen Kiosk mit Erfrischungen. Zum Verweilen lädt auch das freundliche Städtchen 34 ★ **Tsumeb** ein, das man nach weiteren 20 km erreicht. Die 62 km von Tsumeb nach 35 **Grootfontein** werden auf der C 42 zurückgelegt. In Grootfontein kann man ein altes Fort besichtigen; interessant ist aber vor allem der 36 ★ **Hoba-Meteorit** (24 km westlich der Stadt).

Zurück nach Windhoek

Wer nun zügig nach Windhoek zurückkehren möchte, folgt von Grootfontein der B 8 nach 37 **Otavi** und von dort weiter der B 1 über 38 **Otjiwarongo** und 40 **Okahandja** nach 1 ★★ **Windhoek**.

Alternativroute

Reizvoller ist jedoch die Strecke, die am Waterberg Plateau Park vorbeiführt. Von der B 8 zweigt 28 km südwestlich von Grootfontein die D 2612 ab und stößt auf die D 2512, die unterhalb des 39 ★ **Waterberg Plateau Park** verläuft. Einziger Zugang zu dem Wildschutzgebiet ist das Tor beim Waterberg Resort (Anfahrt von der D 2512 beschildert). Man kann in dem Camp angenehm übernachten und von hier aus verschiedene kürzere Spaziergänge und längere Wanderungen unternehmen. Bald nach Passieren der Zufahrt zum Camp trifft die D 2512 auf die C 22, der man nun in westlicher Richtung folgt, um dann nach links auf die B 1 abzubiegen. Auf ihr muss man ca. 150 km bis nach 40 **Okahandja** zurücklegen. Die Ortschaft hat für die Herero besondere Bedeutung, ihre wichtigsten Führer sind hier begraben. Bekannt ist Okahandja daneben für seinen riesigen Kunsthandwerker-Markt. Bis 1 ★★ **Windhoek** sind es danach nur noch 72 km.

# NATUR PUR IM NORDEN

**Start und Ziel:** Windhoek | **Dauer:** 2–3 Wochen
**Länge der Tour:** ca. 2000 km | **Beste Reisezeit:** Mai – September

Tour 2

***Die Spitzkoppe, Twyfelfontein und der Etosha-Nationalpark sind nur drei der Stopps auf unserer Fahrt durch den Norden. Die Tour bietet sich an, wenn nicht mehr als zwei bis drei Wochen zur Verfügung stehen. Wer mehr Zeit hat, kann natürlich auch länger bleiben – im Norden locken die berühmten Victoria Falls, im Süden das Dünenmeer von Sossusvlei.***

Durch das Khomas-Hochland

Die Tour kann man auf drei bis vier Wochen verlängern, wenn man vom Etosha-Nationalpark nordwärts nach Rundu und von dort weiter zum Caprivi-Streifen und gegebenenfalls bis zu den Victoria-Fällen im Grenzgebiet Sambia/Simbabwe fährt. Mehrere landschaftlich schöne Strecken führen durch das 2 ★ **Khomas-Hochland** westlich von 1 ★★ **Windhoek.** Als besonders abwechslungsreich gilt die Fahrt auf der C 26 über den Gamsberg-Pass. Kurz vor Einfahrt in den Namib Naukluft Park trifft die C 26 auf die C 14.

Abstecher zum Sossusvlei

Kann man in seine Reiseroute zwei Zusatztage einplanen, empfiehlt sich unbedingt der Abstecher nach Süden, zur Dünenlandschaft rund um das 4 ★★ **Sossusvlei** im 5 ★★ **Namib Naukluft Park.** Von der zuvor erwähnten Kreuzung müssen bis Sesriem, der Zufahrt zum Sossusvlei auf C 14 und C 19, gut 150 km zurückgelegt werden.

Vom Namib Naukluft Park zum Etosha National Park

Den 5 ★★ **Namib Naukluft Park** durchfährt man auf der bei den Reisezielen von A bis Z empfohlenen Route (mit Besichtigung von 6 ★ **Kuiseb Canyon,** 7 ★ **Welwitschia Drive** und 8 ★ **Mondlandschaft**). Sie endet in dem hübschen Seebad 9 ★ **Swakopmund.** Weiter geht es in nördlicher Richtung entlang der Küste. Einen Stopp lohnt nach 118 km die Robbenkolonie am 10 ★★ **Cape Cross.** Mit einem Pkw fährt man von hier zurück bis zur Abzweigung der C 35, kurz vor Henties Bay. Nach 116 km auf der C 35 erreicht man Uis. Oder man fährt zurück nach Swakopmund und von dort über die Spitzkoppe nach Uis. Die Straße ist teilweise geteert, man sieht die Spitzkoppe, legt aber rund 200 km mehr zurück als über die C 35. Von hier aus erfolgt die Weiterfahrt über 13 **Khorixas** (Abstecher zum 14 ★ **Versteinerten Wald** und nach 15 ★★ **Twyfelfontein**) und 17 **Outjo** in den 18 ★★ **Etosha National Park,** man verlässt ihn wieder über das östliche Tor beim 20 ★★ **Fort Namutoni** und fährt über 22 ★ **Tsumeb** nach 23 **Grootfontein.**

Im Caprivi-Streifen

Die einfache Strecke von ㉓ **Grootfontein** bis ㉔ **Katima Mulilo** am Ostende des Caprivi-Streifens beträgt ohne Abstecher gut 750 km. Im Stadtzentrum von Katima Mulilo gibt es Mashi Crafts, ein Kunstzentrum, das von der Nationalgalerie Windhoek unterstützt wird. Man kann in der Umgebung gefertigte traditionelle Korbflechtereien,

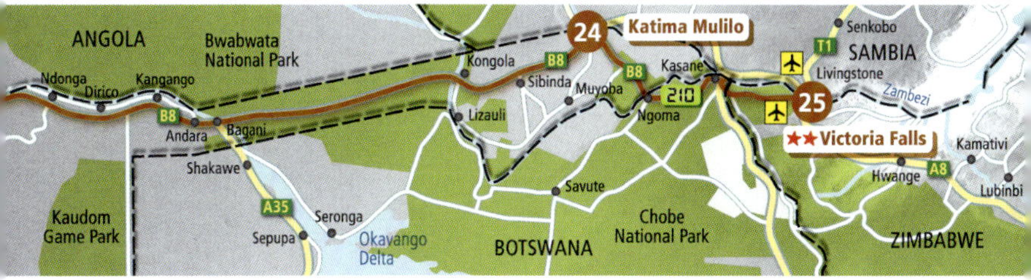


Schnitzereien, Matten, Hüte und vieles mehr kaufen und sich im angeschlossenen Café erfrischen.
Mittlerweile kann man im Caprivi-Streifen durchgehend auf Asphalt fahren, nur für Abstecher in die Nationalparks benötigt man ein geländegängiges Fahrzeug (bzw. organisiert das über die im Caprivi ansässigen Lodges). Unter dem Stichwort ▶ **Caprivi-Streifen** ist die Strecke ab S. 54 ausführlich beschrieben. Will man noch den sehr empfehlenswerten Ausflug zu den 25 ★★ **Victoria Falls** an der Grenze zwischen Sambia und Simbabwe einplanen, braucht man für den Abstecher in den Caprivi-Streifen mindestens eine Woche Zeit. Die Fahrt in den tropischen Norden des Landes lohnt sich jedoch allemal. Von Victoria Falls kann man zurück nach Windhoek fliegen.

Zurück nach Windhoek

Wer dagegen von 23 **Grootfontein** direkt nach Windhoek zurückkehren möchte, fährt wie bei der Großen Rundfahrt empfohlen über **Otavi** (ggf. mit einem Umweg über den ★ **Waterberg Plateau Park**), **Otjiwarongo** und **Okahandja** in die Hauptstadt 1 ★★ **Windhoek.**

# UNTERWEGS ZUR FELSENKUNST

**Start:** Swakopmund | **Ziel:** Twyfelfontein | **Dauer:** 5 Tage
**Länge der Tour:** ca. 500 km | **Beste Reisezeit:** ganzjährig

Tour 3

*Namibia ist bekannt für seine Felsmalereien und -gravuren, von denen mehrere tausende Jahre alt sind. Einige der schönsten Zeugnisse der Buschmann-Kultur kann man auf einer fünftägigen Felsenkunst-Safari bestaunen. Sie führt von Swakopmund über die Spitzkoppe, das Erongo-Gebirge und den Brandberg bis ins Damaraland nach Twyfelfontein.*

»Matterhorn Namibias«

Startpunkt ist 1 ★ **Swakopmund.** Von dort führt die Route entlang der B 2 etwa 150 km ins Landesinnere zur 2 ★ **Spitzkoppe.** Sie liegt auf zwei Drittel des Weges nach Karibib und überragt die Umgebung um 800 m. Wegen ihrer dreieckigen Form wird sie auch das »Matterhorn Namibias« genannt. Der 1728 m hohe Berg mit seinem Doppelgipfel ist eines der beliebtesten Fotomotive des Landes. Die bekannteste Fundstelle von Felsmalereien ist das sogenannte Buschman's Paradise. Am Fuße des Berges bieten einige Damara einfache Unterkünfte und Zeltplätze an.

Der grüne Ort

Von der Spitzkoppe geht es zurück auf die B 2 und weiter in Richtung Osten bis Usakos. Dort zweigt die D 1935 in Richtung Norden ab. Nach einigen Kilometern erreicht man das Gelände des Ameib-Gästehauses am Fuß des 3 ★ **Erongo-Gebirges.** Der Begriff »Ameib« bedeutet in der Sprache der Nama »der grüne Ort« oder »wo die Pflanzen wachsen«. Die Phillipshöhle mit der berühmten Felszeichnung des »Weißen Elefanten« ist ein Musterexemplar der Höhlenkunst. Die Höhle steht unter Denkmalschutz und wurde nach dem ehemaligen Besitzer der Ameib-Farm, Emil Phillip, benannt. Weitere Felsmalereien können auf geführten Wanderungen besichtigt werden. Weitere Höhepunkte auf dem Farmgelände sind die Felsformationen der »Bull's Party« und der »Elephant's Head« aus Granit. Unterkunft direkt auf der Farm (Ameib-Gästehaus, Tel. 081 8 57 46 39, AAA, www.ameib.com). Im Januar 2018 war das Gästehaus allerdings wegen Renovierung geschlossen.

Zum höchsten Berg

Vom Erongo-Gebirge führt die Fahrt weiter entlang der D 2306 über Okombahe in Richtung Norden auf die C 36. Dort biegt man links nach Uis ab. Die Ortschaft ist der Ausgangspunkt für Touren zum 4 ★ **Brandbergmassiv** mit dem Berg Königstein. Der höchste Berg Namibias (2574 m) überragt die umliegende Namib um fast zwei Kilometer. Der Berg birgt zudem einen unermesslichen Kulturschatz: zehntausende Felsmalereien. Mehr als 45 000 Figuren hat man hier oben entdeckt, die meisten von ihnen sind mehr als 2500 Jahre alt. Mit etwa 1000 Fundstellen ist der Berg eines der reichsten Felskunstgebiete weltweit. Bekanntheit erlangte vor allem die 1918 vom deutschen Landvermesser Reinhard Maack entdeckte »Weiße Dame« (»White Lady«) in der Tsisab-Schlucht, die man über die D 2359 erreicht. Zur Malerei gelangt man vom Parkplatz aus in einer etwa einstündigen Fußwanderung. Als Unterkunft bietet sich das Brandberg Restcamp in Uis an mit netten kleinen Zimmern und eigenem Schwimmbad (Tel. 064 50 40 38, AA, www.brandbergrestcamp.com).

»Louvre der Wüste«

Vom Brandberg gelangt man in etwa drei Stunden über die C 35 und die D 2612 nach 5 ★★ **Twyfelfontein.** Schon 1952 wurde das Tal

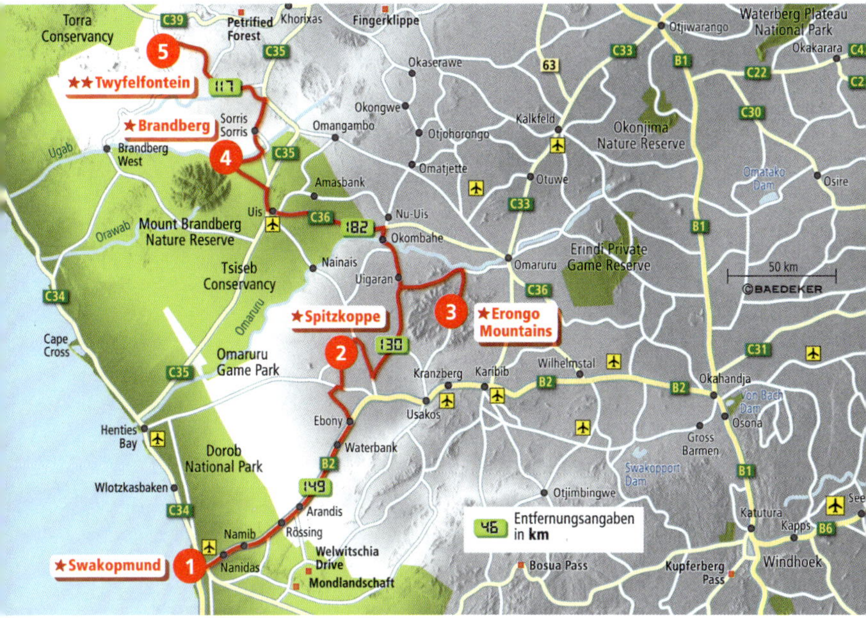


zum Nationalen Denkmal erklärt. Seit 2007 zählt der Ort 80 km westlich von Khorixas zum Weltkulturerbe der Unesco. Völlig zu Recht, denn in der Umgebung der kleinen Ansammlung von Hütten wurden mehr als 2500 Felsgravuren und einige Felsmalereien entdeckt. Deshalb wird Twyfelfontein auch »Louvre der Wüste« genannt. Die Gravuren stellen meist Jagdszenen dar. Abgebildet sind Giraffen, Antilopen, Zebras, Löwen, Elefanten und Nashörner. Besonders sehenswert sind der Löwe mit abgeknicktem Schwanz, der tanzende Kudu und die Platte mit einer Robbe – fast 100 km vom Meer entfernt eine Kuriosität. Die ältesten Gravuren werden auf das dritte Jahrhundert vor Christus geschätzt. Der Eintritt kostet 100 N$ (etwa 6,50 Euro) pro Person. Eine tolle Unterkunft ist neben der viel frequentierten Twyfelfontein Country Lodge das traumhaft gelegene Mowani Mountain Camp an der D 2612, eine der am spektakulärsten gelegenen Unterkünfte weit und breit. Von den zwölf Luxuszelten auf Holzplattformen, die zwischen riesigen Granitblöcken liegen, bietet sich ein fantastischer Ausblick auf das Aba-Huab-Tal.

**Twyfelfontein Country Lodge:** Tel. +27 2 18 55 03 95 (in Südafrika) www.Twyfelfonteinlodge.com

**Mowani Mountain Camp:** Tel. 061 23 20 09, www.mowani.com

# NEUE ROUTEN FÜR SELBSTFAHRER

Die Organisation Open Africa – spezialisiert auf nachhaltigen Tourismus – hat in Zusammenarbeit mit dem Namibia Tourism Board drei neue Routen für Selbstfahrer aufgelegt. Die Strecken sind insbesondere für Reisende interessant, die mit den klassischen Sehenswürdigkeiten bereits vertraut sind. Die **»Omulunga Palm Route«** verläuft

Selbst unterwegs heißt auch selbst versorgen.

entlang der Grenze zu Angola von Ruacana im Westen bis nach Nkurenkuru im Osten. Wildtierbeobachtungen, mehrere Städte und abwechslungsreiche Landschaften liegen auf dem Weg. Auf der **»Four Rivers Route«** entdecken Reisende die grüne Zambezi-Region im Caprivi-Streifen mit ihren über 430 Vogelarten und der besonderen Kultur der Bewohner dieses Landesteils. Die **»Arid Eden Route«** verläuft vom Küstenstädtchen Swakopmund bis an die Grenze zu Angola. Sie schließt den westlichen Teil des Etosha-Parks ein, außerdem die Spitzkoppe, den Brandberg, Twyfelfontein und die Epupa Falls. Ausführliche Informationen zu allen drei Routen findet man unter www.namibiatourism.com.na/tourismroute.

# Z
# ZIELE

*Magisch, aufregend, einfach schön*

Alle Reiseziele sind alphabetisch geordnet. Sie haben die Freiheit der Reiseplanung.

Namibische Farben: stahlblaues Meer und gelber Wüstensand ►

# AUS

**Region:** Karas | **Höhe:** 1446 m ü. d. M. | **Einwohnerzahl:** 30

*In der Sprache der Nama bedeutet der Ortsname »Schlangenquelle«. Nur hier gab es vor oder nach der Durchquerung der lebensfeindlichen Wüste Wasser. Mit seinen Weiden, Wiesen und Gärten wirkt der Ort am Rande der Huibberge auch heute noch wie eine kleine Oase.*

Reiches Farbenspiel

Das Kapklima beschert der Gegend entlang der Namib bis zu dem Gebiet um Rosh Pinah am Oranje mit winterlichen Regenfällen eine zweite Regenzeit. Alljährlich bietet sich dann ein Schauspiel, das seinesgleichen sucht: Nach dem Regen verwandelt sich das Grau, Beige und Braun von Geröll und Sand der »Sukkulenten-Karoo« für kurze Zeit in ein wogendes Blütenmeer aus Zartgelb, Rosa und Violett.
Die **Sukkulenten-Karoo** ist das artenreichste Wüstensystem der Welt. Zur Vielfalt tragen vor allem die ca. 1700 Arten der Blattsukkulenten bei, ergänzt durch etwa 130 Arten von Stammsukkulenten. Dazu ist sie Heimat von 80 Wirbeltierarten, darunter Oryx, Springbock, Strauß, Schakal und Hyäne.

## Rund um Aus

### Ort der Erinnerung

Deutsches Kriegsgefangenenlager

An das einstige deutsche Kriegsgefangenenlager, 3 km östlich von Aus (von der B 4 auf die Schotterstraße Richtung Rosh Pinah abbiegen), erinnern nur wenige Mauerreste und eine Gedenktafel. Nach der Kapitulation der deutschen Truppen vor den südafrikanischen Einheiten wurde hier im Juli 1915 ein Gefangenenlager angelegt, in dem ca. 1500 deutsche Unteroffiziere und Soldaten interniert wurden. Vier Jahre später endete ihre Gefangenschaft mit dem Versailler Vertrag. Trotz unerträglicher Bedingungen waren nur 65 Soldaten gestorben. Die Gefangenen hatten mit selbst gebrannten Ziegelsteinen und flach geklopften Konservendosen als Dachziegel Häuser gebaut, um sich vor der unbarmherzigen Sonne zu schützen. Mit einer selbst konstruierten Wasserleitung konnten sie sogar kleine Gemüsegärten bewässern.

### Wo die wilden Pferde wohnen

Wüstenpferde von Garub

Bei der Weiterfahrt von Aus nach Westen kann man mit etwas Glück Namibias weltbekannte Wüstenpferde sehen. Seit mehr als einem Jahrhundert leben die verwilderten Nachkommen von Pferden der deutschen Schutztruppe und der südafrikanischen Armee hier. Die ans Überleben in der Wüste angepassten Tiere traben zwischen den spärlichen Weidegründen und der Wasserstelle Garub hin und her und kommen angeblich bis zu zwei Tage ohne Wasser aus. Allerdings sind die Tiere durch Dürren und die Zunahme an Raubtieren so stark gefährdet, dass Wissenschaftler sie nun umsiedeln wollen (▶ Das ist Namibia, S. 24).

**Unerforschte Welten**

Tirasberge Conservancy Area

Mit dem Zusammenbruch des Marktes für Persianer-Felle in den 1970er-Jahren endete wie in anderen Gebieten des Namib-Rand auch auf den Farmen der Tirasberge-Region die ausschließliche Nutzung der Landschaft für die Karakul-Schafzucht. Zurück blieb stark überweidetes Land, das in einem privaten Schutzgebiet zusammengefasst wurde und sich langsam rekultiviert. Die Landschaften, die sich dem Besucher hier bieten, sind in ihren bizarren Strukturen einmalig und großteils unerforscht. Die Sukkulenten-Vegetation ist ungewöhnlich reich, Köcherbäume stehen wie Soldaten aufgereiht entlang der Felsklippen, und auf den Hochtälern spiegelt sich silbrig das Sonnenlicht. Schon stark verwittert, aber noch sichtbar ist eine Novität unter den tausendfachen **Buschmann-Zeichnungen** des Landes: Ein Segelschiff, das der offenbar weit gewanderte Maler vom Stamm der San vor gut fünfhundert Jahren gezeichnet hat.

Die Klein-Aus Vista Lodge ist ein idealer Standort für Ausflüge zu den gefährdeten Wildpferden.

## AUS ERLEBEN

### KLEIN-AUS VISTA €-€€€

Hier gibt es vier sehr schöne Übernachtungsmöglichkeiten: Das »Desert Horse Inn« bietet Gästezimmer am Hauptgebäude mit Restaurant. In den versteckten Naturstein-Chalets der »Eagle's Nest Lodge« (7 km vom Hauptgebäude) erlebt man Stille, Wüste hautnah und prächtige Sonnenuntergänge. Die Mahlzeiten werden im Desert Horse Inn serviert – oder man bucht ein Grillpaket. Zur Farm gehören ein Campingplatz (1,5 km vom Desert Horse Inn) und die »Geisterschlucht Cabin« mit zwei Familienzimmern (nur für Selbstversorger, 6 km vom Desert Horse Inn).
3 km westlich von Aus an der B 4
Tel. 063 25 81 16
www.klein-aus-vista.com

### NAMTIB DESERT LODGE €€€

Die Zimmer sind einfach, aber sauber; für Camper gibt es den Campingplatz »Little Hunter's Rest«. Die Lodge liegt im 16 400 ha großen Biosphärenreservat Namtib am Rande der Namib-Wüste in den Tirasbergen. Die Farmbesitzer bieten Aktivitäten wie Naturfahrten, geführte Wandertouren, Vogelbeobachtung, Wüstenwanderungen und Sternbeobachtung an.
Tel. 063 68 30 55
www.namtib.net

### BAHNHOF HOTEL €€€

Das kleine Landhotel mit Restaurant direkt in Aus hat 26 Zimmer.
Tel. 063 25 80 91
www.hotel-aus.com

**Ausgangspunkt für Entdeckungsreisen**

Klein-Aus Vista

Die Farm Klein-Aus Vista liegt an der Grenze des Sperrgebiets im Gondwana Sperrgebiet Rand Park. Sie ist Mitglied der Gondwana Collection (www.gondwana-collection.com) und ein idealer Ausgangspunkt für Ausflüge zu den Wildpferden, zur Diamanten-Geisterstadt Kolmannskuppe, nach Lüderitz, in die artenreichste Wüste der Welt und zum Koichab-Dünengürtel im Sandmeer der Namib.

# BETHANIEN

**Region:** Karas | **Höhe:** 1000 m ü. d. M. | **Einwohnerzahl:** 3900

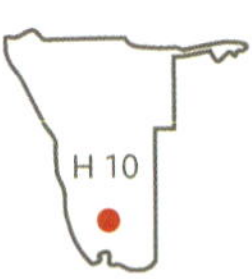


*Bethanien ist eine der ältesten Siedlungen Namibias: Sie wurde 1814 von Johannes Heinrich Schmelen als Missionsstation gegründet. 1840 übernahm die Rheinische Missionsgesellschaft den Ort. Ein besonderes Erlebnis sind heute die Gottesdienste der Lutherischen Gemeinde: Die eindrucksvollen Gesänge der Gemeindemitglieder bleiben im Gedächtnis.*

Gesang und Geschichte

Ein Abstecher bei der Fahrt von Keetmanshoop nach Aus bzw. nach Lüderitz bringt Sie in den Ort mit gleich zwei Kirchen. Das Haus, in dem einst der Missionar Johannes Heinrich Schmelen (1776–1848) lebte, gilt als das älteste von Europäern in Namibia errichtete Steinhaus, das heute noch existiert. Es steht wenige hundert Meter von der Hauptstraße entfernt auf dem Gelände der evangelisch-lutherischen Kirche. Besucher sind bei den Gottesdiensten der Lutherischen Gemeinde willkommen. Sprache ist Afrikaans, und die **Gesänge der Nama-Gemeindemitglieder** sind ein Erlebnis, für das sich der Abstecher nach Bethanien lohnt.
Ein kleiner Friedhof bewahrt das Andenken an einige der hier tätigen Missionare. Das Gebäude beherbergt heute auch ein kleines Museum zur Missionsgeschichte; es ist tagsüber in der Regel nicht verschlossen und kann besichtigt werden.
Und noch ein geschichtsträchtiges Gebäude steht in Bethanien: Hinter der Polizeistation befindet sich auf der linken Straßenseite das Haus, in dem 1883 der Nama-Führer Josef Frederiks II. den Vertrag schloss, mit dem die Bucht von Angra Pequena (die heutige Lüderitzbucht) und das Land im Umkreis von fünf Meilen an Adolf Lüderitz übergingen.

## Rund um Bethanien

### Lassen Sie die Felsen singen

Singing Rocks

Auf ein interessantes Naturphänomen stößt man gut 75 km südlich von Bethanien auf dem Gelände der **Farm Rooipunt.** Bei den Singing Rocks, den »Singenden Felsen«, handelt es sich um Felsplatten aus Schwarzkalk mit hellen Vertiefungen. Schlägt man mit einem Stein dagegen, entstehen unterschiedliche Klanggeräusche. Man erreicht die Felsen, wenn man von der B 4 bei der Eisenbahnstation Goageb nach Süden auf die D 459 abzweigt (Anfahrt nur mit Allrad möglich).

### Perfekt für einen Zwischenstopp

Helmeringhausen

Ein Laden, eine Tankstelle, ein Hotel, eine Kapelle, ein Friedhof und ein Museum, das war's: Willkommen in Helmeringhausen – einem jener Orte in der Namib, für deren Existenz jeder Reisende dankbar ist. Helmeringhausen liegt 85 km nördlich von Bethanien und war einmal ein Zentrum der Karakulzucht. Auf dem Friedhof ruhen unter anderem deutsche Soldaten, die hier während der Jahrhundertwende stationiert waren. Im kleinen **Freilichtmuseum** kann man altes Werkzeug sehen, den Schlüssel gibt es im Helmeringhausen Hotel.
Tel. 063 28 33 07
www.helmeringhausennamibia.com

# ★ BRANDBERG

**Region:** Erongo | **Höhe:** bis 2573 m ü. d. M.

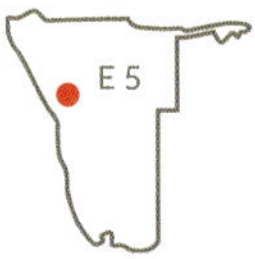


***In der Abendsonne leuchtet der Brandberg in sattem Rot. Die wilde Berglandschaft mit tiefen Schluchten und umwegsamem Gelände ragt aus der Namibfläche weithin sichtbar hervor. Bekannt ist das Gebiet vor allem für die vielen hier entdeckten Felsbilder, von denen die »White Lady« mit Abstand das berühmteste ist.***

Namibias höchster Berg

Das Brandbergmassiv liegt 40 km nordwestlich des Bergbaustädtchens Uis und beherbergt die höchste Erhebung des Landes, den Königstein (2573 m ü. d. M.). Die in dieser Region äußerst spärlichen Niederschläge regnen sich bevorzugt am Brandberg ab und sammeln sich dort in Felsspalten und Löchern. Sie ermöglichen einigen Pflanzen- und Tierarten im Brandberggebiet zu überleben und zogen in vergangenen Jahrtausenden auch Menschen auf der Suche nach Nahrung und Schutz an.

## ★ White Lady

**Der Weg ist steinig, lohnt sich aber**

Anfahrt zur Tsisab-Schlucht

In Höhlen und an Felsüberhängen des Brandbergs entdeckte man etwa 1100 Stellen mit fast 45 000 Felsbildern. Die meisten von ihnen entstanden vermutlich vor 2000 bis 4000 Jahren. Das bekannteste Bild ist die White Lady oder Weiße Dame in der Tsisab-Schlucht. Von der C 35, die das an der Küste gelegene Henties Bay mit Khorixas und Kamanjab verbindet, zweigt 14 km nördlich von Uis die D 2359 ab. Auf ihr gelangt man nach 28 km zu einem Parkplatz am Ausgang der Tsisab-Schlucht. In dem kleinen Steinhaus stehen die Führer bereit, die Touristen in Gruppen in etwa einer Stunde auf einem gut markierten Weg durch unwegsames Gelände zu der Felsmalerei führen (80 N$ pro Person). Wegen der starken Hitze sollte man den Weg nicht zur Mittagszeit unternehmen.

**Der Name führt in die Irre**

White Lady

Die Weiße Dame ist eine knapp 45 cm große Figur, die heute allerdings nur noch schwach erkennbar und zum Schutz vor Zerstörungsversuchen von einem Gitter umgeben ist. Es handelt sich dabei auch keinesfalls um eine Dame, wie der Name, den ihr 1955 der französische Priester und Historiker Henri Beuil gab, nahelegt. Wahrscheinlich zeigt die Darstellung mit vielen weiteren Personen und Tieren das Bild eines erfolgreichen Kriegers oder Schamanen mit Schmuckverzierung an Kopf und Oberkörper sowie mit Pfeil und Bogen. Im

Ohne fachkundige Führung bleiben viele der Felszeichnungenn am Brandberg rätselhaft.

Umkreis von nur 1,5 km findet man mithilfe der kundigen Führer weitere mit Zeichnungen verzierte Felswände.

## Rund um den Brandberg

### Andenken aus der Natur

An der Straße nach Uis bieten Händler Mineralien aus den Bergregionen der Umgebung an. Hier kann man wunderschöne Gesteins-Unikate als Souvenir erstehen. Beim üblichen Feilschen sollte man vielleicht nicht zu unnachgiebig vorgehen: In dieser Gegend gibt es, nach dem Zusammenbruch der Bergbauindustrie 1990, noch weniger zu verdienen als anderswo. Das 1922 als Bergbaustadt für den Abbau von Zinn und Wolfram gegründete Uis Myn entwickelt sich in jüngster Zeit allerdings zu einem Ferienort vor allem für weiße Namibier. Neu und auf jeden Fall sehenswert ist das **Craft Centre** gegenüber dem Brandberg-Rastlager, dem Campingplatz. Verkauft wird Kunsthandwerk wie Puppen, Schmuck und Mineralien. Die Ateliers der Künstler sind im ehemaligen Minengebäude untergebracht und können besichtigt werden.

Uis

## BRANDBERG ERLEBEN

### UIS INFORMATION CENTRE

Hier erhält man alle Infos zu Sehenswürdigkeiten und Übernachtungen und kann Touren mit einheimischen Dâureb Mountain Guides buchen.
Tel. 064 50 41 62

### BRANDBERG WHITE LADY LODGE €€€

Schöne Übernachtungsmöglichkeit am Ende der D2359 gelegen: Bungalows mit Bad, voll ausgestattete Iglu-Zelte, Campingplatz, Bar und Restaurant
Tel. 064 68 40 04
www.brandbergwllodge.com

### BRANDBERG REST CAMP €€

Das einfache Camp liegt mitten in Uis nahe dem Uis Supermarket und der Tankstelle. Es bietet En-Suite-Zimmer, Self-Catering-Einheiten und einen Campingplatz.
Tel. 064 50 40 38
www.brandbergrestcamp.com

### UIS WHITE LADY GUESTHOUSE AND CAMPSITE €€

Das einfache Guesthouse direkt an der C 36 hat zehn Doppelzimmer, zwei Dreibettzimmer und ein Familienzimmer.
Tel. 064 50 41 02
www.uiswhiteladyguesthouse.com

# ★★ CAPE CROSS

**Region:** Erongo | **Höhe:** Meereshöhe

***Das Blöken der Robben ist schon aus vielen hundert Metern zu hören. Und wenn man ehrlich ist: Der Geruch auch aus vielen hundert Metern zu riechen. Dennoch gehört ein Besuch des Robbenreservats von Cape Cross wohl zu den ungewöhnlichsten Tiererlebnissen in Namibia.***

Robben am Kreuzkap

Interessant an Cape Cross ist nicht nur die berühmte Robbenkolonie, sondern auch seine Geschichte: 1486 landete der Portugiese Diogo Cão als erster Europäer in Namibia und errichtete ein Kreuz im Namen seines Königs João II. In den darauffolgenden vierhundert Jahren interessierte sich allerdings niemand für die Inbesitznahme, bis 1893 der deutsche Kapitän des Frachters »Falke« das Kreuz entfernte und nach Berlin überführte. Dort steht es heute in einem Museum. Im folgenden Jahr wurde an seiner Stelle eine Kopie des Kreuzes aufgestellt, 1986 kam ein zweites Kreuz dazu. Zusammen symbolisieren sie das Kreuz des Südens, das Sternbild, an dem sich Cão auf See orientierte.

## ★★ Cape Cross Seal Reserve

**Ein intensives Erlebnis**

Robbenreservat

Der flache und unwirtliche Küstenabschnitt Cape Cross befindet sich 130 km nördlich von Swakopmund und ist über die C 34 gut zu erreichen. Die Robbenkolonie liegt etwa 3 km abseits der weiter nach Norden, zum ▶ Skeleton Coast National Park führenden Hauptpiste. Den Eintritt begleicht man kurz nach der Einfahrt in das Reservat; der anschließende Weg Richtung Küste endet auf einem Parkplatz. Hier empfängt die Besucher ein schier unerträglicher Gestank und ein ohrenbetäubender Lärm. Verantwortlich sind die bis zu 210 000 Zwergpelzrobben (Arctocephalus pusillus), die sich – vor allem während der Paarungszeit von November bis Dezember – auf den Klippen drängen. Auf dem Holzsteg kommt man bis auf wenige Zentimeter an die Tiere heran.

Zutritt: Jan.–Juni tgl. 8–17, Juli–Nov. 10–17 Uhr
Eintritt: 80 N$ p. P. und 10 N$ pro Wagen

**Das Leben in der Kolonie**

Zwergpelzrobbe

Die Zwergpelzrobbe gehört zur Familie der Ohrenrobben, einer der drei Robbenarten im südlichen Afrika. Sie hält sich an der Küste zwischen der Algoabucht und Südangola auf. Außerhalb der Paarungszeit sieht man kaum Bullen in der Kolonie, sie kommen erst Mitte Oktober an Land, um das Territorium für ihren Harem zu besetzen. Dieses Gebiet verteidigen sie dann auf Leben und Tod gegen Konkurrenten. Die in den Kämpfen unterlegenen und verletzten Bullen ziehen sich ins sogenannte Robbenhospital zurück, eine Stelle, wo sie in Ruhe gelassen werden und sich erholen können. Schakale und Hyänen beseitigen schwer verletzte und tote Tiere. Die kleineren Kühe kommen ein paar Wochen nach den Männchen an Land, wo sie Ende November bis Anfang Dezember ein einziges Robbenbaby gebären.

## CAPE CROSS ERLEBEN

ⓘ

MINISTRY OF ENVIRONMENT AND TOURISM CAPE CROSS
Tel. 064 69 40 37

⌂

CAPE CROSS LODGE **€€€**
Die einzige Unterkunft im Ort liegt direkt an den rauen Gestaden der Skelettküste; die 20 Zimmer bieten Wärme und Geborgenheit. Es werden geführte Touren zur Robbenkolonie angeboten, die etwa drei Kilometer entfernt ist – der Geruch ist bei der Lodge nicht wahrnehmbar.
Tel. 064 46 16 77
www.capecross.org

210 000 Robben machen ordentlich Lärm. Und riechen streng ...

Die gesamte Robbenpopulation an der namibischen Küste wird auf 650 000 Tiere geschätzt. Die jährliche Festlegung von Fangquoten soll den Tierbestand unter Kontrolle halten, da die Fischbestände und damit die Fischerei ernsthaft in Gefahr geraten. Umstritten ist jedoch die Art und Weise, denn die Tiere werden erschlagen. Das »Culling« findet zwischen dem 1. August und dem 15. November statt (an einzelnen Tagen ist das Reservat dann gewöhnlich für Besucher geschlossen). Das Fell der Tiere wird später zu Schuhen und Handtaschen verarbeitet.

# ★★ CAPRIVI-STREIFEN

**Region:** Zambezi

M–Q 1/2

*Sind wir hier noch in Namibia? Im Gegensatz zum übrigen Land ist der Caprivi-Streifen eine wasserreiche, üppig grüne, subtropische Region. Entlang der Flüsse Okavango, Kwando, Linyanti, Chobe und Sambesi entdeckt man die spektakuläre Tierwelt Namibias von Land und zu Wasser.*

Das Boot taumelt und schwankt. Riesige Wellen erfassen seinen Bug. Aber statt uns um das Auf und Ab zu kümmern, thronen wir auf dem Oberdeck und blicken gebannt auf das Geschehen vor uns. Nur 15 Meter entfernt zieht eine Elefantenherde durch den Fluss. Die mächtigen Leiber stehen bis zu den Ohren im Wasser, die Rüssel ragen heraus wie Antennen. Gut zehn Tiere sind es, die den Linyanti-Fluss zwischen Namibia und Botswana quasi im Tauchgang durchqueren. Zwischen ihren riesigen Leibern sieht man einige Jungtiere: Sie verschluckt der Fluss fast ganz. Noch einmal taxiert uns eine der Mütter mit mürrischen Blicken, dann verschwindet die Herde auf verschlungenen Pfaden im grünen Labyrinth der Linyanti-Sümpfe.

Tropenparadies im Norden

Nirgendwo sonst in Namibia kommt man wilden Tieren in einem so **ursprünglichen Ambiente** nah wie im Caprivi-Streifen, der einzigen Region Namibias, die fast ausschließlich in den Tropfen liegt. Sumpfgebiete und Galeriewälder säumen die Flussläufe des Okavango im Westen, des Kwando in der Mitte und des Sambesi an der Grenze zu Sambia. Abseits der Flüsse erstrecken sich weite Ebenen mit Trockenbuschsavanne. In der Regenzeit stehen große Teile der Landschaft unter Wasser. Die Region ist **sehr wildreich:** Im Labyrinth aus Grün leben neben 400 Vogelarten auch Rote-Letschwe-Antilopen, Riedböcke, Sitatunga-Antilopen, Elefanten, Büffel, Löwen, Hyänen, Afrikanische Wildhunde und Leoparden.

Auch Menschen sind hier zu Hause. Der Westen des Caprivi-Streifens ist traditionell die Heimat der San; heute leben hier auch Kavango und Ovambo. Im Osten sind Angehörige verschiedener Bantustämme ansässig, sie werden als Caprivianer bezeichnet. Sie leben vorrangig von Fischfang, Rinderzucht und Ackerbau.

### Von Caprivi zu Zambezi

Geschichte

Seinen Namen hat der Caprivi-Streifen aus der Kolonialzeit: Der deutsche Reichskanzler Graf Leo von Caprivi (▶ Interessante Menschen) unterschrieb 1890 den Helgoland-Sansibar-Vertrag mit Großbritannien – damit tauschte er Namibias Nordostzipfel und das seit 1814 in englischem Besitz befindliche Helgoland gegen die deutschen Ansprüche auf Sansibar ein, um einen Zugang zu den deutschen Kolonien in Ostafrika zu erhalten. Vollendet wurde der Zugang allerdings nie – 1914 wurden die Deutschen aus Namibia vertrieben. Dafür hat Namibia mit der Zambezi-Region, wie der Caprivi-Streifen seit 2013 offiziell heißt, sein Stück an den Tropen.

## Wohin im Caprivi-Streifen?

### Unterwegs am Fluss

Okavango

Ausgangspunkt für eine Fahrt durch den Caprivi-Streifen ist das am Okavango gelegene Rundu. Die geteerte B 8 verläuft von Rundu in

Bei Divundu stürzt der Okavango über die Popa Falls.

östlicher Richtung parallel zum Okavango. Immer wieder führen Schotterwege durch die üppige Vegetation zum Flussufer; mit etwas Glück kann man Reiher, Flusspferde und Krokodile beobachten. Der in Angola entspringende Okavango (dort heißt er Cubango) bildet auf 350 km die Grenze zwischen Namibia und Angola. Er mündet in Botswana in ein riesiges Binnendelta mit einer Fläche von mehr als 18 000 km².

### Ein anspruchsvoller Ausflug

Khaudum National Park

Bei dem Dorf Katere, 110 km östlich von Rundu, zweigt eine Sandpiste nach Süden zum einsamen und wildreichen Khaudum National Park ab. Diese Strecke sollten sich allerdings nur versierte und gut ausgestattete Allradfahrer zumuten. Genehmigungen erteilt die staatliche Parkbehörde Namibia Wildlife Resorts (► S. 311).

### Wasserfälle? Stromschnellen!

★ Popa Falls

Zu den Popa Falls biegt man bei Bagani von der B 8 in südlicher Richtung nach Botswana ab. Nach wenigen Kilometern ist man am Ziel. Die Popa-Fälle, die eigentlich Stromschnellen sind, liegen auf dem Areal des Popa Falls Resort (► S. 60). Am eindrucksvollsten ist das Naturschauspiel – ein 4 m hohes **Felsriff** aus dunklem Quarzitgestein durchzieht den Fluss –, wenn der Okavango nur wenig Wasser führt (Tiefstand hat er meist im Oktober, Hochwasser führt er von Febru-

ar bis April). Vom Flussufer aus kann man zahlreiche Vögel beobachten und wird sicherlich auch Flusspferde und Krokodile sichten. Von den hier lebenden Antilopenarten sind die Pferde- und die Rappenantilope besonders erwähnenswert, da sie in anderen Regionen Namibias kaum vorkommen. Vor allem in der Trockenzeit passieren Elefantenherden das Gebiet.
In der Trockenzeit ist die Strecke zu den Popa-Fällen mit einem normalen Pkw befahrbar. Sie verläuft entlang der Überschwemmungsebenen des Okavango, passiert mehrere gute Aussichtspunkte und eine Gruppe von riesigen Baobab-Bäumen. Von hier ist es nicht mehr weit bis zu einem Picknickareal. Nach insgesamt 10 km stößt man wieder auf die Hauptstraße. Eine andere, ca. 20 km lange Rundfahrt ist nur mit einem geländegängigen Fahrzeug zu bewältigen.
Eintritt zu den Popa Falls: 30 N$ pro Person, 10 N$ pro Pkw

**Viele Möglichkeiten zur Tierbeobachtung**
Der knapp 6000 km² große Bwabwata National Park ein paar Kilometer weiter östlich entstand 2007 durch die Zusammenlegung der beiden Game Parks »West Caprivi« und »Mahango«. Das Landschaftsareal des ehemaligen West Caprivi Game Park ist zwischen den Flüssen Okavango und Kwando bis heute für den Fremdenverkehr kaum erschlossen. Seinen Namen hat der Bwabwata National Park vom Namen eines Dorfs im Park, der übersetzt »gurgelndes Wasser« bedeutet. Der Park ist Teil der Kavango-Zambezi Transfrontier Conservation Area (▶ KAZA-Park, S. 61).

★ Bwabwata National Park

BAEDEKER MAGISCHE MOMENTE

## VON BIBLISCHER GRÖSSE

Tropisches Grün, feuchte Marschen, verschlungene Flussläufe: Im Überschwemmungsgebiet des Kwando-Flusses im Bwabwata-Nationalpark leben Elefantenherden von biblischer Größe, dazu Flusspferde, Krokodile, Büffel, Lechwe-, Sitatunga-, Pferde- und Rappenantilopen sowie Löwen, Hyänen, Wildhunde und Leoparden. Am besten erlebt man das unvergesslich bei einer Bootssafari im Nachmittagslicht, etwa von der Nambwa Tented Lodge aus. Buchung: www.africanmonarchlodges.com.

Noch bessere Möglichkeiten zur Tierbeobachtung als der Bwabwata National Park selbst bietet das Gebiet östlich mit den Nationalparks ▶ Mudumu und ▶ Nkasa Rupara. Man kann es am leichtesten auf der Teerstraße C49 erkunden, die südlich der B 8 am Westufer des Kwando entlangführt. Für Besucher gibt es hier auch zahlreiche neue Lodges. Auf fast allen werden Ausflüge im Einbaum, Dorftouren, Bootsfahrten und Walking Safaris angeboten.

**Perfekt für Vogelliebhaber**

★ Mudumu National Park

Der 1009 km² große Mudumu-Nationalpark wurde 1990 eingerichtet, um vor allem seltenen Vogelarten wie Klunkerkranichen, Zweifarbenwürgern, Afrikanischen Zwerggänsen und diversen Arten von Fischadlern ein Schutzgebiet zu schaffen. Auch riesige Elefantenherden sowie seltene Antilopenarten, Krokodile, Flusspferde, Hyänen und Löwen sind hier zu Hause. Am besten lässt sich der Park wie der nahe Nkasa-Rupara-Nationalpark auf den zahllosen Kanälen mit dem Boot erkunden, denn nur während der kurzen Trockenzeit im Jahr ist er mit dem Auto befahrbar. Selbst Geländefahrzeuge garantieren in den meisten Gebieten kein Fortkommen. Wer dennoch vom Auto abhängig ist, fährt über die C49, die nahe der Ortschaft Kongola (Tankstelle, Supermarkt) von der B 8 abzweigt. Die westliche Parkgrenze bildet der Kwando, der an einigen Stellen ein bis zu 40 km breites Tal geschaffen hat. Für die weitere Erkundung des Geländes benötigt man jedoch ein Allradfahrzeug.

**Zu Besuch bei den Mafwe**

Living Museum of the Mafwe

Das Living Museum of the Mafwe bei Singalamwe, etwa 20 km nördlich von Kongola, leiten die Bewohner mit Unterstützung der Living Culture Foundation Namibia selbst. Die Mafwe zeigen hier Besuchern einige Aspekte ihrer Kultur. Beim Museum gibt es einen einfachen Campingplatz, die Übernachtung kostet 50 N$ pro Person.
www.lcfn.info/mafwe

**Mit dem Boot durch urwüchsige Kanäle**

★ Nkasa Rupara National Park

Südlich des Mudumu-Nationalparks erstreckt sich der 320 km² große Nkasa Rupara National Park (ehemals Mamili National Park). Wie sein »großer Bruder« ist auch dieses Schutzgebiet am bequemsten mit dem Boot zu erkunden. Der Kwando, auch Linyati genannt, bildet hier mit seinen Sümpfen ein Netz aus Kanälen, Riedgrasinseln und Seen. Auch außerhalb der Regenzeit können bereits kurze Regenschauer den Wasserspiegel ansteigen lassen, sodass Autofahrer dann festsitzen. Grundsätzlich ist der Park nur mit einem Allradgeländefahrzeug zu befahren, die Pisten sind streckenweise in sehr schlechtem Zustand und nicht beschildert. Auch hier erfolgt die Anfahrt über die C49 über Sangwali oder über Malengalenga. Typische, oft sehr schöne Caprivi-Schnitzereien und anderes lokales Kunsthand-

OBEN: Flusspferden sollte man nicht allzu nahe kommen. Sie werden leicht zornig.

UNTEN: Auch gegenüber Elefanten ist Respekt angezeigt.

## CAPRIVI-STREIFEN ERLEBEN

### ANREISE
Die den Caprivi-Streifen erschließende B 8 ist asphaltiert. Wer Abstecher in die Nationalparks unternehmen möchte, benötigt ein geländegängiges Fahrzeug. **Tankmöglichkeiten** bestehen in Rundu, in Mukwe, bei Bagani (Divundu), in Kongola, Linyandi, in Katima Mulilo und Ngoma Beidge. Auch per Flugzeug ist der Caprivi Strip erreichbar. Air Namibia unterhält regelmäßige Verbindungen von Windhoek nach Katima Mulilo und zu den Victoria Falls. Zudem haben einige Lodges Landepisten.

### GESUNDHEIT
Die gesamte Region im Nordosten Namibias und der angrenzenden Länder Angola, Simbabwe und Sambia ist Malariagebiet. Besonders während der feuchten Jahreszeit sollte man an eine Prophylaxe denken und sich mit langer, heller Kleidung, einem Repellent und Moskitonetzen vor Mückenstichen schützen.

### ÜBERNACHTEN BEI DEN POPA FALLS

#### DIVAVA OKAVANGO RESORT & SPA €€€€
Luxus und Wellness bei den Popa Falls: Die 20 komfortablen Bungalows liegen direkt am Ufer des Okavango.
Tel. 061 22 47 12
www.divava.com

#### NDHOVU SAFARI LODGE €€€
Das komfortable Zeltcamp 20 km südlich von Divundu (Bagani) bietet neun voll ausgestattete Zelte im Safari-Stil am Okavango-Ufer und ein schwimmendes »river tent«. Hausbootsafaris sind buchbar.
Tel. 066 25 99 01
www.ndhovu.com/de

#### POPA FALLS RESORT €€€
Das staatliche Resort liegt auf der Westseite des Flusses südlich der Popa Falls. Übernachtungsgäste können zwischen Strohdachhütten und einem Campingplatz wählen, außerdem gibt es einen Laden, ein Restaurant und eine Bar. Hier kann man auch angeln. Neben dem Camp gibt es private Unterkünfte, die Bootsfahrten auf dem Okavango und in den Bwabwata National Park anbieten.
Namibia Wildlife Resorts (NWR)
Tel. 061 2 85 72 00
www.nwr.com.na

### ÜBERNACHTEN IN OST-CAPRIVI

#### NAMBWA TENTED LODGE €€€€
Die Nambwa Tented Lodge thront auf vier Meter hohen Stelzen auf einer Waldinsel im saisonal überfluteten Schwemmland des Kwando-Flusses. Eine günstige Alternative zu den zehn exklusiven Zelt-Suiten ist der Campingplatz mit allem, was für Selbstversorger wichtig ist.
African Monarch Lodges
Tel. 061 40 05 10
www.africanmonarchlodges.com

#### NAMUSHASHA RIVER LODGE €€€
Etwa zwölf Kilometer vom Mudumu-Nationalpark entfernt schmiegen sich am Kwando-Ufer die 24 Bungalowzimmer der Namushaha River Lodge idyllisch ins Grün. Die Terrasse erhebt sich hoch über den Kwando-Fluss. Die Lodge bietet u. a. Nachtfahrten

im Boot oder Jeep, um Krokodile und nachtaktive Tiere ganz nah erleben zu können.
Gondwana Collection
Tel. 061 42 72 00
www.gondwana-collection.com

### CHOBE RIVER CAMP €€

Die komplett renovierte Lodge mit 20 Zelt-Chalets gehört seit 2017 zur Gondwana Collection und liegt versteckt unter Mopane-Bäumen nur wenige Kilometer vom Ngoma-Grenzposten zu Botswana am Chobe-Fluss.
Gondwana Collection
Tel. 061 42 72 00
www.gondwana-collection.com

### NKASA LUPALA TENTED LODGE €€€€

Ein Traum in Grün ist auch die nahe Nkasa Lupala Tented Lodge der italienischen Familie Micheletti mit ihren zehn Luxuszelten. Sie liegt in der Wuparo Conservancy und ist die erste in der Region des Nkasa-Rupara-Nationalparks.
Tel. 081 147 77 98
www.nkasalupalalodge.com

### CAMP KWANDO €€€

Das Camp liegt 28 km südlich von Kongola wunderschön am Kwando-Fluss. Auf einer Halbinsel stehen 13 komfortable Zelte direkt am Ufer, dazu gibt es sechs Hochbungalows in den Bäumen mit Traumblick auf den Fluss sowie zehn Campingplätze.
Tel. 066 68 60 21
www.campkwando.com

## ÜBERNACHTEN IN KATIMA MULILO

### CAPRIVI RIVER LODGE €€€

Fünf Kilometer östlich von Katima Mulilo wohnt man direkt am Sambesi in kleinen gemauerten Chalets mit tollem Blick auf den Fluss. Von der Lodge werden Bootssafaris auf dem Sambesi, Fußsafaris und Vogelbeobachtungsfahrten angeboten.
Tel. 066 25 22 88

### PROTEA HOTEL ZAMBEZI RIVER LODGE €€€€

Das von der Luxus-Hotelkette Marriott gemanagte Hotel liegt am Ufer des Sambesi und eignet sich hervorragend für eine Übernachtung auf dem Weg zu den Viktoria-Fällen und zum Chobe-Nationalpark. Das Hotel bietet auch ein Restaurant, eine Bar und einen Pool.
Tel. 066 25 15 00
www.marriott.de

---

werk gibt es bei **Mashi & Sheshe Crafts** in Sheshe an der C49 beim Nkasa-Rupara-Nationalpark.

**Naturschutz ohne Grenzen**

KAZA-Park

Bislang galt Caprivi als eine der ärmsten Regionen Namibias. Seit der Caprivi-Streifen zur **Kavango-Zambezi Transfrontier Conservation Area** (KAZA) gehört, eines der größten Naturschutzgebiete der Erde, ist Besserung in Sicht. Das Gebiet umfasst die fünf Länder Namibia, Angola, Sambia, Simbabwe und Botswana und beinhaltet rund 40 verschiedene Naturschutzgebiete, darunter große Teile des Caprivi-Streifens in Namibia, die Victoria-Fälle in Sambia/Simbabwe, der Hwange-Nationalpark in Simbabwe sowie das Okavango-Delta und der Chobe-Nationalpark in Botswana. Ziel ist es, durch Einreißen von Wildzäunen die alten Wanderrouten der Tiere wiederherzustellen

Zeit für einen Sundowner am Chobe River

und Rückzugsgebiete für Arten wie das bedrohte Spitzmaulnashorn, den Geparden und den seltenen Afrikanischen Wildhund zu schaffen. Außerdem will man so in der bislang schlecht erschlossenen Region einen für die Bevölkerung nachhaltigen Tourismus fördern und die Armut mindern. Noch machen sich die Fortschritte nur langsam bemerkbar, aber die Gründung von KAZA zieht immer mehr neugierige Touristen an, und das bringt nicht nur neue Unterkünfte, sondern auch neue Arbeitsplätze mit sich.
www.kavangozambezi.org

**Ein Dorf als Museum**

Lizauli Traditional Village

Nahe der nördlichen Einfahrt in den Mudumu National Park liegt das Dorf Lizauli. Einst ein unscheinbarer Flecken, steht Lizauli heute als Symbol für die Durchsetzung eines Community-based tourism im Caprivi-Streifen. So wurde Lizauli als **Living Museum** aufgebaut, als Dorf, das den Lebensstil und die traditionelle Lebensweise der Caprivianer darstellt. Initiiert und umgesetzt von der hiesigen Bevölkerung, kommt auch sie in den Genuss der Einnahmen durch die Touristen, die hier Einblick in den Lebensstil ihrer Gastgeber bekommen (▶ Abb. S. 22).

**Ausgangspunkt für Entdeckungs- und Einkaufstouren**

Katima Mulilo

Wann immer man dieser Tage mit jemandem in Caprivi spricht, das Wort »Boom« bleibt nicht aus. Und das hätte wohl auch Graf Leo von Caprivi erstaunt: Dank des heute geteerten und 500 Kilometer langen Trans-Caprivi-Highway hat sich Katima Mulilo, das einstige Tropenkaff im Vierländereck zwischen Sambia, Simbabwe, Botswana und Namibia, zu einer Kleinstadt entwickelt. Sie zählt mittlerweile 30 000 Einwohner und ist nicht nur der Ausgangspunkt für Touren in den Caprivi-Streifen, ins nahe Botswana und zu den Victoria-Fällen in Simbabwe, sondern auch ein Zentrum der lokalen Wirtschaft.

Wegen der Nähe zu Sambia und Simbabwe kann man in Katima Mulilo viel afrikanische Kunst erstehen. Eine gute Auswahl an Kunsthandwerk bietet neben den Straßenmärkten das **Caprivi Arts Centre.** Katima Mulilo hat ein Krankenhaus, eine Bank, eine Post, zahlreiche Läden und verschiedene Unterkünfte.

Die knapp 200 km entfernten ▶ Victoria Falls erreicht man am besten mit dem Pkw über die Sesheke-Brücke, die über den Sambesi nach Sambia führt.

**Im Reich der Tiere**

★★ Chobe National Park

Außerordentlich lohnend ist von Katima Mulilo die Fahrt in den Chobe-Nationalpark **in Botswana**, der an den südöstlichen Caprivi-Streifen grenzt (das erforderliche Visum erhält man beim Grenzübertritt; für Leihwagen aus Namibia braucht man ein Dokument, das die Mitnahme des Fahrzeugs gestattet). Man erreicht den Nationalpark nach ca. 80 km über Ngoma. Die Transitroute durch den Park nach Kasane ist mit dem Pkw befahrbar, um jedoch einen wirklichen Eindruck von der grandiosen Landschaft und Tierwelt zu bekommen, sollte man mit einem Allradfahrzeug unterwegs sein. Die schönsten Eindrücke vermittelt die Fahrt entlang dem Fluss Chobe auf einer schmalen sandigen Piste. Auch bei Bootsfahrten auf dem Chobe (viele der Lodges im nahen Kasane bieten solche Touren an) kann man die Flusslandschaft wunderbar genießen.

Der Chobe-Nationalpark erstreckt sich über rund 11 000 $km^2$ und hat einen enorm reichen Wildbestand. Neben dem Ufer des Chobe bieten die **Savuti-Sümpfe** im Südwesten des Parks das reichste Tierleben. Besonders zwischen November und Mai wimmelt es hier geradezu von Elefanten, Büffeln und Zebras. Löwen, Wildhunde und Hyänen bekommt man ebenso immer zu Gesicht wie viele andernorts selten gewordene Antilopenarten.

Übernachten kann man in verschiedenen Lodges, auch Einrichtungen für Camper sind vorhanden. Der Chobe National Park ist Teil des grenzüberschreitenden Schutzgebiets Kavango-Zambezi Transfrontier Conservation Area (▶ KAZA-Park).

Eintritt: 175 N$ pro Person, 85 N$ pro Auto

# ★★ ETOSHA NATIONAL PARK

**Region:** Kunene | **Größe:** 22 275 km² | **Höhe:** 1100 m ü. d. M.

E-H 2/3

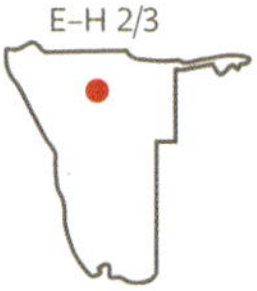

***Der Etosha-Nationalpark im Norden Namibias ist eines der schönsten und wildreichsten Naturschutzgebiete Afrikas. Etosha bedeutet »der große weiße Ort«. Die Bezeichnung kommt aus dem Oshivambo und beschreibt die Salz- und Tonpfanne, die etwa ein Fünftel des Nationalparks ausmacht. Doch die eigentliche Attraktion sind die Tiere – Garant für magische Momente.***

Am großen weißen Ort

Ein Morgen in Etosha. Es ist noch früh, halb sieben, und die Sonne ist gerade über die Wipfel der Akazien gestiegen. Die Mauern des Forts Namutoni leuchten in strahlendem Weiß. Nur zwei Kilometer vom Fort entfernt umtänzeln sich zwei Gepardenbrüder im honiggelben Gras. Es ist ihre Begrüßungszeremonie, denn sie haben die Nacht im hohen Gras verbracht. Als die Sonne über die Wipfel steigt, machen sie sich auf in die Ebene, um nach Beute Ausschau zu halten. Auf einem Termitenhügel nehmen sie Platz und überblicken die Savanne, die am Horizont in die blütenweiße Etosha-Pfanne abfällt.

Es sind diese Momente, wenn das weiche Licht die Landschaft in zarte Farben taucht, die einen Besuch in Namibias wildreichstem und berühmtesten Nationalpark so besonders machen. Seit jeher verzaubert Etosha Besucher. Dabei ist der Nationalpark ein weites Nichts, denn er ist längst nicht so üppig bewachsen wie seine prominenten Brüder Serengeti in Tansania und der Krüger-Nationalpark in Südafrika. Aber genau das ist es, was seinen Charme ausmacht: die spröde Schönheit am Rande der überdimensionalen Lehmpfanne mit ihrem **immensen Tierreichtum.** In Ethosha entfaltet sich ein geradezu paradiesisches Leben. Die Stars in der Manege: Springböcke, Strauße, Zebras, Giraffen, Elefanten, Nashörner, Schakale, Hyänen, Leoparden, Geparden und natürlich der König der Tiere.

### Vom Jagdgrund zum Nationalpark

Geschichte

Als erste Europäer erreichten 1851 die Forscher Francis Galton und Charles Andersson die Etosha-Pfanne. Jäger und Händler reduzierten den Wildbestand innerhalb weniger Jahrzehnte drastisch; es folgte eine Rinderpest-Epidemie, die auch auf das Wild übergriff. Um eine weitere Ausbreitung zu verhindern, errichtete die deutsche Kolonialregierung 1897 drei tierärztliche Kontrollposten bei Namutoni, Okaukuejo und Rietfontein. Daraus wurden nach der Jahrhundertwende Polizeistationen. 1903 entstand in Namutoni ein kleines Fort, sein Nachfolgebau dient heute als Besucherunterkunft. Etosha wurde bereits 1907 zum **Naturschutzgebiet** erklärt – auf einer Fläche, die fünfmal so groß wie der heutige Nationalpark war. Damals erreichte die Parkgrenze die angolanische Grenze im Nordwesten. Seit 1964 hat das Wildreservat den Status eines Nationalparks. Südafrikas Apartheids-Strategen reduzierten das Gebiet 1970 jedoch um 77 %, um Reservate für die Damara und Herero zu schaffen. Da zahlreiche künstliche Wasserstellen im Park angelegt wurden, stieg der Wildbestand trotz dessen Verkleinerung in der Folge stark an. 1954 beispielsweise wurden nur 26 Elefanten im Park gezählt, heute sind es mehr als 100 Mal so viele.

## Das wilde Leben in Etosha

**Das weiße Herz des Nationalparks**

Etosha-Pfanne

Um die Entstehung der Etosha-Pfanne rankt sich eine wunderschöne Legende: Der Stamm der hier ansässigen Heikum-San soll in grauer Vorzeit überfallen worden sein. Die Männer und Jungen wurde getötet, nur die Frauen blieben verschont. Eine Mutter war über den Tod

Keine Angst vor großen Zähnen ...

ihres Sohnes so verzweifelt, dass ihre Tränen zu einem riesigen See zusammenflossen. Das Wasser verdunstete, aber das Salz der Tränen blieb zurück. Etosha war geboren.
Tatsächlich entstand die weiß glitzernde Salzpfanne – sie ist 120 km lang und bis zu 72 km breit – vor Millionen Jahren, als Bewegungen in der Erdkruste eine Senke bewirkten, in der sich Wasser sammelte. Flüsse speisten den riesigen Binnensee, bis sie vor vermutlich 2–10 Mio. Jahren ihren Lauf allmählich änderten – die Pfanne trocknete aus und an der Oberfläche bildete sich eine Kalkkruste. Heute sammelt sich nur nach besonders regenreichen Jahren noch Wasser in der Etosha-Pfanne. Es zieht Tausende von Flamingos zum Brüten an, verdunstet aber meist schon nach wenigen Wochen wieder.

**Wenig Grün**

Vegetation

Die Etosha-Pfanne ist bis auf einige widerstandsfähige, Salz liebende Gräser und Büsche vegetationslos. An die weite Salzwüste grenzt Grasland, das schließlich in Trockenbuschsavanne übergeht. Den etwas feuchteren Ostteil des Gebiets bedeckt eine Baumsavanne. Es dominiert der von Elefanten als Nahrungsmittel besonders geschätzte Mopane-Baum. Daneben wachsen hier große Tambuti- und Blutfruchtbäume sowie verschiedene Akazienarten. Beim Fort Namutoni, heute eine der beliebtesten Unterkünfte, stehen Exemplare der auffälligen Makalani-Palme.

**Von Antilope bis Zebra**

★★ Wildbestand

Riesige Herden Großwild ziehen durch die offene Steppe und sammeln sich in der Trockenzeit an den Wasserlöchern. Im Park leben 114 Säugetierarten und 340 Vogelarten. Man sieht vor allem Springböcke (bis zu 20 000), Oryxantilopen oder Spießböcke (biszu 6000), Kudus (bis zu 2000), Elenantilopen (1000), Impalas (1500), Streifengnus (4000), Steppenzebras (13 000), Bergzebras (750), Strauße (3300) und Giraffen (3100). Dazu kommen etwa 2500 Elefanten, vermutlich rund 300 Spitzmaulnashörner, etwa die gleiche Zahl Breitmaulnashörner, 250 Löwen und eine nicht bestimmte Anzahl von Leoparden und Geparden. Es gibt etwa 100 natürliche und künstlich angelegte **Wasserstellen** (an rund 40 wurden Beobachtungsposten angelegt), aber keine Flüsse, also kommen Flusspferde, Büffel und Krokodile nicht im Park vor.
Die Frage, wo man am meisten Wild sieht, kann pauschal nicht beantwortet werden. Die Tiere ziehen täglich von einem Ort zum nächsten. Am besten sieht man im Besucherbuch der staatlichen Camps nach: Dort schreiben Gäste genau auf, an welcher Wasserstelle und zu welcher Uhrzeit sie zuletzt interessante »Sightings« hatten. Generell gilt: In den frühen Morgen- oder Abendstunden hat man die beste Chance zur Wildbeobachtung. In den heißen Mittagsstunden hält sich das Wild im Schatten auf und ist eher schlecht zu sehen.

BAEDEKER ÜBERRASCHENDES

# 6X

# EINFACH UNBEZAHLBAR

*Erlebnisse, die für Geld nicht zu bekommen, auf jeden Fall aber ihr Geld wert sind*

## 1. WÜSTEN-LEUCHTEN

Einen der schönsten Sonnenaufgänge Namibias genießt man von der Düne »Big Daddy« hoch über dem Deadvlei im **Namib Naukluft Park.** (▶ **S.148**)

## 2. SAND UND MEER

Der absolute Kontrast zur Trockenheit in der Wüste: ein Bootstrip in die Lagune von **Walvis Bay**. Hier begegnet man Pelikanen, Robben und Delfinen. (▶ **S. 200**)

## 3. EINMALIGE AUSSICHT

Es gibt viele Orte mit toller Aussicht in Namibia, aber kaum einen wie die **Grootberg Lodge bei Khorixas,**: Der Blick reicht kilometerweit über die einsamen Etendeka-Tafelberge. (▶ **S. 117**)

## 4. IM SIEBTEN HIMMEL

Eine **Ballonfahrt im Namib Naukluft Park** ist eines der eindrucksvollsten Namibia-Erlebnisse: In gravitätischer Ruhe gleitet man über die Dünen. Wohin man getragen wird, weiß nur der Wind. (▶ **S. 142**)

## 5. ETOSHA BEI NACHT

Eine Safari bei Tag ist ein großartiges Erlebnis. Unübertroffen ist sie bei Nacht im **Etosha-Nationalpark**. Dann bricht die Zeit der Leoparden, Erdwölfe, Erdferkel, Käuzchen und Eulen an. (▶ **S. 70**)

## 6. STERNENKINO

Egal, ob als Astro-Neuling oder versierter As-tronom – in Namibia erwartet einen ein Sternenhimmel, der nicht nur Mitteleuropäer tief beeindruckt. (▶ **S. 8 ff.**)

## Wohin im Etosha National Park?

**Der Weg zu den Tieren**

Route Die gängigste und auch wildreichste Route führt vom Camp Okaukuejo am Südrand des Parks zum Fort Namutoni im Osten. Auf dem Weg liegen zahlreiche Wasserstellen, an denen sich die Tiere am besten beobachten lassen.

**Hier stillen Nashörner ihren Durst**

★ Okaukuejo Das Camp von Okaukuejo (▶ S. 70) verfügt über eine viel frequentierte, nachts beleuchtete Wasserstelle, an die gerne Elefanten, Giraffen, Zebras, Oryxantilopen und Springböcke kommen. Abgesehen davon ist das Wasserloch vor allem für seine Spitz- und Breitmaulnashörner berühmt. Die Bestandszahlen hält die Parkverwaltung

streng geheim, um die Tiere vor Wilderern zu schützen. Fest steht: Etosha verfügt über die größte zusammenhängende Population an Spitzmaulnashörnern weltweit. Besonders nachts kann man die Tiere hier sehr oft beobachten. Wer genug Geduld mitbringt, hat in Okaukuejo fast eine hundertprozentige Nashorn-Garantie.

**Bäume aus dem Paradies**

Sprokieswoud

Zunächst lohnt sich von Okaukuejo aus ein Abstecher nach Westen zum ca. 30 km entfernten Sprokieswoud (Fairy Tale Forest oder Märchenwald), einer Ansammlung knorrig verwachsener Moringa-Bäume. Die ursprünglich in dieser Gegend heimischen San nannten sie »die, die auf dem Kopf stehen«. Sie glaubten, die Bäume seien aus dem Paradies geworfen worden und verkehrt herum auf ihrem jetzigen Standplatz gelandet. In diesem Teil des Parks liegen auch einige

# ETOSHA-NATIONALPARK ERLEBEN

Die Hauptverwaltung des Etosha-Nationalparks befindet sich im **Camp Okaukuejo**. Informationen zu den Unterkünften und Reservierungen für die sechs Camps im Park nimmt das Central Reservations Office von Namibia Wildlife Resorts (NWR), Tel. 061 2 85 72 00, www.nwr.com.na, entgegen. Die Antworten dauern allerdings oft lange.

## ANREISE, EINTRITT

Von Windhoek aus ist der Etosha-Nationalpark (550 km ab Windhoek) auf einem gut ausgebauten, asphaltierten Straßennetz zu erreichen. Die Ein- und Ausfahrt in den Nationalpark und in die Camps ist nur nach Sonnenaufgang und vor Sonnenuntergang gestattet – die Zeiten sind an den Gates deutlich sichtbar vermerkt. Bei der Einfahrt in den Nationalpark müssen Tagesbesucher und Übernachtungsgäste Eintritt bezahlen: derzeit pro Person 80 N$ am Tag (etwa 5,50 Euro), für den Pkw zusätzlich 10 N$ pro Tag (etwa 0,70 Euro).

## TOUREN IM PARK

Die insgesamt ca. 1000 km öffentlich befahrbare Straßen und Pisten im Nationalpark sind in gutem Zustand und für normale Pkw geeignet. Alle Wege sind sehr gut beschildert. Die außerhalb des Parks gelegenen Lodges sowie verschiedene Safari-Unternehmen organisieren Pirschfahrten durch das Gelände.

## SAFARIS BEI NACHT

Wenn es hell ist, sind in Etosha Springböcke, Strauße, Zebras, Giraffen und Elefanten die Stars in der Manege. Nachts bricht die Zeit der Löwen, Leoparden und Hyänen an. Und die der Erdwölfe, Käuzchen, Eulen und so skurriler Geschöpfe wie dem Erdferkel, das sich, beinahe nackt und nur von wenigen borstigen Haaren bedeckt, ausschließlich bei Dunkelheit aus seinem Erdloch traut, um Jagd auf Termiten zu machen. Seit einiger Zeit bietet Namibia Wildlife Resorts (NWR) Nachtsafaris in ihren Camps an. Drei Stunden lang können die Gäste nach Sonnenuntergang mit erfahrenen Rangern die Tiere der Nacht aufspüren (730 N$ pro Person, Buchung über Namibia Wildlife Resorts, ► S. 317).

## REISEZEIT

Wildbeobachtung ist im Etosha-Nationalpark das ganze Jahr über möglich. Die beste Reisezeit sind die kühleren, trockenen Monate (April–Oktober), dann ist es tagsüber nur selten heißer als 30 °C. Das Wild sammelt sich in der Trockenperiode an den Wasserstellen und kann dort gut beobachtet werden. Wer die Hitze nicht scheut, erlebt im Sommer ganz andere Landschaftseindrücke. Die Regenfälle zwischen Januar und März verwandeln das Gebiet für kurze Zeit in eine grüne Wiese. Nach ergiebigen Regenfällen verteilt sich das Großwild über das gesamte Schutzgebiet, an den Wasserlöchern zeigen sich dann meist nur Zebras und Antilopen. Wegen der relativ dichten Vegetation sieht man schon wenige Meter abseits der Piste kein Wild mehr. Für den Besuch des Etosha-Nationalparks sollte man mindestens zwei, besser drei volle Tage einplanen. Es empfiehlt sich, zumindest eine Nacht in einem der drei großen Camps im Nationalpark zu verbringen, da man hier auch noch in den Abend- und Nachtstunden das Wild an den beleuchteten Wasserlöchern beobachten kann.

## GESUNDHEIT

Der Etosha-Nationalpark liegt in einem Gebiet mit Malariarisiko. Das regelmäßige Einnehmen einer Malaria-Prophylaxe gerade in der Regenzeit zwischen Ende November und Anfang März ist zu empfehlen.

## VERHALTEN IM NATIONALPARK

Um Flächenbrände zu vermeiden, dürfen offene Feuer, z. B. zum Grillen, nur an den dafür vorgesehenen Stellen in den Rastlagern angezündet werden. Lagerfeuer müssen total gelöscht werden, z. B. durch Austreten oder Abdecken der Feuerstelle mit Sand. Natürlich sollten auch keine brennenden Zigarettenkippen aus dem Autofenster geworfen werden. Das Sammeln von Feuerholz ist in allen Naturschutzgebieten verboten.

## AUTOFAHREN

Die wichtigste Regel für das Fahren im Park lautet: Auto nicht verlassen. Das wird von den Rangern auch kontrolliert und bei Verstoß mit saftigen Strafen geahndet. Ansonsten gilt: Geschwindigkeitsbegrenzung (60 km/h) einhalten und Tieren immer den Vorrang lassen. Aus Sicherheitsgründen sollte man die Autotüren immer geschlossen halten und sich nicht weit aus dem Autofenster bzw. aus dem Schiebedach hinauslehnen.

## SAUBERKEIT

Toiletten gibt es nur in den Camps und an wenigen Stellen im Park, wobei Letztere nicht immer ganz sauber sind. Tipp für den Notfall: eine der offiziellen Karten kaufen, denn dort sind die Toiletten eingezeichnet. Abfälle gehören in die dafür aufgestellten Mülleimer – Abfall verschandelt nicht nur die Landschaft, sondern kann manch einem Tier auch Verletzungen zufügen oder gar den Tod bringen. Auf keinen Fall wilde Tiere füttern: Sie können dann sehr aufdringlich und für die Besucher sogar äußerst gefährlich werden, außerdem können sie an diesem »Futter« auch verenden.

## STAATLICHE CAMPS IM PARK

Im Nationalpark gibt es sechs staatliche Camps, die von Namibia Wildlife Resorts (NWR) verwaltet werden. Bis auf Olifantsrus haben die Camps ein Restaurant (unbedingt bei der Ankunft Tisch reservieren), Läden, Tankstelle, Picknick-, Grill- und Campingplätze. Mit Ausnahme von Onkoshi und dem Dolomite Resort sind die Unterkünfte sehr einfach. Man muss unbedingt rechtzeitig buchen (www.nwr.com.na, ▶ S. 313). Besonders

Stau am Wasserloch

Unterkunft in Okaukuejo: Ein Rondavel ist nichts anderes als ein runder Bungalow.

Okaukuejo ist wegen seines berühmten Wasserlochs fast immer ausgebucht.
Namibia Wildlife Resorts hat in den letzten Jahren viele Unterkünfte aufgewertet, sodass vielfältige Übernachtungsmöglichkeiten zur Verfügung stehen. Mehr Luxus wird in den privaten Lodges außerhalb des Parks geboten.

### ❶ OKAUKUEJO €€-€€€

Okaukuejo am Südrand des Parks (17 km vom Anderson Gate) ist Sitz der Parkverwaltung und eines ökologischen Instituts. Den Gästen stehen ein Campingplatz, schlichte Doppelzimmer und geräumige Bungalows mit Küche und Dusche zur Verfügung. Besonders begehrt sind die etwas teureren Häuschen direkt an der beleuchteten Wasserstelle, an der nachts eine regelrechte Tiershow stattfindet (Waterhole Chalets und Premier Waterhole Chalets).

### ❷ HALALI €€-€€€

Das Camp mit einer breiten Palette an Unterkünften (Campingplatz, Doppelzimmer, Chalets und Honeymoon Suite) liegt auf halber Strecke zwischen Okaukuejo und Namutoni; das beleuchtete Wasserloch befindet sich 600 m außerhalb des Camps.

### ❸ NAMUTONI €€-€€€

Das in der deutschen Kolonialzeit errichtete Fort Namutoni ist ein Nationaldenkmal. Ein kleines Museum in einem der Türme des Forts informiert über die Geschichte des einstigen Militärpostens. Die Wasserstelle ist auch in den trockenen Monaten nicht allzu stark frequentiert, da es in der Nähe andere Wasserlöcher gibt, die nach Sonnenuntergang jedoch nicht besucht werden dürfen, da sie außerhalb des Camps liegen. Auch hier stehen ein Campsite und verschiedene Unterkünfte für jeden Bedarf und Geldbeutel zur Verfügung.

### 4 ONKOSHI RESORT €€€-€€€€

Das luxuriöse Onkoshi Resort wird weitgehend nachhaltig bewirtschaftet: 15 strohgedeckte Chalets auf Stelzen bieten fantastische Ausblicke auf die Salzpfanne. Außerdem gibt es ein Restaurant, eine Lounge, eine Bar und einen Swimmingpool mit Sonnendeck.

### 5 DOLOMITE RESORT €€€-€€€€

Das Dolomite Resort liegt im einst nicht zugänglichen Westteil des Parks, der vom Massentourismus noch weitgehend unberührt ist. Das Resort mit 20 Luxus-Chalets erfüllt strenge ökologische Vorschriften. Wie Onkoshi ist es aus Naturmaterialien erbaut und schmiegt sich an einen Hügel. Zum Galton Gate sind es etwa 40 km. Dolomite ist der ideale Ausgangspunkt für Pirschfahrten abseits der Hauptrouten mit tollen Tierbeobachtungsmöglichkeiten im wilden Westen des Parks. Allein 15 wenig frequentierte Wasserstellen liegen in der Nähe des Camps.

### 6 OLIFANTSRUS CAMPSITE €

Der Olifantsrus Campsite liegt im unberührten Westteil des Parks zwischen Okaukuejo und dem Dolomite Resort. Im jüngsten staatlichen Camp finden Besucher zehn Stellplätze mit Stromanschluss, eine Gemeinschaftsküche und einen Kiosk mit Getränken und Snacks. Ein Highlight ist der moderne, zweistöckige Beobachtungsturm an einem künstlichen Wasserloch.

## UNTERKÜNFTE AUSSERHALB DES PARKS

### 7 ONGAVA €€€-€€€€

Die Attraktion des Privatparks mit den vier Unterkünften Ongava Lodge, Little Ongava, Anderson's Camp und dem sehr naturnahen Ongava Tented Camp sind die hier angesiedelten Schwarzen und Weißen Nashörner. Aber auch sonst gibt es jede Menge Tiere zu sehen, darunter Elefanten, Giraffen, seltene Schwarzgesichtimpalas, Löwen, Leoparden und hunderte verschiedene Vogelarten.
Tel. 083 330 39 20
www.ongava.com

### 8 ETOSHA SAFARI LODGE €€-€€€

Die 65 Chalets liegen auf einer Anhöhe 9 km südlich des Anderson Gate und sind mit Klimaanlage und Moskitonetzen ausgestattet. Es gibt drei Schwimmbecken, ein Restaurant und eine Bar sowie ein Holzdeck für Sundowner hoch über dem Buschland mit großartigem Weitblick.
Tel. 061 42 72 00
www.gondwana-collection.com

### 9 MOKUTI ETOSHA LODGE €€€€

Die feine Herberge nur 2 km vor dem Osttor bietet 110 Zimmer und Suiten mit allem erdenklichen Luxus, dazu verschiedene Swimmingpools, Spa, Fitnesscenter, Tennisplätze und sogar einen eigenen Reptilienpark.
Tel. 061 431 80 00
www.mokutietoshalodge.com

### 10 ONGUMA €€€-€€€€

Das größte der fünf Onguma-Camps, zu denen seit einiger Zeit auch die Etosha Aoba Lodge gehört, ist einer Festungsanlage aus der Kolonialzeit nachempfunden und bietet luxuriöses Ambiente vor dem Osttor des Parks: elf luxuriöse, riesige Bush-Suiten mit Terrasse sowie eine Honeymoon Suite, dazu Restaurant, Souvenirshop, Lounge, Aussichtsplattformen und Schwimmbad. An der beleuchteten Wasserstelle sind oft auch Löwen anzutreffen. Einen Campingplatz gibt es ebenfalls in dem privaten Wildreservat.
Tel. 061 23 70 55
www.onguma.com

Geduld und ein Fernglas sind die besten Begleiter im Etosha-Park.

gerne von Raubkatzen und anderen Tieren frequentierte Wasserstellen wie Grunewald, Leeubron, Natco, Adamax und Okondeka direkt an der Etosha-Pfanne.

**Ein guter Ort zum Fotografieren**

Gemsbokvlakte

Ca. 2 km östlich des Camps Okaukuejo zweigt von der Hauptroute eine Piste rechts zur Wasserstelle Gemsbokvlakte ab. Während der Trockenzeit ergeben sich dort hervorragende Möglichkeiten zur Tierbeobachtung. Am Nachmittag bestehen die besten Voraussetzungen für schöne Fotos. Regelmäßig sehen lassen sich hier zahlreiche Oryxantilopen, Springböcke, Zebras und Elefanten.

**Hier trifft man hungrige Elefanten ...**

Olifantsbad

Nächste Anlaufstelle ist das 8 km entfernte Olifantsbad. Ringsum wachsen Mopane-Bäume – da Elefanten sie sehr schätzen, trifft man die Tiere hier besonders häufig. Auch Zebras und die verschiedenen Antilopenarten sind regelmäßige Besucher.

**... und hier durstige**

Aus

Bei Aus handelt es sich um eine Grundwasserquelle, die aber zusätzlich künstlich gespeist wird. Ist Wasser vorhanden, sieht man hier Elefanten, Zebras, Springböcke, Kudus und Oryxantilopen – und mit ganz viel Glück auch Nashörner.

**Aussicht auf die Etosha-Pfanne**

Wieder auf der Hauptstrecke zweigt links die Zufahrt zur Homob-Wasserstelle ab. Sie liegt fast unmittelbar an der Etosha-Pfanne. Statt dem sonst üblichen (und teilweise sehr dichten) Buschland hat man von hier einen tollen Blick bis zum Horizont über das endlose Weiß der Pfanne, in der man häufig auch Strauße sieht.

Homob-Wasserstelle

**Wo der König der Tiere seine Aufwartung macht**

Knapp 20 km weiter östlich erfordert Charitsaub einen Stopp. Löwen werden hier regelmäßig gesichtet, und ab und an pirscht sich auch einmal ein Gepard heran.

Charitsaub

**Hier geben sich fast alle Tiere ein Stelldichein**

Ein beliebter Anlaufpunkt ist die relativ große Wasserstelle Rietfontein. Fast alle im Nationalpark vorkommenden Tierarten, selbst Leoparden, werden hier gesehen. Auch Vogelliebhaber kommen auf ihre Kosten. Allerdings ist dafür ein Fernglas unerlässlich.

Rietfontein

**Seltene Gäste I**

Für eine Übernachtung bietet sich das Camp Halali an (▶ S. 72). Von dort sind es noch ca. 20 km bis zur Wasserstelle Goas. Nicht selten sieht man hier große Elefantenherden, Zebras, Kudus, Streifen-gnus, die seltenen Schwarznasenimpalas und oft auch Löwen.

Goas

**Ein Abstecher in die Pfanne**

Der Etosha Viewpoint ist die einzige Stelle, an der man 1,5 km weit in die Etosha-Pfanne hineinfahren kann. Wohin man auch schaut: nichts als eine weite Fläche, die hinter dem Dunst des Horizonts im Nichts verschwindet. Kein Baum, kein Strauch, nur vereinzelte Tiere wandern auf ihr entlang. Selbst wenn es geregnet hat, verändert sich die Öde nur marginal, bringt hier einen Flecken farbiges Moos zum Vorschein, dort eine Kolonie Sukkulenten. Doch kaum riecht die Luft nur nach Regen, erscheinen Tausende von Flamingos am Himmel. Für sie ist der Tisch in der aufgeweichten Etosha-Pfanne für den Zeitraum ihrer Brutperiode reich gedeckt. Während der Regenzeit sollte man die Straße in die Pfanne nur mit einem Allradfahrzeug befahren.

★ Etosha Viewpoint

**Hier braucht man etwas Glück**

Die Hauptroute durch den Park verläuft nun am Rand der Etosha-Pfanne. Nach knapp 60 km kommt man nach Okerfontein. Allzu viel Wild trifft man hier meist nicht an, dafür erspäht man manchmal Geparden oder Löwen.

Okerfontein

**Nah am Geschehen**

Vielen gilt das fast 70 km weiter östlich gelegene Kalkheuwel als bester Beobachtungsplatz überhaupt. Man kommt relativ nahe an die

★ Kalkheuwel

# TIERSCHUTZ ALLENTHALBEN

*Namibia ist eines der tierreichsten Länder des afrikanischen Kontinents und hat den Tierschutz sogar in der Verfassung niedergeschrieben. Dennoch sind viele, vor allem große Tiere vom Aussterben bedroht. In kaum einem anderen Land Afrikas hat sich die Erkenntnis durchgesetzt, dass gerade die Vielfalt der Tierwelt ein kostbares Wirtschaftskapital ist und dass die Touristen, die wegen der Naturerlebnisse ins Land kommen, Einkünfte und Arbeitsplätze sichern. Wir stellen Tiere vor – und Menschen, die versuchen, sie zu retten.*

## Gepard: rasanter Jäger auf kurzer Strecke

Sie ist so etwas wie eine Ikone des Geparden-Schutzes: Hunderte der grazilen Raubkatzen hat sie aus den Fallen argwöhnischer Farmer gerettet. Die US-Amerikanerin Laurie Marker kam in den 1980er-Jahren nach Namibia und gründete den **Cheetah Conservation Fund** (CCF). Anfangs versuchte sie noch, die Farmer davon zu überzeugen, die Wildkatzen zu schützen. Jahrelange Beobachtungen brachten dann überraschende Erkenntnisse; daraus entwickelten Marker und ihre Mitstreiter Methoden, die Viehverluste zu reduzieren. So empfehlen sie heute Farmern, neben dem Vieh reichlich Antilopen auf ihrem Land zu halten, da gesunde Geparde am liebsten Antilopen jagen. Da sich Geparde nicht an Menschen herantrauen, sollen Hirten die Viehherden bewachen. Auch Herdenschutzhunde oder sogar Esel können die Viehherden sichern. Und die Erfahrung zeigt: Farmer, die sich an ihre Ratschläge halten, haben kaum noch Probleme mit den Raubtieren. Die Abschussquote in Namibia geht stark zurück. Dieser Erfolg hat sich herumgesprochen. Auch andere Ländern fragen inzwischen den Cheetah Conservation Fund um Rat, wie sich Konflikte mit wilden Tieren wie Wölfen oder Bären vermeiden lassen (www.cheetah.org).

Der Gepard ist ein **Rekordhalter im Tierreich**: Auf Tempo 100 ist er in nur 3,2 Sekunden – das macht ihn zum schnellsten Landtier der Erde. Mit dem goldgelben, schwarz gepunkteten Fell und den schwarzen »Tränenspuren«, die sich von den Augen bis zu den Mundwinkeln ziehen, ist er noch dazu eine der schönsten Raubkatzen. Nach zwei weiteren Sekunden, also in insgesamt fünf Sekunden, hat mancher Gepard seine Höchstgeschwindigkeit von 120 km/h erreicht. Dazu verhelfen ihm sein regelrecht aerodynamisch gebauter Körper mit überlangen muskulösen Beinen, Krallen, die nicht eingezogen werden können und ihn auf glattem Untergrund ganz unbeholfen werden lassen, ein kleiner Kopf mit flachem Gesicht, eine Wirbelsäule, die ihm fünf Meter lange Riesenschritte erlaubt, ein buschiger Schwanz, der in engen Kurven wie ein Steuerruder benutzt wird, und ein kräftiges Herz. Allerdings ist der Gepard nur ein Kurzstreckensprinter. Nach spätestens 500 m bzw. 10 Sekunden macht er schlapp. Hat der tagaktive Schnellläufer dann seine Beute nicht geschlagen, muss er nach einer bis zu dreistündigen Ruhepause wieder von vorn beginnen. Bei fünf Angriffen ist er durchschnittlich nur in zwei Fällen erfolgreich.

Nur ein Lebewesen kann den Gepard einholen: der Mensch. In der Kalahari jagen San dem Sprinter im Marathontempo hinterher – das Tier prescht davon, muss aber nach kurzer Zeit ein wenig verschnaufen, bevor es wieder lossprintet, und ist nach 30–40 km erschöpft. Nach erfolgreichen Hetzjagden auf die **Lieblingbeute Springbock** muss die Beute rasch gefressen werden – nicht nur vom als Einzelgänger lebenden Gepard, sondern auch vom gemeinsam jagenden Familienclan. Denn schnell sind Löwen, Hyänen oder ein Leopard zur Stelle, um sich an den »gedeckten Tisch« zu setzen, und gegen diese Raubtiere können die Geparde mit ihrem schwachen Gebiss nichts ausrichten.

Das Problem: Einst waren die Raubkatzen in Asien und Afrika weit verbreitet. Heute leben die meisten Geparde – rund 3500, das ist **fast die Hälfte der Weltpopulation** – in Namibia, wo die schnellen Jäger landesweit unter Naturschutz stehen. Doch sicher sind sie immer noch nicht. Da sie in den Nationalparks von den stärkeren Löwen vertrieben werden, leben und jagen 90 % außerhalb der Parks auf den Viehfarmen. Hier lauert der Mensch, der aus Angst um seinen Viehbestand die Tiere jagt. So wurde ihr Bestand innerhalb von zehn Jahren halbiert.

## Afrikanischer Wildhund: gehetzter Jäger

Und damit ist der Gepard nicht allein: Auch dem Afrikanischen Wildhund setzt der Mensch zunehmend zu. Der in allen Ländern Afrikas südlich der Sahara heimische Jäger erlangte bei Farmern, Jägern und Wildhütern den **Ruf**

Hier war der König der Tiere schneller als der Gepard.

**eines Killers.** Ein schöner Anblick ist es wahrhaftig nicht, wenn eine Gazelle nach einer Hetzjagd von zwei Wildhunden gestellt und zerlegt wird. Solche Bilder brachten dem Wildhund seinen Ruf als Räuber ein, und die schwarzbraun, weiß und senffarben gefleckte Caniden-Art Lycaon pictus (angemalter Wolf) durfte auf keine Gnade hoffen – der Mensch, der einzige natürliche Feind des Wildhunds, hat dafür gesorgt, dass es **nur noch 3000–5500 Tiere** dieser Art gibt, in 14 (von ehemals 39) Ländern, darunter im Osten und Nordosten Namibias. Neben dem Nashorn steht der Afrikanische Wildhund mit den trichtergroßen Ohren auf der »Roten Liste« gefährdeter Tierarten ganz oben.
Der Wildhund, der in Rudeln auf einer Fläche von über 400 km jagt, ist der erfolgreichste Jäger Afrikas – er gelangt bei so gut wie jedem Jagdanlauf an sein Ziel. Anders als die Geparde, denen nach 500 m Sprint die Luft ausgeht, haben die hochbeinigen Hunde, die eine Spitzengeschwindigkeit von mehr als 50 km/h erreichen, genügend Ausdauer, eine Beute bis zu deren Erschöpfung oder sogar zu Tode zu hetzen.
Wildhunde haben ein **ausgeprägtes Sozialverhalten**. Wenn das Rudel jagt, werden die Jungen, die ausschließlich vom Leitrüden und dem einzigen Alpha-Weibchen stammen, in oder vor der Wohnhöhle von erwachsenen Tieren behütet. Gefüttert werden die Jungtiere, aber auch die Babysitter von den zurückgekehrten Jägern mit herausgewürgtem, halb verdautem Fleisch. Auf dieselbe Art versorgen die Wildhunde auch kranke Rudelmitglieder, die so lange gepflegt werden, bis sie wieder gesund sind. Viele Forscher halten Wildhunde deshalb für die sozialsten aller Säugetiere: Immer wieder wird beobachtet, dass die »Killer« nie die Zähne gegeneinander fletschen. Erst in den letzten Jahren hat man sich darum bemüht, das Leben des Afrikanischen Wildhundes zu erforschen. Hoffentlich bleibt noch genügend Zeit dazu.

## Nashorn: Das Horn ist ihr Verderben

In den 1980er-Jahren wurde die Zahl der Nashörner in Namibia durch Wilderer, die auf das kostbare Horn aus waren, um die Hälfte dezimiert. Besonders betroffen ist das als Einzelgänger lebende Spitzmaulnashorn, das mit den spitzen Lippen grüne Zweige oder Grasbüschel vom Erdboden rupft. Sein Horn gilt in pulverisierter Form in Asien als **Heilmittel und als Aphrodisiakum** – dabei ist seine chemische Zusammensetzung dieselbe wie die unserer Fingernägel: Es besteht aus Keratin. Auf der Arabischen Halbinsel ist das Horn zudem als Dolchgriff begehrt – als Zeichen von Männlichkeit. Jedenfalls bezahlen Asiaten und Araber horrende Schwarzmarktsummen für das Horn. Das etwas kräftiger gebaute, in kleinen Gemeinschaften lebende und viel friedlichere Breitmaulnashorn, das mit seinem breiten Maul das Gras wie ein Rasenmäher abrupfen kann, ist schon seit langem in Afrika vom Aussterben bedroht. Um dem Nashornschlachten vorzubeugen, entschloss man sich 1989 in den Nashornschutzgebieten Namibias neben dem Einsatz von Anti-Wilderer-Truppen zu einem spektakulären Schritt: Wildhüter fingen alle Rhinozerosse, derer sie habhaft werden konnten, ein und sägten ihnen das – wie man glaubte – entbehrliche Horn ab. Damit war das Tier für Wilderer vermeintlich unattraktiv. Doch schon bald fand man heraus, dass Nashörner in ihren Kom-

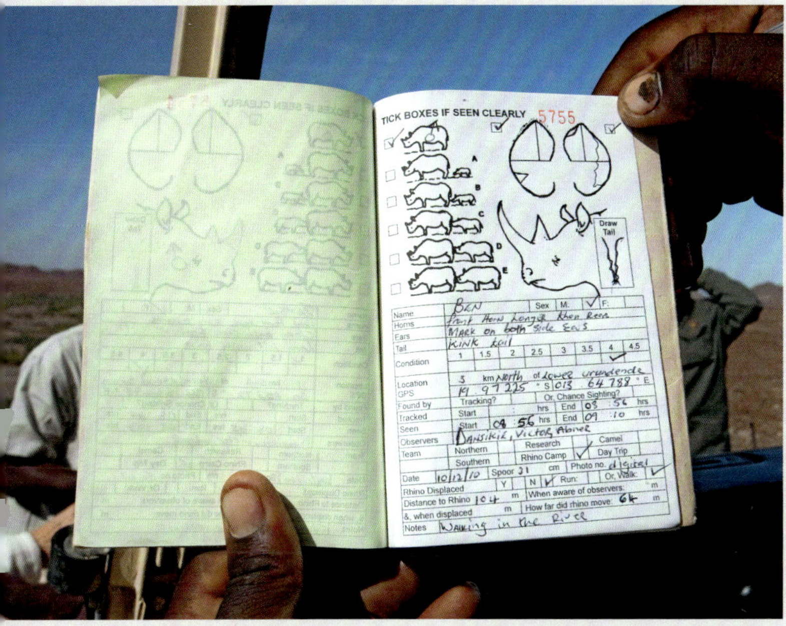

Zum Schutz der Nashörner gehört die genaue Dokumentation der Beobachtungen.

mentkämpfen und bei Paarungsritualen sehr wohl das Horn benutzen. Deshalb entfernt man mittlerweile die nachgewachsenen Hörner nicht mehr. Ohnehin hat sich das Naturschutzbewusstsein der einheimischen Bevölkerung in den letzten Jahren deutlich entwickelt. Eindringliche Aufklärungskampagnen überzeugen die Menschen selbst in den entlegensten Gebieten von den Vorteilen lebender wilder Tiere. Denn die Programme des **Community-based tourism** machen deutlich, dass Touristen die Geldbringer im Land sind, aber nur solange kommen, wie der Wildreichtum Namibias gesichert ist. Namibia verfügt zwar noch über einen recht gesunden Bestand an frei lebenden Spitzmaulnashörnern – laut WWF gab es im Jahr 2015 in Namibia **1946 Spitzmaulnashörner** –, allerdings sind sie weiterhin sehr gefährdet, da die Zahl der gewilderten Tiere im südlichen Afrika in alarmierendem Maße steigt. Daher wurden die staatlichen Sicherheitsmaßnahmen verstärkt. Viele Nationalparks und private Wildschutzgebiete haben heute ihre eigenen Anti-Wilderer-Einheiten. Bestandszahlen kommunizieren sie zum Schutz der Tiere längst nicht mehr.

## Graue Riesen – sogar in der Wüste

Nur zwei Orte gibt es noch auf dem Planeten, an denen Elefanten mit weniger als 150 Millimetern Niederschlag im Jahr auskommen: das Gourma-Reservat in Mali und der Nordwesten Namibias. Die **Wüstenelefanten** im Damaraland, im Kaokoveld und in der Kunene-Region galten schon als ausgerottet. Vor 80 Jahren lebten etwa 3000 Tiere im Nordwesten Namibias, dann sank ihre Zahl infolge illegaler Jagd drastisch. Durch den zunehmenden Naturschutz seit der Unabhängigkeit Namibias hat sich die Population mittlerweile wieder erholt. **Etwa 600 Elefanten** leben heute im Nordwesten des Landes außerhalb von Parks, etwa 150 sind es im extrem trockenen Westen, wo weniger als 150 Millimeter Niederschlag im Jahr fallen.

Nur Tierarten, die seit vielen Generationen gelernt haben, in dieser trockenen und unwirtlichen Region zu überleben, finden hier Nahrung und vor allem Wasser. Elefanten aus anderen Gebieten hätten keine Überlebenschance. Hat man die Wüstenelefanten Namibias – dasselbe gilt auch für das Wüstennashorn – einmal ausgerottet, dann wären sie hier für immer verschwunden. Die Wüstenelefanten der Namib unterscheiden sich zwar genetisch nicht von ihren Verwandten im benachbarten Etosha-Nationalpark und in anderen Teilen Afrikas, doch sie haben sich **perfekt dem kargen Leben** angepasst.

Wüstenelefanten sind schlanker als Savannen-Elefanten. Damit sie nicht im Sand einsacken, haben sie breitere Fußsohlen. Vor allem aber unterscheiden sie sich durch ihr Verhalten: Am Tag legen sie bis zu 70 Kilometer auf der Suche nach Wasser und Nahrung zurück. Im Krüger-Nationalpark in Südafrika bewegen sich Elefanten gerade mal zehn Kilometer fort. Gewöhnliche Elefanten benötigen jeden Tag bis zu 160 Liter Wasser, die Elefanten der Namib können bis zu vier Tage ohne auskommen.

Zum Schutz der Wüstengroßtiere ist es den Naturschutzbehörden Namibias gelungen, die **Damara** und die **Himba** im Kaokoveld zur Zusammenarbeit zu gewinnen. Doch die wachsende Zahl der Elefanten sorgt auch für Konflikte, denn immer öfter zerstören die Tiere die Felder der Herero und Himba und reißen Viehtränken auf der Suche nach Wasser auf. 2015 wurden fünf tote Elefanten am Oberlauf des Hoarusib gefunden; sie waren erschossen worden – vermutlich, weil sie wiederholt die Bohrlöcher der Einheimischen zerstört hatten. »Elefanten bringen Touristen und Geld, doch es sind die Einheimischen, die mit ihnen leben müssen«, sagt die US-amerikanische Elefanten-Forscherin **Laura MacAllister**. »Eine Balance zu finden, ist schwierig.«

Damit ihr Überleben langfristig gesichert werden kann, plant die namibische Regierung, einen Korridor zwischen dem Etosha-Nationalpark und der Küste einzurichten. Trotzdem wird es wohl noch Generationen dauern, bis die Riesen wieder ihrer alten Wege ziehen werden, glaubt MacAllister.

Dabei spielen sie eine eminent wichtige Rolle für das Ökosystem der Namib. Elefanten können selbst kleinste Mengen Wasser wittern. In den trockenen Flussbetten bohren sie tiefe Löcher, sogenannte Gorras, um das lebenwichtige Nass zu erreichen. So können sie selbst bei großer Trockenheit überleben, und auch andere Tiere gelangen so an Wasser. Elefanten können sich Wasserstellen zudem über Jahrzehnte merken: Während einer großen Dürre zwischen 1978 und 1982 verendeten im Nordwesten Namibias tausende Springböcke und Oryxantilopen, selbst hervorragend an das harte Leben in der Wüste angepasste Tiere, aber kein einziger Elefant.

## Oryxantilope: Spezialistin für das Wüstenklima

Die wunderschöne Oryxantilope hat Glück: Sie ist im Gegensatz zum Gepard, dem Wildhund, dem Nashorn und dem Wüstenelefant nicht vom Aussterben bedroht. Wegen ihrer Färbung und Gestalt gilt sie als eine der schönsten Antilopenarten Afrikas. Oryxantilopen, auch Spießbock oder in Afrikaans Gemsbock genannt, erreichen eine Schulterhöhe von bis zu 1,60 m und ein Gewicht von max. 200 kg. Sie haben ein graubraunes Fell mit schwarzen Streifen am Rückenrist und am Unterbauch. Charakteristisch sind ihre spießartigen Hörner, die mehr als 1 m lang werden können. Ihre Heimat sind die trockenen Steppen Namibias; sie ist aber auch in Halbwüsten und Wüsten anzutreffen. Wenn die Oryxantilope keine Wasserstelle findet, gräbt sie in Flussbetten bis zu einem Meter tief nach Wasser. Dank einer besonderen Strategie kann sie aber auch mehrere Tage ohne das rare Nass auskommen: Sie passt ihre Körpertemperatur den Außentemperaturen an und vermeidet so Wasserverlust durch Transpiration. Gleichzeitig vermag sie die Temperatur des überhitzten Blutes zu senken, bevor es das Gehirn erreicht. Die Oryxantilope ist das **Wappentier Namibias,** sie gilt als Symbol für Mut, Stolz und Grazie. Mit ihren Hörnern kann sie ihre Feinde – Löwe, Leopard und Hyäne – durchaus erfolgreich abwehren. Aber auch Menschen sollten sich in Acht nehmen. Fühlt sich eine Oryxantilope bedroht, können die Spieße zur tödlichen Waffe werden.

Was für ein Bild: Zwei Oryx-Antilopen durchstreifen die Sandwüste.

Tiere heran und wird mit großer Wahrscheinlichkeit Elefanten, Giraffen und Oryxantilopen, mit etwas Glück auch Löwen sehen. Auch Raubvögel sind häufige Gäste. Dabei sollte man sich nicht täuschen lassen: Ist die Wasserstelle in einem Moment noch völlig verwaist, kann man im nächsten schon eine Elefantenherde von 50 und mehr Tieren am Wasser beobachten. Das hat einen einfachen Grund: Kalkheuwel liegt in einer Senke, selbst große Tierherden sieht man erst im letzten Moment durch den Mopane-Wald kommen.

Chudob

**Seltene Gäste II**

An der Chudob-Wasserstelle trinken gerne Giraffen, Warzenschweine, Schwarznasenimpalas und die seltenen, sehr großen Elenantilopen.

**Einzigartiges Ambiente**

Namutoni

Das schneeweiße Fort Namutoni lohnt unbedingt einen Besuch. An der dortigen Wasserstelle sieht man häufig Zebras, Springböcke und andere Antilopen.

**Auf den Spuren der kleinsten Antilope**

Dikdik Drive

Die besten Chancen, die kleinste Antilopenart Namibias, das Damara Dikdik, zu sehen, bietet der 6 km lange Dikdik Drive, der 5 km südlich von Namutoni beginnt. Die Fahrt unternimmt man am besten am späten Nachmittag.

**Treffpunkt für Wasservögel**

Fischer's Pan

Östlich grenzt an die riesige Etosha-Pfanne die kleinere Fischer's Pan. Nach Regenfällen ist sie meist für mehrere Monate mit Wasser gefüllt, dann beleben Flamingos, Pelikane, Marabus und andere Wasservögel die Szenerie. Hier gab es schon mehrfach dramatische Umsiedlungsaktionen, wenn die Pfanne doch zu schnell austrocknete und Flamingos und Pelikane nicht genügend Zeit hatten, ihre Jungen aufzuziehen. Flamingo-Küken schlüpfen nach 28 Tagen aus den Eiern, dann dauert es noch einmal 65 bis 75 Tage, bis sie flügge sind.

**Bevor die Sonne untergeht**

Twee Palms

Die um die Fischer's Pan herumführende Piste erreicht nach ungefähr 11 km die Wasserstelle Twee Palms mit ihren zwei Makalani-Palmen. Kurz vor Sonnenuntergang ergeben sich hier manchmal noch eindrucksvolle Tierbegegnungen (und Fotos!).

**Wenn man viel Zeit hat ...**

Andoni

... kann man von Twee Palms am Nordrand der Fischer's Pan entlangfahren und Station an der künstlich angelegten Wasserstelle Tsumcor machen, die vor allem Elefanten schätzen. Von dort muss man noch 25 km bis zur Wasserstelle Andoni weiterfahren. Es ist die nördlichste im Parkgelände. Hier lassen sich große Antilopenherden und zahlreiche Vogelarten beobachten.

**Eine Nacht im Museumsdorf**

Ovamboland

In der Nähe der Wasserstelle liegt das **King Nehale Gate.** Von hier aus kann man den direkten Weg aus der Etosha in den noch wenig entdeckten, zentralen Norden des Landes einschlagen, das frühere Ovamboland. Damit lassen sich die Tierbeobachtungen am östlichen Rand der Etosha-Pfanne mit einem Besuch der kulturell und historisch interessanten Stätten der Ovambo verknüpfen. Für einen tiefen Einblick in die Geschichte der hiesigen Kulturen ist das **Nakambale Museum** in der alten finnischen Mission von Olukonda, 90 km vom Gate entfernt, der geeignete Ort. Im angegliederten Museumsdorf Ndonga Homestead kann man sogar in Hütten aus traditioneller Bauweise übernachten.

# ★★ FISH RIVER CANYON

**Region:** Karas | **Tiefe:** bis 550 m

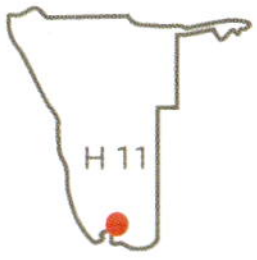


***Ein gewundener Flusslauf und enorme Steilwände mitten in einer schier endlosen erscheinenden Halbwüstenlandschaft: Der Fish River, Namibias längster Fluss, hat über Jahrtausende eine eindrucksvolle Schlucht in das Gestein im äußersten Süden des Landes gegraben. An einigen Stellen ist sie bis zu 27 km breit. Willkommen im zweitgrößten Canyon der Welt.***

Zweitgrößter Canyon der Welt

Nach einer Legende der Nama soll der Canyon entstanden sein, als eine Riesenschlange auf der Flucht vor ihren Jägern, deren Vieh sie gerissen hatte, in die Wüste entkam, sich im Todeskampf wand und den Boden aufriss. Mit der geologischen Entstehungsgeschichte hat diese Legende allerdings nichts gemein. Der Canyon entstand vor etwa 350 Millionen Jahren nach tektonischen Verschiebungen im Erdinneren. Als die Oberfläche entlang von Rissen in der Erdkruste einsank, bildete sich ein etwa 20 Kilometer breiter Graben. In ihm bahnte sich der Fischfluss seinen Weg. Mit dem Bruch des Urkontinents Gondwana, der einst Afrika und Südamerika vereinte, hoben sich vor etwa 120 Millionen Jahren die südlichen Ränder Afrikas an und aus dem flachen Mäanderband bildete sich das gewundene Schluchtensystem des heutigen Canyons. Da der Fischfluss heute bereits bei

# ZWEITGRÖSSTER CANYON DER WELT

*Der Fish River Canyon ist nach dem Grand Canyon der zweitgrößte Canyon der Welt und eine der bedeutendsten landschaftlichen Sehenswürdigkeiten im südlichen Afrika. Die Darstellung zeigt den Blick auf Hell's Bend.*

**1 Erste Risse und Absenkung**
Vor ca. 350 Mio. Jahren bilden sich in der Erdkruste tiefe Risse, entlang dieser senkt sich ein ca. 20 km breiter Graben.

**2 Canyonrand**
Die Ränder der Grabens liegen ca. 1030 m ü.d.M.

**3 Umlenkung des Fish River**
Der Einbruch lenkte den eigentlich in Nord-Süd-Richtung fließenden Fluss nach Westen um. Er räumte weichere Gesteinsschichten (Quarzite, Sand-, Kalksteine) großflächig ab.

**4 Tiefenerosion**
Vor ca. 36 bis 24 Mio. Jahren (Oligozän) nahm die Erosionskraft des Flusses zu, da Meeresspiegelabsenkung zu einem stärkeren Gefälle führte. Er grub sich immer tiefer in den Untergrund und schuf eine weitere Abbruchkante.

**5 Hochplateau**
Vor ca. 24 bis 5 Mio. Jahren (Miozän) gab es starke Klimaschwankungen. In feuchten Zeiten schuf der Fluss weitere Terrassen auf ca. 650 m ü.d.M.

**6 Weitere Tiefenerosion**
Im Pliozän (vor ca. 5 bis 1,5 Mio Jahren) und verstärkt im Pleistozän (vor ca. 1,8 Mio. Jahren bis ca. 10 000 v.Chr.) wurde die Tiefenerosion wieder stärker. Diesen Prozess intensivierten gleichzeitige Hebungsvorgänge in der Erdkruste.

**7 Canyongrund**
Mittlerweile hat sich der Fluss bereits in die tiefer gelegenen sog. metamorphonen Gesteine gefräst. Derzeit hat der Fish River rund 1,5 Mrd. Jahre alte, in ca. 380 m.ü.M. anstehende Gneise eines Urkontinents »angenagt«.

**Wasser**
Da der Fish River bereits in seinem Oberlauf bei ▸Hardap Dam gestaut wird, führt er nur noch nach stärkeren Regenfällen auf seiner gesamten Länge Wasser. Die besten Chancen, nicht nur in ein ausgetrocknetes Flussbett hinabzuschauen, hat man im März und April. Bis Juni sind Teile des Flussbettes meist noch mit Wasser gefüllt, danach gibt es nur noch einzelne Tümpel. Mitunter kann sich der Fish River jedoch auch in einen reißenden Strom verwandeln.
Das Vorhandensein von Wasser hat schon vor Jahrtausenden Menschen in diese karge Region geführt. Man stieß auf neun steinzeitliche Siedlungen und entdeckte 18 Siedlungsstätten der vorkolonialen Bevölkerung.

Hardap in der Nähe der Ortschaft Mariental aufgestaut wird, führt er einen Großteil des Jahres nur wenig Wasser. Im Winter, während der Trockenzeit, sieht man oft überhaupt kein Wasser oder nur kleine Tümpel. Nach Regengüssen im Südsommer verwandelt sich der Fish River dagegen in einen reißenden Strom.
Zur einmaligen Landschaft kommt eine einmalige Pflanzen- und Tierwelt. Die Flora im Fish River Canyon ist geprägt von der Übergangszone zwischen der benachbarten Nama-Karoo und der Sukkulenten-Karoo, eine der artenreichsten Wüsten der Erde. Das gilt auch für die Tierwelt: Bergzebras, Kudus, Springböcke, Oryxantilopen und Klippspringer gehören ebenso dazu wie Klippschliefer, jene murmeltierartigen Wesen, die ihre Zeit damit verbringen, zwischen den Felsen hin und her zu springen. Oft hallt das Geschrei von Pavianen aus den Felswänden, in den Kolken schwimmen Gelbfische und Welse.

## Wohin am Fish River Canyon?

### Hier ist es am schönsten

Ai-Ais/Richtersveld Transfrontier National Park

Der malerischste Abschnitt des Canyons ist rund 60 km lang und erstreckt sich zwischen Holoog und dem Thermalbad Ai-Ais. Südlich des Oranje schließt der südafrikanische Richtersveld National Park an. Die beiden Naturschutzgebiete bilden zusammen den Ai-Ais/Richtersveld Transfrontier National Park. Sie sind durch den Grenzübergang bei Sendlingsdrift verbunden, wo man mit der Fähre über den Fluss setzt.
**Informationen zum grenzübergreifenden Park:**
Tel. +27 27 831 15 06 | www.sanparks.org/parks/richtersveld

### Auf zum Canyon

Keetmanshoop

Ein geeigneter Ausgangspunkt für eine Fahrt zum Fish River Canyon ist die etwa 160 km entfernte Ortschaft ▶ Keetmanshoop. Über die B4 geht es nach Seeheim, eine ehemalige Bahnstation, und von dort weiter über die C 12 in Richtung Fish River Canyon.

### Anfahrt mit Seeblick

Nautedam

Eine andere Möglichkeit, zum Canyon zu gelangen, ist die D 545, eine wenig befahrene Piste, die am Nautedam vorbeiführt, dem drittgrößten Stausee Namibias. Seit 1972 wird hier der Löwenfluss gestaut, um Keetmanshoop mit Trinkwasser zu versorgen. Von der 37 m hohen Staumauer hat man einen schönen Blick über den See und die karge Umgebung mit den für diese Gegend typischen Vrattevelds (Warzenfelder). Die sogenannten warzigen Felsen sind Reste geschmolzener Lava, die sich vor annähernd 200 Mio. Jahren auf dem Karoo-Gestein ablagerten. Auf einem 170 km² großen Areal haben sich Kudus, Paviane, Schakale und eine vielfältige Vogelwelt angesiedelt. Am Stausee gibt es auch Campingmöglichkeiten.

## FISH RIVER CANYON ERLEBEN

### ANFAHRT, EINTRITT

Mit dem eigenen Fahrzeug (auch mit Zweiradantrieb) kommt man problemlos zu verschiedenen Aussichtspunkten am Ostrand der Schlucht. Die Strecke lässt sich von Keetmanshoop aus in einem Tagesausflug bewältigen. Möglich ist auch, von Westen her an den Rand der Schlucht heranzufahren (über die D463) – hier liegt der private Canyon Nature Park mit der Fish River Lodge –, dann ist allerdings ein Allradfahrzeug sinnvoll. Von den Aussichtspunkten auf der Ostseite sind die Morgenstunden am besten für Fotos geeignet, von der Ostseite die Abendstunden. Die Sonnenauf- und -untergänge sind spektakulär.

Eintritt Fish River Canyon: 80 N$ pro Person, 10 N$ pro Auto
Permit für Fish River Hiking Trail: 330 N$
Halbtägige Wanderung: 280 N$

### STAATLICHE CAMPS

Buchungen für die Hobas Lodge und das Ai-Ais Hotsprings Spa sowie für die Wanderungen bei Namibia Wildlife Resorts in Windhoek:
Tel. 061 285 72 00
www.nwr.com.na

### HOBAS LODGE AND CAMPSITE €-€€€

Die Hobas Lodge liegt 10 km vor dem Hauptaussichtspunkt am Fish River Canyon an der C 37, hat sechs En-Suite-Zimmer und 14 Campingplätze.
Tel. 063 26 60 28

### AI-AIS HOTSPRINGS SPA €€€

Das Camp am Ende der C 10 verfügt über Doppelzimmer, Familien-Chalets, 100 Campingplätze, Restaurant und Tankstelle. Die Thermalquellen kann man auch in einem Tagesausflug besuchen.
Tel. 063 68 36 76

### PRIVATE UNTERKÜNFTE

### CANYON LODGE €€€€

Im Gondwana Canyon Park an der C 37 etwa 20 km vom Canyon entfernt schmiegen sich die strohgedeckten Naturstein-Bungalows an die Felsen. Ausflüge zu Fuß, zu Pferd oder mit dem Geländewagen werden organisiert. Gutes Restaurant!
Tel. 061 42 72 00
www.gondwana-collection.com

### CANYON ROADHOUSE/ CANYON VILLAGE €€-€€€

Die sehr guten und preiswerteren Unterkünfte Canyon Roadhouse (an der C 37, 14 km vor Hobas, mit Restaurant und Campingplatz) und Canyon Village (nördlich der Canyon Lodge, strohgedeckte Zimmer und Restaurant vor riesigen Granitkuppen) gehören ebenfalls zur Gondwana Collection.
Tel. 061 42 72 00
www.gondwana-collection.com

### FISH RIVER LODGE €€€€

Auf der westlichen Seite des Canyons an der D 463 im 45 000 ha großen Canyon Nature Park liegen 20 Chalets mit einem spektakulären Ausblick über den Canyon. Zu den Freizeitaktivitäten gehören ein- und mehrtägige Wanderungen und Wildbeobachtungsfahrten. Für Gäste, die unter den Sternen schlafen möchten, gibt es in jedem Chalet ein Outdoor-Bett. Wegen der abgeschiedenen Lage planen Sie am besten zwei Übernachtungen ein.
Tel. 063 68 30 05
www.fishriverlodge-namibia.com

### Das Tor zum Canyon

Hobas

Hinter dem Nautedam folgt man der C 12. Nach der zerstörten Bahnstation **Holoog** erreicht man rechts auf der C 37 Hobas, eine ehemalige Schaffarm. Hier befindet sich neben einem staatlichen Campingplatz auch das Eingangstor zum Fish River Canyon Park, wo man auch das Permit für den Eintritt in den Park erhält.

### Den Canyon zu Füßen

★★ Hell's Bend

Von Hobas sind es noch 10 km bis zum Canyonrand. Die gut befahrbare Piste endet am Hauptaussichtspunkt des Canyons mit Picknickplatz und Toiletten. Die 2010 neu eröffnete Aussichtsplattform wurde von der Windhoeker Architektin Nina Maritz gestaltet. Der Blick auf Hell's Bend, die sogenannte Höllenkurve, ist überwältigend.

### Gut für einsame Touren

★ Hiker's View Point

Ein ähnlich grandioser Blick bietet sich vom nahe gelegenen nördlichsten Aussichtspunkt der Schlucht, vom Hiker's View Point. Hier befindet sich ein Einstieg in die Schlucht und der Beginn der 86 km langen Wanderung (▶ S. 90). Man kann von hier aus auch zu kürzeren Touren aufbrechen. Östlich des Hauptaussichtspunkts beginnt eine gut 20 km lange Piste, die zu weiteren Aussichtspunkten führt. Meist hat man die grandiose Landschaft ganz für sich allein.

### Am heißen Platz

★ Ai-Ais

Ai-Ais am südlichen Ende des Canyons ist kein Ort, sondern ein staatliches Camp mit Thermalhallen und Freibad sowie verschiedenen Badeeinrichtungen. Gespeist werden sie von einer 60 °C heißen, mineralhaltigen Quelle, auf die bereits der Ortsname verweist: In der Sprache der Nama bedeutet »Ai-Ais« wörtlich »siedend heiß«. Rheumakranke finden hier Linderung für ihre Beschwerden. Die eindrucksvolle Umgebung und das im Winter angenehme Klima machen einen kürzeren Aufenthalt auch für Gesunde zum Erlebnis. Von hier werden Rundflüge über den Canyon angeboten, und in Ai-Ais endet auch die 86 km lange Wanderung durch den Canyon.

### Gur für Mensch und Natur

Private Naturschutzgebiete

An den staatlichen Fish River Canyon Park schließen zwei private Naturschutzgebiete an. Auf dem überweideten Gelände, das zuvor zur Schaf- und Viehzucht genutzt wurde, hat sich der Pflanzenbestand erholt und auch der Wildbestand nimmt stetig zu. Die Gewinne aus der touristischen Nutzung der Parks fließen zu einem großen Teil wieder in den Naturschutz zurück, gleichzeitig werden nachhaltige Arbeitsplätze für Einheimische geschaffen. Ein Konzept, das aufgeht. Sogar die meisten Lebensmittel für die Gäste werden selbst erzeugt. Am Westrand des Fish River Canyon liegt der **Canyon Nature Park.**Östlich schließt der **Gondwana Canyon Park** der Gondwana Collection an. Vor ein

OBEN: Blick hinab in Jahrmillionen Erdgeschichte unter dem Köcherbaum

UNTEN: Auf Trekking-Touren am und durch den Canyon wird mehrmals übernachtet.

paar Jahren kämpften hier noch Farmen ums Überleben; die neuen Eigentümer entfernten alle Zäune und gaben das Gelände der Natur zurück. Seit dem Erwerb der Farm Holoog besteht nun im Norden sogar Zugang zu den Kleinen Karas-Bergen. Und sie kommen, die Spring- und Gemsböcke, die Kuhantilopen, Strauße und sogar die seltenen Bergzebras. In den Privatparks gibt es mehrere Übernachtungsmöglichkeiten, die eine Art sanften Tourismus praktizieren.

**Schroffe Schönheit**

Hunsberge

Westlich des Fish Rivers liegt die dramatisch zerklüftete Landschaft der Hunsberge. Seltene Pflanzen wachsen hier, die Höhen der schroffen Felsklippen sind von Raubvogelnestern okkupiert. In die Hunsberge darf man allerdings nur mit Sondergenehmigung.

**Fuß vom Gas!**

Goageb

Vorsicht! Wer hier entlangfährt – zu sehen gibt's außer Wüste nicht viel –, sollte am Ende der Teerstraße unbedingt langsamer werden. Zwar sieht die Schotterpiste nicht anders aus als andere Pads im Land, doch hier geschehen erschreckend viele Unfälle.

**Abenteuer und Entspannung auf dem Wasser**

Entlang des Oranje

Man muss kein Faible für Extremes haben, um sich für eine Kanu-fahrt auf dem Oranje River zu begeistern. Der Grenzfluss zwischen Namibia und Südafrika, in dessen Fluten der Fish River südlich von Ai-Ais mündet, führt ganzjährig Wasser und ist mit seinen Stromschnellen und schmalen Canyons ein Traum für Abenteurer. Doch nicht nur die ganz Wagemutigen kommen hier auf ihre Kosten. Weniger sportliche Genießer können sich bequem auf den kühlenden Fluten dahintreiben lassen, entlang ausgedehnter Zitrusplantagen und Weinfelder.

**Am Fluss entlang**

Noordoewer

Die C 13 folgt von Noordoewer bis Sendlingsdrift dem gewundenen Lauf des Oranje River stets entlang des Ufers, durch Canyons und ausladende Täler – das allerdings nur in trockenen Zeiten, da der Inaub- und der Gamchab-Fluss in der Regenzeit Wasser führen können.

**Wanderung für Abenteuerlustige**

Wanderung durch den Fish River Canyon

Zwischen dem 1. Mai und dem 15. September kann man den Fish River Canyon durchwandern, in den anderen Monaten sind Wanderungen wegen der großen Hitze im Tal nicht gestattet. Für die 86 km lange Strecke benötigt man vier bis fünf Tage. Durchwandert werden darf der Canyon nur in Gruppen (von mindestens drei bis maximal 30 Personen). Die dafür nötige Kondition muss durch **ein ärztliches Attest** bescheinigt werden. Es gilt weichen Sand, Geröll und Felsen zu bewältigen sowie – selbst im Winter – bis zu 40 °C auszuhalten. Außerdem muss man alles Gepäck einschließlich ausreichend Was-

ser tragen. Unterwegs gibt es keinerlei Unterkünfte oder Sanitäranlagen. Die Wanderung ist sehr beliebt, daher sollte man rechtzeitig buchen. Wer sich die Strapazen nicht zutraut, kann im staatlichen Ai-Ais Hotsprings Spa auch halbtägige Wanderungen buchen oder ein- bis mehrtägige Wanderungen von den privaten Lodges.
Namibia Wildlife Resorts: Tel. 061 2 85 72 00 | www.nwr.com.na

# GOBABIS

**Region:** Omaheke | **Höhe:** 1445 m ü d. M. | **Einwohnerzahl:** 19 000

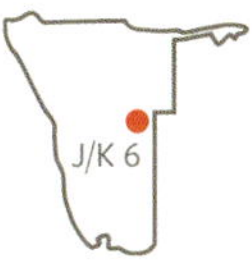


***Gobabis ist Namibias Tor zur Kalahariwüste und das einzige größere städtische Zentrum weit und breit. Die Region lebt von der Viehzucht, denn die Savannenlandschaft gibt bei ausreichendem Niederschlag eine gute Weide ab.***

Wie das Leben in Gobabis wohl aussah, als der Ort 1856 als Missionsstation gegründet wurde? Seit der Trans Kalahari Highway durch die Stadt verläuft, erlebt Gobabis einen wirtschaftlichen und touristischen Aufschwung. Die 1400 km lange, durchgehend asphaltierte Fernstraße verbindet Namibia mit der botswanischen Hauptstadt Gaborone und führt von dort weiter nach Johannesburg in Südafrika. In den Läden und Geschäften von Gobabis versorgen sich die Bewohner von etwa 800 umliegenden Farmen mit Lebensmitteln.

Tor zur Kalahari!

Das Städtchen ist eines der traditionellen Zentren der Herero und Austragungsort von **Stammesfestlichkeiten.** Die Damen in ihren hübschen farbenprächtigen Trachten sind eine deutliche Bereicherung für das Stadtbild. 1896 brach hier der Herero-Aufstand aus, der erst 1904 niedergeschlagen werden konnte. Im **Gobabis Museum,** das in der Elim Street 16 untergebracht ist, sind zahlreiche Exponate zur Landwirtschaft und der kolonialen Geschichte ausgestellt.
**Gobabis Museum:** Mo.–Fr. 7.30–16.30 Uhr | Tel. 064 56 25 51

## GOBABIS ERLEBEN

### GOBA LODGE & REST CAMP

Die beste Unterkunft am Platz hat zwölf einfache Zimmer in der Lodge und zehn Zimmer sowie einen Campingplatz im Rest Camp. Dazu kommen ein gutes Restaurant und ein schöner Garten.
Elim St., Plot 769
Tel. 062 56 44 99
www.goba.iway.na

# GROOTFONTEIN

**Region:** Otjozondjupa | **Höhe:** 1460 m ü. d. M.
**Einwohnerzahl:** 16 400

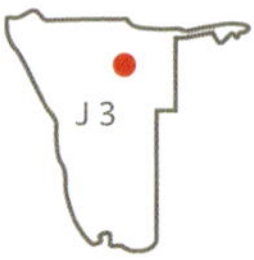


*Der Name des Städtchens im Nordosten Namibias bedeutet »die große Quelle«. Tatsächlich können in der Gegend Obst und Gemüse angebaut werden, denn hier regnet es vergleichsweise häufig. Vom Himmel fiel buchstäblich auch Grootfonteins Hauptattraktion, der Hoba-Meteorit, der nahe der Stadt niederging.*

Alles begann mit der Quelle

Gepflegte Anlagen und Straßen, Jacaranda- und Tulpenbäume, Flamboyants und Bougainvilleas: Im Vergleich zu anderen Städtchen dieses Formats wirkt Grootfontein geradezu grün und schick. Es gibt mehrere Banken, kleine Hotels und Gästehäuser sowie Kfz-Werkstätten und Supermärkte. Für die umliegenden Farmer, die vor allem Rinderzucht betreiben, ist der Ort ein wichtiges Einkaufszentrum.Die Quelle zog schon früh Buschleute an. Um 1880 erreichten dann die ersten weißen Siedler den Flecken. Ihnen folgten erst die sogenannten Dorstlandtrekker, später lockten dann die reichen Erzvorkommen weitere Siedler an. Während des Angola-Kriegs war Grootfontein Hauptstützpunkt der südafrikanischen Armee; die militärischen Gebäude und Anlagen dienen jetzt der namibischen Armee als Basis.

## Wohin in Grootfontein und Umgebung?

### Aus kolonialen Zeiten

Fort?

Die 1896 in Grootfontein stationierte Einheit der deutschen Schutztruppe errichtete auf einer Anhöhe ein Fort. Es diente nacheinander als Befestigungsbauwerk, Bezirksgericht und Internat. Heute beherbergt es ein kleines **Kolonialmuseum**. Von den Zinnen der Festung hat man einen guten Blick über die Stadt und das Umland. Auf dem alten Friedhof (an der Straße nach Rundu) liegen die Gräber der Dorstlandtrekker und die von Soldaten der deutschen Schutztruppe.

**Museum:** Mo.–Fr. 9.–12.30, 14–16.30 Uhr Tel. 067 24 24 56
www.altefortmuseum.de

### Ein Stück vom Himmel

★ Hoba-Meteorit

Grootfonteins Hauptattraktion, der Hoba-Meteorit 24 km westlich der Stadt, ist mit etwa 50 t Gewicht der bisher schwerste Eisenmeteorit, der je gefunden wurde. Proben ergaben, dass der auf der **Hoba-Farm** entdeckte Block vermutlich vor 80 000 Jahren vom Himmel fiel. Sein Alter wird auf mehrere hunderte Millionen Jahre geschätzt. Souvenirjäger versuchten immer wieder, kleine Stücke aus dem Stein zu meißeln, bis man schließlich einen Wächter abstellte, um das zu unterbinden. Dafür müssen Besucher nun eine geringe Eintrittsgebühr entrichten. Etwa 3 km vom Meteoriten entfernt gibt es auf der »Farm Venus« einen Campingplatz (100 N$ pro Person).

»
Du kommst und du gehst.
Aber wenn du wiederkommst,
wirst du für immer bleiben.
«
*Sprichwort der San*

**Das Leben der San**

Historic Living Village

Wer die San in der nördlichen Kalahari näher kennenlernen möchte, kann das **Living Museum der Ju/'Hoansi-San** in Grashoek besuchen. Ab Grootfontein nimmt man die Schotterstraße nach Tsumkwe. Nach ca. 75 km folgt man am Veterinärzaun Rooidaghek links der Beschilderung. Es gibt einen Campingplatz für Selbstversorger (50 N$ pro Person). Neben dem Besuch einer traditionellen und einer modernen San-Siedlung werden u. a. Buschwanderungen, Vorführungen traditioneller Zeremonien, Gesang und Handwerkskunst angeboten. Bei den Wanderungen zeigen die San den Gästen ihre über Jahrtausende in der Wüste gelernten Überlebenstricks. Kommt man nach der Regenzeit zwischen März und Mai, kann man mit etwas Glück sogar **Kalahari-Trüffel** finden, auch N'abbas oder Omatumbula genannt. War die Regenzeit ergiebig, nutzen nicht nur die San die Pilze, sondern auch Namibias Spitzenköche (▶ Das ist Namibia, S. 12 ff.). Die sehr seltenen, unterirdisch fruchtenden Pilze leben in sandigen Böden und haben einen geringen Wasserbedarf. Die San sind Meister darin, die bis zu 8 cm großen, braunen Knollen aufzuspüren.

**Living Museum:** Gesang und Tanz: 120 N$ p. P.
**Buschwanderung:** 150 N$, ein Tag mit den Ju/'Hoansi: 270 N$
www.lcfn.info/juhoansi

## GROOTFONTEIN ERLEBEN

### GUESTHOUSE SEIDARAP €€€

Das persönlich gestaltete Gästehaus mit einem schönen Garten liegt vier Kilometer von Grootfontein an der C 42 Richtung Tsumeb. Die netten Gastgeber können viele Tipps geben.
Tel. 067 24 28 17
www.seidarap.com

# HARDAP DAM

**Region:** Hardap | **Wasserfläche:** 28,7 km²

*Auf ihrem Weg von Windhoek nach Süden fahren viele an Hardap Dam vorbei. Schade eigentlich, denn auf halber Strecke zwischen Windhoek und Keetmanshoop liegt der beeindruckende Hardap-Damm, der größte Stausee Namibias.*

Wildpark am Wasser

Mitten in karger Landschaft wird hier der Fish River durch eine 860 m lange und 39 m hohe Mauer gestaut. Die 25 km² große Wasserfläche mit unzähligen Buchten und kleinen Inseln ist mit ihrem Umland nicht nur ein beliebtes Freizeitareal und ein Mekka für Süßwasserangler – die Genehmigung zum Fischen gibt es im Büro der Verwaltung –, sondern auch ein kleines Safariparadies. Denn was kaum einer weiß: Das **Hardap Dam Game Reserve** ist Heimat für Schwarze Nashörner, Giraffen, Oryxantilopen, Kudus, Springböcke, Bergzebras und Schakale. Zudem beherbergt das Reservat eine der größten Pelikan-Kolonien des südlichen Afrika. Das nördliche Seeufer und ein größeres südlich an den See grenzendes Gebiet wurden zum Naturschutzgebiet erklärt. Insgesamt erstreckt sich der Wildpark über eine Fläche von 252 km².

Vom Camp aus kann man auf einer Piste am Nordufer des Sees entlangfahren; der Stausee ist von verschiedenen Aussichtspunkten gut zu überblicken. In den südlichen Teil des Areals gelangt man, indem man die Straße an der Staumauer entlangfährt. Nach weiteren 15 km erreicht man die sogenannten **Kraterhügel** (Crater Hills). Dort gibt es einen Picknickplatz. Im Wildpark darf man dann den Wagen verlassen und kann in dem Gelände auch wandern. Es gibt einen 9 bzw. einen 15 km langen Wanderweg – aber dennoch: Vorsicht ist vor allem vor den Nashörnern geboten. Der Stausee lockt neben den Pelikanen noch viele weitere Vögel an, darunter Flamingos und Kormorane. Der Eintritt kostet 80 N$ pro Person und 10 N$ pro Auto und ist beim staatlichen Hardap Resort zu entrichten (► S. 96).

## Rund um Hardap Dam

**Alles, was Reisende brauchen**

Mariental

In der Kleinstadt Mariental finden Durchreisende Banken, die Engen-Tankstelle am südlichen Ortseingang, einen guten Supermarkt und mit dem Mariental Hotel auch eine einfache und zweckmäßige Unterkunft vor.

Mariental Hotel: Tel. 063 24 24 66 | www.marientalhotel.com

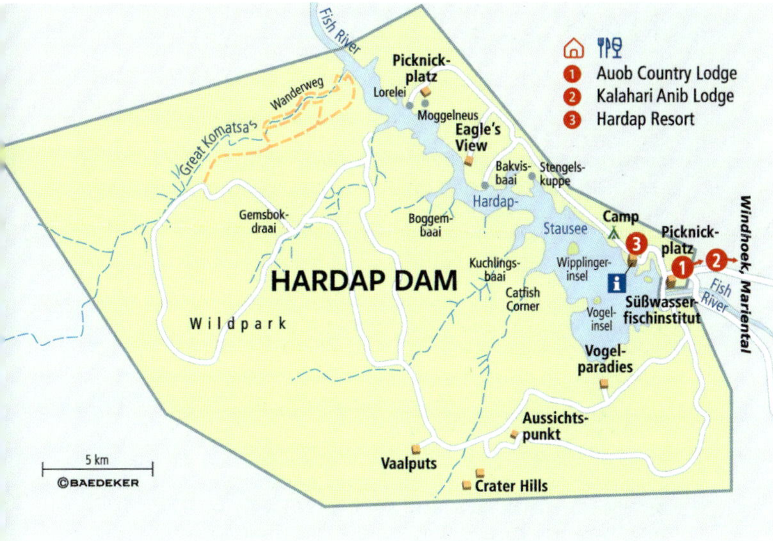


**Für Himmelsstürmer**

Auf der Farm Bitterwasser nordöstlich von Mariental haben Segelflieger ihr Mekka gefunden: Die starke Thermik dort treibt die Flugmaschinen der Profis regelmäßig in Weltrekordhöhen. Man kann das Fluggerät mieten und auf der Farm auch übernachten. Bitterwasser

Lodge and Flying Centre: Tel. 063 26 53 00 | www.bitterwasser.com

**Neue alte Wege im Friedenspark**

In Gochas, 115 km südöstlich von Mariental, erinnern die Gräber deutscher Soldaten an die kriegerischen Auseinandersetzungen 1905 mit dem Volk der Nama. Von Gochas aus kann man weiter nach Osten zum **Kgalagadi Transfrontier Park** fahren, dem ehemaligen Kalahari Gemsbok Park auf südafrikanischer und dem früheren Gemsbok National Park auf botswanischer Seite. Die Zusammenlegung der beiden Parks im Jahr 1999 war der erste Schritt im Projekt Peace Parks (www.peaceparks.org): die Schaffung grenzübergreifender Nationalparks in ganz Afrika mit dem Ziel, Tieren und Menschen ihre uralten Wanderwege und ihren angestammten Lebensraum erneut zu öffnen. Gochas

**Altes Eisen neu interpretiert**

Gibeon ist ein abgeschiedener Ort 90 km südlich von Mariental; er wurde 1863 von Missionaren gegründet. Hier kam es 1915 zu einer Gibeon

## HARDAP DAM ERLEBEN

**1 AUOB COUNTRY LODGE €€€**
Die 25 Doppelzimmer der Auob Country Lodge sind nicht nur ideal für einen Stopover auf der Fahrt Richtung Süden, hier kann man auch die feuerroten Dünen der Kalahari und die Tierwelt der Wüste erleben. Einen Campingplatz gibt es ebenfalls. Die Lodge liegt an der C15 in Richtung Botswana 6 km von der Ortschaft Gochas entfernt.
Tel. 061 37 47 50
www.namibialodges.com

**2 KALAHARI ANIB LODGE €€€**
34 km nordöstlich von Mariental an der C 20 liegt die Kalahari Anib Lodge, eine Oase inmitten der roten Dünen der Kalahari. Das Restaurant und die Bungalows gruppieren sich um einen Innenhof mit Swimmingpool. Die Lodge ist ein schöner Ausgangsort für Rundfahrten und Wanderungen durch den Gondwana Kalahari Park. Hier gibt es außerdem einen Campingplatz.
Tel. 061 42 72 00
www.gondwana-collection.com

**3 HARDAP RESORT €€€**
Im staatlichen Hardap Resort stehen verschiedene Zimmertypen, ein Schlafsaal mit zehn Betten und ein Campingplatz zur Verfügung. Außerdem gibt es zusätzlich noch einen Swimmingpool, eine Bar und ein Restaurant.
Tel. 061 285 72 00
www.nwr.com.na

für die deutsche Kolonialgeschichte entscheidenden Schlacht, denn damit war der Verlust des heutigen südlichen Namibias an die südafrikanischen Streitkräfte besiegelt. Bekannt ist Gibeon jedoch vor allem wegen des Meteoriten-Schauers, der in der Umgebung auf einer Fläche von 2500 km² niederging. Er wurde 1838 von James Alexander entdeckt. Bisher fand man mehr als 120 Fragmente mit einem Gewicht von insgesamt 26 t. Einige Brocken des Gibeon-Meteoriten bilden heute einen Brunnen in der Fußgängerzone von Windhoek.

# ★ KAOKOVELD

**Region:** Kunene | **Höhe:** 600–1200 m ü. d. M.

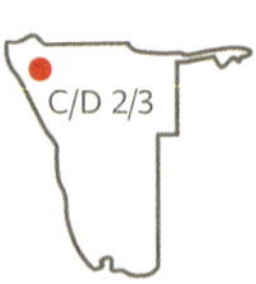


*So stellt man sich die Urzeit vor: Gewaltige Felsen türmen sich links und rechts der Piste auf, die sandigen Flusstäler sind mit Akazien bestanden, unter den spärlichen Bäumen ducken sich immer wieder kleine Holzhütten.*

Einsamkeit in ihrer schönsten Form

Der einsame Landstrich im äußersten Nordwesten Namibias heißt Kaokoveld. Wo sich das südwestafrikanische Hochplateau zum Atlantik absenkt, formten Sonne, Wind und Wasser eine einzigartige Landschaft. Vor Jahrmillionen frästen die Flüsse Huab, Ugab, Uniab, Hoanib, Hoarusib und Khumib tiefe Täler in die Landschaft. Der Regen schwemmte die weiche Erde in Richtung Atlantik, die schroffen Berge blieben stehen. Bis heute sichern die temporären Flussläufe mit ihren oft auch über die Regenzeit hinaus gefüllten Wasserreservoirs das Überleben der Menschen und vieler Tierarten. In den Flusstälern kommen Oryxantilopen, Springböcke und Giraffen zum Trinken. Wüstenlöwen machen Beute, Spitzmaulnashörner und Wüstenelefanten äsen hier. Leoparden und Geparden zeigen sich zwar selten, sind aber ebenfalls im Kaokoveld heimisch. Dass ihre Zahl eher zu- als abnimmt, haben sie der Regierung in Windhoek zu verdanken: Durch die Schaffung der **Communal Conservancies** – kommunale Wildschutzgebiete, in denen sich unter anderem Herero und Himba selbst um den Wildbestand kümmern – haben die Einheimischen die Bedeutung des Wilds für den Tourismus und somit für ihr Auskommen schätzen gelernt.
Das Kaokoveld erstreckt sich etwa von der Höhe des Etosha-Nationalparks vom Huab-Trockenfluss bis zur Mündung des Kunene-Flusses an der Grenze zu Angola. Nach Westen hin fällt das Gebirgsland steil zur Küstenebene des Skelettküstenparks ab.

»
Halte dieses kostbare Land,
es ist tatsächlich das Halten der Zukunft.
«
*Sprichwort der Himba*

### Sesshafte und Nomaden

Herero und Himba

In der noch kaum erschlossenen Region Kunene leben heute etwa 97 000 Menschen. Die meisten sind **Herero.** Sie besiedeln die Region seit dem 16. Jh. mit ihren Dörfern aus rechteckigen Hütten mit strohgedecktem Dach und stehen etwa 8200 hier lebenden **Himba** gegenüber. Diese bewohnen bienenkorbförmige Hütten, die sie aus biegsamen Ästen errichten und dann mit einer Lehm- oder Schlammschicht abdecken. Auf einer Fahrt durch das Kaokoveld kommt man an vielen verlassenen Himba-Ansiedlungen vorbei. Bis heute sind die Himba nomadisierende Hirten: Sie ziehen weiter, wenn ihr Vieh nicht mehr ausreichend Nahrung findet. Lediglich in den Dörfern Purros und Orupembe haben sie sich dauerhaft niedergelassen. Bekleidet sind die Himbafrauen mit Lederschürzen, sie tragen kunstvollen Schmuck aus Messing, Kupfer oder Eisen. Verheiratete Frauen erkennt man an dem ledernen Kopfputz. Ihren Oberkörper und ihr Haar reiben sie mit einer Paste aus Butterfett, Kräutern und Ockerpuder ein, um sie vor Sonne und Austrocknung zu schützen (▶ Baedeker Wissen, S. 246/247).

## Wohin im Kaokoveld?

**Selbst fahren? Nur gut ausgestattet!**

Hinweise

Das Kaokoveld ist eine der letzten noch weitgehend unberührten Landschaften Namibias. Verkehrsmäßig ist es wenig erschlossen, touristische Infrastruktur ist kaum vorhanden. Die meisten Touristen besuchen das Kaokoveld bei **Fly-in-Safaris,** z. B. von Windhoek oder Swakopmund aus. Mühsam und nur für geübte Allradfahrer möglich ist die Anfahrt mit dem eigenen Fahrzeug. Andererseits bekommt man nur bei einem längeren Aufenthalt einen Eindruck von der einsamen kargen Landschaft und den traditionellen Lebensformen der hier lebenden Herero und Himba. Die Pisten sind größtenteils in sehr schlechtem Zustand und nur selten beschildert. Vielfach bestehen sie aus kaum erkennbaren Fahrspuren. Eine Fahrt in diese abgelegene Region sollte man sich nur mit einem gut ausgestatteten Geländefahrzeug (mehrere Reservereifen und andere Ersatzteile) zumuten. Will man bis zu den Epupa Falls am Kunene-Fluss vordringen, benö-

Wer selbst mit dem Geländewagen die Trockentäler des Kaokovelds wie dieses bei Orupembe erkunden will, sollte sich gut vorbereiten und gut ausgetstatt sein.

tigt man für die **Rundfahrt** mindestens fünf Tage. Alle notwendigen Lebensmittel, Wasser und Kraftstoff (doppelt so viel, wie man voraussichtlich benötigt) muss man dabeihaben. Wer sich das nicht zutraut, kann sich auch einem erfahrenen Reiseveranstalter anvertrauen (▶ S. 311).
Übrigens: Die wenigen **Quellen** im Kaokoveld sind für Menschen und Tiere überlebenswichtig. Man darf das Wasser keinesfalls zum Waschen benutzen oder in irgendeiner Form verunreinigen. Sein Lager sollte man immer mindestens 1 km von der Wasserstelle entfernt aufschlagen – die Tiere wagen sich sonst nicht an die Quelle heran, das nächste Wasserloch ist aber meist 30–40 km entfernt. Es versteht sich von selbst, dass man nie ohne Erlaubnis in einen Himba-Kraal eindringt oder Einheimische ohne ihre Erlaubnis fotografiert. Für ein Foto erwarten die Himba als Gegenleistung oft ein kleines Geschenk, am besten Lebensmittel wie Maismehl, Zucker, Tabak.

### Das Rätsel der mysteriösen Kreise

Feenkreise

Die kreisförmigen, vegetationslosen Flächen, englisch »Fairy Circles« (= Feenkreise), die man unter anderem im Gebiet des Marienflusses und des Hartmannstals im Nordwesten des Kaokovelds findet, haben Wissenschaftler zu wilden Spekulationen veranlasst. Eine Theorie lautet, dass Termiten für die Entstehung der Kreise verantwortlich sind. So wird zum Beispiel der Sandtermite nachgesagt, dass sie den Sandboden von einjährigen Gräsern freihält. Ihr Ziel: Das spärliche Regenwasser soll nicht von den Gräsern aufgenommen werden und wieder über die Blätter verdunsten, sondern in den tieferen Bodenschichten verbleiben.

### Los geht's

Palmwag

Ein beliebter Ausgangspunkt für eine Fahrt ins Kaokoveld ist die Palmwag Lodge, die man über die D 3706 erreicht (▶ S. 100). Sie liegt in der privaten Palmwag-Konzession und bietet auch Safaris in offenen Geländewagen zu den dort lebenden Wüstennashörnern, Wüstenelefanten und Wüstenlöwen an.

### Hier kann es schon mal abenteuerlich werden

Khowarib-Schlucht

Die nun nordwärts führende Schotterpiste lässt sich zwar relativ gut befahren. Sie ist allerdings sehr steinig, deswegen sollte man langsam fahren, sonst riskiert man einen Platten. Nach ca. 80 km erreicht man die Khowarib-Schlucht. Hier führt der Hoanib ganzjährig Wasser. In der Schlucht gibt es eine sehr gute Lodge (Khowarib Lodge, ▶ S. 100) und einen einfachen Campingplatz. **Das Anmire Traditional Village**, ein Community-based-tourism-Projekt, vermittelt Besuchern zwischen April und Dezember einen Einblick in die Lebensweise der hier lebenden Damara.

## KAOKOVELD ERLEBEN

### KAOKO INFORMATION CENTRE

In der Einrichtung am südlichen Orteingang von Opuwo gibt es viele Informationen über das Kaokoveld und einen schönen Souvenirshop. Hier kann man authentische Touren in die Himba- und Herero-Dörfer buchen – mit engagierten lokalen Guides eines Community-based-tourism-Projekts.
Mbumbijazo Muharukua St., Opuwo
Tel. 065 27 34 20

### PALMWAG LODGE €€€

Die Lodge gehört zu den Klassikern in Namibia. Sie liegt im Damaraland an der C 43 im eigenen Schutzgebiet, der Palmwag-Konzession. Von hier werden Ausflüge zu den Wüstennashörnern, -elefanten und -löwen angeboten.
Tel. 081 62 06 887
www.palmwaglodge.com

### DESERT RHINO CAMP €€€€

In der Nähe der Palmwag Lodge und ebenfalls in der Palmwag-Konzession liegt das exklusive mobile Camp von Wilderness Safaris. Es kooperiert mit dem Save the Rhino Trust und bietet auch Tierbeobachtungsfahrten mit lokalen Wildhütern an.
Tel. +27 11 257 50 00 (zentrale Reservierung in Südafrika)
www.wilderness-safaris.com

### KHOWARIB LODGE €€€

Die Lodge bietet 14 schöne Zelt-Chalets auf Stelzen in der Khowarib-Schlucht nahe Sesfontein. Angeboten werden Rhino-Tracking, Suche nach Wüstenelefanten und Ausflüge zu den umliegenden Himba-Dörfern.
Tel. 064 40 27 79
www.khowarib.com

### FORT SESFONTEIN LODGE €€€

1896 errichtete die deutsche Kolonialregierung Fort Sesfontein als Kontrollpunkt gegen die Rinderpest, Wilderei und Waffenschmuggel. Der Innenhof der wunderschönen, schattigen Anlage ist mit Palmen bewachsen und hat einen Pool. Zimmer, Bar und Restaurant sind in die ehemalige Offiziersmesse integriert.
Tel. 065 68 50 34
www.fort-sesfontein.com

### OKAHIRONGO ELEPHANT LODGE €€€€

Okahirongo liegt in der Nähe von Purros auf einem Hügel über dem Hoarusib-Fluss. Die Lodge ist eine der abgelegensten und zugleich schönsten Unterkünfte des Landes mit traumhaften Bungalows, Schwimmbad, Bücherei und Open-Air-Lounges. In den sieben großen Chalets kommen maximal 18 Gäste unter.
Tel. 065 68 50 18
www.okahirongolodge.com

### SERRA CAFEMA €€€€

In völliger Einsamkeit am Kunene-Fluss an der Grenze zu Angola liegt das exklusive Camp mit acht Luxuszelten und einer »Honeymoon Villa«. Von der Terrasse blickt man auf die grünen Ufer des Kunene. Unten rauschen märchenhaft die Stromschnellen.
Tel. +27 11 257 50 00 (zentrale Reservierung in Südafrika)
www.wilderness-safaris.com

### OPUWO COUNTRY HOTEL €€€

Die Unterkunft mit 40 Zimmern liegt ruhig und mit wunderschönem Ausblick auf einem Hügel bei Opuwo.

Von hier werden Ausflüge durch das Kaokoveld, zu den Epupa-Fällen und zu den Himba angeboten.
Tel. 064 41 86 61
www.opuwolodge.com

OHAKANE LODGE €€
Die Lodge liegt zentral in Opuwo, ist aber eher ein Gästehaus als eine Lodge, mit sehr einfachen Zimmern. Einheimische Guides führen Besucher zu Himba-Dörfern in der Umgebung.
Tel. 065 27 30 31
https://ohakaneguesthouse.wheretostay.na/

EPUPA CAMP €€€
Die zehn Luxus-Safarizelte direkt am Südufer des Kunene sind alle mit Strom, Badezimmer, Moskitonetzen und einer kleinen Terrasse ausgestattet. Außerdem gibt es zwölf Campingplätze. Die Epupa-Fälle befinden sich nur zehn Gehminuten flussabwärts.
Tel. 061 23 72 94
www.epupa.com.na

---

**In der Badewanne von Mutter Natur**

Warmquelle

Warmquelle verdankt seinen Namen einer im Flussbett des Hoanib entspringenden Thermalquelle. Im natürlichen Pool der Quelle kann man hervorragend baden.

**Ein Bett am Wasser**

Ongongo-Wasserfall

Eine 6 km lange Piste führt von Warmquelle zum Ongongo-Wasserfall. Das Wasser sammelt sich in einem glasklaren Teich – ebenfalls eine wunderschöne Badestelle. Sehr empfehlenswert ist der Ongongo Waterfall Campsite mit zehn komfortablen Stellplätzen (Tel. 061 23 96 43, www.ongongo.com).

**Der Name bedeutet übersetzt »sechs Quellen«**

Sesfontein

Zurück in Warmquelle führt die C43, später die D3707 nach Sesfontein. Das restaurierte Fort ist heute in Privatbesitz und dient als Lodge (▶ S. 100). In der Umgebung befinden sich interessante Ziele für Tagesausflüge, zum Beispiel Edelsteinminen. Für die Besichtigung braucht man einen Führer der Fort Sesfontein Lodge. Außerdem gibt es hier eine Tabakplantage und Felsgravuren der San, und hin und wieder begegnet man Wüstenelefanten (▶ Baedeker Wissen, S. 79 ff.).

**In der Umgebung kann man viel erleben**

Purros

Die kleine Ansiedlung Purros, die man nach 106 km über die teils tiefsandige Piste D3707 erreicht (Achtung: Allradfahrzeug, Ersatzreifen und ausreichend Wasser zwingend erforderlich!), liegt sehr schön im Flusstal des Hoarusib. Purros ist nicht nur Ausgangspunkt für Touren zu den Wüstenelefanten, Wüstennashörnern und Wüstenlöwen, sondern auch zu den Ansiedlungen der Himba. Zwei Kilometer östlich von Purros am Südufer des meist trockenen Hoarusib gibt es ein **Himba-Dorf,** das man besuchen kann. In der Umgebung liegt außerdem die sehr schöne Okahirongo Elephant Lodge (▶ S. 100).

**Die richtige Route?**

Kaoko Otavi

Hinter Sesfontein kommenden Reisende ohne Allradfahrzeug nicht weiter. Will man trotzdem ins Kaokoveld, fährt man von Sesfontein 10 km zurück bis zur Pistenkreuzung bei Anabeb. Hier biegt man in die nordwärts führende C 43 ein. Das Tal wird enger und die Piste steigt auf 1000 m ü. d. M. an. Ein Abstecher führt nach 116 km etwa 13 km in westlicher Richtung nach Kaoko Otavi mit den Überresten einer von den Dorstlandtrekkern errichteten Kirche. Der um 1880 entstandene Bau wurde 1951 zum Nationalmonument erklärt, ist

Zwar führen die Epupa-Fälle ganzjährig Wasser, das meiste tost jedoch im April und Mai in die 40 m tiefe Schlucht.

aber heute weitgehend zerfallen. Eine nur in der Trockenzeit zu bewältigende Alternativroute ist die schlecht ausgebaute und teilweise felsige D 3705 direkt von Sesfontein nach Kaoko Otavi. Wenn es geregnet hat, können die Trockenflüsse aber Wasser führen. Das **Kaoko Information Centre** in Opuwo gibt darüber Auskunft (▶ S. 100).

**Ein guter Versorgungspunkt**

Nach starken Regenfällen fährt man am besten von Palmwag über Kamanjab und dann auf der C 35 nach Norden, bis man nach Opuwo Opuwo

# HIMBA IM KAOKOVELD – DIE HÜTER DES HEILIGEN FEUERS

*Die Himba sind die letzten Nomaden Namibias. Seit vielen hundert Jahren leben sie als Viehzüchter und Hirten im Norden Namibias nach alten Traditionen. Doch die Zivilisation rückt dem faszinierenden Volk gefährlich nahe.*

Es ist spät geworden über den Baynes-Bergen. Waagrecht fallen die Sonnenstrahlen in das Rund zwischen den Hütten, hauchen noch einmal Farbe in die Gesichter der Frauen. Ein paar Mopane-Bäume werfen knorrige Schatten. Das Sonnenlicht zerfließt in der Arena. Der Dorfälteste zieht an seiner Pfeife, als atme er frische Bergluft ein. In dichten Schwaden steigt der Tabakrauch in den Himmel. Der Alte ist ein Mann von niedriger Statur, nur bekleidet mit einem Lendenschurz aus Ziegenleder. **»Früher war alles anders«**, sagt er. »Früher war vieles besser. Wir müssen erst lernen, uns auf die neue Welt einzustellen.« Dann nimmt er seine Pfeife und verschwindet im scheidenden Licht des Nachmittags so leise, wie er vor einigen Minuten gekommen ist.

## Einige leben bis heute traditionell

Die **Himba** gelten als das letzte weitgehend nomadisch lebende Volk Namibias. Der Volksstamm der Himba oder treffender Ovahimba gehört zu einer Gruppe von Herero-Stämmen, die im 16. Jh. von Angola nach Namibia eingewandert sind. Etwa 8200 von ihnen bewohnen heute noch in traditioneller Lebensweise ihr angestammtes Gebiet. Rund 50 Dorfgemeinschaften pflegen im Norden noch ihre alten Rituale. Immer noch wandern sie mit ihren Herden durch das Kaokoveld, ständig auf der Suche nach Wasser und Weideland, und bauen ihre Kraals und Kuppelhütten auf. In ihrer Religion spielt die Ahnenverehrung eine große Rolle, und niemals darf das den Verstorbenen geweihte »heilige Feuer« verlöschen. Immer noch sind sie mit einem Lendenschurz und prächtigen schweren Schmuckstücken gekleidet, wozu die Männer einen Turban tragen und die verheirateten Frauen ein Fellkrönchen mit langen Zöpfchen, das aus dem Haar der jüngeren kahl geschorenen Brüder geflochten ist. Immer noch reiben sie zum Schutz gegen Sonne und Flüssigkeitsverlust die Haut mit einem Gemisch aus zermahlenem Roteisenstein, Fett und Kräutern ein.

## Opfer der Zivilisation

Viele Himba leben noch wie vor hunderten von Jahren, doch ihr Lebensraum ist in Gefahr.Sie hatten eine sehr wechselvolle Geschichte, bei der sie **immer zwischen die Fronten** gerieten. Vor rund 150 Jahren flüchteten sie vor den kriegerischen Nama aus dem Süden Namibias ins abgelegene Kaokoveld. Später wurden sie in den Kämpfen zwischen der SWAPO und Südafrika, die das Kaokoveld in ein Kriegsgebiet verwandelten, aufgerieben. Bis heute kümmert sich die Regierung in Windhoek kaum um ihre Belange. Jahrelang wurde ihre Kultur zudem durch ein Staudammprojekt am Kunene-Fluss bedroht. Mit dem Bau des Epupa-Stau-

damms drohte nicht nur wertvolles Weideland verloren zu gehen, auch die heiligen Gräber der Ahnen waren in Gefahr. Ohne Lobby standen die Himba dem Projekt zunächst machtlos gegenüber. Erst nachdem sich internationale Organisationen für ihre Sache einsetzten, wurde das Projekt gestoppt.
Mittlerweile gehen viele Himba wählen und schicken ihre Kinder zur Schule. Auch messen sie ihren Wohlstand nicht mehr nur in Vieh, sondern auch in Geld. Doch ein dramatischer **Traditionsverlust und Wertewandel** sind die Folge. Ihre späte Begegnung mit der Zivilisation hatte für viele dramatische Folgen: Alkohol, Prostitution und AIDS bedrohen ein Volk, das noch nicht seinen Platz im 21. Jh. gefunden hat.
Auch der **Tourismus** dreht mit am Rad. Immer mehr Besucher kommen in die traditionellen Siedlungen. Sogar einige Reiseveranstalter haben neuerdings Verträge mit den Stammesführern abgeschlossen und karren regelmäßig Busladungen von Touristen in ihre Dörfer. »Auf diese Weise gerät ein Himba-Dorf schnell zum lebenden Museum«, sagt der Gießener Geograf Andreas Dittmann. »Mit dem Präsentieren ihrer Kultur verdient eine Dorfgemeinschaft so plötzlich mehr Geld als mit dem Ausüben dieser.«
Die Kultur der Himba ist in Gefahr. Ins Himba-Gebiet sollte man deshalb **nicht auf eigene Faust**, sondern nur mit einheimischen und nachhaltig arbeitenden Veranstaltern reisen, die die Riten und Gebräuche kennen. Empfehlenswerte **Touren zu den Himba** haben zum Beispiel Ondjamba Safaris (www.ondjamba.com.na) und Omuhimba Safaris (www.omuhimbasafaris.com) im Programm. Diese Touren kann man auch vor Ort buchen und sich mit dem eigenen Auto anschließen.

Diese Frau unterzieht sich einer Reinigungszeremonie, bei der der Rauch die rote Körperpaste löst.

gelangt. Diese Verbindung ist saisonunabhängig, denn die Straße ist durchgehend geteert. In Opuwo, der 8000-Einwohner-Hauptstadt der Region Kunene, gibt es mehrere Supermärkte und Tankstellen sowie ein Krankenhaus, eine einfache Unterkunft und einen Campingplatz.

**Fotografieren? Gerne.**

Omuhonga

Man verlässt Opuwo auf der D 3700 in nördlicher Richtung und erreicht nach 104 km Okongwati. Von dort sind es noch 12 km bis Omuhonga. Hier wurde ein **traditioneller Himba-Kraal** angelegt, den Besucher besichtigen und fotografieren dürfen. Nach noch einmal 60 km in nördlicher Richtung erreicht man die Epupa-Fälle.

**Wandern am Wasserfall**

★ Epupa-Fälle

Der ganzjährig Wasser führende Kunene stürzt hier knapp 40 m tief in eine Schlucht hinunter und bildet die Epupa-Wasserfälle. Am eindrucksvollsten sind sie im April und Mai, wenn der Kunene viel Wasser führt. Bootsfahrten werden abhängig vom Wasserstand im nahen Omarunga Camp organisiert. Außerdem gibt es bei den Wasserfällen das Epupa Camp (► S. 100). Verschiedene Tourismusunternehmen sowie die örtliche Himba-Gemeinde haben die **Epupa Trails** ausgearbeitet: vier verschiedene, zwischen zwei- und fünfstündige Wanderungen, die mit Führer begangen werden können (Infos und Buchung in dem Büro neben dem kleinen Souvenirshop bei den Fällen). Aber Vorsicht unterwegs: Baden im Kunene kann gefährlich werden – die hier lebenden Krokodile sollen sehr angriffslustig sein.

Bootsfahrten: Tel. 081 620 68 87 | www.omarungalodge.com

**Vorsicht bei der Anfahrt**

Ruacana-Fälle

Die D 3700 verläuft parallel zum Kunene, und auf der Landkarte sieht es verführerisch aus, ihr von den Epupa-Fällen in östlicher Richtung bis zu den Ruacana-Fällen zu folgen, die 135 km flussabwärts liegen. Diese Piste ist jedoch extrem schwer befahrbar. Immer wieder versperren Felsbrocken den Weg, und häufig ist nicht erkennbar, wo sie überhaupt verläuft – ohne kundigen Führer ist das Befahren ein nahezu hoffnungsloses Unterfangen. Besser ist es, den Weg von Opuwo über die C 41 und die C 35 zu nehmen.

Die Ruacana-Fälle verdanken ihren Namen der nahe gelegenen Kreisstadt Ruacana. Früher stürzten die Wassermassen des Kunene hier tosend bis zu 107 Meter tief in eine bis zu 1067 Meter breite Schlucht. In den 1970er-Jahren wurde dann das unterirdisch angelegte Ruacana-Wasserkraftwerk gebaut, das größte Elektrizitätswerk Namibias. Obwohl der Kunene auch heute noch ganzjährig Wasser führt, wirken die Fälle wegen des Kraftwerks nur noch bei Hochwasser und gleichzeitiger Schleusenöffnung imposant.

# KARASBURG

**Region:** Karas | **Höhe:** 1014 m ü. d. M. | **Einwohnerzahl:** 4300

*Karasburg ganz im Süden Namibias ist eine der größten Städte des Landes. Besondere Sehenswürdigkeiten gibt es nicht, interessant ist der Ort vor allem als Durchgangsstation nach Südafrika.*

Wer auf der Suche nach Versorgungsmöglichkeiten an Karasburg vorbeikommt, kann anhalten: Es gibt eine Tankstelle, eine Bank und Übernachtungsmöglichkeiten. Ansonsten ist hier nicht viel los. In der Umgebung gibt es eine Thermalquelle und ein Museum, und bis nach Grünau und zum Oranje ist es nicht weit.

Zwischenstopp?

## Rund um Karasburg

**Geschichte im Gefängnis**

Die 1200-Einwohner-Gemeinde Warmbad 50 km südlich von Karasburg verdankt ihren Namen einer Thermalquelle. Gegründet wurde Warmbad 1805 von Christian und Abraham Albrecht aus Berlin, Missionare der Londoner Missionsgesellschaft, als erste Missionsstation im Gebiet des heutigen Namibia. Übernachten kann man in der Warmbad Community Lodge mit einfachen Bungalows und Campingplatz (Tel. 063 27 01 93). Das **Warmbad Museum** im ehemaligen Gefängnis dokumentiert die Geschichte des Ortes und der Region. Warmbad

**Museum:** Mo.–Fr. 9–13 und 14–17, Sa. 9–13 Uhr | Eintritt: 10 N$

**Namibias wilde Wassergrenze**

Der Oranje (Orange River) ist Grenzfluss zwischen Namibia und Südafrika. Er entspringt in über 3000 m Höhe in den Drakensbergen (Südafrika), bei Oranjemund mündet er in den Atlantischen Ozean. Wegen der sehr unregelmäßigen Wasserführung, Stromschnellen, Wasserfällen und Sandbänken ist er ein beliebtes Revier für Kanufahrten und leichtere Raftingtrips. Durch Orangenplantagen gelangt man von Karasburg über die C10 und die B1 in das ca. 140 km südwestlich gelegene Noordoewer am Oranje. Von hier führt die D 212 zum noch 10 km entfernten Camp der Felix Unite River Adventures, die **Bootstrips** auf dem Oranje organisieren. Hier gibt es auch 20 strohgedeckte Hütten zur Übernachtung Oranje

**Feix Unite:** Tel. +27 87 354 05 78 | www.felixunite.com).

**Von hier zum Canyon?**

Grünau 50 km nordwestlich von Karasburg ist für manche Touristen Ausgangspunkt für eine Fahrt zum Fish River Canyon. Grünau

# KARIBIB

**Region:** Erongo | **Höhe:** 900 m ü. d. M. | **Einwohnerzahl:** 5100

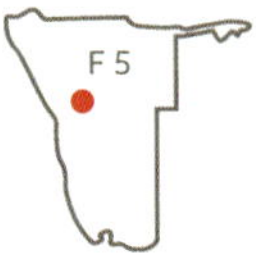


*Karibib steht für edle Exportgüter: In der Umgebung wird seit 1904 Marmor von hervorragender Qualität abgebaut. Weitere wirtschaftliche Hoffnungen setzt man in eine Goldmine, die jährlich etwa 1500 kg Gold abwirft. Die kleine Gemeinde liegt direkt an der B2 zwischen Windhoek und Swakopmund.*

Die Mamorstadt

Einige Gebäude aus der deutschen Kolonialzeit haben sich erhalten. Dazu gehören der Bahnhof, die Christuskirche, der 1906 erbaute Kaiserbrunnen und das 1900 als Hotel errichtete Roesemann-Haus. Etwas abseits der Hauptstraße liegt eine Webschule, die man besichtigen und deren Erzeugnisse wie Karakulteppiche man auch erwerben kann. Das Gelände des Marmorbergwerks an der Hauptstraße kann man sich nach Anmeldung ebenfalls anschauen

**Marmorbergwerk:** Tel. 064 55 00 02

## Rund um Karibib

**Sehenswertes auf und aus Stein**

★ Erongo-Gebirge

Westlich der C 33 erhebt sich das für seine Felsmalereien bekannte Erongo-Gebirge bis auf 2319 m Höhe. Sehr schöne Malereien findet man auf dem Gelände der **Farm Ameib** 30 km nördlich von Usakos (Tel. 081 857 46 39, www.ameib.com).

Trittsichere Spaziergänger erreichen in einer guten Stunde auf einem markierten Weg die **Philippshöhle** mit Darstellungen von Menschen und Tieren, darunter die berühmte Abbildung eines weißen Elefanten. Eindrucksvoll sind auch die als **Bull's Party** und **Elephant's Head** bezeichneten Felsformationen. Weitere Felsmalereien findet man, wenn man der D 1935 und der D 2306 nordwärts folgt, bis rechts die D 2315 abbiegt. Am einfachsten und sichersten ist eine Führung mit Guide (Vermittlung im Henckert Tourist Centre in Karibib, ▶ S. 110). Touren zu Bergleuten, die nach Edelsteinen schürfen, organisiert die Hohenstein Lodge (▶ S. 110).

**Eine Lokomotive aus Kassel**

Usakos

Auch in Usakos 30 km westlich von Karibib erinnert noch manches an die deutsche Kolonialgeschichte. Vor dem Bahnhof steht eine 1912 in Kassel gebaute Lokomotive, die bis 1960 nach Tsumeb und Grootfontein fuhr. Die Strecke wurde 1960 von der deutschen Schmalspurbreite 600 mm auf die Kapspurbreite 1067 mm umgerüstet. Das Gebäude der Stadtverwaltung in der Kaiser-Wilhelm-Straße stammt von 1908.

Der weiße Elefant ist wohl die berühmteste Felszeichnung der Philippshöhle.

**Wein aus Namibia**

Omaruru

Die Geschichte von Omaruru, einem Ort 55 km nördlich von Karibib, begann 1872, als die Rheinische Mission hier verschiedene Gebäude errichtete. Ein kleines **Museum** erinnert an die Missionsstation. Im Januar 1904 war Omaruru Schauplatz eines Aufstands der Herero: Sie belagerten die Kaserne, in der sich die hier stationierten deutschen Soldaten verschanzt hatten. In einem Gewaltmarsch führte Hauptmann Viktor Franke seine Kompanie in nur fünf Tagen von Gibeon in das fast 400 km entfernte Omaruru. Ihm gelang es, den Belagerungsring zu durchbrechen.

Omaruru hat sich jüngst einen Namen durch **Weinanbau** gemacht. Die 1990 gegründete **Kristallkellerei** bringt seit 1995 Weine in den Handel, die sich in ihrer Qualität durchaus mit einigen südafrikanischen Tischweinen messen können. Auch der Grappa ist nicht zu verachten.

**Kristallkellerei**: Mo.–Fr. 8–16.30, Sa. 8–12.30 Uhr
Tel. 064 57 00 83 | www.kristallkellerei.com

**Gebäude mit Geschichte**

Otjimbingwe

Wer sich für die deutsche Kolonialgeschichte interessiert, sollte dem 60 km südöstlich gelegenen Dorf Otjimbingwe einen Besuch abstatten. Man braucht etwas Fantasie, um sich vorzustellen, dass sich hier zwischen 1885 und 1890 der Sitz der deutschen Kolonialverwaltung befand – allerdings beschränkte sich der Verwaltungsapparat damals

## KARIBIB ERLEBEN

### HENCKERT TOURIST CENTRE
Das Henckert Tourist Centre bietet nicht nur touristische Informationen, ein kleines Café mit WLAN und einen Souvenirshop, sondern vermittelt auch Guides für Wanderungen im Erongo-Gebirge. Außerdem kann man Turmaline und andere Edel- wie Halbedelsteine bestaunen und kaufen.
38, Hidipo Hamutenya Ave.
Tel. 064 55 07 00

### HOHENSTEIN LODGE €€€
Die Lodge liegt am Fuße des Hohenstein, der höchste Berg des Erongo-Gebirges, und ist 25 km von Usakos entfernt. Die 14 Zimmer haben alle eine schattige Terrasse mit einem grandiosen Ausblick.
Tel. 064 53 09 00
www.hohensteinlodge.com

### GÄSTEFARM ALBRECHTSHÖHE €€
Die Jagd- und Gästefarm mit fünf Doppelzimmern liegt ca. 35 km östlich von Karibib an der B 2. Das Hauptgebäude wurde von der Deutschen Schutztruppe erbaut.
Tel. 062 50 33 63
www.safariwest.de

auf drei Beamte. Die Leitung hatte Heinrich Göring (1839–1913, Vater der Nazigröße Hermann Göring). Erhalten sind z. B. der Pulverturm (1872), das alte Postamt und das Hälbighaus.

# ★★ KEETMANSHOOP

**Region:** Karas | **Höhe:** 1002 m ü. d. M. | **Einwohnerzahl:** 18 900

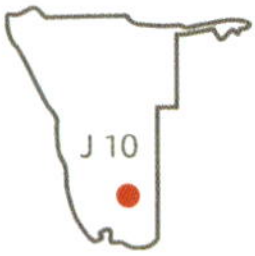


*Wenn die Sonne untergeht, beleuchten ihre letzten Strahlen ihn besonders schön: den Köcherbaum, Namibias natürliches Wahrzeichen. Gleich ein ganzer Wald davon steht bei Keetmanshoop, der bedeutendsten Stadt im südlichen Namibia. Daneben hat ein Riese sein Spielzeug verstreut: Giants' Playground ist eine weitere Sehenswürdigkeit in der Umgebung.*

Am Köcherbaumwald

Wo heute Keetmanshoop liegt, befand sich früher eine Siedlung der Nama. Um ihnen »zum rechten Glauben zu verhelfen«, wurde 1866 eine Missionsstation gegründet. Von dem deutschen Kaufmann Johann Keetman erhielt die Mission erhebliche finanzielle Zuwendungen – man dankte ihm, indem man den Ort nach ihm benannte.

## KEETMANSHOOP ERLEBEN

### KEETMANSHOOP INFORMATION OFFICE

Hier gibt es Informationen zu den Sehenswürdigkeiten in und um Keetmanshoop.
Hampie Phlictha Ave. (im ehemaligen kaiserlichen Postamt)
Tel. 063 22 12 66

### PENSION GESSERT €€

Die kleine Pension mit persönlicher Atmosphäre liegt im Stadtzentrum und bietet sieben Zimmer mit eigenem Bad und Klimaanlage.
138, 13th Street
Tel. 063 22 38 92
www.natron.net/gessert

### SCHÜTZENHAUS GUESTHOUSE €€

Hier kann man Gästezimmer und Self-Catering-Wohnungen buchen. Das Guesthouse ist im Zentrum von Keetmanshoop im ersten deutschen Club des gesamten südlichen Afrika untergebracht (erbaut 1907).
Pastorie St.
Tel. 063 22 34 00
www.schuetzenhaus-namibia.com

### CENTRAL LODGE €€

Die Central Lodge liegt direkt beim Kaiserlichen Postamt. Es gibt 23 Zimmer sowie eine Self-Catering-Wohnung, dazu ein Restaurant und ein Schwimmbad.
5th Street
Tel. 063 22 58 50
www.central-lodge.com

### QUIVERTREE FOREST REST CAMP €€

Das Camp befindet sich auf dem Gelände der Gariganus-Farm 13 km nordöstlich von Keetmanshoop an der M 29. Es gibt verschiedene individuell eingerichtete Zimmer, mehrere einfach gehaltene Häuser für Selbstversorger sowie einen Campingplatz nahe bei den Köcherbäumen.
Tel. 083 768 34 21
www.quivertreeforest.com

### GARAS PARK REST CAMP €

Von dem einfachen Campingplatz ca. 21 km nördlich von Keetmanshoop an der B 1 erreicht man den örtlichen Köcherbaumwald zu Fuß in wenigen Minuten – eine gute und günstige Alternative zum Quivertree Forest Rest Camp.
Tel. 063 22 32 17

Ist heute von Keetmanshoop die Rede, dann geht es in der Regel um den nahen Köcherbaumwald. Oder um die Karakulschafe, welche in der halbwüstenartigen Landschaft um Keetmanshoop gezüchtet werden.
Das Städtchen eignet sich als Übernachtungsstation – am schönsten ist es natürlich in einem der Camps bei den Köcherbäumen. Machen Sie ruhig auch mal einen kleinen Rundgang durch den Ort: Die ehemalige Kirche der Rheinischen Mission (von 1895) ist heute ein **Museum** zur Stadtgeschichte und zur Kultur der Nama. Daneben steht das Modell einer Nama-Hütte.
**Museum:** Mo.–Fr. 8.–12.30 und 14–17 Uhr.

## Rund um Keetmanshoop

**Uralte Bäume und ein Spielplatz der Riesen**

★★ Köcherbaumwald

Köcherbäume sind eine Aloenart (Aloe dichotoma, engl. Quivertree), die nur in Namibia und im Nordwesten Südafrikas vorkommt. Sie gehören zu den Wolfsmilchgewächsen, und ihr milchiger Saft ist hochgiftig. Vor dem Austrocknen schützt sie die harte, pergamentartige Rinde; das Innere des Stamms und der Äste ist dagegen faserig und weich, um das wenige Wasser möglichst lange zu speichern. Frü-

BAEDEKER MAGISCHE MOMENTE

### EIN MEER VON FARBEN

Goldgelb schimmern die Stämme im Abendlicht, stahlblau strahlt hinter den skurrilen Umrissen der Abendhimmel: Der Sonnenuntergang im Köcherbaumwald bei Keetmanshoop ist definitiv ein verzauberter Moment. Die seltenen Köcherbäume sind nicht nur in Namibia und Südafrika endemisch, sie sind auch noch unglaublich fotogen. Einer der schönsten »Wälder« liegt auf dem Gelände der Farm Gariganus. Buchung: Quivertree Forest Rest Camp, Tel. 083 768 34 21, www.quivertreeforest.com.

her höhlten die San und die Nama die Äste aus und benutzten sie als Köcher für ihre Pfeile. Köcherbäume wachsen sehr langsam und werden bis zu 300 Jahre alt. Im Juni/Juli bilden sich hellgelbe Blüten. Auf dem Klimagipfel 2009 wurde der Köcherbaum auf die »Rote Liste« der besonders gefährdeten Pflanzenarten gesetzt. Der Grund: Im Süden Namibias starben die Bäume gruppenweise – junge Bäume dagegen werden kaum noch entdeckt. Hauptverursacher soll der Klimawandel sein. Normalerweise stehen die Bäume einzeln; auf den beiden etwas außerhalb gelegenen Farmen Gariganus und Garas (► S. 112) stehen dagegen so viele von ihnen, dass sie etwas euphorisch Wald genannt werden. Sie präsentieren sich am fotogensten bei Sonnenuntergang – im Winter ist das Licht bereits ab 15 Uhr sehr gut. Tagesbesucher der Gariganus-Farm melden sich im Hauptgebäude an (der Eintritt kostet 80 N$ pro Person). Eine weitere Attraktion auf dem Gariganus-Gelände ist **Giants' Playground:** eine Ansammlung riesiger, durch Erosion entstandener Steinblöcke. Der Besuch ist im Eintrittpreis enthalten, ebenso eine Gepardenfütterung um 16 Uhr.

**Versteinerte Vergangenheit**

Mesosaurus Fossil Site

Köcherbäume und **Fossilien vom Mesosaurus** entdeckt man bei einer geführten Tour auf dem Mesosaurus Fossil Site ca. 15 km hinter dem Giant's Playground an der C 17 Richtung Koes. Hier gibt es auch vier einfache Chalets und einen Campingplatz .

Info: Tel. 063 68 36 41 | www.mesosaurus.com

**Ein Blick in den Krater**

Brukkaros-Krater

Fährt man von Keetmanshoop in nördlicher Richtung auf der B 1, erreicht man nach 60 km links der Straße das Massiv des Brukkaros-Kraters (1586 m ü. d. M.), der sich ca. 650 m über die Hochebene erhebt. Die Zufahrtsstraße endet bei einem Parkplatz. Ein Pfad führt von hier zum ca. 3,5 km entfernten Südende des Kraters.

# KHAUDUM NATIONAL PARK

**Region:** Kavango | **Größe:** 3842 km²

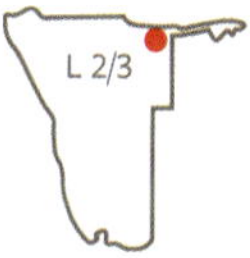


*Im Nordosten Namibias, an der Grenze zu Botswana, erstreckt sich das »Buschmannland«. Hier liegen der Khaudum National Park und die Nyae Nyae Conservancy, kaum erschlossene Gebiete mit einer einmaligen Tier- und Pflanzenwelt.*

## KHAUDUM NATIONAL PARK ERLEBEN

### PERMIT
Die Parktore im Norden und Süden sind von Sonnenauf- bis Sonnenuntergang geöffnet; das Permit gibt es beim Parkeintritt. Der Eintritt kostet 40 N$ pro Person und Tag und 10 N$ pro Auto. Wer auf Nummer sicher gehen will, kann das Permit bereits vor der Reise beim Ministry of Environment and Tourism (MET) beantragen: Head Office, Ecke Dr. Kenneth Kaunda St./ Robert Mugabe Ave., Windhoek, Tel. 061 284 21 11, www.met.gov.na, Mo.–Fr. 8–17, Sa.–So. 8–13 Uhr.

### TUCSIN TSUMKWE LODGE €€€
Die Lodge liegt 2 km von Tsumkwe entfernt und verfügt über 22 Doppelzimmer mit Bad, sowie einen Campingplatz und ein Restaurant. Zugleich ist sie ein Zentrum für Aus- und Weiterbildung von TUCSIN (The University Centre for Studies in Namibia).
Tel. 067 24 09 01
www.tsumkwe-lodge.com

### NHOMA SAFARI CAMP €-€€€€
Etwa 40 km nördlich von Tsumkwe an der D 3301 vor dem Kaudum National Park liegt das kleine, exklusive Zeltcamp mit zehn Zelten und einem Campingplatz, geführt von Ju/'Hoansi-San und den Inhabern. Zu den Aktivitäten gehören Ausflüge in den Khaudum National Park.
Tel. 081 2 73 46 06
www.nhomasafaricamp.com

### OMATAKO VALLEY RESTCAMP €
Der einfache Campingplatz mit eigenen Zelten (50 N$ pro Person) liegt auf halbem Weg zwischen Tsumkwe und Grootfontein an der C 44. Hier leben die !Kung-San, die auf Wanderungen die Kunst des Spurenlesens erklären.
www.omatakovalley.com

*Unberührte Natur*

Elefanten, Löwen, Leoparden, Antilopen, darunter die seltene Roan-Antilope, und sogar Afrikanische Wildhunde: Alle leben im Khaudum National Park. Da das Schutzgebiet nicht eingezäunt ist, verändert sich der Wildbestand laufend. Gut zu wissen: Die Tiere sind zwar zahlreich, aber scheu, und nach der Regenzeit erschwert der dichte Pflanzenbewuchs die Sicht erheblich. Vogelliebhaber finden im Khaudum National Park ein wahres Paradies vor: 320 registrierte Vogelarten leben hier. Die beste Zeit zur Vogelbeobachtung sind die Sommermonate.
Der Khaudum National Park liegt im Bereich des **Kalahari-Sandvelds.** Dünenkämme durchziehen das ebene Gelände. Die Trockenflussbetten führen nur nach extremen Niederschlägen Wasser, der hohe Grundwasserspiegel sorgt dennoch für eine üppige Vegetation. Abseits der Flussbetten finden sich Trockenwald und Buschsavanne.

**Nur für Allrad**

Anfahrt

Anreisen kann man entweder von Süden über Tsumkwe (ca. 65 km) oder von Norden über die Ortschaft Katere (ca. 80 km). Dabei gilt allerdings eine Bedingung: ein Allradfahrzeug. Nur damit kommt man durch den Tiefsand, außerdem darf man den Park nur mit Allradantrieb und im Konvoi (mindestens zwei Fahrzeuge) befahren. Der Besuch kann nur in den trockenen Wintermonaten zwischen Juni und Oktober empfohlen werden. Im Park gibt es zwölf künstliche Wasserlöcher und zwei einfache Campingplätze in Khaudum und Sikereti. Diese werden aber nicht gewartet, es gibt keine Verpflegung.

## Rund um den Khaudum National Park

**Das Tor zum Park**

Tsumkwe

Tsumkwe ist trotz seiner nur 500 Einwohner »Hauptort« des Buschmannlands und Tor zum Khaudum-Nationalpark. Es gibt eine Tankstelle, zwei Supermärkte und in der Umgebung einige Lodges wie die Tuscin Tsumkwe Lodge.

**Ausflüge im Schutzgebiet**

Nyae Nyae Conservancy

Das Nyae-Nyae-Schutzgebiet bei Tsumkwe erinnert an die Etosha-Pfanne: Nach starken Regenfällen bildet sich südlich von Tsumkwe ein flacher See, der Tiere und Vögel anzieht. In dem riesigen kommunalen Schutzgebiet leben zahlreiche Tierarten. Über die Ju/'Hoansi-San, die hier in der nördlichen Kalahari zumeist noch wie ihre wandernden Vorfahren als nomadisierende Jäger und Sammler leben, erfährt man mehr auf Ausflügen, die u. a. vom Büro der Nyae Nyae Conservancy in Tsumkwe angeboten werden, und im **Little Hunter's Museum,** einem von zwei Living Museums der Ju/'Hoansi-San etwa 25 Kilometer nördlich der Stadt (www.lcfn.info/hunters). In dem Gebiet gibt es verschiedene Campingplätze für Selbstversorger, darunter zwei einfache Campingplätze beim Little Hunter's Museum (40 N$ pro Person). Hier werden auch Buschwanderungen mit den San angeboten und Tänze aufgeführt.

Nyae Nyae Conservancy: Tel. 067 24 40 11 | www.nndfn.org

# ★★ KHORIXAS

**Region:** Kunene | **Höhe:** 1000 m ü. d. M. | **Einwohnerzahl:** 12 700

*Khorixas (das »x« wird wie »ch« ausgesprochen) ist die Hauptstadt des Damaralands. Der Ort lebt von den Sehenswürdigkeiten in der Umgebung, allen voran natürlich das Unesco-Welterbe Twyfelfontein.*

Sightseeing in der Natur

Versteinerter Wald, Fingerklippe, Orgelpfeifen: Die Sehenswürdigkeiten um Khorixas machen schon beim Lesen neugierig. Und das zu Recht: Hinter den klingenden Namen verbergen sich bemerkenswerte Naturphänomene. Besichtigen Sie bei Ihrem Besuch also nicht nur Twyfelfontein, sondern auch noch die anderen Schätze bei Khorixas. Ein Living Museum der Damara, das einzige seiner Art, gehört ebenfalls dazu. Wer übernachten möchte, findet in der Gowati Lodge eine gute Adresse.

## Rund um Khorixas

### Jahrmillionenalte Bäume

★ Versteinerter Wald

Man verlässt Khorixas in Richtung Westen auf der C 39. Nach 42 km passiert man rechts den Parkplatz beim Versteinerten Wald (Petrified Forest). Über ein etwa 60 ha großes Gelände verteilen sich ca. 50 fossile Stämme; sehr gut erkennbar sind die Jahresringe und die Rinde. Die 260 Mio. Jahre alten Nadelbäume sollen bei einer gewaltigen Flut entwurzelt und hierhergespült worden sein. Flusssand und Schlamm bedeckten die Bäume und verhinderten so, dass sie vermoderten. Die über den Stämmen angehäuften Gesteinsmassen wurden durch Erosion abgetragen, sodass schließlich die versteinerten Stämme sichtbar wurden. Einheimische Führer geleiten Touristen gegen ein Entgelt durch das eingezäunte Gelände, in dem übrigens auch einige Welwitschias gedeihen.

### Eine besondere Chance

Living Museum of the Damara

Im Living Museum of the Damara, einem »lebenden Freilichtmuseum« rund 10 km vor Twyfelfontein, führen die Damara in ihre fast verloren geglaubte Kultur ein. Außerdem werden geführte Buschwanderungen angeboten.

Eintritt: 80 N$ p. P. | Tel. 081 65 08 634 | www.lcfn.info/damara

### Wo der Kudu tanzt

★★ Twyfelfontein

Folgt man der C 39 weiter in westlicher Richtung, gelangt man zu der beschilderten Abzweigung nach Twyfelfontein, das man nach insgesamt 105 km von Khorixas aus erreicht. Twyfelfontein gilt als **eine der bedeutendsten Fundstellen von Felsbildern in Namibia**. Das Alter der Kunstwerke ist umstritten, Schätzungen liegen zwischen 6000 und mehreren hundert Jahren. 2007 wurden die etwa 2500 Gravuren von der Unesco zum Welterbe erklärt. Forscher gehen davon aus, dass die Felsbilder in mindestens sechs verschiedenen Phasen entstanden sind. Sie wurden mit harten Quarzsteinen mehrere Millimeter tief in die weicheren Sandsteinplatten geritzt. Am häufigsten sind Giraffen, Strauße, Zebras, Nashörner und Elefanten abgebildet; berühmt sind der **»Tanzende Kudu«**

## KHORIXAS ERLEBEN

### GOWATI LODGE €€€
Diese schöne Mittelklasse-Lodge, die aus Naturmaterialien gebaut ist, befindet sich im Zentrum von Khorixas und hat einen schönen Garten mit Pool, Bar und Restaurant.
Justus Garoeb Ave., Khorixas
Tel. 067 33 15 92
www.igowatilodge.com

### TWYFELFONTEIN COUNTRY LODGE €€€
Die 56 Zimmern der großen Lodge an der D3214 bei Twyfelfontein befinden sich in reetgedeckten Bungalows. Ein Restaurant und eine Tankstelle gibt es auch.
Reservierung Südafrika: Tel. +27 21 8 55 03 95
www.Twyfelfonteinlodge.com

### MOWANI MOUNTAIN CAMP €€€€
Das Mowani Mountain Camp liegt nur wenige Kilometer südlich von Twyfelfontein an der D 2612 und ist die komfortabelste Lodge im Damaraland. Die Zeltchalets stehen zwischen riesigen Granitfelsen. Am Abend kann man großartige Sonnenuntergänge vom »Sundowner point« erleben, und tagsüber bieten sich Ausflüge nach Twyfelfontein und zu den Wüstenelefanten im Huab-Trockenfluss an.
Tel. 061 23 20 09
www.mowani.com

### HUAB LODGE €€€€
Die schöne Huab Lodge umfasst acht reetgedeckte Stein-Bungalows am Ufer des meist trockenen Huab-Flusses. Sie liegt in einem privaten Naturreservat mit eigener Thermalquelle. Die Huab Lodge ist einer der besten Ausgangspunkte, um die seltenen Wüstenelefanten zu beobachten.
Tel. 067 31 20 70
www.huab.com

### ABA HUAB CAMP €
Dieser Campingplatz mit einigen einfachen Bungalows und einer Bar liegt schön am Aba Huab Rivier etwa 6 km von Twyfelfontein entfernt an der D 3254. Hier kann man auch organisierte Rundfahrten mit einem Guide buchen.
Tel. 067 33 11 04
www.namibweb.com/abahuab.htm

### VINGERKLIP LODGE €€€
Die Vingerklip Lodge liegt zwischen Khorixas und Outjo an der D 2743 nahe - der Name lässt es erahmen - der Fingerklippe, ca. 20 km südl. der C 39. Sie bietet 22 komfortable Bungalows mit grandiosem Ausblick über die unberührte Landschaft der Ugab-Terrassen.
Tel. 067 29 03 19
Reservierung 061 25 53 44
www.vingerklip.com.na

### GROOTBERG LODGE €€€
Die von Einheimischen geführte Grootberg Lodge liegt spektakulär in den Tafelbergen zwischen Kamanjab und Palmwag. Der Ausstattung ist exzellent. Wirklich ausßergewöhnlichist aber die Aussicht, die man von hier über das Umland hat; vielleicht einen der großartigsten Ausblicke des ganzen Landes. Von hier aus werden Reitsafaris sowie Ausflüge zu den Wüstenelefanten, den Wüstennashörnern und zu den Himba angeboten.
Tel. 067 33 32 12
www.grootberg.com

und der Löwe mit seinem außergewöhnlich langen, abgeknickten Schwanz. Unter einem Felsüberhang erkennt man mehrere männliche Gestalten und darüber Pfeil und Bogen. Die geometrischen Gravuren auf dem Stein fast am Fuße des Felsmassivs werden heute als Landkarte interpretiert.
Twyfelfontein ist einer der wenigen Plätze, an dem man **sowohl Gravuren als auch Felsmalereien** entdeckte. Geschaffen haben sie die San bzw. die Berg-Damara, die sich zur Jagd in diesem Gebiet aufhielten. Die Felsbilder waren sowohl »Mitteilungsblätter« für nachfolgende Nomadenfamilien als auch Berichte an den Gott »Kaggen«. Die Felsen dürfen nur in Begleitung von Damara-Führern erklommen werden (gutes Schuhwerk!). Nachdem man Fundstelle »Fünf« besichtigt hat, kann man zum Ausgangspunkt zurückkehren (Gesamtdauer des Rundgangs knapp eine Stunde) oder noch drei weitere Fundstellen von Felsbildern anschauen (Gesamtdauer: ca. 90 Minuten). An der »Reception« kann man vor oder nach dem Besuch handwerkliche Damara-Produkte erwerben.

**Eine sehenswerte Laune der Natur**

Orgelpfeifen

Von Twyfelfontein fährt man nur ein kurzes Stück auf derselben Strecke zurück, hält sich dann rechts (beschildert) und gelangt nach insgesamt 10 km zu den »Orgelpfeifen« (Organ Pipes). Man steigt nur wenige Meter tief zu einer etwa 100 m langen Schlucht hinab. Hier stehen Hunderte von bis zu 5 m hohen Basaltsäulen . Sie bildeten sich vor etwa 120 Mio. Jahren, als Lavamassen in das Schiefergestein eindrangen und unter Druckerstarrten. Erosion legte sie zu einem späteren Zeitpunkt der Erdgeschichte frei.

**Am schönsten bei Sonnenuntergang**

Verbrannter Berg

Mit einem Allradfahrzeug kann man vom Parkplatz der Orgelpfeifen noch etwas näher an den Verbrannten Berg (Burnt Mountain) heranfahren, der sich rund 200 m über seine Umgebung erhebt. Das dunkle Schiefer- und Basaltgestein wirkt, als hätte hier ein verheerendes Feuer gewütet. Auch wenn es immer wieder einige der Besucher tun: Das Besteigen des Bergs ist wegen der empfindlichen Flora (darunter auch einige sehr alte Welwitschias) streng verboten.

**Was vom Berge übrig blieb**

Fingerklippe

Eine andere Natursehenswürdigkeit befindet sich ca. 75 km östlich. Die 35 m hohe Fingerklippe ist der Rest eines Tafelbergs, der durch Erosion allmählich abgetragen wurde. Man kann zu Fuß zur Klippe aufsteigen, von oben bietet sich ein schöner Blick auf die Ugab-Terrassen, die Plateau-Berge im Ugab-Tal. In der Ferne erkennt man die Vingerklip Lodge (► S. 117).

Nicht nur Felszeichnungen, auch bizarre Landschafen entdeckt man bei Khorixas.

# ★ LÜDERITZ · !NAMI#NÛS

**Region:** Karas | **Höhe:** bis 110 m ü. d. M. | **Einwohnerzahl:** 12 500

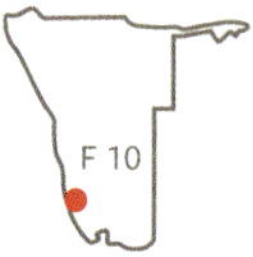


*Eine der abgelegensten Städte Namibias schmiegt sich ganz im Südwesten des Landes auf mächtige Granitfelsen, einsam am windumtosten Atlantik. Doch wer Lüderitz als verschlafenes Nest bezeichnet, der wird der Stadt nicht gerecht, denn sie ist die »Geburtsstadt des modernen Namibia«. Und ganz in der Nähe liegt das berühmte Geisterstädtchen Kolmannskuppe.*

Diamanten!

Alles steht noch da wie damals: das Theater, die Schule, die Turnhalle, die Eisfabrik, ja selbst die Kegelbahn mitsamt der Kegel. Draußen weht ein glühend heißer Wüstenwind über die Dünen. Sand wirbelt in der Luft. Drinnen, im Schatten der Ruinen von Kolmannskuppe, ist

Unverkennbar deutsches Kolonialerbe in den Straßen von Lüderitz

es nicht weniger heiß. 30 Grad zeigt das Thermometer schon am frühen Morgen an. Auch im Inneren der Gebäude liegt Sand: Er türmt sich an den Wänden und unter den Fenstersimsen. Denn langsam holt sich die Wüste das Ihre zurück.

Wer in der **ehemaligen Diamantenstadt** wenige Kilometer vor den Toren von Lüderitz durch die Häuser schlurft, weiß, welche Entbehrungen die Einwanderer hier vor mehr als 100 Jahren auf sich nehmen mussten, um ein komfortables Leben zu führen. Und er weiß, warum sie hierherkamen: Diamanten. Den seltenen Edelsteinen verdanken Lüderitz und das kleine Schürfstädtchen Kolmannskuppe nicht nur ihre Existenz, sondern auch die besten Jahre ihrer Vergangenheit. Obwohl die Wüste ein trostloser, lebensfeindlicher Raum war, schufen sich die deutschen Kolonialisten hier eine neue Heimat. Das Diamantenfieber ist längst Geschichte. Heute setzt Lüderitz auf den Tourismus. Neue Ideen sollen die Besucher anziehen, die Lüderitz dank des nahen Flughafens auch von Windhoek aus schnell ereichen. Geplant ist unter anderem das größte Meeresmuseum Afrikas. Und auch etwas anderes ist neu, denn eigentlich dürfte man gar nicht mehr Lüderitz sagen. Der Name erinnert zu sehr an die Kolonialgeschichte. Deshalb wurde die Stadt jüngst in **!Nami#nûs** umbenannt. Wegen seiner Klicklaute ist der neue Name aber auch für Namibier fast nicht auszusprechen, weshalb die meisten wie selbstverständlich weiter den alten deutschen Namen verwenden.

## Wohin in Lüderitz?

### Alte und neue Architektur

Stadtzentrum

Das Stadtzentrum liegt zwischen dem Bahnhof und dem Robert-Hafen. Hier befinden sich die meisten der liebevoll restaurierten Häuser aus der Blütezeit der Stadt. Sie sind im Jugendstil und wilhelminischen Stil mit verspielten Fachwerkgiebeln, hohen Mansardendächern, Erkern, Balkonen und Türmchen gebaut. Vereinzelt gibt es auch moderne Bauten wie das neue kleine Einkaufszentrum der Waterfront am Hafen. Hauptstraße ist die Bismarckstraße, an der die wichtigsten Geschäfte, Banken und die neue Post liegen.

### Von hier einmal durch die Stadt

★ Felsenkirche

Die evangelisch-lutherische Felsenkirche ist das Wahrzeichen der Stadt. Sie eignet sich als Ausgangspunkt für einen Stadtrundgang, weil man hier einen hervorragenden Überblick über den Ort bekommt. Den Entwurf für den 1911 errichteten neugotischen Bau lieferte der Lüderitzer Baumeister Albert Bause. Das schöne lanzettförmige Buntglasfenster im Innern stiftete Kaiser Wilhelm, die Altarbibel seine Frau.

Mo.–Sa. 17–18 (April–Sept.) bzw. 16–17 Uhr (Okt.–März)

## LÜDERITZ !NAMI#NÛS ERLEBEN

### PERMIT
Da Lüderitz von den ehemaligen Diamond Areas 1 und 2 umgeben ist, braucht man für Ausflüge in die Umgebung, auch nach Kolmannskuppe, eine Genehmigung. Man bekommt diese z. B. im Büro von Lüderitz Safaris & Tours (Adresse s. u.). Von dieser Bestimmung ausgenommen sind die Ausflugsziele auf der Lüderitz-Halbinsel.

### LÜDERITZ SAFARIS & TOURS
Tagestouren in und um Lüderitz, Buchtenrundfahrten und Ausflüge nach Kolmannskuppe, Elisabeth Bay, Pomona und Bogenfels. Mit angeschlossenem Souvenirshop. Preise auf Anfrage.
Bismarck St.
Tel. 063 20 27 19
www.namibweb.com/ludtour.htm

### COASTWAYS TOURS LÜDERITZ
Organisation von Touren in beide Sperrgebiete, z. B. nach Pomona/Bogenfels (Ganztagestour) sowie Selbstfahrertouren nach Saddle Hill (vier Tage) und Walvis Bay (sechs Tage). Zur Voranmeldung ist eine Passkopie erforderlich. Preise auf Anfrage.
Tel. 063 20 20 02
www.coastways.com.na

### NAMIB OFFROAD EXCURSION
Tagestouren und Ausflüge auf die Lüderitz-Halbinsel und in die Dünen mit und ohne Übernachtung, z. B. zu den Koichab-Dünen, nach Elisabeth Bay, Pomona und Bogenfels.
Tel. 063 20 29 56
www.luderitztours.webs.com

### ❶ RITZI'S SEAFOOD RESTAURANT €€€
Ein prima Fischrestaurant direkt an der Lüderitzer Waterfront – am besten isst man hier Hummer, Muscheln oder andere Meeresfrüchte.
Lessing Rd./Bay Rd.
Tel. 063 20 28 18

### ❷ BARRELS RESTAURANT AND BAR €€€
In dem urigen Restaurant mit angeschlossener Bar bekommt man gute Steaks und Bier vom Fass.
Nachtigal St. 5
Tel. 081 315 52 59

### ❸ OYSTER & VINE BAR €€
Die Oyster & Vine Bar bietet gutes Essen – neben den namensgebenden Austern auch Kalamari und Fisch -, eine große Auswahl an Weinen und freundlichen Service.
Bismarck St. 25
Tel. 081 700 04 75

### ❶ LÜDERITZ NEST HOTEL €€€€
Das exzellente Stadthotel in toller Lage direkt am Meer hat zwei gute Restaurants, einen Gezeitenstrand und einen Pool.
1820 Diaz St.
Tel. 063 20 40 00
www.nesthotel.com

### ❷ HOTEL SEA-VIEW ZUM SPERRGEBIET €€€
Einfaches Hotel mit schönem Ausblick, Hallenbad, Sauna und Restaurant.
Woermann St.
Tel. 063 20 34 11

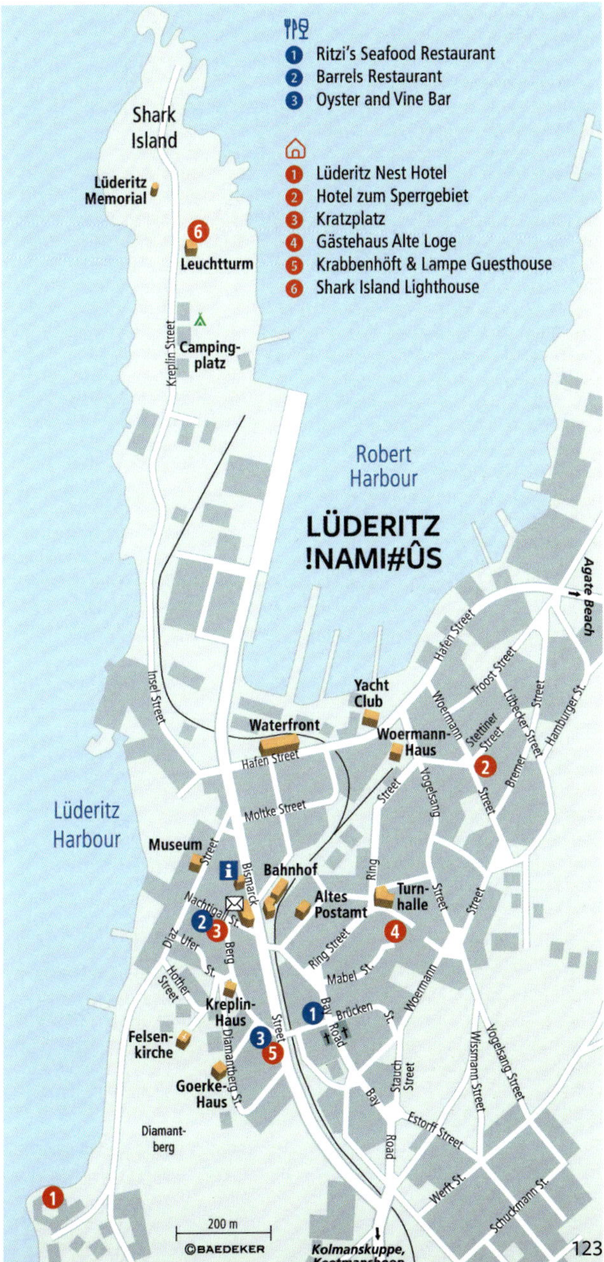
1 Ritzi's Seafood Restaurant
2 Barrels Restaurant
3 Oyster and Vine Bar
1 Lüderitz Nest Hotel
2 Hotel zum Sperrgebiet
3 Kratzplatz
4 Gästehaus Alte Loge
5 Krabbenhöft & Lampe Guesthouse
6 Shark Island Lighthouse
Shark Island
Lüderitz Memorial
Leuchtturm
Camping-platz
Kreplin Street
Robert Harbour
LÜDERITZ !NAMI#ÛS
Agate Beach
Hafen Street
Troost Street
Lübecker Street
Hamburger St.
Woermann
Stettiner Street
Bremer Street
Yacht Club
Waterfront
Woermann-Haus
Insel Street
Vogelsang
Moltke Street
Lüderitz Harbour
Museum
Bahnhof
Bismarck
Altes Postamt
Turn-halle
Ring
Nachtigal St.
Diaz
Ufer St.
Berg
Ring Street
Mabel St.
Hother Street
Kreplin-Haus
Brücken St.
Bay Road
Felsen-kirche
Diamantberg St.
Goerke-Haus
Stauch Street
Wissmann Street
Vogelsang Street
Estorff Street
Diamant-berg
Werft St.
Schuckmann St.
200 m
©BAEDEKER
Kolmanskuppe, Keetmanshoop

**3 KRATZPLATZ ACCOMMODATION €€**
Das familiäre Quartier mit seinem kleinem Restaurant in einem Wohnhaus und einer ehemaligen Kirche von 1911 ist zentral gelegen und bietet auch mehrere Wohnungen für Selbstversorger.
5 Nachtigal St.
Tel. 063 20 24 58
www.kratzplatz.info

**4 BOUTIQUE-GÄSTEHAUS ALTE LOGE €€€**
Sehr schönes Gästehaus mit fünf Zimmern in einer Villa aus der Kolonialzeit. Abendessen auf Anfrage.
Mabel St.
Tel. 081 636 74 85
www.historisches-ferienhaus-namibia.de

**5 KRABBENHÖFT & LAMPE GUESTHOUSE €€**
Einfaches, aber sauberes Guesthouse in einem wunderschönen historischen Gebäude von 1910.
25 Bismarck St.
Tel. 081 666 65 99
www.klguesthouse.com

**6 SHARK ISLAND LIGHTHOUSE €€€**
Wohl die spektakulärste Möglichkeit, in Lüderitz zu übernachten. Der Leuchtturm verfügt nur über eine einzige Unterkunft mit vier Zimmern, deswegen ist er meist ausgebucht. Allerdings gibt es in der staatlichen Unterkunft auch 20 Campingplätze auf felsigem Grund.
Namibia Wildlife Resorts
Tel. 061 2 85 72 00
www.nwr.com.na

---

★ Goerke-Haus

**Erkennbar an der Sonnenuhr**
Durch die Kirchstraße und die Diamantbergstraße gelangt man zum Goerke-Haus unterhalb der Kirche. Leutnant Hans Goerke war der Leiter der Emilienthal-Diamantengesellschaft in Lüderitz. Sein 1909–1911 im Jugendstil errichtetes Wohnhaus auf dem Diamantberg gehört zu den schönsten und am aufwendigsten renovierten Gebäuden der Stadt. Auffällig ist die Sonnenuhr, die bis dahin in Namibia unbekannt war. Die Inneneinrichtung ist nicht mehr original.
Mo.–Fr. 14–16, Sa. 16–17 Uhr | Eintritt: 25 N$

Kreplin-Haus

**Hier wohnte der erste Bürgermeister**
Der Erbauer des ebenfalls sehenswerten Kreplin-Hauses (Bergstr./Diamantbergstr.) im Jahr 1909 war Direktor einer Diamantfirma und erster Bürgermeister von Lüderitz.

Historisches Museum

**So war es hier früher**
In dem kleinen Museum in der Diazstraße werden mit liebevoll zusammengestellten Erinnerungsstücken und Fotos die Geschichte der Stadt und ihrer Bewohner, der Diamanten-Bergbau, die Mineralien sowie die Geologie und Geografie der Namib-Wüste lebendig.
Mo.–Fr. 15.30–17 Uhr | Eintritt: 15 N$

Bahnhof

**Kein Bahnhof wie jeder andere**
Das letzte größere Bauwerk dieser Zeit entwarf der Regierungsarchitekt Kurt Lohse. Kurioserweise wurde der Bahnhof erst 1914, sieben

Jahre nachdem hier die erste Eisenbahn angehalten hatte, in Betrieb genommen. Ein kleiner Abstecher führt zum **Alten Postamt** von 1908 in der Schinzstraße. Heute ist hier das Naturschutzbüro untergebracht (Ministry of Environment and Tourism).

**In dieser Sehenswürdigkeit kann man auch übernachten**

Krabbenhöft und Lampe

Wieder an der Bismarckstraße liegt das ehemalige Handelshaus von Krabbenhöft und Lampe, heute Sitz des empfehlenswerten gleichnamigen Gästehauses. An der Ecke Hafen-/Vogelsangstraße steht das 1906 ebenfalls im Jugendstil für die gleichnamige Reederei erbaute **Woermann-Haus.**

**Auf der Hai-Insel**

Shark Island

Etwas jüngeren Datums (Baubeginn war 2002)ist die **Lüderitz Waterfront**, ein Büro-, Laden- und Restaurantkomplex am Hafen. Auf der mit dem Festland verbundenen Hai-Insel erinnert ein Denkmal an den Stadtgründer Adolf Lüderitz (Eintritt 10 N$, Zugang über Campingplatz). Der 1910 erbaute alte **Leuchtturm** wurde in der Zwischenzeit modernisiert, er wird heute mit Solarenergie betrieben. Von hier hat man einen schönen Blick auf den natürlichen Hafen und die Stadt. Im Leuchtturmgebäude kann man sogar übernachten, daneben gibt es einen Campingplatz.

## Rund um Lüderitz

**Ausflug zum Strand**

Achat Beach/ Agate Beach

Für einen ausgedehnten Strandspaziergang und ein Sonnenbad ist der Achat-Strand, auch Agate-Strand genannt, ein gutes Ziel. Er liegt 8 km nördlich von Lüderitz. Man verlässt die Stadt über die Hafen- und Industriestraße, die unterhalb der Siedlung Nautilus verläuft. Benannt ist der Strand nach dem Halbedelstein Achat, von dem man mit einigem Glück heute noch Splitter im Sand findet.

**Delikatessen aus Lüderitz**

Austern und Langusten

Sauberes Meerwasser und die kalte und planktonreiche Benguela-Strömung bieten ideale Bedingungen für die Austernzucht. Die Delikatesse aus der Radford Bay ist vor allem für den südafrikanischen Markt bestimmt. Auch die Langusten aus Lüderitz sind berühmt. Selbst wer sich fürs Fischen bisher nicht erwärmen konnte, wird beim alljährlichen Langustenfangen zwischen 1. November und 30. April an den Stränden um Lüderitz Spaß haben – und am Abend genießt man am Strand die »Früchte« seiner Arbeit. Genehmigung beim Ministry of Sea Fisheries and Marine Resources, Sitz auf Shark Island, Tel. 063 20 29 05 (erlaubt sind maximal sieben Langusten pro Tag).

# DIAMANTENFIEBER IN SÜDWEST

*Die Sanddünen haben die Wohnhäuser, die Schuppen und die Werkstatthallen erobert. Sie sind durch offene Türen und zerbrochene Fenster eingedrungen und quellen auf der anderen Seite wieder heraus. Es ist nur eine Frage der Zeit, bis Kolmannskuppe, die einstige Diamantenmetropole, unter dem feinen Sand verschwindet.*

Angefangen hatte 1908 alles per Zufall, als Oberbahnmeister August Stauch und seine Arbeiter wie gewöhnlich die neue Streckenlinie von Lüderitz nach Keetmanshoop vom allgegenwärtigen Treibsand freischaufelten. Bahnarbeiter Zacharias Lewala präsentierte seinem Vorgesetzten einen unscheinbar aussehenden Stein, den er im Sand gefunden hatte. Lewala hatte in einer südafrikanischen Diamantenmine gearbeitet und vermutete, dass es sich um einen Diamanten handeln könnte. Stauch sicherte sich in aller Eile die Schürfrechte. Als er die Bestätigung erhielt, dass es sich bei Lewalas Fund tatsächlich um einen Diamanten handelte, hing er seinen Job an den Nagel, rüstete eine Expedition aus und begann eiligst mit der Diamantenschürfung im Wüstensand.

## Wettrennen in der Wüste

Die Nachricht von Diamantenfunden in Deutsch-Südwest verbreitete sich wie ein Lauffeuer. Das Diamantenfieber brach aus. Von überall strömten die Menschen herbei: Bauern verließen ihre Scholle, Matrosen setzten sich von ihren Schiffen ab, Händler gaben ihre Geschäfte auf, Männer ließen ihre Frauen sitzen. Es hieß, man müsse sich nur bücken, um die Diamanten an der Oberfläche des Sandbodens einzusammeln, bzw. ein wenig schaufeln und sieben, um ihrer habhaft zu werden.
Wie spätere geologische Untersuchungen ergaben, **stammten die Edelsteine aus südafrikanischen Diamantvorkommen.** In Flussläufen waren sie zur Atlantikküste transportiert und dabei so abgeschliffen worden, dass sie eine besonders hohe Reinheit erhielten. Im Wüstensand begann ein Wettrennen. Wie die Pilze schossen die Schürffelder aus dem Boden. Ein solcher Claim hatte das Einheitsmaß von 400 m x 200 m und musste deutlich sichtbar markiert werden. Nicht nur Einzelpersonen erwarben diese Schürffelder von der Regierung gegen geringe Abgaben. Es wurden immer mehr Gesellschaften gegründet, um die Diamantensuche ertragreicher zu machen. Lüderitz fing an zu wachsen, mit den Schiffen trafen Menschen und Waren ein, Geld floss bald in Hülle und Fülle.

## Diamantensuche wurde zur Staatssache

Die Regierung erklärte einen rund 100 km breiten Küstenstreifen zum **Sperrgebiet,** das nur noch von der eigens gegründeten »Deutschen Diamanten-Gesellschaft« (DDG) ausgebeutet werden durfte, und alle Diamanten mussten der staatlichen »Diamantenregie des südwestafrikanischen Schutzgebietes« zum Ankauf abgeliefert werden. Für die Beteiligten lohnte sich das Geschäft mit den Glitzersteinchen, vor allem für die Regierung, denn Berlin konnte die Kosten für die Erschließung und Verwaltung der südafrikanischen Kolonie sparen – Südwest erhielt sich selbst. Nur die Deutsche Schutztruppe wurde weiterhin vom Heimatland aus gesponsert. Stauchs Fund brachte Kaiser und Reich in den ersten sieben Jahren **rund eine Tonne Rohdiamanten.** Fast fünf Millionen Karat sollen es zwischen 1908 und 1915 gewesen sein. Bis zum Ausbruch des Ersten Weltkriegs holte man Diamanten im Gegenwert von insgesamt 165 Millionen Mark aus dem Wüstenboden.

## Ende der deutschen Diamanten-Story

Die deutsche Diamanten-Story nahm allerdings schnell ein Ende. Nachdem die Südafrikaner nach dem Ende des Ersten Weltkriegs die Verwaltung über Deutsch-Südwest übernommen hatten, begann man, über die Ablöse oder Enteignungen der Diamantenfelder zu verhandeln. Lange kontrollierte der südafrikanische Diamantenkonzern De Beers mit der Diamantengesellschaft »Consolidated Diamond Mines of South West Africa« (CDM) das Diamantensperrgebiet. 1994, vier Jahre nach der Unabhängigkeit Namibias, wurde die CDM in »Nambdeb Diamond Corporation« umbenannt und der namibische Staat mit 50 % an der Gesellschaft beteiligt. Heute ist der Wüstenboden weitgehend leer geräumt. Stattdessen fördert man die funkelnden Steinchen mit modernsten Geräten aus dem Meeresgrund vor der Küste (▶ Oranjemund, S. 132). Aus August Stauch, dem ersten Diamantenschürfer, aus dem ein vielfacher Millionär geworden war, machten die zwei Weltkriege und die Weltwirtschaftskrise von 1929 einen armen Schlucker. Als er 1947 starb, besaß er gerade noch 2,50 Mark.

Lesetipp: Hans-Otto Meissner, »Traumland Südwest«

**Bringen Sie etwas Zeit mit**

Lüderitz-Halbinsel

Auf der Lüderitz-Halbinsel westlich der Stadt gibt es wunderschöne Buchten, Lagunen und unberührte Sandstrände. Für die Besichtigung sollten Sie sich mindestens einen halben Tag Zeit nehmen, auch wenn Sie nicht alle Aussichtspunkte besuchen können. Die Ausschilderung und die Straßen sind nicht gut, trotzdem sind die Pisten mit normalem Pkw noch befahrbar – allerdings muss man unbedingt auf dem Weg bleiben, sonst besteht die Gefahr einzubrechen (die Salzkruste ist nicht stabil).

**Hier landete der erste Europäer**
Ein Ziel auf der Halbinsel ist der Felsvorsprung, an dem Bartholomeu Diaz 1488 ein Steinkreuz errichtete. Nicht weit entfernt liegt ein Felsen im Meer, auf dem sich Pinguine und Seelöwen aufhalten. Der nahe Leuchtturm weist seit 1910 Seefahrern den Weg.

★ Diaz Point

**Wertvoller Mist**
Die Halifax-Insel zwischen Guano Bay und Knochenbucht darf nicht betreten werden, wenn Sie ein Fernglas mitbringen, können Sie aber die hier lebenden **Pinguine** beobachten. Die Insel ist nur eine der zwölf sogenannten Pinguin-Inseln vor dem Küstenstreifen nördlich und südlich von Lüderitz. Sie bieten vielen Tausend Seevögeln Lebensraum. Um 1840 wurde der Guano-Dünger tonnenweise von den Eilanden abtransportiert. In größeren Zeitabständen sind auch heute noch Guano-Einsammlungen möglich, allerdings dauert es 35 Jahre, bis die Inseln von einer 1 m dicken Guano-Schicht bedeckt sind.

Halifax Island

**Spaziergang mit Aussicht**
Zwischen Essy Bay und dem sogenannten Fjord führt ein markierter Fußweg in ca. 10 Minuten zur Eberlanzhöhle direkt am Meer. Über die nächste Abzweigung erreicht man den Fjord und dann heißt es: Ausblick genießen! In der Großen Bucht mit ihren Felsklippen an der Nordseite halten sich gerne Flamingos auf.

Eberlanzhöhle, Fjord, Große Bucht

**Vom Winde verweht**
Die ehemalige Diamantenstadt Kolmannskuppe (Kolmanskop) liegt an der B4 im Diamantensperrgebiet, 15 km östlich von Lüderitz. 1908 fand der schwarze Bahnarbeiter Zacharias Lewala dort einen Diamanten im Sand (Baedeker Wissen, ▶ S. 256/257). Der Fund lockte Glücksritter aus aller Welt an. Bald schufteten mehr als 20 000 Menschen auf den Diamantenfeldern, und aus dem Nichts entstand eine Stadt. 1914 deckten die Felder mehr als 20 Prozent der Weltmarktproduktion ab. Das Diamantenfieber währte indes nur kurz. Nachdem Geologen am Oranjemund viel ergiebigere Diamantenfelder entdeckt hatten, wurde die Mine in Kolmannskuppe 1938 geschlossen. 1956 verließ der letzte Sicherheitsbeamte die Stadt, die sich die Wanderdünen seither zurückerobern.
Zur Blütezeit lebten rund 300 Fachleute mit ihren Familien in Kolmannskuppe, die meisten stammten aus Deutschland. Ihnen wurde der Aufenthalt in der unwirtlichen Gegend so angenehm wie möglich gemacht. Obwohl der feine Wüstensand mittlerweile meterhoch in die Häuser eingedrungen ist, lässt sich der einstige Wohlstand heute noch erahnen. Von 1911 an versorgte eine Gasturbinen-Anlage in Lüderitz das Wüstenstädtchen mit Strom; monatlich brachte ein Schiff 1000 t Frischwasser aus Kapstadt. Später übernahmen Entsalzungsanlagen die Wasserversorgung. Eine Schu-

★ Kolmannskuppe

le fehlte ebenso wenig wie ein Krankenhaus, in dem das erste Röntgengerät im südlichen Afrika stand, eine Stangeneis-Fabrik und eine Schlachterei. Gesellschaftlicher Mittelpunkt war das zweigeschossige Kasino. In der großen Mehrzweckhalle fanden Sportveranstaltungen statt; auf der Bühne traten Musik- und Theaterensembles auf, die eigens aus Deutschland eingeschifft wurden. Seit den 1980er-Jahren setzt sich die staatliche Diamantengesellschaft Consolidated Diamond Mines (CDM) für den Erhalt des ehemaligen Industriestädtchens ein. Der Besuch ist offiziell nur mit Führung möglich, buchbar z. B. bei Lüderitz Safaris & Tours (▶ S. 122). Immer wieder hört man aber, dass einen die Guards auch ohne offizielle Tour auf das Gelände lassen.

Besuch mit Führung über Lüderitz Safaris & Tours: Mo.–Sa. 9.30 und 11 Uhr, So./Feiertag 10 Uhr
Eintritt: 85 N$, Auto 10 N$, Fotoerlaubnis 230 N$ pro Person

**Tagestour zu den Diamanten-Abbaustätten**

Diamanten-sperrgebiet

Im Jahr 1986 wurde in Elisabeth Bay mit dem Diamantenabbau begonnen. Da die Diamantenfelder jedoch viel geringere Vorkommen aufwiesen, beschloss die CDM, hier keine Stadt wie Kolmannskuppe zu errichten, sondern die Arbeiter von Lüderitz aus zu versorgen. Weiter südlich an der Küste liegt der sogenannte Bogenfels, ein über 50 m hohes **Felsentor,** zu dem ebenfalls organisierte Touren angeboten werden. Eine interessante Tagestour führt an der Küste entlang etwa 90 km ins Diamantensperrgebiet. Dabei passiert man einige ehemalige Diamanten-Abbaustätten, u. a. Pomona, Märchental, und zuletzt den Bogenfels. Eine solche Tour kann man bei z. B. bei Coastways Tours (▶ S. 122) buchen.

**Besucher sind jetzt willkommen**

Oranjemund

Die 1936 gegründete Retortenstadt ist das Zentrum der namibischen Diamantenindustrie. Hier, wo der Grenzfluss Oranje in den Atlantik mündet, förderte die CDM bzw. NAMDEB, wie die Gesellschaft seit 1994 heißt, zu Beginn der 1990er-Jahre jährlich noch über eine Million Karat, davon viele Steine, die wegen ihrer Reinheit und Größe als Schmuckdiamanten Verwendung fanden. Um an die Preziosen zu gelangen, tragen Schaufelbagger jedes Jahr bis zu 30 Mio. t Sand und Gestein ab. Bis 2011 war die Stadt im Besitz des Diamantenkonzerns NAMDEB und für Besucher von außen komplett gesperrt; in der 3900-Einwohner-Stadt lebten ausschließlich NAMDEB-Mitarbeiter. 2011 wurde die Stadt von NAMDEB an den namibischen Staat übertragen, seit Ende 2017 ist sie auch für Besucher von außerhalb geöffnet, die die Stadt nun ohne Sondergenehmigung besuchen können.
Durch den schrittweisen Rückzug der Diamantengesellschaft muss sich die Ortschaft Oranjemund nun neue Einnahmequellen er-

schließen. Große Hoffnung setzt sie dabei auf den Tourismus. Noch sind Unterkunftsmöglichkeiten rar, doch das soll sich bis 2022 ändern, wenn NAMDEB die letzte ihrer vier Minen geschlossen und die Diamantenförderung komplett auf das Meer verlagert hat. Denn die Gesellschaft setzt zunehmend auf den hoch technisierten Abbau unter dem Ozean statt an Land: Im Laufe der Jahrmillionen hat der Oranje nämlich einfach unzählige Diamanten in den Atlantik gespült.

# ★ MALTAHÖHE

**Region:** Hardap | **Höhe:** 1330 m ü. d. M. | **Einwohnerzahl:** 6000

***Eine rote Festung mitten in der Wüste? Es klingt verrückt, aber Schloss Duwisib ist genau das. Und die skurrile Sehenswürdigkeit ist nicht der einzige Grund, einen Abstecher nach Maltahöhe zu machen. Der kleine Ort eignet sich auch als Ausgangspunkt für Ausflüge in den Namib Naukluft Park und ins Sossusvlei.***

Interessant, sehenswert, skurril

Maltahöhe wurde um die Wende vom 19. zum 20. Jh. gegründet und liegt am Rande der 1400 m hohen Schwarzrandebene. Im Ort gibt es das gleichnamige Hotel mit Bar, das im Laufe der Jahre ein beachtliches kleines Regionalmuseum aufgebaut hat, einen Souvenirshop am westlichen Ortsrand sowie mehrere Gästefarmen in der näheren Umgebung.

Zwei Friedhöfe erinnern an die Kolonialgeschichte: Östlich von Maltahöhe liegen 40 deutsche Soldaten, die im Kampf gegen den Nama-Häuptling Hendrik Witbooi (▶ Interessante Menschen) im Jahr 1894 und während des Nama-Aufstands in den Jahren 1904–1907 gefallen waren. 55 km nördlich von Maltahöhe befindet sich an der C 14 der denkmalgeschützte **Ernst-Hermann-Friedhof**. Hermann war der erste Schafzüchter und größte Wolleverarbeiter Namibias. Er kam 1904 während des Nama-Aufstands ums Leben.

## ★ Die rote Festung: Schloss Duwisib

**Keine Fata Morgana**

Burg in der Wüste

Beim ersten Anblick des Schlosses aus dem lokalen roten Sandstein traut man seinen Augen kaum, so unwirklich scheint ein solcher Bau in der namibischen Wüste. Erbaut wurde das Schloss von **Hansheinrich von Wolf,** dem Spross einer sächsischen Adelsfamilie, der 1904

## MALTAHÖHE ERLEBEN

### MALTAHÖHE HOTEL €€

Die Zimmer bieten eine familiäre Atmosphäre, und das zu günstigen Preisen. Zusätzlich organisieren die Gastgeber Tagestouren ins Sossusvlei, zum Sesriem-Canyon und nach Schloss Duwisib.
Tel. 063 29 30 13
www.maltahoehe-hotel.com

### DUWISIB CASTLE €€€

Wer mit etwas Glück oder dank frühzeitiger Planung eines der fünf Zimmer des staatlichen Resorts ergattert, schläft direkt im Schloss. Es gibt hier aber zusätzlich noch zehn Campsites, dazu eine Bar und ein kleines Restaurant.
Namibia Wildlife Resorts
Tel. 061 285 72 00
www.nwr.com.na

### DUWISIB GUESTFARM €€€

Die Farm direkt am Schloss verfügt über geräumige Zimmer, einen Bungalow, ein Familienhaus und Campingmöglichkeiten.
Tel. 063 29 33 44
www.farmduwisib.com

als Mitglied der Schutztruppe erstmals nach Südwestafrika kam und bereits vier Jahre später acht Farmen und 1400 km² Land besaß – finanziert mit dem Vermögen seiner amerikanischen Gattin. 1908 beauftragte von Wolf den aus Berlin stammenden Architekten **Wilhelm Sander** mit dem Bau von Schloss Duwisib als »Farmhaus«. Als Vorbild dienten ihm die Forts der Schutztruppen in Namutoni, Gibeon und Windhoek. Sanders Plan liegt ein geschlossenes Viereck zugrunde. Um den schönen Innenhof gruppieren sich insgesamt 22 Zimmer. Bis auf die Steine stammen Material und Mobiliar aus Deutschland – mit dem Schiff herantransportiert und auf 20 Ochsenkarren über 600 km durch die namibische Wüste gezogen. Steinmetze wurden aus Italien, Zimmerleute aus Skandinavien und Bauarbeiter aus Irland verpflichtet. Heute gehört das Schloss dem namibischen Staat. Fans ausgefallener Unterkünfte sind hier genau richtig: In fünf der Zimmer kann man übernachten.

Durch eine Vorhalle gelangt man in den Rittersaal. Eine schmale Treppe führt zur Galerie, die auf romanischen Bögen und Säulen ruht. Links vom Rittersaal befinden sich das Biedermeier- und das Esszimmer, rechts die einstigen Privaträume der Besitzer. Das Schloss ist mit alten Möbeln, Bildern, Kupferstichen, Fotos und Waffen (vor allem aus der zweiten Hälfte des 18. und der ersten Hälfte des 19. Jh.s) ausgestattet. Seit seiner Renovierung 1991 ist Schloss Duwisib nationales Denkmal.

Schlossbesichtigung: tgl. 8–17 Uhr
Eintritt: 70 N$

BAEDEKER ÜBERRASCHENDES

# 6X DURCHATMEN

*Entspannen, wohlfühlen, runterkommen*

## 1. GENUSSVOLL

Genug vom Großstadttrubel in Windhoek? Ab ins **»Fresh 'n Wild« in Windhoek**! Im ruhigen Innenhof werden köstliche Vollkorn-Sandwiches und frisch gepresste Säfte serviert. (► **S. 217**)

## 2. ERHOLT

Mal total abschalten? Dann auf zum **Wandern in die Naukluft-Berge**, je nach Gusto auf »Olive Trail«, »Waterkloof Trail« oder »Naukluft Trail«. (► **S. 146**)

## 3. STILL

Kein Hotel, kein Lokal und doch einer der schönsten Orte Namibias: Bei einer Übernachtung am **Vogelfederberg im Namib Naukluft Park** hört man nichts außer dem Rauschen des Blutes in den Ohren. (► **S. 140**)

## 4. ENTSPANNT

Grottensauna, Kneipp-Duschen, Fitnessgeräte, Yoga und zwei Pools: Auch das gibt es in Namibia. Und zwar nur 29 km von Windhoek entfernt im Luxusresort **»Goche Ganas«**. (► **S. 218**)

## 5. ABGESCHIEDEN

72 Kilometer südlich von Maltahöhe liegt das Märchenschloss **Duwisib** in der Wüste: eine Oase der Ruhe und Entspannung. Neuerdings kann man hier auch übernachten. (► **S. 133**)

## 6. VERSUNKEN

Die **evangelisch-lutherische Kirche von Swakopmund** ist selbst dann ein Ort zum Innehalten, wenn vormittags der größte Trubel in der Stadt herrscht. (► **S. 180**)

# ★★ NAMIB NAUKLUFT PARK

**Region:** Karas, Hardap, Erongo | **Größe:** 49 768 km²

E–G 6–10

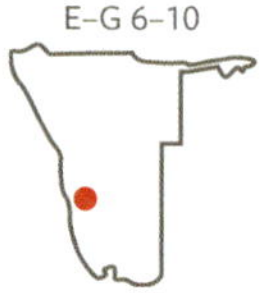

*Ob endlose Karstflächen, die höchsten Sanddünen der Welt, die zerklüfteten Naukluft-Berge oder die lebensfeindliche Westküste: Die Landschaften im Namib Naukluft Park sind durchweg beeindruckend. Der Nationalpark im Westen Namibias gehört mit einer Fläche größer als die Schweiz zu den größten Naturschutzgebieten der Welt.*

Afrikas größtes Schutzgebiet

Bis der Namib Naukluft Park seine heutige Größe erreicht hatte, vergingen aber Jahrzehnte. Das zentrale Gebiet der Namib-Wüste wurde bereits 1907 zum »Naturschutzgebiet Nr. 3« erklärt, danach kamen Stück für Stück weitere Gebiete dazu, zuletzt der Rest des Diamantensperrgebiets Nr. 2 (bis auf einen kleinen Teil bei Lüderitz). In diesem riesigen Areal können die Tiere frei herumziehen. Im Jahr 2009 wurden der Namib Naukluft Park, der Skelettküsten-Nationalpark, der Sperrgebiet-Nationalpark, der Dorob National Park und das Meeresschutzgebiet Meob-Chamais zum **Namib-Skelettküsten-Nationalpark** (Namib Skeleton Coast National Park) zusammengelegt. Gemeinsam bilden die Parks mit 107 540 km² Fläche seitdem das größte Schutzgebiet in Afrika und das achtgrößte der Erde. Namibia ist damit das einzige Land, das seine komplette Küstenlinie – 1570 km – als Nationalpark unter Schutz gestellt hat. In naher Zukunft soll der Namib-Skelettküsten-Nationalpark mit dem geplanten Kunene-Volkspark und dem Etosha-Nationalpark zusammengelegt werden. Noch existiert dieser Park aber nur auf dem Papier, die einzelnen Parks tragen weiterhin ihre angestammten Namen.
Elefanten und Nashörner sind im Namib Naukluft Park seit über 100 Jahren ausgestorben. Es gibt jedoch Zebras, Klippspringer und Paviane, Springböcke und Spießböcke. Leoparden und Hyänen sind die einzigen größeren Raubtiere; zu den kleineren gehören Schabrackenschakale, Kapfüchse, Löffelhunde und Erdwölfe. Die Naukluft-Berge sind für ihren **Vogelreichtum** bekannt, und an der Uferböschung des Kuiseb- und des Swakop-Flusses sieht man während der Brutzeit (Mai–September) mit Glück Ohrengeier. In der Namib endemisch sind die Dünen- und die Namiblerche, die auf den Schotterebenen vorkommt. Zu den Pflanzen, die in der unwirtlichen Gegend überleben können, zählen Kameldornbäume, Dünengras, einige Blattsukkulenten, Akazien und Balsambäume sowie das Kürbisgewächs Nara.

## Wohin im Namib Naukluft Park?

**Vier grandiose Landschaften**

Die Parkgebiete

Die riesige Fläche des Nationalparks gliedert sich in den **Namib-Teil** im Norden zwischen Swakop- und Kuiseb-Fluss, den Küstenabschnitt **Sandwich Harbour,** die **Naukluft-Berge** im Osten sowie die **Zentral- oder Dünennamib**, die das gesamte Areal südlich des Kuiseb umfasst und zu der auch die grandiose Dünenlandschaft des Sossusvlei gehört. Besucher haben nur zu einem kleinen Teil des Naturschutzparks Zugang, das gesamte Gebiet südlich des Kuiseb (außer Sossusvlei und Naukluft) ist für die Öffentlichkeit gesperrt. Da die Anfahrt nach Sandwich Harbour von Walvis Bay aus erfolgt, ist dieser Teil des Parks unter dem Stichwort ▶ Walvis Bay beschrieben.

**Abstecher und Camping nur mit Erlaubnis**

Permit (▶ S. 144)

Für die hier beschriebene Fahrt von Swakopmund durch den Namib Naukluft Park zu den Höhepunkten des Parks braucht man, solange man auf den Hauptstraßen bleibt, keine Genehmigung. Die Straßen C 14, C 28, D 1982 und D 1998 im Nationalpark sind frei befahrbar. Abstecher z. B. zur Blutkuppe, zum Vogelfederberg, zur Welwitschia-Ebene und zur Forschungsstation Gobabeb sind jedoch nur mit Permit gestattet. Auch für folgende Campingplätze ist ein Permit nötig: Kuiseb-Brücke, Mirabilis, Homeb, Kriess the Rus, Vogelfederberg, Blutkuppe, Tinkas und Ganab.

**Kurios, spannend, lehrreich**

★ Welwitschia Drive

Von der Küste kommend biegt man wenige Kilometer hinter Swakopmund von der C 28 links ab auf die D1991 und folgt den Schildern **»Welwitschia Drive«.** Auf dieser Strecke weisen Steintafeln auf botanisch, geologisch und geschichtlich interessante Stellen hin. Tafeln Nr. 1 und Nr. 5 machen auf Flechtenfelder aufmerksam, die oft kaum zu erkennen sind. Tafel Nr. 2 bezieht sich auf die sogenannten Taler- und Bleistiftpflanzen bzw. auf die »windverwehten Flechten«, die dank der Nebelfeuchtigkeit überleben können. Spritzt man über die scheinbar toten Pflanzen ein wenig Wasser, entfalten sie sich innerhalb kurzer Zeit. Tafel Nr. 3 verweist auf die immer noch sichtbaren Spuren der alten Ochsenwagenroute. Der Baaiweg (Buchtweg) verband die Küste mit dem Inland. Beim Hinweisschild Nr. 6 zweigt die 5 km lange Zufahrt zur Farm Goanikontes (www.goanikontes-oasis.com) ab. Mitten in der Wüste wachsen hier Palmen und hohe Eukalyptusbäume. Bei Hinweis Nr. 7 findet man die Überreste eines Lagers, das südafrikanische Truppen während des Ersten Weltkriegs errichteten. Hinweisschild Nr. 11 schließlich macht auf zwei besonders schöne Welwitschia-Exemplare aufmerksam, eine männliche und eine weibliche. Bei Schild Nr. 12 befindet sich die angeblich älteste Welwitschia der Welt (2000 Jahre). Die Sukkulente Welwitschia

(Welwitschia mirabilis) gilt als **botanische Kuriosität.** Ursprünglich kam sie nur innerhalb eines 40–100 km breiten Küstenstreifens vom Kuiseb-Fluss bis nach Südangola vor. Ihre Wurzeln können bis zu 3 m tief in die Erde reichen, und ihre vermeintlich vielen Blätter sind in Wirklichkeit nur zwei bis zu 8 m lange, olivgrüne, lederartige Blätter mit vom Wind zerfransten Enden, die auf dem Boden liegen und die Feuchtigkeit des Meeresnebels aufnehmen können. Die gelbgrüne weibliche Blüte sieht Kiefernzapfen ähnlich und ist größer als die lachsfarbene männliche.

Ein paar Kilometer weiter erreicht man einen von mehreren Aussichtspunkten auf die sogenannte **Mondlandschaft.** Das gesamte Gebiet ist nahezu vegetationslos und erscheint mit den schlackenartig wirkenden Gesteinsmassen, den zerklüfteten Erhebungen und den tiefen Schluchten tatsächlich wie eine Mondlandschaft. Ausflüge in diese Gegend veranstaltet Dare Devil Adventures (► S. 142).

Eine Wanderung in den höchsten Sanddünen der Welt im Sossusvlei

**Der Aufstieg wird belohnt**

Blutkuppe

Von der C28 lohnt der 12 km lange Abstecher zur Blutkuppe (Bloedkoppie), einem schon von weitem sichtbaren Granitberg, der seinen Namen dem rötlich schimmernden Gestein verdankt. Wegen der großen Temperaturunterschiede platzen Teile der Felsoberfläche ab, also Vorsicht beim Besteigen. Von oben genießt man einen fantastischen Rundblick.

Klein-Tinkas mit der Ruine eines deutschen Polizeipostens und zwei Gräbern aus der Kolonialzeit erreicht man nur mit einem geländegängigen Fahrzeug.

**Warten auf die Tiere**

Ganab, Hotsas

Über die Wasserstellen Ganab und Hotsas, eine Wasserstelle mit einer Schutzhütte zur Wildbeobachtung, stößt man auf die C 14, die weiter nach Osten führt.

### Das Zelt unter Bäumen aufschlagen

Zebra Pan, Gobabeb, Homeb

Folgt man an der C14 der Piste in Richtung Süden, führt eine 140 km lange Strecke zu den Wasserstellen Zebra Pan, Homeb und Gobabeb. In Homeb kann man in einem Camp am Kuiseb unter Kameldorn- und Ebenholzbäumen übernachten. In Gobabeb befindet sich eine Wüstenforschungsstation (Infos zu Besuchsmöglichkeiten und Unterkunft gibt es auf www.gobabebtrc.org).

### Absolute Stille

Vogelfederberg

Von Gobabeb führt die Piste weiter nach Nordwesten. Kurz bevor sie wieder auf die C 14 stößt, passiert sie den Vogelfederberg, eine von Wind und Wetter abgerundete Granitkuppe. Namibias »Ayers Rock« in klein liegt auf etwa zwei Drittel der Wegstrecke zwischen Solitaire und Walvis Bay an der C 14. Wie aus dem Nichts erhebt sich die etwa 60 m hohe Granitkuppe aus einer Landschaft ohne Horizont. Für Besucher stehen hier sehr schöne Picknickplätze bereit. Wer Ausrüstung und Verpflegung hat, kann hier auch übernachten und die absolute Stille in diesem Nichts aus Stein und Sand genießen. Hier hört man nachts nichts außer dem Rauschen des Blutes in den Adern. Für die Strecke braucht man ein Permit von MET bzw. NWR (▶ S. 142).

### Immer wieder neue Einblicke

★ Kuiseb-Canyon

Wer der C14 weiter nach Osten folgt, erreicht schnell eine der spektakulärsten Landschaften des Namib Naukluft Parks. Der Kuiseb-Fluss entspringt in der Landesmitte, führt dann am Dünengürtel der Namib entlang und versandet auf seinem Weg an die Küste, wo er schließlich südlich von Walvis Bay unbemerkt und unterirdisch in den Atlantik mündet. Von den Aussichtspunkten bei Aruvlei und Carp Cliff blickt man in den Kuiseb-Canyon. Das hier früher reichlich vorhandene Wasser ermöglichte eine dichte Vegetation, die die vorwärtswandernden Sanddünen aufhielt. Auch wenn der Kuiseb heute nur selten Wasser führt, ist der Grundwasserspiegel im Flusstal hoch. Es gibt etliche Wasserlöcher, an denen man mit etwas Glück Wild antrifft. Bei **Carp Cliff** versteckten sich die beiden deutschstämmigen Geologen Henno Martin und Hermann Korn während des Zweiten Weltkriegs für mehr als zwei Jahre, um der Internierung zu entgehen. In ihrem Buch »Wenn es Krieg gibt, gehen wir in die Wüste« haben sie ihr Leben in der Namib spannend beschrieben.

### Apfelkuchen in der Wüste

Solitaire

Über den Gaub-Pass erreicht man 74 Kilometer nach dem Ende des Kuiseb-Canyons auf der C 14 Solitaire. Die kleine Farmsiedlung ist ein schöner Ort für eine Rast, zum Beispiel bei Kaffee und selbst gebackenem Apfelkuchen in »Moose McGregor's Desert Bakery«. Die am Ortseingang verrostenden Oldtimer sind ein beliebtes Fotomotiv, ebenso wie die halbzahmen Erdmännchen, die hier leben.

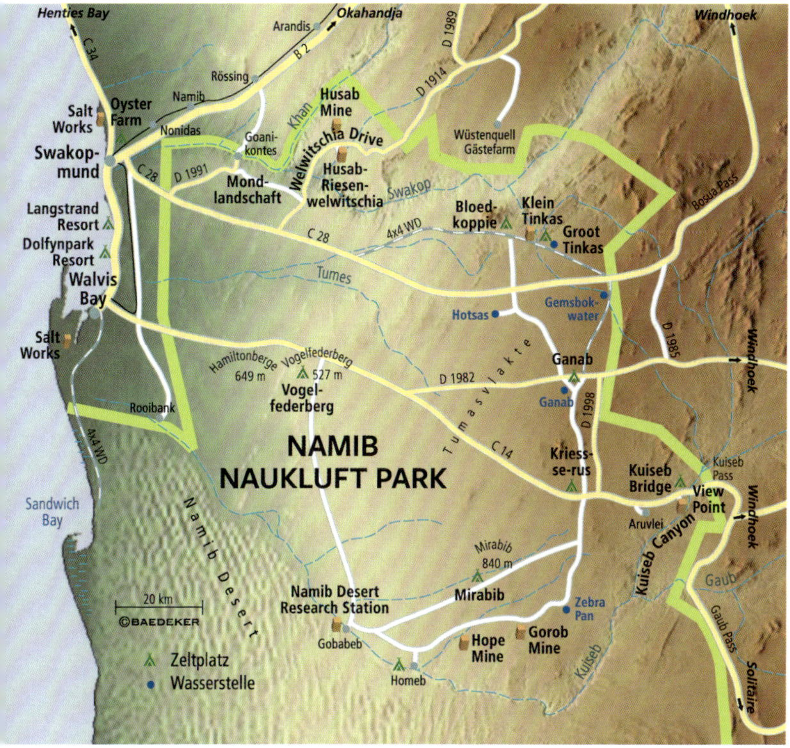


**Ein Traum für fitte Wanderer**

Südlich von Solitaire sind schon die ersten Ausläufer der Naukluft-Berge zu sehen. Die Naukluft ist ein mächtiger, bis zu 2000 m aufragender Gebirgsstock am Ostrand der Namib-Wüste. Die Landschaft: schroffe Felsen und tief eingeschnittene, teilweise dicht bewachsene, in der Regel ausgetrocknete Flusstäler. Zu Beginn der deutschen Kolonialzeit lag hier ein wichtiges Rückzugsgebiet der Nama unter ihrem Häuptling **Hendrik Witbooi.** Noch heute erinnern einige Gräber an die Opfer der Aufstände, die 1894 mit einem Friedensvertrag beendet wurden. Von der C 14, die Maltahöhe und Solitaire miteinander verbindet, zweigt bei Büllsport die D 854 ab. Auf ihr erreicht man nach 11 km den Parkeingang. Das Büro liegt ca. 12 km weiter und ist täglich von Sonnenaufgang bis Sonnenuntergang geöffnet.

★ Naukluft-Berge

Fahrzeuge sind – bis auf einer 73 km langen 4 x 4-Rundtour – nur auf der Anfahrtsstrecke zum Campingplatz erlaubt. Von hier aus lernt man den Park zu Fuß kennen. Wegen der hohen Temperaturen dür-

# NAMIB – »LEERER PLATZ«

*Mindestens 30% der Erdoberfläche sind natürliche Wüstengebiete. Die meisten Wüsten breiten sich seit Langem aus, bedingt durch den Klimatrend und durch menschliche Eingriffe wie z. B. das Abholzen von Wäldern. Die größte Wüste der Welt ist die Sahara in Nordafrika; die Namib ist mit einem Alter von rund 80 Mio. Jahren eine der ältesten Wüsten der Welt und zugleich einer der trockensten Orte des Planeten.*

▶ **Die Trockenwüste – Namib**

| | |
|---|---|
| **Ausdehnung** | Angola, Namibia |
| **Fläche** | 95 034 km² |
| **Länge/Breite** | ca. 2000 km / ca. 160 km |
| **Niederschlag** | 40 bis 50 mm pro Jahr (durch Nebel) |

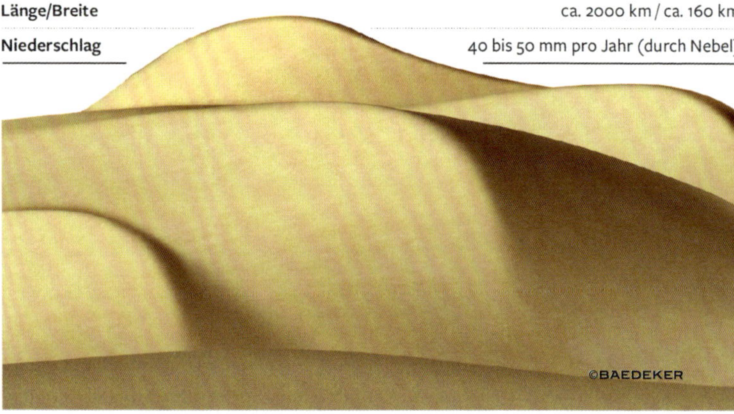


▶ **Entstehung von Sanddünen**

Der Wüstensand wird vom Wind zu Dünen aufgetürmt. In der Namib erreichen die Dünen eine Höhe von bis zu 400 m.

**Sicheldünen**

Der Wind bläst längere Zeit aus einer Richtung und treibt den Sand an den Sichelenden schneller voran als auf dem Hauptkamm.

**Längs- oder Strichdünen**

Wesentlich höher türmen sich die Längs- und Strichdünen auf. Sie laufen parallel zur Windrichtung.

**Querdünen**

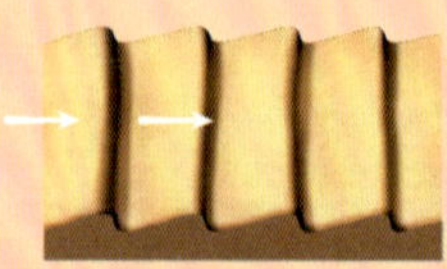

Die Dünen laufen quer zur Windrichtung und sind durch tiefe Furchen voneinander getrennt.

**Sterndünen**

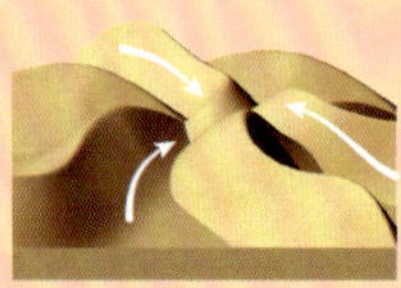

Bläst der Wind aus wechselnden Richtungen, bilden sich sternförmige Dünen. Sie verändern ihren Standort kaum.

**Die Wüsten der Welt**

- Wüstenklima
- Savannenklima
- Tundrenklima
- Eisklima

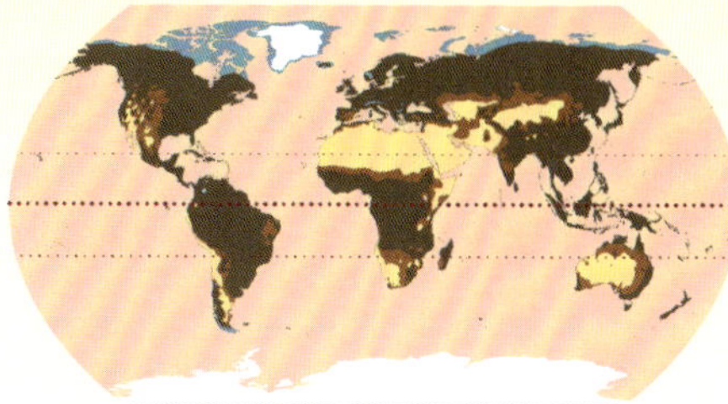

**Die Entstehung von Wanderdünen**

Ein Kunstwerk der Natur: die Wanderdüne. Ein Zusammenspiel aus Wind und Sand lassen diese »rollenden« Riesen durch die Wüste wandern.

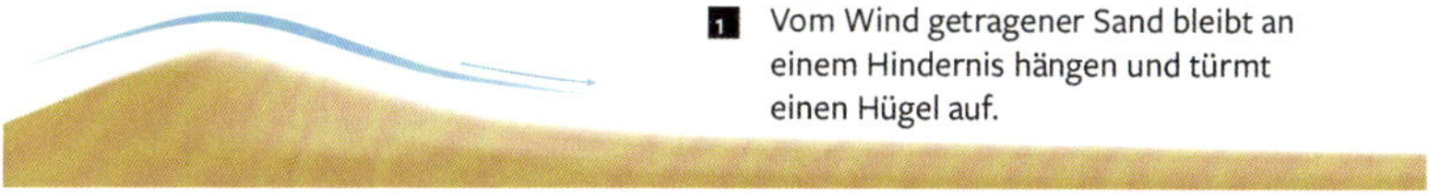

**1** Vom Wind getragener Sand bleibt an einem Hindernis hängen und türmt einen Hügel auf.

**2** Durch die Verwirbelungen der Luft beginnt der Gipfel der Düne zu wandern.

**3** Die steile Seite der Düne lässt den Sand hinabfallen. Weht der Wind dauerhaft aus derselben Richtung, wandert die Düne bis zu 20 m pro Jahr.

**Die Wüste lebt**

Augenscheinlich wirkt die Wüste kahl und leer. Doch viele Tier- und Pflanzenarten haben ihren Organismus perfekt an das Wüstenklima angepasst.

## NAMIB NAUKLUFT PARK ERLEBEN

### PERMITS, PREISE, AUSKUNFT

Die Hauptstraßen C 14, C 28, D 1982 und D1998 durch das Naturschutzgebiet darf man ohne Genehmigung (Permit) befahren. Für alle anderen Straßen und Pisten sowie zum Campen braucht man ein Permit (80 N$ pro Person, 10 N$ pro Pkw), erhältlich beim Ministry of Wildlife and Tourism (MET) bzw. Namibia Wildlife Resorts (NWR) in Windhoek (Tel. 061 2 85 72 00, www.nwr.com.na) sowie in den Büros in Swakopmund (Bismarck Street, Tel. 064 40 21 72), Sesriem und Lüderitz. Die Büros sind werktags von 8 bis 17 Uhr geöffnet (wochenends geschlossen!).
Für die Hauptstraßen reicht ein normaler Pkw; für viele Abstecher braucht man ein Allradfahrzeug. Benzin gibt es in Swakopmund, Walvis Bay, Maltahöhe, Solitaire und Sesriem.

### VERHALTEN IM NATIONALPARK

Bei Fahrten in die Namib (abseits der Hauptstraßen) sollte man unbedingt ein zweites Reserverad, ausreichend Trinkwasser und Proviant mitnehmen. Alle Pflanzen und Tiere in der Namib stehen unter Naturschutz – bitte nur auf den ausgewiesenen Pisten fahren.

### DARE DEVIL ADVENTURES

Dieser Anbieter organisiert bis zu dreitägige Trips von Swakopmund ins Hinterland, zur Mondlandschaft, zum Welwitschia Drive oder ins Nirgendwo auf dem dünentauglichen vierrädrigen Motorrad.
Tel. 064 22 01 58
www.daredeviladventures.com

### NAMIB SKY BALLON SAFARIS

In den Himmel steigen, wenn die Sonne ihre Fühler über den Dünen ausstreckt – eine Ballonfahrt über die Namib-Dünen gehört vielleicht zu den größten Erlebnissen einer Namibia-Reise, wenn auch nicht zu den billigsten: Eine einstündige Ballon-Safari inklusive Abholung vom Hotel, Champagner-Frühstück in der Wüste und Rücktransfer kostet ab 6500 N$ (etwa 440 Euro).
Nur mit Anmeldung.
Tel. 063 68 31 88
www.balloon-safaris.com

Neben Lodges in der Region des Namib Naukluft Parks gibt es im Park einfache Campingplätze für Selbstversorger bei der Kuiseb-Brücke, Mirabib, Homeb, Kriess-se-Rus, Vogelfederberg, Blutkuppe, Tinkas, Ganab und Welwitschia (Permit erforderlich, Buchung bei Namibia Wildlife Resorts, s. o.).

### NAUKLUFT-CAMP €

Hier gibt es En-Suite-Zimmer und Campsites mit Grillplätzen, Trinkwasser und Sanitäranlagen, außerdem Restaurant, Kiosk, Bar und Schwimmbad. Benzin muss mitgebracht werden; Feuerholz und Holzkohle sind meistens im Büro erhältlich.
Namibia Wildlife Resorts
Tel. 061 2 85 72 00
www.nwr.com.na

### SESRIEM CAMP €

Wenn man den Sonnenaufgang am Sossusvlei erleben möchte, übernachtet man am besten im 65 km entfernten Sesriem-Camp, wo es 24 Campingstellplätze, Waschgelegenheiten, Toiletten, eine Tankstelle und einen Laden gibt. Vorher reservieren!

Namibia Wildlife Resorts
Tel. 061 2 85 72 00
www.nwr.com.na

### SOSSUS DUNE LODGE €€€€

Die staatliche Sossus Dune Lodge bietet 23 großzügig gestaltete Chalets aus Holz und Stroh sowie zwei Honeymoon-Suiten. Das Auto muss man in gebührendem Abstand parken, um die Ruhe nicht zu stören; zu den Bungalows gelangt man im Elektroauto. Die exklusive Unterkunft liegt als einzige im Park und man kann morgens schon vor allen anderen zu den Dünen aufbrechen.
Namibia Wildlife Resorts
Tel. 061 2 85 72 00
www.nwr.com.na

### SOSSUSVLEI LODGE €€€

Die Lodge liegt sehr zentral am Eingang zum Park in Sesriem und hat 45 renovierte Chalets. Manchmal ist hier sehr viel Trubel, gerade morgens, abends und zu den Essenszeiten.
Tel. 063 29 36 36
www.sossusvleilodge.com

### KULALA DESERT LODGE €€€€

23 Luxuschalets südlich von Sesriem: Geboten werden hier Natur und Luxus, Wellness und Geschmack auf höchstem Niveau zum entsprechenden Preis.
Tel. 0027 11 257 50 00
www.wilderness-safaris.com

### WOLWEDANS €€€€

Hochpreisige Unterkünfte im privaten Namib Rand Nature Reserve. Der Eingang liegt ca. 80 km südlich von Sesriem an der C 27. Von hier fährt man mit dem Pkw bis zum Farmhaus, dann geht es in einem Allradfahrzeug zur Unterkunft. Das Dune Camp ist die einfachste Alternative, die Dunes Lodge auf einem Dünenkamm luxuri-

Bevor es frühmorgens losgeht, muss erstmal tüchtig eingeheizt werden.

ös. Ein ganzes Haus für sich hat man im Private Camp.
Tel. 061 23 06 16
www.wolwedans.com

### NAMIB DESERT LODGE €€€

Die Lodge liegt am Fuß der Versteinerten Dünen, ca. 60 km nördlich von Sesriem an der C 19 im Gondwana Namib Park. Ein Highlight ist die Übernachtung unter dem Sternenhimmel im sechs Kilometer entfernten Dune Star Camp – dort lassen sich die Betten nachts auf die Terrasse rollen.
Tel. 061 42 72 00
www.gondwana-collection.com

### NAMIB NAUKLUFT LODGE €€€-€€€€

Die Lodge mit komfortablen En-Suite-Zimmern liegt ebenfalls an der C 19, 18 km südlich von Solitaire. Auf dem Farmgelände gibt es das etwas einfachere und preiswertere Soft Adventure Camp mit einfachen Chalets.
Tel. 061 37 21 00
www.namib-naukluft-lodge.com

### GÄSTEFARM ABABIS €€€

Die Gästefarm mit historischem Farmhaus an der C 14 bei Solitaire ist ein schöner Ausgangsort für Ausfahrten u. a. zum Sossusvlei und zu Wanderungen.
Tel. 063 29 33 62
www.ababis-gaestefarm.de

### BÜLLSPORT GÄSTEFARM €€€

Die Gästefarm zwischen Solitaire und Maltahöhe ist ein empfehlenswerter Ausgangspunkt für Wanderungen zu Fuß und auf dem Pferderücken, aber auch für Rundfahrten. Die Farmen Ababis und Büllsport engagieren sich für nachhaltigen Tourismus in der Region.
Tel. 063 29 33 71
www.buellsport.com

### GÄSTEFARM NIEDERSACHSEN €€€

Bekannt wurde die gemütliche Karakul-Farm an der D 1982 durch die zwei deutschen Geologen Henno Martin und Hermann Korn. Diese hatten sich hier während des Zweiten Weltkriegs versteckt, um einer Internierung zu entgehen.
Tel. 062 57 22 00
www.farmniedersachsen.com

### WÜSTENQUELL GÄSTEFARM €€€

An einem Abzweig von der D 1914, ca. 65 km von Swakopmund. Es gibt Zimmer auf der Gästefarm und zwei luxuriöse Mountain Chalets in den Bergen – umgeben von einsamen Felslandschaften in einem privaten Naturreservat mit großem Wildreichtum.
Tel. 061 23 43 42
www.wustenquell.com

fen **Wanderungen** nur zwischen dem 1. März und dem dritten Freitag im Oktober unternommen werden. Zwei Eintageswanderungen stehen zur Auswahl. Der 11 km lange **Olive Trail** hat seinen Namen von den vielen wilden Olivenbäumen am Wegrand. Man sollte mit mindestens vier Stunden Gehzeit rechnen. Gleich nach Beginn führt ein ziemlich steiler Weg bis zur Hochebene hinauf; weiter geht es über relativ ebenes Gelände, bevor der Abstieg hinunter in ein Flusstal beginnt; hier muss ein Wasserfall überquert werden (mit Hilfe von Ketten an den Seiten des Canyons). Nach dem Überqueren zweier Fahrspuren (die erste führt nach oben, zum Plateau hinauf, die zweite zum Parkplatz zurück) ist man wieder am Ausgangspunkt.

Der 17 km lange **Waterkloof Trail** ist recht anstrengend (6–7 Std.). Er beginnt gegen den Uhrzeigersinn am Koedoesrus-Campingplatz; Höhepunkte sind die Kalktuff-Formationen und kristallklaren Wasserbecken stromaufwärts vom Campingplatz. Auf halber Strecke erreicht man den höchsten Punkt der Tour (1910 m ü. d. M.). Ein kurzes Wegstück verläuft auf der alten Kanonenstraße, die während der Kämpfe gegen Hendrik Witbooi 1894 angelegt wurde. Wer sich keine Tageswanderung zutraut, kann das Gelände auch auf gemütlichen Spaziergängen erkunden. Nicht versäumen sollte man die klaren Wasserbecken flussaufwärts (ca. 45 Min.) vom Campingplatz.
Für Wander-Asse gibt es zudem den **Naukluft Trail:** Er gehört zu den fünf anspruchsvollsten Hiking Trails des südlichen Afrika. Es gibt eine achttägige und eine viertägige Route (120 km und 58 km). Übernachtet wird dabei in alten Farmhäusern und einfachen Steinhütten. Für die Tour benötigt man ein ärztliches Tauglichkeitsattest. Buchung: Namibia Wildlife Resorts in Windhoek (▶ S. 313).

### Eine Welt aus Sand und Stein

Sesriem

Wer von Solitaire nicht in die Naukluft-Berge fährt, sondern der Schotterstraße C19 für 80 Kilometer nach Süden folgt, erreicht einen der touristischen Höhepunkte Namibias. Über eine Länge von mehr als 300 km und eine Breite von etwa 140 km erstreckt sich hier eine endlos erscheinende Dünenlandschaft. Man vermutet, dass der Sand vor etwa 5 Mio. Jahren vom Oranje aus der Kalahari ins Meer geschwemmt und von dort mit dem Benguela-Strom nordwärts bis auf die Höhe von Lüderitz getragen wurde. Von hier wehten die Winde ihn dann landeinwärts.
Für Besucher sind nur die beiden bedeutendsten Natursehenswürdigkeiten dieses riesigen Gebiets zugänglich: der **Sesriem-Canyon** und das von gewaltigen Dünen eingerahmte **Sossusvlei.** Beide erreicht man auf der C 19 entweder von Solitaire (80 km) oder von Maltahöhe aus (125 km). Das Einfahrtstor zum Park passiert man bei Sesriem am Ostrand des Naturschutzgebiets. Hier muss man eine Gebühr bezahlen (80 N$ pro Person und 10 N$ pro Auto). Die Einfahrt ist erst nach Sonnenaufgang möglich. Bis Sonnenuntergang müssen alle Besucher (mit Ausnahme der Übernachtungsgäste des Sesriem-Camps und der Sossus Dune Lodge) das Gelände wieder verlassen haben.

### Pfad in die Unterwelt

★ Sesriem-Canyon

Hält man sich nach dem Einfahrtstor in diesen Teil des Parks gleich links, gelangt man nach etwa 4 km zum Sesriem-Canyon. Der Fluss Tsauchab hat hier vor rund 2 Mio. Jahren eine 1 km lange, bis zu 30 m tiefe Schlucht in das Gestein gegraben. Von einem Parkplatz oberhalb des Canyons führt ein Pfad hinab zum Grund der heute meist trockenen Schlucht. Nur in Jahren mit ergiebigen Niederschlägen sammelt sich Wasser in einigen Tümpeln, in denen man dann sogar schwimmen kann. Das Grundwasser reicht jedoch auch in langen Trockenzeiten, um einige Pflanzen überleben zu lassen, vereinzelte Wasserlöcher ziehen Wild und Vögel an. Am oberen Ende der Schlucht rücken die Felswände immer näher zusammen, stellenweise ist der Canyon nur noch 2 m breit; flussabwärts verliert die Schlucht an Tiefe. Schließlich weitet sie sich zu einem breiten Tal, das ins Sandmeer hineinführt und nach etwa 60 km am Sossusvlei endet.

**Am Fluss entlang ins Sossusvlei**

Tsauchab-Trockenfluss

Eine auch mit dem normalen Pkw gut befahrbare Piste verläuft von Sesriem 65 km parallel zum fast immer trockenen Tal des Tsauchab. Sie endet am sogenannten 4 x 4-Parkplatz, wo alle nicht geländegängigen Fahrzeuge abgestellt werden. Die letzten 5 km bis zum Sossusvlei führen teilweise durch Tiefsand und sind nur mit einem Allradfahrzeug zu bewältigen. Bis zu den Dünen geht es nun entweder mit einem kostenpflichtigen Allrad-Shuttle (150 N$ für Hin- und Rückfahrt) oder zu Fuß (Gehzeit mindestens eine Stunde).

**Ein Stopp fürs Foto ...**

Elim-Düne

Ein kurzer Abstecher führt von der Hauptpiste nach Norden zur viel fotografierten Elim-Düne. Sie liegt auf dem Gelände der ehemaligen, später in das Naturschutzgebiet integrierten Elim-Farm.

**... und einer für die Aussicht**

Sossusport

Auch ein Halt am Sossuspoort-Aussichtspunkt, 24 km vom Einfahrtstor entfernt, lohnt sich. Von hier hat man einen prachtvollen Ausblick über das Tsauchab-Tal, die Dünen- und Berglandschaft.

**Wer könnte hier nicht hinaufwollen?**

★ Düne 45

Nach weiteren 21 km liegt linker Hand die 170 m hohe Düne 45, benannt nach der Entfernung zum Sesriem-Camp. Sie ist ein beliebtes Fotomotiv, und wenn Sie Lust haben, können Sie auch hinaufsteigen. Riesigen Spaß macht es, für den Rückweg die Düne in großen Schritten hinunterspringen.

**Namibias berühmtes Dünenmeer**

★★ Sossusvlei

Es ist eines der Traumziele in Namibia: das orangerote Sandgebirge um das Sossusvlei, eine große, abflusslose Lehmbodensenke mitten in der Namib-Wüste. Bis zu 300 m hoch ragen die Dünen hier auf – es sind die höchsten der Welt. Sie steigen allerdings von den bereits ca. 100 m hohen Tsondab-Sandsteinformationen auf. Diese Urdünen waren vor 20–40 Mio. Jahren aktiv, versteinerten während einer Feuchtperiode und wurden mit frischem Sand beweht.
Die Senke ist meistens vollkommen ausgetrocknet. Nur wenn der Tsauchab-Fluss, der aus den Naukluft-Bergen kommt, extrem viel

Trockenheit, wohin das Auge blickt

Wasser führt, entsteht für kurze Zeit ein See in der Senke. Sehr schnell finden sich dann viele Tiere ein. Aber auch ausgetrocknet ist das Vlei ein Lebensspender. Unter anderem wachsen hier die genügsamen Kameldornbäume, die mit ihren langen Wurzeln das unter der trockenen Kruste gespeicherte Wasser erreichen können. Vereinzelt streifen Oryxantilopen, Springböcke und Strauße durch die Sandwüste. Den beeindruckendsten Blick hat man, wenn man auf eine der Dünen hinaufklettert. Lassen Sie sich nicht davon abhalten, dass der lose Sand den Aufstieg erschwert: Von oben bietet sich eine unvergleichliche Aussicht auf das endlos erscheinende Dünenmeer. Man erkennt nun auch, dass die Dünen rund um das Sossusvlei zu Recht als **Sterndünen** bezeichnet werden. Von der Spitze aus verlaufen drei oder mehr Kämme in verschiedene Richtungen – ein Resultat der Winde, die hier ständig aus unterschiedlichen Himmelsrichtungen wehen. Nach Westen hin schließen sich an die Sterndünen die sogenannten **Längsdünen** an, die in Nord-Süd-Richtung verlaufen. Sie sind bis zu 50 km lang. Entlang der Küste liegt ein bis zu 20 km breiter Dünengürtel, der aus sichelförmigen sogenannten **Barchandünen** besteht. Sie verlaufen rechtwinklig zu den Winden, die das ganze Jahr über aus südlicher Richtung wehen. Die Dünen in der Zentralnamib wandern nach Norden; Barchandünen legen bis zu 75 m im Jahr zurück, die durchschnittliche Verschiebung der Dünen in dieser Region beträgt jedoch nur 10 m pro Jahr.

**Unter toten Bäumen**

★ Deadvlei

Zu den Höhepunkten eines Besuchs im Park gehört nicht nur Sossusvlei, sondern auch das benachbarte Deadvlei, das man über einen 20-minütigen Fußmarsch über die Dünen erreicht. Der Weg ist ausgeschildert. Die 500 bis 600 Jahre alten Skelette von Kameldornbäumen bilden vor den rostroten Dünen eine spektakuläre Kulisse. Von der Düne **»Big Daddy«** hoch über dem Deadvlei erlebt man einen der schönsten Sonnenaufgänge des Landes. Wenn Sie in der staatlichen Sossus Dune Lodge übernachten, sind Sie hier entscheidend im Vorteil: Sie können schon im Dunkeln zu den Dünen aufbrechen. Alle anderen Parkgäste werden erst mit Sonnenaufgang in den Park eingelassen und haben dann noch wenigstens 45 Minuten Fahrt vor sich. In den Dünen leben Strauße, Springböcke, Oryxantilopen, Zebras, Afrikanische Wildkatzen, Schakale, Löffelhunde, Geparden und Leoparden. Gerade Oryxantilopen, Springböcke und Strauße kann man

BAEDEKER MAGISCHE MOMENTE

## WILDNIS LUXURIÖS

Wogende Grasweiden, märchenhafte Landschaften, dazu die typische Tierwelt der Namib: Oryxantilopen, Springböcke, Zebras. Der Name Wolwedans zergeht Kennern auf der Zunge. In einem von Namibias schönsten privaten Schutzgebieten, dem Namib Rand Nature Reserve, gibt es auch einige wunderschöne Unterkünfte für unvergessliche Nächte: Wolwedans Collection, www.wolwedans.com

mit etwas Glück in den Morgen- und Abendstunden beobachten. Wer den Tieren mit Respekt begegnet und Abstand hält, braucht keine Angst vor ihnen zu haben.

**Wandern und übernachten in der Wüste**

Namib Rand Nature Reserve

Südlich von Sesriem liegt das größte private Naturschutzgebiet im südlichen Afrika: Das Namib Rand Nature Reserve erstreckt sich über 198 000 ha. Auf dem heutigen Schutzgebiet lagen bis in die 1980er-Jahre Farmen, deren Vieh der empfindlichen Vegetation durch Überweidung lange anhaltenden Schaden zufügte. Das dort lebende Wild wurde durch intensive Jagd fast ausgerottet. Ein Geschäftsmann aus Windhoek erwarb Land und Farmen, um ein Naturreservat zu schaffen, in dem sich Flora und Fauna erholen können. Finanziert wird diese Idee mit einer Art »sanftem Tourismus«, den exklusiven Wolwedans-Unterkünften. Sehr beliebt sind auch dreitägige Wüstenwanderungen durch das Namib Rand Nature Reserve unter kundiger Führung. Übernachtet wird unterm Sternenhimmel in mobilen Wüstencamps. Am besten frühzeitig buchen:

Tok Tokkie Trails, Tel. 061 26 45 21, www.toktokkietrails.com.

# OKAHANDJA

**Region:** Otjozondjupa | **Höhe:** 1342 m ü. d. M.
**Einwohnerzahl:** 22 500

***Schicksalsort, Kriegsschauplatz, Sehnsuchtsort: Die kleine Handelsstadt Okahandja 75 km nördlich von Windhoek ist das Stammeszentrum der Herero. Hier leiden, sterben und feiern die Herero seit mehr als 170 Jahren. Das berühmteste Erbe sind die bunten Umzüge am »Heroes Day« Ende August.***

Zentrum der Herero

Der Stern der Herero ging in der Region schon früh auf. Um 1800 ließen sich die aus dem Norden kommenden Herero am Zusammenfluss des Okahandja-Flusses und des Okakango nieder und nannten das Gebiet »Okahandja«. Ursprünglich war es jedoch Nama-Land gewesen, und ab den 1840er-Jahren kam es immer wieder zu Zusammenstößen zwischen den beiden Volksgruppen. 1850 überfielen die Nama Okahandja und massakrierten am Moordkoppie 700 Herero. Dieser kleine Hügel liegt östlich der B 2, kurz vor der Abzweigung nach Groß Barmen. 1872 erbaute die Rheinische Missionsgesellschaft hier eine erste Steinkirche. Die Deutschen errichteten 1894 auch ein Fort, Okahandja wurde ein militärischer Stützpunkt.

Für die Herero hat Okahandja nicht nur große kulturelle, sondern auch geschichtliche Bedeutung, denn hier begann 1904 ihr Aufstand gegen die deutsche Kolonialmacht (► S. 267), hier liegen ihre bedeutendsten Führer begraben. Anlässlich des Mbanderu-Umzugs im Juni gedenken sie des 1896 hingerichteten Kahimemua Nguvauva. Mit einem festlichen Umzug Ende August, der über die Landesgrenzen hinaus bekannt ist, ehren die Herero die drei Häuptlinge der Maharero-Dynastie beim sogenannten **Heroes Day.**

## Wohin in Okahandja?

### Heute Nationaldenkmal

Kirche der Rheinischen Mission

Die 1872 erbaute Kirche steht am südlichen Ende der Heroes Street an der Ecke zur Kolbe Street und ist heute ein Nationaldenkmal. Seit 1952 finden in dem Gebäude keine Gottesdienste mehr statt. Auf dem dazugehörigen kleinen Friedhof liegen Mitglieder der deutschen Schutztruppe, frühere Missionare und die Herero-Häuptlinge Trougoth und Willem Maharero begraben.

### Ein Zeichen der Verbrüderung

Friedenskirche

Gegenüber stehen die 1952 geweihte Friedenskirche und das neue Missionshaus, in dem der Missionar, Lehrer, Forscher und Schriftsteller **Dr. Heinrich Vedder** lebte. Ein paar Schritte weiter, ebenfalls an der Kerk Street, ruht der 1861 verstorbene Nama-Häuptling Jan Jonker Afrikaner. Daneben befinden sich die Gräber der beiden Herero-Häuptlinge Hosea Kutako (1874–1970) und Clemens Kapuuo (1923–1978). Kutako protestierte bereits 1946 bei den Vereinten Nationen gegen die südafrikanische Besetzung des Landes. Sein Nachfolger Kapuuo war Präsident der Demokratischen Turnhallen-Allianz und fiel 1978 einem Attentat zum Opfer. Mit seinem Wunsch, neben Jonker Afrikaner, einem der ehemaligen Feinde seines Volks, begraben zu werden, wollte Kutako ein Zeichen der Verbrüderung setzen.

### Bei den Herero-Gräbern

Stadtpark

Etwas nördlich von hier liegt ein kleiner Stadtpark. Ein Weg führt an einem Tennisplatz vorbei, er endet bei den Grabstätten der berühmtesten Herero-Führer der Maharero-Dynastie, Kamaherero (gest. 1890), Samuel Maharero (1856–1923) und Tjamuaha (1938–1989).

### Holzkunst aus Nordnamibia

★ Kunsthandwerkermärkte

Okahandja ist bekannt für seine beiden Kunsthandwerkermärkte. Am nördlichen und südlichen Ortsausgang bieten Holzschnitzer aus dem Norden Namibias und den nördlichen Nachbarländern ihre Erzeugnisse an, und man kann den Künstlern bei ihrer Arbeit zuschauen. Handeln gilt übrigens als Ehrensache. Achtung: Auf den Holzschnit-

## OKAHANDJA ERLEBEN

### SYLVANETTE GUESTHOUSE €€
Gemütliches, familiär geführtes Gästehaus im Zentrum von Okahandja mit Garten und Swimmingpool.
11, Hoogenhout Street
Tel. 062 50 55 50
www.sylvanette.com

### OMBO REST CAMP €€
Das Rest Camp 12 km von Okahandja an der C 31 hat fünf Bungalows und zwei Backpacker-Zimmer, dazu einen kleinen Laden und ein Restaurant. Im Camp leben Strauße, Krokodile und andere Tiere, zu denen Führungen angeboten werden.
Tel. 062 50 20 03
www.ombo-rest-camp.com

### THE ELEGANT FARMSTEAD €€€€
Die ehemalige Missionsstation 28 km südöstlich von Okahandja bietet elf großzügige und geschmackvoll eingerichtete Zimmer mit Bad. Angeboten werden Wildbeobachtungsfahrten.
Tel. 061 30 19 34
www.the-elegant-farmstead.de

### GROSS BARMEN RESORT €€€-€€€€
In dem staatlichen Resort gibt es Chalets in verschiedenen Kategorien sowie Selbstversorgungsunterkünfte und einen Campingplatz. Die Benutzung aller Einrichtungen des Resorts ist im Preis inbegriffen.
Tel. 061 285 72 00
www.nwr.com.na

### ERINDI PRIVATE GAME RESERVE €€€€
Auf 71 000 ha Fläche bietet das zwischen Okahandja und Kalkfeld gelegene Wildreservat ein großartiges Safari-Erlebnis mit morgendlichen und abendlichen Ausfahrten. In dem privaten Schutzgebiet leben mehr als 15 000 Tiere sowie 300 verschiedene Vogelarten. Die Old Traders Lodge hat 35 Suiten mit Blick auf das Wasserloch, ein Schwimmbad, WLAN und ein Kinderspielzimmer. Sehr gute Küche, gute südafrikanische Weine.
Tel. 083 330 11 11
www.erindi.com

zermärkten, bei den Herero-Gräbern und auf den Rastplätzen in der Umgebung von Okahandja treiben Diebe ihr Unwesen – lassen Sie Ihr Fahrzeug nicht unbeaufsichtigt.

## Rund um Okahandja

**Ausflug zum See**
Wenige Kilometer südöstlich von Okahandja wird der Swakop-Fluss zum Von Bach Dam aufgestaut. Der Damm versorgt Windhoek mit Frischwasser, der Stausee speichert bis zu 54 Mio. m³. Der zwischen hohen Hügeln gelegene See, das **Von Bach Dam Recreation Resort,** ist ein beliebtes Ausflugsziel. Hier werden Wassersportarten wie Angeln (Angelscheine am Eingang), Surfen, Motorbootfahren

Von Bach Dam

# HERERO-TAG IN OKAHANDJA

*So ein buntes Fest bekommt man in Namibia selten zu sehen: Jedes Jahr an dem Wochenende, das dem 26. August am nächsten liegt, begehen die Herero ihren Heldengedenktag. Festlich geschmückt gedenken sie in Okahandja der Opfer der Schlacht am Waterberg und des Herero-Kriegs 1904 sowie ihrer in Okahandja beerdigten Führer Tjamuaha, Maharero, Samuel Maharero und Hosea Kutako.*

Im Januar 1904 erhoben sich die Herero unter Samuel Maherero gegen die deutsche Kolonialmacht. Mit etwa 15 000 Mann gelang es Generalleutnant Lothar von Trotha, den Aufstand im August desselben Jahres niederzuwerfen. Nach der verlorenen **Schlacht am Waterberg** flüchteten die wenigen überlebenden Herero in die Omaheke-Region am Rand der wasserlosen Kalahari. Die Zahlen, wie viele Herero im Kampf, auf der Flucht oder als Kriegsgefangene starben, gehen weit auseinander. Sie reichen von 14 000 bis zu 60 000 Opfern. 1904 wurde die Zahl der Herero auf 80 000 bis 100 000 geschätzt; 1911 waren es nur noch etwa 20 000. Inzwischen leben rund 120 000 Herero in Namibia.

## Zwischen den Kulturen

Der Herero-Tag lässt die Ernsthaftigkeit des Anlasses nicht unbedingt erkennen. Bei der Parade der »Truppenspieler« stolzieren die Männer in deutschen Uniformen durch die Stadt. Auch der farbenprächtige Aufzug der »Green Flags« und »Red Flags«, zwei Trachtenvereinen für Herero-Frauen, die in den 1920er-Jahren gegründet wurden, hat eher etwas Fröhliches. Das Grün steht für die **Gobabis- oder Ost-Herero,** das Rot für die **Okahandja- oder Zentral-Herero.** Überhaupt sind die Trachten äußerst farbenprächtig und wunderschön anzusehen. Um den Hals tragen die Frauen lange Ketten, die plüschigen Kleider leuchten in allen Farben. Auf dem Kopf thront oft ein buntes Tuch, das zu einer dreieckigen Haube gebunden ist: Die Trachten sind den viktorianischen Kleidern der deutschen Missionarsfrauen nachempfunden, die den Einheimischen um die Jahrhundertwende das Schneidern beibrachten. Bis heute fertigen die Herero die Gewänder, mehrere Lagen übereinandergezogener Röcke, eine bunte Bluse und die auffällige Kopfbedeckung,

selbst. In Namibia erzählt man sich, die Missionarinnen hätten die Herero-Frauen in die bunten Kleider gezwängt, damit ihre Männer nicht den spärlich bekleideten afrikanischen Schönheiten hinterherblickten. Eine Anspielung auf die eigene Kultur ist das **zu einem Dreieck gebundene Kopftuch,** das mal in ausladender, mal in weniger breiter Form getragen wird. Die beiden nach rechts und links abstehenden Spitzen symbolisieren die Hörner eines Stiers. Damals wie heute gilt bei den Herero das Vieh als Symbol für Reichtum und Ansehen.

## Aufarbeitung der Vergangenheit

Zum 100. Jahrestag der Schlacht am Waterberg nahm die damalige deutsche Ministerin für Entwicklungszusammenarbeit Heidemarie Wieczorek-Zeul am Herero-Tag teil. Sie erkannte die deutschen Vergehen im Jahr 1904 an und bat das Volk um Vergebung. Im Juli 2015 verwendete Bundestagspräsident Norbert Lammert in diesem Zusammenhang erstmals den Begriff »Völkermord« – deutsche Politiker hatten den Begriff zuvor konsequent vermieden.
Eine finanzielle Entschädigung, wie von den Herero-Häuptlingen gefordert, wurde bislang nicht bezahlt. Anfang 2017 haben Vertreter der Herero deshalb vor dem Bezirksgericht im New Yorker Stadtteil Manhattan Klage gegen Deutschland eingereicht.

Gute Laune zu tragischem Anlass: Der Herero-Tag hat für Teilnehmer und Zuschauer einen ernsten Hintergrund.

usw. angeboten. Es gibt auch einen Campingplatz. Buchung über Namibia Wildlife Resorts (▶ S. 313).

Eintritt: 40 N$ pro Person, 10 N$ pro Auto

### Thermalbad am Stausee

Gross Barmen

Die Heilkräfte der heißen Quellen von Gross Barmen sind über die Grenzen Namibias hinaus bekannt. Der Ort war 1844 als erste Missionsstation für die Herero Namibias gegründet worden. An diese Zeit erinnern nur noch unbedeutende Mauerreste neben einer einsamen Palme westlich des kleinen Stausees. Sein breiter Schilfgürtel bietet Lebensraum für zahlreiche Vögel. Die Thermalanlagen gruppieren sich weitläufig um den Stausee. Der Besucher hat die Wahl zwischen einem großen Hallenbad, einem Freibad und sechs heißen Privatbädern. Übernachtungsgästen stehen in dem staatlichen Resort Bungalows verschiedener Kategorien, ein schöner Zeltplatz und ein Restaurant zur Verfügung. Vor allem an den Wochenenden sollten die Unterkünfte allerdings im Voraus reserviert werden (Buchung über Namibia Wildlife Resorts).

Eintritt: 50 N$ pro Person, 100 N$ mit Benutzung des Schwimmbads, 10 N$ pro Auto

# ONDANGWA

**Region:** Oshana | **Höhe:** 1097 m ü. d. M. | **Einwohnerzahl:** 21 100

*Ondangwa ist eines der Zentren im dicht besiedelten Norden zwischen Etosha-Nationalpark und angolanischer Grenze. Hier leben bis heute vor allem Ovambo, die zahlenmäßig stärkste Bevölkerungsgruppe Namibias. Das hat seinen Grund: Bis zur Unabhängigkeit war dieses Gebiet Homeland für die Ovambo.*

Im Ovamboland

Fast die Hälfte der namibischen Bevölkerung lebt im Norden des Landes im sogenannten Ovamboland – auf gut 6 % der gesamten Staatsfläche. Die meisten versuchen durch den Anbau von Hirse und Gemüse sowie durch Viehzucht genügend zum Leben zu erwirtschaften. Mit seinen Flussläufen und einer relativ üppigen Vegetation bildet das einstige Ovamboland einen spannenden Kontrast zum ansonsten fast ausschließlich trockenen Land. Trotzdem ist es touristisch kaum erschlossen. Das liegt auch daran, dass die Region bis zur Unabhängigkeit Kriegsschauplatz war. Mehr als zwei Jahrzehnte kämpfte hier die SWAPO gegen das Apartheids-Regime. Die Folgen dieses Bürgerkriegs sieht man an vielen Orten noch heute. Mit dem Abzug der Mi-

## ONDANGWA ERLEBEN

**OLUKONDA CAMPSITE & NAKAMBALE MUSEUM €**
Die einfachen Übernachtungsmöglichkeiten in traditionellen Ovambo-Hütten, im Missionary Cottage oder auf dem Campingplatz liegen 12 km südwestlich von Ondangwa an der D 3605. Hier können Sie auch bei der Zubereitung typischer Ovambo-Mahlzeiten helfen und mit einheimischen Guides die Umgebung und den erlebenswerten Markt von Oshakati besuchen.
Tel. 065 24 56 68
www.namibweb.com/olukonda.htm

litärs verlor die Bevölkerung auch einen Großteil der Infrastruktur. Sehenswürdigkeiten kann man weder in Ondangwa noch in den umliegenden Ortschaften besichtigen – aber man bekommt einen Einblick in das »andere«, **das »schwarze« Namibia,** jenseits der gepflegten Lodges und Gästefarmen. Ondangwa ist ein lebhaftes Städtchen mit modernen Läden und Tankstellen, der Marktplatz hingegen ist typisch afrikanisch, ebenso wie die vielen Garküchen, die »Cuca Shops«, so benannt nach einer angolanischen Biermarke. Sie tragen oft einfallsreiche Namen wie »Cape to Cairo«, »Face to Face« und »Funky Town«.

## Rund um Ondangwa

### Das erwartet Sie in der Region

Unterwegs im Ovamboland

Für Fahrten durch das Ovamboland braucht man einen Allradgeländewagen – außer man bleibt auf der geteerten B 1 bzw. C 46, die von Tsumeb nach Ruacana führt. Zahlreiche Wasserläufe durchziehen die weitgehend ebene Landschaft. Während der Regenzeit zwischen Dezember und März treten Bäche und Flüsse häufig über die Ufer – Vorwärtskommen oft unmöglich. Abseits der Hauptstrecken kann man sich kaum orientieren: Die meisten Wege sind nicht beschildert, viele enden im Nichts. Unterwegs passiert man zahlreiche sogenannte Omaumbo, von hohen Zäunen umgebene Ovambo-Gehöfte. Dahinter verbergen sich in der Regel mehrere Hütten einer Großfamilie. Früher wurden die Zäune aus Naturmaterialien errichtet, heute greift man auch auf Kunststoff, Blech oder anderes Material zurück. Die Ansiedlungen liegen als Schutz vor Überschwemmungen meist leicht erhöht.

### Das Leben der Ovambo damals und heute

Olukonda

In Olukonda, 12 km südwestlich von Ondangwa, befindet sich die historische Missionsstation Olukonda. Sie wurde Ende der 1870er-Jahre von finnischen Missionaren gegründet und wird heute von der ELCIN

(Evangelical Lutheran Church in Namibia) geführt. Mittelpunkt ist das Nakambale-Haus, das einstige Wohnhaus des Missionsgründers Martti Rautanen. Es beherbergt das **Nakambale Museum** (Tel. 065 24 04 72) zu Kultur, Traditionen und heutigem Lebensstil der Ovambo. Die Kirche nebenan wurde 1889 erbaut und ist das älteste Gotteshaus im Norden Namibias. Das Nakambale-Projekt, eine Initiative des Community-based tourism, garantiert, dass alle Einnahmen aus dem Tourismus direkt zur einheimischen Bevölkerung fließen.
**Museum:** Mo.–Fr. 8–13 und 14–17, Sa. 8–13, So. 12–17 Uhr

**Kunsthandwerk von einheimischen Künstlern**

Oshakati

In Oshakati, 35 km nordwestlich von Ondangwa, gibt es Hotels, Banken, Läden, Krankenhäuser und vor allem einen riesigen Markt. Angeboten werden u. a. Töpfe und Krüge aus dunkelgrauem Lehm – die Ovambo sind für ihre Töpferkunst bekannt. Eine sehenswerte Auswahl Töpferwaren und Kunsthandwerk gibt es auch im **Oshana Environment and Art Centre** in Oshiko bei Ohakati. Einen Einblick in die Ovambo-Kultur vermittelt ein Besuch des **Tsandi Royal Homestead.** Das Dorf erreicht man auf einem kleinen Umweg über die C 41 und M 123 auf dem Weg nach Ruacana. Auf der C 46 kommt man nach 200 km (von Oshakati) zu den Ruacana-Fällen (▶ Kaokoveld). Die Wasserfälle sind allerdings nur noch während bzw. nach der Regenzeit eindrucksvoll. Von den Ruacana-Fällen kann man nach Opuwo und zu den Epupa-Fällen (▶ Kaokoveld) weiterfahren.
**Oshana Environment and Art Centre:** Mo., Di., Fr., Sa. 10–17 Uhr

# OTJIWARONGO

**Region:** Otjozondjupa | **Höhe:** 1460 m ü. d. M.
**Einwohnerzahl:** 28 000

*Auf dem Weg von Windhoek nach Norden zum Etosha-Nationalpark führen alle Wege durch Otjiwarongo. Bekannt ist die Kleinstadt auch, weil sich einige der Farmen dort für den Schutz der Geparden einsetzen. Für Besucher bedeutet das: Sie können den Großkatzen bei geführten Ausflügen nahe kommen.*

Cheetah Capital of the Worlde

»Platz, wo fettes Vieh weidet«: Diesen klingenden Namen gaben dem Ort die Herero, die neben den Damara bereits seit 1892 hier lebten. Aber nur beim Weideplatz blieb es nicht allzu lange. 1906 eröffnete der Bahnhof an der Bahnlinie Swakopmund – Tsumeb und brachte Otjiwarongo einen Aufschwung. Die alte Lokomotive vor

Geballte Kraft gepaart mit Eleganz:
Ein Gepard legt sich in die Kurve.

## OTJIWARONGO ERLEBEN

### OKONJIMA €€€-€€€€
Ca. 70 km südwestlich von Otjiwarongo hat hier die »AfriCat Foundation« (www.africat.org) ihren Sitz. Sie begegnen den eindrucksvollen Katzen beim »Cheetah tracking on foot« oder im »Cheetah Rehabilitation Camp« (Tagesbesucher nur mit Anmeldung). Für Übernachtungsgäste stehen Villen, Suites und Doppelzimmer, einen Campingplatz und Chalets sowie Luxuszelte im Bush Camp zur Verfügung.
Tel. 067 31 40 00
www.okonjima.com

### FRANS INDONGO LODGE €€€
Die Lodge an der B 1 ist ganz im Stil eines Kraals angelegt. Hier werden auch Wildbeobachtungsfahrten über das 17 000 ha große Farmgelände zu Oryxantilope, Kudu, Springbock, Elenantilope sowie den seltenen Spitzmaul- und Breitmaulnashörnern angeboten.
Tel. 067 30 79 46
www.indongolodge.com

### ALOEGROVE SAFARI LOGDE €€€
Die einfache, freundlich geführte Pension mit sechs Bungalows liegt 30 km nordöstlich von Otjiwarongo. Zum ihrem Angebot gehören tägliche Pirschfahrten über das Farmgelände und Geparden- und Löwenfütterung der hauseigenen Raubkatzen.
Tel. 081 127 4103
www.aloegrove.com

### OTJIHAENAMAPARERO €€
Das einfache Gästehaus mit drei Doppelzimmern liegt am Mount Etjo an der D 2414 ca. 100 km von Otjiwarongo. Auf dem Farmgelände wurden Spuren eines Dinosauriers entdeckt, der vor etwa 150 Mio. Jahren lebte und vermutlich einem (überdimensionalen) Känguru ähnelte. Die dreizehige Spur im Sandstein kann man auf einer Länge von 25 m verfolgen.
Tel. 067 29 01 53
www.dinosaurstracks-guestfarm.com

dem Bahnhof wurde 1912 in Kassel gebaut und war bis 1960 in Betrieb. Heute ist der Ort ein Einkaufszentrum für die Farmer der Umgebung.
In dem Gebiet setzen sich einige Farmen für die Erforschung und für das Überleben von Geparden in freier Natur ein, daher hat Otjiwarongo auch den Beinamen **Cheetah Capital of the World** (Welthauptstadt der Geparden). Viele dieser sprintstarken Wildtiere fallen den Gewehrkugeln wütender Farmer zum Opfer, die ihr Vieh vor den jagenden Geparden verteidigen wollen. Die AfriCat Foundation (▶ Okonjima) setzt auf Deeskalation: Räubernde Katzen werden eingefangen und »umerzogen«. Verwaiste Jungtiere finden auf der Farm eine neue Heimat, wo man sie auf ein Leben als Wildtier vorbereitet und später auswildert. Besuchern bietet die Stiftung Ausflüge ins Schutzgebiet an.

## Wohin in Otjiwarongo und Umgebung?

**Auge in Auge mit einem Krokodil**

Crocodile Ranch

Die Krokodilfarm liegt am östlichen Ortsrand von Otjiwarongo. Außer Krokodilen, die für den Fleisch- und Ledermarkt gezüchtet werden, leben hier auch noch andere Tiere. Es gibt gute Führungen, einen schönen grünen Garten und ein Restaurant.

Mo.–Fr. 9–16, Sa., So. bis 14 Uhr | Tel. 067 30 21 21

**Zu Besuch bei den Geparden**

Cheetah Conservation Fund

1990 gründete Laurie Marker den Cheetah Conservation Fund, um den Lebensraum und das Überleben der Geparden zu sichern. Die international anerkannte Einrichtung hat ihren Sitz 44 km östlich von Otjiwarongo an der D 2440. Man kann das CCF besuchen und dabei die Tiere beobachten, zusätzlich gibt es ein Cheetah-Museum, Safari- und andere Angebote. Übernachten können Besucher in der »Cheetah View Lodge« oder im luxuriösen »Babson Guest House« auf dem Gelände der CCF. Auskunft und Buchung über www.cheetah.org oder www.exclusive.com.na.

tgl. 9–17 Uhr | Eintritt: 200 N$ | Tel. 067 30 62 25
Gepardenfütterung: Mo.–Fr. um 14, Sa. und So. um 12 Uhr

**Namibias »Wasserberg«**

Waterberg Plateau Park

Ein beliebtes Ziel, auch für einen längeren Ausflug, ist der ▶ Waterberg Plateau Park östlich von Otjiwarongo mit einem weiten Blick über eine der schönsten Landschaften Namibias.

BAEDEKER MAGISCHE MOMENTE

### GEPARDEN HAUTNAH

Wer Raubkatzen liebt, für den führt kein Weg an Okonjima vorbei. Das 200 km² große Privatreservat bei Otjiwarongo beherbergt eine der größten Geparden-Populationen weltweit. Bei Wildbeobachtungsfahrten kann man die scheuen Raubkatzen vom offenen Geländewagen aus beobachten – oft aus einer Entfernung von weniger als fünf Metern. Geparden hautnah erleben: Okonjima Game Reserve, Tel. 067 68 70 32, www.okonjima.com.

**Hier kann man ruhig mal anhalten**

Outjo

Outjo ist ein freundliches, gepflegtes Städtchen mit hübschen Häuschen und Durchgangsstation zum Etosha-Nationalpark. Es gibt einen gut sortierten Supermarkt, die Outjo-Bäckerei (sogar mit Vollkornbrot), zwei Hotels sowie etwas außerhalb eine Lodge mit Zeltplatz. 1896 wurde hier ein Militärstützpunkt gegründet. Daran erinnert das ehemalige **Wohnhaus von Major Viktor Franke,** das 1899 als eines der ersten Steingebäude des Ortes errichtet wurde und heute Exponate zur Stadtgeschichte beherbergt. Der fast 10 m hohe Turm (beim »Etosha Garden Hotel«) ist der Rest einer **Windmühle** von 1900, die das hier stationierte deutsche Truppenkontingent und ein Krankenhaus mit Wasser versorgte.

# REHOBOTH

**Region:** Hardap | **Höhe:** 1386 m ü. d. M. | **Einwohnerzahl:** 28 800

*Für namibische Verhältnisse ist Rehoboth eine große Siedlung. Die Stadt liegt 85 km südlich von Windhoek und ist das Zentrum der Volksgruppe der Baster, die sich hier um 1870 ansiedelten. Erwähnt wird Rehoboth außerdem oft in Zusammenhang mit einem sehr bekannten Hinweisschild.*

Zentrum der Baster

Die Baster sind Nachfahren von weißen südafrikanischen Farmern und Nama-Frauen. Bis zur Unabhängigkeit Namibias genossen sie in ihrer kleinen selbst verwalteten »Republik« eine gewisse Autonomie. In dem weitläufigen, zersiedelten Ort scharen sich die kleinen Häuser um die 1907 errichtete Paulus-Kirche.

## Wohin in Rehoboth und Umgebung?

**Die Geschichte der Baster**

Rehoboth Museum

Sehenswert in Rehoboth ist das Museum, das 1986 im ehemaligen Haus des Postvorstehers eingerichtet wurde: Es zeigt die Geschichte der Baster, aber auch andere Aspekte der Natur und Kultur Namibias. Angeschlossen sind eine Freilichtausstellung und ein Garten mit heimischen Pflanzen. Nach Anmeldung organisiert das Museum Ausflüge mit einheimischen Guides in den nahe gelegenen, für die Gegend völlig untypischen **Akazienwald** und zu eindrucksvollen **Felsgravuren.** Diese Angebote gehören zu einem community-based-tourism-Projekt, sodass die Einnahmen an die Einheimischen gehen. In einer

Dieses Foto muss sein: Willkommen am Wendekreis des Steinbocks!

eigens errichteten Werkstatt werden Kunst-Restaurateure ausgebildet. Während der Museumszeiten kann man das Studio besichtigen.
Mo.–Fr. 9–12 und 14–16, Sa. 9–12 Uhr | Eintritt: 25 N$
Old Postmasters House gegenüber der Post (300 m von der B 1)
Anmeldung: Tel. 062 52 29 54 | www.rehobothmuseum.com

### Das berühmteste Schild Namibias

Verlässt man Rehoboth in südlicher Richtung auf der B 1, weist nach 23 km das wohl berühmteste Schild Namibias darauf hin, dass man den **Wendekreis des Steinbocks** überfährt. Tropic of Capricorn

### Resort am See

Der Oanob Dam ist ein kleiner Stausee 10 km westlich von Rehoboth. Es gibt ein Rest Camp am Ufer des Damms mit Bungalows für Selbstversorger und Picknickplätzen, einen Boots- und Kanuverleih und ein Restaurant. Ein Weg führt zu einem Aussichtspunkt mit einem weiten Blick über den See. Auch einen Campingplatz gibt es hier. Oanob Dam
Lake Oanob Resort (€€€) | Tel. 062 52 23 70 | www.oanob.com.na

# RUNDU

**Region:** Okavango | **Höhe:** 1095 m ü. d. M. | **Einwohnerzahl:** 61 900

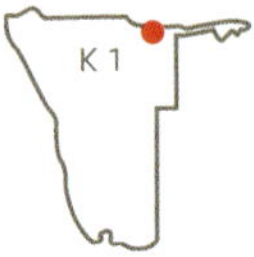


***Die mittlerweile zweitgrößte Stadt Namibias liegt im Norden des Landes am Okavango. Sein breites Flusstal bildet hier die Grenze zwischen Angola und Namibia und bestimmt die dicht bewaldete und sanft hügelige Region. Von Rundu kann man zu Ausfahrten auf dem Okavango aufbrechen.***

Einkaufsoase

Mit Sehenswürdigkeiten kann Rundu nicht aufwarten, aber die Supermärkte und Kaufhäuser sind nicht nur eine Einkaufsoase für die angolanischen Nachbarn, deren Portugiesisch vielfach in den Straßen zu hören ist, sondern auch für Reisende, die auf dem Weg in den Caprivi-Streifen sind. Auch ein Postamt und mehrere Autowerkstätten gibt es im Ort. Die hier ansässige Naturschutzbehörde erteilt Informationen über die Schutzgebiete im Caprivi-Streifen (Tel. 066 25 54 03, www.met.gov.na).

## Rund um Rundu

**Den Fluss erleben**

Okavango

Rundus größte Attraktion ist der Okavango. Auf der namibischen Seite haben sich in den vergangenen Jahren zahlreiche Unterkünfte und Lodges angesiedelt, die Ausfahrten auf dem Fluss anbieten. Zu ihnen gehört die Hakusembe River Lodge der Gondwana Collection. Besonders schön sind die Ausblicke auf den Okavango, der sich wenig später in Botswana in das berühmte gleichnamige Delta ergießt, bei Sonnenuntergang.

**Geschnitzte Souvenirs**

Kunsthandwerk

Rundu und das Umland sind bekannt für das hier gefertigte Kunsthandwerk. Von Grootfontein kommend sieht man viele Einheimische, die an der Straße Holzschnitzereien verkaufen. In Rundu selbst gibt es auf dem Kavango Trade Fair Market in der Markus Shiwarongo Road u. a. schöne geschnitzte Souvenirs zu kaufen.

**Ein Tag mit den Mbunza**

Living Museum of the Mbunza

14 km westlich von Rundu führen die Bewohner der Region im »Living Museum of the Mbunza« in ihre Kultur ein, ein nachhaltiges Projekt, dessen Einnahmen den beteiligten Gemeinden zugutekommen. Das Museum liegt schön am Samsitu-See und will den Besuchern einen authentischen Einblick in die traditionelle, vorkoloniale Kultur der Mbunza (Kavango) geben. Zentrum des Museums ist ein traditi-

## RUNDU ERLEBEN

### RUNDU TOURISM CENTRE
Eugen Kakukuru Street
Tel. 066 25 61 40

### HAKUSEMBE RIVER LODGE €€€
Die reetgedeckten Bungalows 18 km westlich der Stadt liegen am Ufer des Okavango: hier Namibia, am anderen Ufer Angola. Von der Terrasse des exzellenten Restaurants bietet sich ein traumhafter Blick über den Fluss. Hier kann man auch Ausfahrten auf dem Okavango buchen.
Gondwana Collection
Tel. 061 42 72 00
www.gondwana-collection.com

### N'KWAZI LODGE €-€€
Die einfachen Bungalows 21 km östlich von Rundu haben allesamt Flussblick. Von hier werden Bootstouren und Ausflüge in die Umgebung angeboten.
Tel. 081 2 42 48 97
www.nkwazilodge.com

### TARANGA SAFARI LODGE €€€
Die luxuriöse Lodge liegt 35 km westlich von Rundu am Okavango. Die Zeltchalets stehen auf Stelzen direkt am Fluss und bieten jeden erdenklichen Luxus. Es gibt ein tolles Freiluft-Restaurant und einen Campingplatz; zum Angebot gehören Flusstouren und Wildbeobachtungsfahrten.
Tel. 066 25 72 36
www.taranganamibia.com

onelles Gehöft, das ausschließlich aus natürlichem Material errichtet wurde. Die Mbunza tragen anhand alter Fotografien rekonstruierte Kleidung aus selbst gegerbtem, mit dem Öl der Mangetti-Nuss veredeltem Leder.

Aktivitäten u. a.: Führung durch das Dorf (N$ 150 p. P.), ein Tag mit den Mbunza (N$ 280), Handwerkskunst-Workshop (N$ 180)
Weitere Informationen: www.lcfn.info/mbunza

# ★ SKELETON COAST NATIONAL PARK

**Region:** Kunene | **Größe:** 16 845 km²

*Unwirtliche Landschaft und tiefsandige Pisten, davor das stahlblaue Meer und ein weiter Himmel – die Skelettküste ist einer der abgelegensten und am schwersten zu erreichenden Orte Namibias. Wagen Sie sich trotzdem hin: Sie werden mit fantastischen Landschaften und völliger Abgeschiedenheit belohnt.*

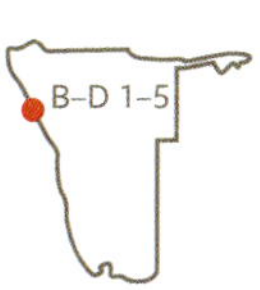

Abweisend, neblig, mystisch

Die Skeleton Coast, die schier endlos lange, stürmische Skelettküste, beginnt nördlich von Swakopmund und war jahrhundertelang der Schrecken vieler Seefahrer. Sie liegt in der vom kühlen Benguela-Strom verursachten Nebelzone, die über die Zeit zu einem wahren **Schiffsfriedhof** wurde: Vor der Küste liegen zahlreiche, oft kaum noch erkennbare Wracks. Kurz vor dem Parkeingang kann man die Reste der 1970 gesunkenen »Winston« sehen, im Park liegt kurz hinter dem Eingang Ugabmund das Wrack des gestrandeten Fischkutters »Monrose C145«. Noch 1976 strandete in der Möwe Bay ein modernes hochseetüchtiges Schiff. Vorsicht: Bei Autofahrten in diesem Gebiet sind die Sandpisten häufig nicht als solche zu erkennen und verlieren sich bald.
Der Skeleton Coast National Park steht seit 1971 in seiner jetzigen Form unter Naturschutz: Zu dem Gebiet gehört der rund 500 km lange Küstenabschnitt zwischen dem Ugab-Trockenfluss im Süden und dem Kunene-Fluss im Norden sowie ein daran anschließender 30 bis 40 km breiter Landstreifen. Seit 2009 ist der Skeleton Coast National Park Teil des Namib-Skelettküsten-Nationalparks.

## Unterwegs im Skeleton Coast National Park

### Zutritt nur mit Genehmigung

Anfahrt

Nachdem man ▶ Cape Cross hinter sich gelassen hat, kann man auf der C 34 noch ca. 70 km weiter bis zur Mündung des Ugab hinauffah-

Seemanns Schrecken: »Skelette« der an der Küste zerschellten Schiffe

## SKELETON COAST NATIONAL PARK ERLEBEN

### AUSKUNFT, EINTRITT, PERMITS

Den Skeleton Coast National Park sollten nur erfahrene Fahrer auf eigene Faust erkunden. Die Gegend ist sehr abgelegen, die Pisten sind oft schlecht, man braucht entsprechende Ausrüstung. Einlass in den Park gibt es bis 15 Uhr; bis 17 Uhr muss man ihn verlassen. Der Eintritt kostet 80 N$ pro Person und 10 N$ pro Fahrzeug (beides pro Tag). Auskunft und Permits gibt es in den Büros von Namibia Wildlife Resorts in Windhoek und Swakopmund sowie an den Parkeingängen.
Namibia Wildlife Resorts
Tel. 061 2 85 72 00
www.nwr.com.na

### UGAB RIVER HIKING TRAIL

Ausdauernde Wanderer können an der geführten dreitägigen Tour 50 km entlang des Ugab-Flusses teilnehmen. Treffpunkt ist zwischen April und Oktober jeden zweiten und vierten Donnerstag im Monat. Ausrüstung, Proviant sowie ein ärztliches Attest müssen mitgebracht werden. Anmeldung bei Namibia Wildlife Resorts. Für Tageswanderungen bietet sich der Uniab Delta Walk an. Das Süßwasser im Delta des Uniab lockt Vögel und andere Tiere an. Vom Parkplatz westlich der Piste wandert man in 2–3 Std. zum Meer hinab und wieder zurück.

### SKELETON COAST SAFARIS

Bereits seit drei Generationen fliegen die Schoemans, die älteste Fliegerfamilie Namibias, an die Skelettküste. Dort haben sie auch drei Camps (Kuidas, Leylandsdrift Kunene).
Tel. 061 22 42 48
www.skeletoncoastsafaris.com

### KARIBU SAFARIS

Wer lieber auf dem Boden unterwegs ist, kann bei Karibu Safaris u. a. eine neuntägige mobile Zeltsafari durch den Park buchen.
Tel. 061 25 16 61
www.karibunamibia.com

### TORRA BAY €

Der einfache Zeltplatz auf dem Weg vom Ugab nach Terrace Bay ist nur im Dezember und Januar geöffnet und dann meist von Anglern überlaufen. Buchungen über Namibia Wildlife Resorts (s. o.).

### TERRACE BAY REST CAMP €€€-€€€€

Die zuweilen etwas nachlässig geführten Unterkünfte mit kleinem Laden und Tankstelle liegen in einer alten Mine an der C 34. Buchung über Namibia Wildlife Resorts
.

ren (hier befindet sich der Südeingang in den Park, Ugabmund). Von hier an benötigt man ein Permit (Erlaubnisschein), mit dem Touristen bis Terrace Bay weiterfahren dürfen. Ein zweiter Parkeingang liegt im Osten (Springbokwater), man erreicht ihn auf der C 39. Mit Permit kann man von bis Seal Beach (14 km nördlich von Terrace Bay) fahren. Die Küstenregion nördlich davon darf nur im Rahmen

von Flugsafaris besucht werden.
Der Park ist **ganzjährig geöffnet.** Zwischen Oktober und Mai sind die Tage oft sonnig, in den Wintermonaten bildet sich meist nachmittags eine Nebelschicht, die sich – wenn überhaupt – erst am späten Vormittag des nächsten Tages wieder auflöst.

**Für Wildbeobachtungen braucht man Glück**

Tierwelt

Aufgrund des Wassermangels und der spärlichen Vegetation gibt es kaum Wild im Skelettküsten-Nationalpark. Umso großartiger ist es, wenn man in den Trockenflussbetten des Ugab oder des Uniab auf Spring- und Spießböcke trifft, mit viel Glück sogar auf Wüstenelefan-

BAEDEKER MAGISCHE MOMENTE

## AM HIMMEL ÜBER DER WÜSTE

So lebensfeindlich gibt sich Namibia an kaum einem anderen Ort: Die unwirtliche Skelettküste reicht von Swakopmund bis zum Kunene, dem Grenzfluss zu Angola. An den wilden Gestaden strandeten unzählige Schiffe, im einsamen Skeleton Coast National Park leben riesige Kolonien von Ohrenrobben. Wer wenig Zeit hat, erlebt die Skelettküste am besten und einmalig aus der Luft: bei einem eineinhalbstündigen Flug von Swakopmund aus. Das kostet auch nicht die Welt. Buchung: www.scenic-air.com.

ten. Landeinwärts streifen manchmal Herden von Bergzebras durchs Land, an der Küste leben Schabrackenschakale und Hyänen, die sich unter anderem von Meerestieren ernähren. Auch einige wenige Wüstenlöwen haben sich den harschen Bedingungen angepasst (www.desertlion.info). 224 Vogelarten sind im Parkgebiet verzeichnet worden. Der Fischreichtum ist enorm, Angler finden die besten Bedingungen entlang der gesamten südafrikanischen Küste vor.

# ★ SPITZKOPPE

**Region:** Erongo | **Höhe:** 1728 m ü. d. M.

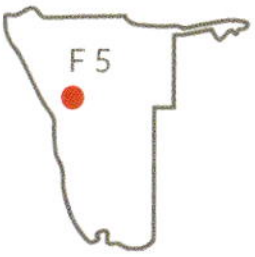


***Im Nachmittagslicht strahlt sie von Weitem, und an klaren Tagen kann man die Spitzkoppe, einen mächtigen Inselberg aus Granit, schon von der mehr als 30 km entfernten B 2 zwischen Usakos und Swakopmund aus bestaunen. Seiner charakteristischen Form verdankt der Berg den Beinamen »Matterhorn Namibias«.***

Die Gegend um die Spitzkoppe ist eines der schönsten Wanderreviere Namibias. Dabei ist der Name irreführend, denn es handelt sich nicht nur um einen Berg, sondern gleich um zwei: Die Große Spitzkoppe erhebt sich in der an die Namib grenzenden Ebene des südlichen Damaralands 1728 m hoch, die Kleine Spitzkoppe daneben erreicht immerhin 1580 m. Zum ersten Mal bestiegen wurde die Große Spitzkoppe 1946. Seither haben sich schon viele Bergsteiger daran

Wanderrevier

## SPITZKOPPE ERLEBEN

### SPITZKOPPE CAMPSITES €

Direkt unterhalb der Großen Spitzkoppe befinden sich die von der Damara-Gemeinde geführten »Spitzkoppe Campsites«. Die 31 Campingplätze liegen zwischen riesigen Granitfelsen und gehören zu den schönsten des Landes. Hier kann man auch lokale Führer für Wanderungen und Ausflüge buchen. Eintritt 55 N$ pro Person, 76 N$ pro Auto, Campsite 165 N$ pro Person und Nacht
www.spitzkoppe.com

### SPITZKOPPEN LODGE €€€

Die sehr komfortable Lodge bietet 15 Chalets in einmalig schöner Landschaft. Angeboten werden Wanderungen, Fahrrad- und Reitausflüge.
Tel. 064 46 41 44
www.spitzkoppenlodge.com

versucht, nicht wenige allerdings vergeblich. Auch ohne sportlichen Ehrgeiz machen die großartigen Gesteinsformationen und der relativ üppige Pflanzenbestand um die Spitzkoppe Lust auf Spaziergänge und Wanderungen. Die Gegend ist eine kleine, klimatisch besonders begünstigte Nische. Über dem Gebirgsmassiv regnen sich die Wolken häufiger ab als über dem flachen Umland. Unvergesslich ist der Besuch nach der Regenzeit: Zartes Grün und gelb blühende Morgensterne überziehen dann das Land.
Gefundenes Steinwerkzeug und Felsbilder weisen auf die frühe Besiedlung des Gebiets hin; die bedeutendste Fundstelle von Felsbildern heißt **Bushman's Paradise**. Sie befindet sich östlich nahe der Großen Spitzkoppe bei einer Erhebung, die Pontok Mountains genannt wird. Der Weg ist ausgeschildert. Der Zugang ist allerdings etwas mühsam: An einer im Felsen verankerten Kette muss man sich zu einer Felsplatte hochziehen.

Man muss kein Konditionswunder sein, um auf Wanderungen oder Spaziergängen an der Spitzkoppe solche Naturwunder erleben zu dürfen.

# ★ SWAKOPMUND

**Region:** Erongo | **Höhe:** 10 m ü. d. M. | **Einwohnerzahl:** 44 700

***Im Café Anton duftet es nach Kaffee, in den Vitrinen liegen feinste Kuchen und Torten. Seit Generationen wird in dem auch über die Grenzen Namibias hinaus bekannten Café in Swakopmund allerlei Hausgemachtes wie Apfelküchlein, Bienenstich und Schwarzwälder Kirschtorte serviert. Auf dem Gehweg vor dem Gebäude führen zwei ältere Damen ihre Dackel spazieren, eine Mutter zerrt ihre beiden strohblonden Kinder ins Geschäft. Die Kellnerin begrüßt mich mit den Worten: »Guten Morgen, was darf ich Ihnen bringen?«***

Die deutscheste Stadt Namibias

Ein Stück Deutschland zwischen Wüste und Meer – so wird Swakopmund gerne bezeichnet. Manche nennen es auch Deutschlands südlichstes Seebad. Und tatsächlich: An der afrikanischen Küste hat die deutsche Kolonialzeit ihre Spuren hinterlassen. Die Innenstadt von Swakopmund schmücken nach wie vor Dutzende alte Jugendstil- und Barockfassaden wie die der Post von 1906 und des Hohenzollernhauses. Namen wie »Altes Amtsgericht«, »Schlachterei« und »Deutsche Oberschule« erinnern noch heute an die Kaiserzeit. Es gibt deutsche Zeitungen und eine deutsche Buchhandlung. Als Gründungsjahr der Stadt gilt 1892. In diesem Jahr landete das deutsche Kanonenboot **»SMS Hyäne«** an der südwestafrikanischen Küste. Die Kolonialregierung brauchte einen eigenen Hafen, denn der lediglich 35 km südlich gelegene Naturhafen von Walvis Bay war britischer Besitz war. Nach dem Ersten Weltkrieg geriet Swakopmund dann in Vergessenheit – so blieb das historische Stadtbild erhalten.

Swakopmund ist nicht nur die deutscheste Stadt Namibias, sie ist wohl auch die beliebteste Sommerfrische des Landes. Wie eine Fata Morgana erhebt sich der Ferienort aus dem Wüstensand der Namib. Für die weißen Namibier ist er **das Sommerurlaubsziel schlechthin** – natürlich wegen der Lage am Meer und den Sandstränden, aber auch wegen der schönen Parkanlagen und der vielen historischen Gebäuden aus der Kolonialzeit. Kein Wunder, dass zwischen Dezember und Februar Tausende, vom Büroangestellten bis zum Präsidenten, an die Küste strömen, um der Hitze im Landesinnern zu entfliehen. In Swakopmund entsteigt dem Meer der kühle Küstennebel, der die Häuser in einen weißen Schleier hüllt, und der kühle Benguela-Strom sorgt für angenehme Temperaturen. Das gilt aber nur für den Aufenthalt an Land. Badefreunde müssen abgehärtet sein: Der Atlantik erwärmt sich selbst im Hochsommer auf höchstens 22 °C.

Deutsches Erbe, umgenutzt: Die Alte Kaserne ist heute Pfadfinderheim.

## Wohin in Swakopmund?

### Rot-weißes Wahrzeichen

Leuchtturm

Ein Stadtrundgang beginnt am besten am Wahrzeichen Swakopmunds in der Strand Straße nahe dem Palm Beach. Der 21 m hohe, rot-weiß gestreifte Leuchtturm überragt die meisten anderen Gebäude der Stadt. Trotz der Versandung des Hafens ist der 1902 erbaute und 1910 erhöhte Leuchtturm noch in Betrieb. Seine Reichweite beträgt 35 Seemeilen.

### Hier urlaubt der Präsident

Sommerresidenz des Präsidenten

Gleich nebenan befindet sich die Sommerresidenz des Staatsoberhauptes. Seit 2015 ist das Hage Geingob. Der Bau entstand 1902 als Kaiserliches Bezirksgericht, der hölzerne Turm folgte erst 1945. Oft verkaufen gegenüber, unterhalb der kleinen Grünanlage vor dem Hotel Schweizer Haus mit dem bekannten **Café Anton**, Einheimische schönes, selbst gefertigtes Kunsthandwerk.

★ Swakopmund Museum

### Eines der interessantesten Museen Namibias

Das Swakopmund Museum liegt direkt unterhalb der Sommerresidenz des Präsidenten. Es informiert über die Früh- und Kolonialge-

schichte der Stadt und des Landes. Über dem Eingang sind die Worte »Bauet am Erbe« eingemeißelt – jener Grundsatz, der die deutschen Pioniere ermutigte, in der unwirtlichen Wüste heimisch zu werden. Relikte ihres Lebensstils, ihr Handwerkszeug, ganze Inneneinrichtungen von Häusern, Kultobjekte der Völker Namibias, die einheimische Tierwelt, ein Herbarium mit Namib-Flora, eine Mineraliensammlung und Darstellungen zum Uranabbau: Nirgendwo sonst in Namibia stößt der Besucher auf mehr Historisches und Wissenschaftliches. Für den Besuch sollte man mindestens eine Stunde einplanen.
tgl. 10–17 Uhr | Eintritt: 25 N$ | Tickets an der Kasse

### Strandvergnügen

Mole

Verlässt man das Swakopmund Museum, liegt links die 1899–1903 zum Schutz des Hafenbeckens angelegte Mole. Da der Hafen heute versandet ist, begrenzt sie den Palm Beach, einen beliebten Sandstrand. Windsurfer und Schwimmer tummeln sich in dem sicheren Wasser, an der Mole legen Vergnügungsboote an, Kinder toben auf dem großen Spielplatz. 2015 wurde an der Mole ein neuer Gebäudekomplex eröffnet, mit dem alles überstrahlenden »Strand Hotel«, das Cafés und mehrere Restaurants beherbergt.

### Die halbe Landungsbrücke

Jetty

Von der Mole geht es am »Strand Hotel« vorbei über einen kleinen Spazierweg zur Jetty, dem Swakopmunder Pier. 1911 wurde mit dem Bau eines Eisenpiers begonnen, als Ersatz für die ramponierte hölzerne Landungsbrücke von 1905. Er sollte 640 m in den Atlantik hineinragen und mit mehreren Kränen und einem Eisenbahngleis ausgerüstet werden. Beim Ausbruch des Ersten Weltkriegs wurden die Arbeiten am damals 262 m langen Steg zunächst unterbrochen und nach der Verlegung des Hafens nach Walvis Bay endgültig aufgegeben. Nachdem die im Volksmund Jetty genannte Landungsbrücke immer wieder jahrelang geschlossen war, wurde 2006 zumindest ein Teil des »inoffiziellen Wahrzeichens« gründlich restauriert. Am Ende der Brücke gibt es ein hervorragendes Fischrestaurant, das **»Jetty 1905«**.

### Im Reich der Tiefe

★ National Marine Aquarium

Das Meerwasser-Aquarium direkt am Ende der palmengesäumten Strandpromenade ermöglicht einen Einblick in die Unterwasserwelt des Atlantiks. In kleineren Becken sind Krebse, Langusten, Seeanemonen und andere Meeresbewohner zu sehen. Die Hauptattraktion ist das große Aquarium, durch das ein Glastunnel führt: Haie, Rochen und andere Atlantikfische schwimmen über die Köpfe der Besucher hinweg. Sehr unterhaltsam ist die Fischfütterung.
Di.–So. 10–16 Uhr | Fütterung: Di., Sa., So. 15 Uhr | Eintritt: 40 N$ | www.namibweb.com/aquarium.htm

Ganz am Ende der Mole leuchtet es vielversprechend. Dort wartet das Restaurant Jetty 1905.

### Der Name täuscht

Ritterburg

Der Spaziergang führt nun zurück über die Hauptstraße »Am Zoll«. Die Dr. Sam Nujoma Ave. hinauf gelangt man zur sogenannten Ritterburg. Sie wurde 1905/06 für den damaligen Direktor der Woermann-Linie, Herrn T. Ritter, gebaut. Heute ist hier ein Ableger des Ministeriums für Natur und Tourismus untergebracht.

### Eines der ältesten Gebäude der Stadt

★ Woermannhaus

Das repräsentative Gebäude in der Bismarck-Straße erkennt man schon von weitem an seinem markanten Turm. Es entstand 1903–1904 und war der Sitz der damals bedeutendsten Import-Export-Gesellschaft in Südwestafrika. Die Woermann-Schifffahrts-Linie verkehrte seit 1894 regelmäßig. Vom Damara-Turm konnten die Angestellten sowohl die Ankunft der Schiffe beobachten als auch mit ihnen über einen Spiegeltelegrafen kommunizieren. Die Innenausstattung mit kostbaren Täfelungen, Kassettendecken und Deckengemälden zeigt noch etwas von der vergangenen Pracht. Heute sind hier die **Stadtbibliothek** und

die **Galerie des Kunstvereins** mit wechselnden Ausstellungen untergebracht. Vom Turm genießt man einen schönen Blick über Swakopmund, das Meer und die Wüste; den Schlüssel erhält man im Büro von Afrikan Desk im Innenhof des Gebäudes (ausgeschildert).

tgl. 7 Uhr bis Sonnenuntergang
Eintritt: N$ 20 für Erwachsene, N$ 10 für Kinder

**Wandelbar**

Nur einen Block weiter liegt das Hohenzollernhaus von 1906 mit seiner Fassade im Neobarock. Erst war es ein Hotel, dann ein Gemeindebüro, später wurde es in ein Apartmenthaus verwandelt.

Hohenzollernhaus

**Hier schlängelt sich einheimisches Getier**

Ein Stück die Libertina Amathila Avenue hinunter in Richtung Atlantik liegt der kleine, sehenswerte Schlangenpark »The living desert snake park« – nicht nur, aber vor allem mit namibischen Spezies.

Schlangenpark

5, Libertina Amathila Avenue | Eintritt: N$ 100

# SWAKOPMUND ERLEBEN

### SWAKOP INFO, WOERMANNHAUS
10, Bismarck St.
Tel. 064 40 54 88

### NAMIB I, NAMIB INFO BUREAU
Dr. Sam Nujoma Avenue/Henrik Witbooi Street
Tel. 064 40 48 27

### NAMIBIA WILDLIFE RESORTS
Dr. Sam Nujoma Ave./Bismarck Street (in der Ritterburg)
Tel. 064 40 21 72
www.nwr.com.na

Die meisten Läden liegen in der Dr. Sam Nujoma Avenue. Zahlreiche schöne Designer- und Souvenirgeschäfte befinden sich in der Brauhaus Arcade, zu der man über die Dr. Sam Nujoma Avenue, die Roon St. oder die Tobias Hainyeko St. gelangt.

### DIE MUSCHEL
Bücher und afrikanische Kunst samt nettem Café
Brauhaus Arcade/
Tobias Hainyeko Street
Tel. 064 40 28 74
www.muschel.iway.na

### HENCKERT JEWELLERY AND SOUVENIRS
Schmuck und schöne Souvenirs
39, Dr. Sam Nujoma Avenue
Tel. 064 40 01 40
www.henckert.com

### SWAKOPMUNDER BUCHHANDLUNG
Deutschsprachige Bücher
22, Dr. Sam Nujoma Avenue
Tel. 064 40 26 13

### PETER'S ANTIQUES
Souvenirs und Antiquitäten
Tobias Hainyeko St.
Tel. 064 40 56 24
www.peters-antiques.com

### CHARLY'S DESERT TOURS
Einer der größten Anbieter von Freizeitaktivitäten in Swakopmund: Von der Delfin-Bootssafari über Fatbike-Touren durch die Dünen bis zum Fallschirmsprung ist alles dabei.
Tel. 064 40 4341
www.charlysdeserttours.com

### DESERT EXPLORERS
Hier kann man aus einem breiten Angebot von Quad-Bike-Fahren über Skydiving bis hin zum Fischen wählen.
Nathaniel Maxuilili Rd.
Tel. 064 40 60 96
www.namibiadesertexplorers.com

### SCENIC AIR
Wie wär's mit einem Rundflug über den Namib-Naukluft-Park und entlang der Skelettküste?
Tel. 064 40 35 75
www.scenic-air.com

### SOSSUSFLY
Auch dieser Anbieter für Rundflüge ist sehr beliebt.
5 Tobias Hainyeko St.
Tel. 081 2 50 71 71
www.sossusfly.com

### AFRICAN ADVENTURE BALLOONS
Hier hat man sich auf Ballonfahrten über die Wüste spezialisiert.
Tel. 081 242 94 81
www.africanballoons.com

1 Strand Hotel
2 The Delight
3 Hansa Hotel
4 Swakopmund Hotel
5 Meike's Gästehaus
6 Sam's Giardino Hotel
7 Swakopmund Guesthouse
8 Veronika's B & B

## SKI NAMIBIA

Spezialist fürs Dünenskifahren
Tel. 081 4 72 03 43
www.ski-namibia.com

## ELEMENT RIDERS

Element Riders bietet u. a. Klettern, Paragliding und Surfen an.
Tel. 081 6 66 65 99
www.element-riders.com

## LIVING DESERT ADVENTURES

Chris Nel, der Eigentümer von Living Desert Adventures, bietet Halbtagestouren zu den »Kleinen Fünf« der Namib-Wüste an – diese sind insbesondere mit Kindern ein großes Vergnügen.
Tel. 064 40 50 70
www.livingdesertnamibia.com

### CAMEL FARM SWAKOPMUND

Zwölf Kilometer östlich von Swakopmund kann man auf Kamelen reiten.
Tel. 064 40 03 63

### RÖSSMUND GOLF RESORT AND LODGE

Golfen in der Wüste: Die 18 Löcher des Rössmund Golf Course liegen mitten in den Dünen der Namib. Die 450 Palmen wurden aus dem Norden Namibias importiert. Auf den Fairways und Greens laufen 250 Springböcke frei herum. Die angeschlossene »Rössmund Lodge« verfügt über 20 schöne Bungalows.
Tel. 064 40 56 44
www.rossmund.com

### ❶ KÜCKI'S PUB €€–€€€

Das gemütliche Restaurant mit Bar serviert deftige deutsche und einheimische Küche.
22, Tobias Hainyeko St.
Tel. 064 40 24 07
www.kuckispub.com

### ❷ SWAKOPMUND BRAUHAUS €€–€€€

im Brauhaus gibt es deutsche und afrikanische Küche sowie eine beliebte Bar. Sonntags geschlossen
22, Brauhaus Arcade
Tel. 064 40 22 14
www.swakopmundbrauhaus.com

### ❸ THE FISH DELI €-€€

In dem einfachen, aber günstigen und guten Fischlokal gibt es alles – von Matjes über Bismarckhering und Austern bis zu Sushi.
29, Dr. Sam Nujoma Avenue
Tel. 064 46 29 79
www.fishdeli-swakopmund.com

### ❹ THE TUG €€-€€€

In wunderschöner Lage direkt am Strand genießen Sie ausgezeichneten Fisch und ausgezeichnetes Fleisch, dazu je nach Saison einheimische Zutaten wie grünen Swakopmunder Spargel.
Molen Road, Jetty Area
Tel. 064 40 23 56
www.the-tug.com

### ❺ JETTY 1905 €€-€€€

Die Nähe zum Wasser am Ende des Swakopmunder Piers erklärt die Speisekarte: Darauf finden sich vor allem frischer Fisch, Meeresfrüchte und verschiedenen Arten von Sushi.
Molen Road, Swakopmunder Pier
Tel. 064 40 56 64
www.jetty1905.com

### ❶ STRAND HOTEL €€€€

Zu dem komfortablen Hotel mit 125 Zimmern und Suiten direkt an der Mole gehören ein Delikatessenladen, mehrere Restaurants, darunter das Farmhouse Deli im Bistro-Stil, ein Café und eine eigene Mikrobrauerei.
An der Mole
Tel. 064 4 11 43 08
www.strandhotelswakopmund.com

### ❷ THE DELIGHT SWAKOPMUND €€€

Die 44 Zweibettzimmer und zehn Familienzimmer des brandneuen Designhotels sind individuell eingerichtet und teilweise knallbunt.
Theo-Ben Gurirab Ave.
Tel. 061 42 72 00
www.gondwana-collection.com

### ❸ HANSA HOTEL €€€€

Das Haus ist ein zeitloser Klassiker und Teil der Swakopmunder Kolonialarchitektur. Es wurde 1905 gebaut und liegt sehr zentral nur wenige Schritte von allen Sehenswürdigkeiten. Auch das Restaurant genießt einen sehr guten Ruf.
3, Henrik Witbooi St.

Tel. 064 41 42 00
www.hansahotel.com.na

### ❹ SWAKOPMUND HOTEL €€€

Das elegante Hotel verbirgt sich hinter der Fassade des alten Bahnhofs. Im dazugehörigen Spielkasino wird fast rund um die Uhr Unterhaltung geboten.
2, Theo-Ben Gurirab Ave.
Tel. 064 4 10 52 00
www.legacyhotels.co.za

### ❺ MEIKE'S GUESTHOUSE €€

Das gemütliche Gästehaus überzeugt mit persönlicher Betreuung.
23, Windhoek St.
Tel. 064 40 58 63
www.meikes-guesthouse.net

### ❻ SAM'S GIARDINO HOTEL €€€

Das Hotel mit Schweizer Atmosphäre bietet Weinproben und Abendessen nach Anmeldung an. Die Eigentümer geben auch sonst vielerlei Tipps.
89, Anton Lubowski Ave.
Tel. 064 40 32 10
www.giardinonamibia.com

### ❼ SWAKOPMUND GUESTHOUSE €€

Beschauliche Ruhe, das ist hier das Motto für die Gäste. Die Zimmer sind hell eingerichtet und sehr sauber. Im Hof können Sie in hängenden Korbstühlen gemütlich schaukeln.
35, Henrik Witbooi St.
Tel. 064 46 20 08
www.swakopmundguesthouse.com

### ❽ VERONIKA'S B & B €€

Von dem gemütlichen B & B mit herzlichen, auskunftsbereiten Gastgebern sind es 5 Min. bis zum Strand und 15 Min. in die Innenstadt.
5, Dolphin St.
Tel. 064 40 49 15
www.veronika-bed-and-breakfast.com

---

**Spaziergang mit Planeten**

Alte Kaserne

Die alte Kaserne in der ehemaligen Lazarettstraße, heute Anton Lubowski Str., wurde 1907 erbaut. Mit ihren Zinnen erinnert sie an die Festungsbauten in Windhoek und an Fort Namutoni im Etosha-Nationalpark. Heute beherbergt sie ein Pfadfinderheim. Hier beginnt **der erste Planetenweg Namibias,** der bis hinunter zum Atlantik führt. Die Planeten sind in Form von Betonsockeln mit beschrifteten Granitplatten dargestellt.

**Übernachten im historischen Gebäude**

Prinzessin Rupprecht Heim

Wenige Schritte weiter befindet sich das Prinzessin Rupprecht Heim, das 1901 als Lazarett erbaut wurde. Heute beherbergt es ein ruhiges Familienhotel mit Seniorenheim.
15, Anton Lubowski Str. | Tel. 064 41 25 40
http://de.hotel-prinzessin-rupprecht.com

**Bummeln und entdecken**

Dr. Sam Nujoma Avenue

Zurück ins Stadtzentrum geht es nun über die Dr. Sam Nujoma Avenue, die Hauptgeschäftsstraße Swakopmunds. Hier befinden sich die meisten Banken, die Swakopmunder Buchhandlung, das Fremdenverkehrsbüro sowie unzählige Schmuck- und Souvenirläden.

**Hüterin der Geschichte**

Sam-Cohen-Bibliothek

Die Sam-Cohen-Bibliothek liegt in der Sam Nujoma Avenue Ecke Windhoek Street und hütet die wertvollste Afrikana-Sammlung des Landes sowie ein fast lückenloses Zeitungsarchiv von 1898 bis heute.

Mo.–Fr. 8–13 und 15–17 sowie jeden zweiten Sa. im Monat 9–13 Uhr

**Ursprünglich ein Lager**

OMEG-Haus

Wir spazieren zurück auf die Sam Nujoma Avenue. Bei der Einmündung der Lüderitz-Straße befindet sich das OMEG-Haus, ursprünglich das Lagerhaus der **O**tavi-**M**inen- und **E**isenbahn-**G**esellschaft. Die Otavi-Linie fuhr nach Tsumeb zur Kupfermine. Das historische Gebäude wurde 1901 im wilhelminischen Stil erbaut.

**Es lohnt sich, aufmerksam zu bleiben**

Sehenswerte Privathäuser

Unter den vielen sehenswerten Privathäusern seien noch einige erwähnt, darunter die Villa Wille mit ihrem auffälligen, verzierten Turm (Sam Nujoma Avenue/Otavi Straße), die 1911 entstand. Etwas weiter nördlich, an der Ecke Daniel Tjongarero-/Otavi-Straße, folgt das 1910 erbaute sogenannte Schwietering-Haus. Auf der gleichen Straßenseite steht das ehemalige Franziskaner-Krankenhaus von 1907.

**Einen Moment der Ruhe genießen**

Evangelisch-lutherische Kirche

An der Kreuzung Daniel Tjongarero-/Otavi-Straße erhebt sich die evangelisch-lutherische Kirche, erbaut 1910 in neobarockem Stil. Sie ist ein idealer Ort, um in der besonders vormittags oft trubeligen In-

BAEDEKER MAGISCHE MOMENTE

## SUNDOWNER IM TIGER REEF 6

Die Sonne versinkt im Atlantik, man nippt an seinem Gin Tonic und scheint über dem Meer zu schweben: Einen der schönsten Sundowner Namibias genießt man in der »Tiger Reef Beach Bar and Grill« direkt an der Mündung des Swakop-Flusses in Swakopmund. An diesem erhabenen Ort werden auch einfache Gerichte serviert, und es gibt einen Campingplatz direkt am Atlantik. Reservierung: Tiger Reef Beach Bar and Grill, The Swakop River Mouth, Suedstrand Street, Tel. 064 40 09 35.

nenstadt von Swakopmund innezuhalten. Gegenüber der Kirche befindet sich die Alte Deutsche Schule im selben Baustil von 1912.
tgl. 16–17 Uhr | Eintritt frei

**Briefe gehen hier nicht mehr auf die Reise**

Alte Post

Nun biegt man nach links in die Hendrik Witbooi Straße. An der Ecke Daniel Tjongarero-/Tobias Hainyeko Straße steht die Alte Post von 1906. Heute beherbergt sie einen Teil der Stadtverwaltung.

**Außen Bahnhof, innen Luxushotel**

Bahnhof

Am Nordende von Nathaniel Maxuilili-Straße und Otavi-Straße stößt man auf den 1901 erbauten Bahnhof der Kaiserlichen Eisenbahn-Verwaltung. Seinen spitzen Pyramidenturm erhielt er von dem damals noch unbekannten Baumeister Wilhelm Sander, den später seine Burgenbauten bekannt machten (von ihm sind u. a. Schloss Duwisib sowie die drei Burgen Schwerins-, Heinitz- und Sanderburg in Windhoek). Der Bahnhof war der Endpunkt der zwischen 1897 und 1902 erbauten und bis 1990 betriebenen Eisenbahnlinie von Windhoek nach Swakopmund. Seit 1995 steht nur noch die denkmalgeschützte Fassade des Bahnhofs, die Gleise wurden demontiert. Im Inneren des Gebäudes befindet sich ein Luxushotel mit Geschäften, Restaurant und Spielkasino.

**Es hätte auch eine Schule werden können**

Altes Amtsgericht

Das mit Giebeln und Türmchen verzierte Alte Amtsgericht in der Tobias Hainyeko-Straße war 1907/1908 als Schulneubau geplant. Nachdem die Geldmittel ausgegangen waren, wurde es als Amtsgericht fertiggestellt.

**Der größte Quarzkristall der Welt**

Kristall Galerie

In der Kristall Galerie schräg gegenüber dem Alten Amtsgericht ist eine Sammlung glitzernder Steine ausgestellt, darunter der größte je gefundene Quarzkristall der Welt. Er ist 520 Millionen Jahre alt und wiegt sage und schreibe 14 100 Kilogramm.
Mo.–Sa. 9–17 Uhr | Eintritt: N$ 20 | www.namibiangemstones.com

## Rund um Swakopmund

**Ein teurer Fehlschlag**

Martin-Luther-Dampftraktor

Vor den Toren der Stadt (an der B 2 in Richtung Usakos) erinnert ein altertümliches Gefährt auf einem niedrigen Sockel an den Versuch, 1896 mit Dampfkraft, aber ohne Schiene ins Landesinnere zu gelangen. Der deutsche Offizier Edmund Troost importierte auf eigene Kosten eine 1,4 t schwere Zugmaschine. Der mit Dampf angetriebene Traktor sollte die Ochsengespanne ersetzen. Das enorm wasserhungrige Ungetüm blieb aber ständig im Sand stecken – für die kurze Strecke von Swakopmund nach Walvis Bay brauchte Troost ganze drei Monate. Hinzu kam, dass die beiden Anhänger nicht ausreichten, um gleichzeitig das notwendige Brennholz und genügend Fracht zu befördern. Bei der vierten Fahrt gab Troost auf. Der Spitzname entstand, als jemand Luthers berühmten Ausspruch vor dem Wormser Reichstag zitierte: »Hier steh ich. Ich kann nicht anders.«

**Auch für Kinder schön**

Okakambe-Farm

Die Okakambe-Farm liegt 9 km außerhalb der Stadt an der D 1901 auf dem Weg ins Mondtal, das man von der Farm bei Ausritten auf Pferden oder Kamelen erreichen kann. Kinder vergnügen sich in ei-

BAEDEKER MAGISCHE MOMENTE

## DIE KLEINEN FÜNF

Die großen Fünf kennt jeder, aber die kleinen Fünf? Wüstenkenner Chris Nel hat sie als Pendant zu den großen Fünf ausgerufen. Sie sind ein illustrer Haufen: die 3 cm große Wüstenspinne »Dancing White Lady«, der fast durchsichtige Palmato-Gecko (s. o), die Schaufelschnauzeneidechse, das Namaqua-Chamäleon und die Seitenwinder-Schlange. In fünfstündigen Touren von Swakopmund aus führt Nel in das einzigartige Ökosystem der Wüste ein: www.livingdesertnamibia.com. Wildtiere mal ganz anders!

nem Streichelzoo oder bei Ponyritten, und übernachten kann man hier auch, sehr einfach, aber adäquat.

Tel. 064 40 27 99 | www.okakambe.iway.na

### Eine ungewöhnliche Besichtigung

Rössing-Mine

Es gibt nur wenige Orte, an denen man den Abbau von Uran besichtigen kann. Etwa 65 km östlich von Swakopmund wurden 1928 die größten Uranablagerungen der Welt entdeckt. Wöchentlich werden 1 Mio. Tonnen des harten Alaskitgesteins gesprengt, in dem das radioaktive Uranerz lagert. Daraus wird der an Uranoxid reiche »Yellow Cake« gewonnen. Nach der Diamantengesellschaft NAMDEB ist die in den 1970er-Jahren eröffnete Rössing Uranium Limited der zweitgrößte Steuerzahler Namibias. Angesichts der Entwicklungen auf dem Uran-Weltmarkt steht der hoch mechanisierte, kapitalintensive Abbau jedoch vor einer ungewissen Zukunft. Laut Umweltschützern ist nicht vollständig geklärt, wie gesundheitsschädlich die Arbeit in der Mine wirklich ist, außerdem fallen beim Uranabbau riesige Mengen teils hochgiftigen Abfalls an. Bei einem Rundgang durch die Rössing-Mine erklären sich die wissenschaftlichen Zusammenhänge des umstrittenen Rohstoffs. Abenteuerlustige jagen danach noch am Seil als »Flying Fox« vom Rössingberg hinunter in die Ebene. Jeden ersten Freitag im Monat gibt es eine Bustour zur Mine. Die Touren kann man an der Kasse des Swakopmund Museums an der Mole unterhalb des Swakopmunder Leuchtturms buchen (Tel. 064 40 20 46).

### Botanische Sehenswürdigkeit

Welwitschia Drive

Ein beliebtes Ausflugsziel ca. 50 km östlich von Swakopmund ist der sogenannte Welwitschia Drive, eine faszinierende Strecke durch die Namib (Anfahrt auf der C 28; Permit erforderlich), wo viele Exemplare dieser seltenen Pflanze wachsen (▶ S. 239). Sehenswert ist in dieser Region auch die **Mondlandschaft.**

### Ein Ziel für Angler

Walvis Bay

Der Küstenabschnitt zwischen Swakopmund und Walvis Bay ist bei Anglern beliebt. In den Ferienzentren Langstrand und Dolphin Bay gibt es Meerwasserschwimmbecken und Restaurants.

### Schutzgebiet mit Sandstränden

Dorob National Park

Das Küstengebiet nördlich von Swakopmund bis hin zum Skeleton-Coast-Nationalpark steht seit 2011 als Dorob National Park unter Naturschutz. Die Gegend ist ein Paradies für zahlreiche seltene Pflanzen, Tiere und vor allem Vögel. Hunderte von Flechtenarten sind in der Gegend registriert worden, die nur aufgrund des Küstennebels in der Wüste überleben können. Hier erstrecken sich traumhafte weite Sandstrände mit Bade- und Wassersportmöglichkeiten. Es gibt einige Feriensiedlungen und Campingplätze. Das ganzjährig sehr kalte Was-

# DEUTSCHTUM WAR EINMAL

BAEDEKER WISSEN

*Der Mief der Deutschtümelei hat sich in Namibia verflüchtigt. Das zeigt sich überall: Längst bieten gerade die einst »typisch deutschen« Städte wie Windhoek und Swakopmund ein aufregendes Gemisch aus europäischem und afrikanischem Ambiente.*

Zwar heißen Brötchen in Namibia auch Brötchen – das Wort ist in beinahe jede der hier gesprochenen Sprache eingegangen. Auch kann man an Orten wie »Joe's Beerhouse« in Windhoek und dem »Swakopmund Brauhaus« immer noch Eisbein mit Sauerkraut, Frankfurter Würstchen, Windbeutel und Frankfurter Kranz bestellen. Längst gehören aber auch Straußen- und Krokodilfleisch, Austern und Langusten zur Menüauswahl. Und: Jeder weiß, dass es im ganzen südlichen Afrika **kaum ein besseres Bier** gibt als namibisches Lager, aber mittlerweile trumpft Namibia auch mit einigen feinen Weinen auf, etwa von der »Kristallkellerei« der Familie Weder in Omaruru (▶ S. 111) und dem »Neuras Wine and Wildlife Estate« bei Maltahöhe (▶ S. 15, mit Übernachtungsmöglichkeit).
Hatten bis in die 1980er-Jahre viele Geschäfte noch deutsche Bezeichnungen – Bäckerei, Schlachterei, Apotheke –, so kauft man heute in der »Bakery« sein Brot, beim »Butcher« das Fleisch und in der »Pharmacy« die Medizin. Die alten Schilder sind nicht ganz verschwunden, haben jetzt aber eher folkloristischen Charakter. Ernst hingegen nimmt man noch die Tradition des Karnevals. Seien die Hitze oder die politischen Sorgen noch so groß – es wird gefeiert. In Windhoek zum Beispiel Ende März/Anfang April mit Büttenrednern, Funkenmariechen und allem, was dazugehört, beim traditionellen »Wika«.

## Bier beim Oktoberfest

Zwar lädt die deutsche Gemeinde von Windhoek Ende September/Anfang Oktober seit Jahren zum Oktoberfest (www.oktoberfestnamibia.com) ein. Dort wird nach bester bayerischer Tradition gesungen, getanzt und geschunkelt. Doch andere traditionelle deutsche Veranstaltungen wie die jährliche Gedenkfeier für die deutschen Gefallenen in der Schlacht am Waterberg 1904, lange Zeit »die« Demonstration der Ewiggestrigen, sind längst entschärft. Auch die Männergesangsvereine von Windhoek und Swakopmund existieren noch, die Landfrauen, die Kirchenhelferinnen, der Börsenclub, der Literatenzirkel und der Verein für Brauchtumspflege. Wie der Tennisclub, der Golfclub und der Yachtclub sind sie aber schon lange nicht mehr »rein deutsch«. Das gilt auch für die **deutschen Schulen**: Zehn Schulen mit insgesamt 2600 Schülerinnen und Schülern bilden die »Arbeits- und Fördergemeinschaft Deutscher Schulen in Namibia«. Sie nehmen heute allerdings auch Kinder anderer Nationen und Hautfarben auf.

## Heute ist man Namibier

Mit Abscheu lauschen manche namibischen Sprachschützer dem **»Kauderwelsch«**, jenem modernen Deutsch, das in Deutschland gesprochen wird. Und erst die Rechtschreibreform! Sie schockierte viele Menschen in Namibia mehr als hierzulande. Doch so richtig

deutsch ist auch das namibische Deutsch nicht, denn in der Umgangssprache haben sich zahlreiche englische Wörter sowie Begriffe aus dem Afrikaans eingeschlichen. So sind Flüsse »Riviere«, eine »Pad« ist eine Straße oder eine Piste. Die Fahrt nach irgendwohin wurde zur »Expedition« oder auch zur »Safari«, denn das Wort Safari stammt aus dem Kishuaheli und bedeutet Reisen.
Die deutschen Sendungen in Rundfunk und Fernsehen, deutschsprachige Theater- und Filmvorführungen haben in Namibia institutionellen Charakter. Auch sie gibt es noch. Täglich erscheint die »Allgemeine Zeitung« in Windhoek, Afrikas einzige deutsche Tageszeitung. Doch **die junge, aufgeschlossene Generation** sieht sich in erster Linie als Bürger des jungen Staates Namibia. Deswegen lesen auch viele Deutschstämmige heute den englischsprachigen »The Namibian«, die Boulevardzeitung »Namibian Sun« (ebenfalls englisch) oder »Die Republikein« auf Afrikaans. Kurzum: Heute ist man in Namibia nicht mehr deutsch, afrikanisch oder englisch – man ist Namibier. Und darauf sind die allermeisten auch sehr stolz.

So geht deutsches Erbe auch: Die Anton Lubowski Avenue in Swakopmund erinnert an den 1989 ermordeten deutschstämmigen Anwalt und SWAPO-Aktivisten.

ser des Atlantiks trübt allerdings die Badefreuden, ebenso der Nebel, der die Gegend an durchschnittlich 113 Tagen im Jahr verschleiert.

### Geschenk aus dem Meer

Salzwerke

Etwa 10 km nördlich von Swakopmund kommt man auf der Küstenstraße an den größten Salzwerken des Landes vorbei. Die natürlichen Vorkommen sind seit 1955 erschöpft; heute wird Meerwasser in künstlich angelegte, flache Becken geleitet, wo es nach und nach verdunstet und schließlich Natriumchlorid auskristallisiert.

### Für Abwechslung ist gesorgt

Henties Bay

Henties Bay ist ein Ferienort 80 km nördlich von Swakopmund, mit Tankstellen, Hotel, Campingplatz, Restaurants und einem Schwimmbad. Inzwischen gehört sogar ein Golfplatz zu den Freizeitangeboten der ständig wachsenden Ortschaft. Eine große Rolle spielt in Henties Bay der Angelsport.

### Abstecher zum Robbenreservat

Cape Cross

Wegen seiner Robbenkolonie wird ▶ Cape Cross, gut 50 km nördlich von Henties Bay, viel besucht. Stellen Sie sich auf ein spezielles Dufterlebnis ein …

# TSUMEB

**Region:** Oshikoto | **Höhe:** 1279 m ü. d. M. | **Einwohnerzahl:** 19 200

*Farbige Jacarandas, Flammenbäume und Bougainvilleen haben Tsumeb den Beinamen »Namibias Gartenstadt« eingebracht. Das passt so gar nicht ins Bild, denn eigentlich lebt die Stadt nahe dem ▶ Etosha-Nationalpark von ihren Minen. Die Förderung ist heute allerdings kaum noch rentabel.*

Kostbarkeiten über und unter der Erde

Silber, Akanthit, Alamosit, Beudantit, Dioptas, Rhodochrosit, Tennantit und Zirkon: In der Tsumeb-Mine wurden außergewöhnlich viele Mineralien gefunden. Insgesamt konnte man mehr als 260 verschiedene nachweisen, einige davon kommen nirgendwo sonst auf der Welt vor. Die 1907 eröffnete Mine wurde 1996 stillgelegt, als bei einem Streik der etwa 2000 Mitarbeiter weite Teile überflutet wurden. Später ging sie wieder in Betrieb, allerdings in deutlich abgespeckter Form. Das Bergwerk ist auch der Grund für das viele Grün in Tsumeb, genauer: das aus dem Bergwerk abgepumpte Wasser. Ihm verdankt die Stadt ihre großen Grünflächen und die far-

benprächtigen Gärten. Besonders zwischen September und Februar ist Tsumeb mit seinen vielen Jakarandabäumen, Flammenbäumen und Bougainvilleen ein wahres **Blütenmeer.** Das üppige Grün kontrastiert mit dem weithin sichtbaren Schornstein des Bergwerks und der Schmelzerei. Mitten in der Stadt ragt der Förderturm auf, mit dem das Erz aus mittlerweile mehr als 1500 m Tiefe an die Oberfläche befördert wird.
Der Stadtname leitet sich vermutlich von dem Wort »tsomsoub« ab, das in der Sprache der Buschleute so viel bedeutet wie »ein großes Loch in die lose Erde graben«. Genau das haben afrikanische Völker vermutlich schon in prähistorischer Zeit hier getan. Ein 1700 m tief in die Erde hinabreichender »Erzschlauch« mündete an der Erdoberfläche in einen kleinen Malachithügel. Im Tagebau konnten die Buschleute leicht Kupfer abbauen.

## Wohin in Tsumeb?

**Hier kann man tief in die Vergangenheit eintauchen**

★ Museum

Das Museum an der President Street verdankt seine Entstehung dem engagierten Einsatz von Ilse Schatz (▶ Interessante Menschen). Die Farmersfrau trug aus Familienbesitz und Schenkungen eine eindrucksvolle Sammlung zusammen, die seit 1975 zugänglich ist. Man erhält einen Einblick in die Geschichte der Bergwerksindustrie und kann sich die Mineralienarten aus den Erzlagern der Umgebung anschauen. Im Khorab-Raum sind Waffen und Kriegsgeräte ausgestellt. Sie wurden nach Kriegsende vom Grund des Otjikoto-Sees geborgen – deutsche Truppen hatten das Material 1915 versenkt, um es den südafrikanischen Militäreinheiten nicht in die Hände fallen zu lassen. Bemerkenswert sind die Exponate aus dem Alltag und der früheren Kultur der San, der Ovambo, Herero, Kavango und Himba. Eine weitere Ausstellung befasst sich mit der Internierungszeit, den Pfadfindern und den Südwestern, und eine umfangreiche Briefmarkensammlung dokumentiert die Ära der kaiserlichen Post und der Missionare und Händler.
Mo.–Fr. 9–12 u. 14–17, Sa. 9–12 Uhr | Tel. 067 22 04 47 | Eintritt: 30 N$

**Ungewöhnliche Architektur**

Barbarakirche

Gleich neben dem Museum steht die Barbarakirche (1913), geweiht der Patronin der Bergleute. Mit ihrem seltsamen Turm ähnelt die Kirche eher einem Verwaltungsbau als einem Gotteshaus.

**Auch dieses Gebäude sieht anders aus als erwartet**

Minenbüro

Sehenswert sind auch das hohe OMEG-Minenbüro von 1907 in der First Street, das mit einer Kirche verwechselt werden könnte, und die Direktorenresidenz (1912) in der Hospital Street.

## TSUMEB ERLEBEN

### TRAVEL NORTH TOURISM SERVICES

Ein einfaches Guesthouse mit Autovermietung und Reiseagentur.
Dr. Sam Nujoma Drive
Tel. 067 22 07 28
www.travelnorthguesthouse.com

### ❶ DROS STEAKHOUSE

Das Restaurant serviert sehr gute Steaks und andere Speisen. Es ist dem zentral gelegenen Kupferquelle Resort mit 40 Zimmern und mehreren Campingplätzen angeschlossen.
Im Kupferquelle Resort an der B1
Tel. 067 22 01 39
www.kupferquelle.com

### ❶ MINEN HOTEL €

Das historische Hotel mit geräumigen Zimmern und Restaurant liegt am Stadtpark.
7, Omeg St.
Tel. 067 22 10 71
www.minen-hotel.com

### ❷ MOUSEBIRD BACKPACKERS LODGE €

Das freundliche Backpacker-Hotel bietet auch Ausflüge nach Etosha und in die Kalahari zu den San an.
533, 4th St.
Tel. 067 22 17 77
www.namibweb.com/mousebird.htm

### ❸ URIS SAFARI LODGE €€€

20 km nordwestlich von Tsumeb finden Sie hier liebevoll eingerichtete Bungalows mit Restaurant und Schwimmbad sowie einen kleinen Campingplatz (5 km entfernt). Die Lodge ist ein schöner Ausgangspunkt für Ausflüge in den Norden, aber auch für Wanderungen in der Umgebung.
Tel. 067 22 02 488
www.urissafarilodge.com

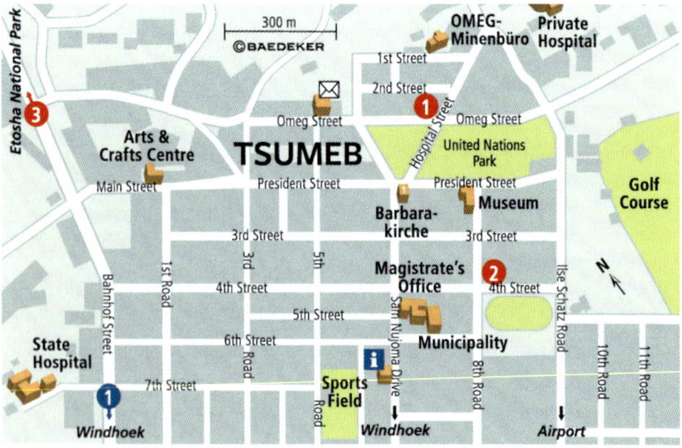


❶ Dros Steakhouse ❶ Minen Hotel ❷ Mousebird ❸ Uris Safari Lodge

## Rund um Tsumeb

**Große Ereignisse in einer kleinen Stadt**

Otavi

In Otavi, einem schlichten Städtchen 63 km südwestlich von Tsumeb, wurde das Ende der deutschen Kolonialherrschaft besiegelt. Die Gedenktafel am nördlichen Ortsrand markiert die Stelle, an der am 9. Juli 1915 der deutsche Gouverneur Seits und Truppenkommandeur Franke vor dem südafrikanischen General Louis Botha die Kapitulationsurkunde unterschreiben mussten. In den östlich gelegenen Otavi-Bergen entdeckten Wissenschaftler im Juni 1991 in einer Höhle, in der die Damara in vergangenen Jahrhunderten Kupfer geschmolzen haben, den etwa 13 Mio. Jahre alten Kieferknochen eines Hominoiden (Otavipithecus namibiensis) – der erste Fund dieser Spezies südlich des Äquators.

**Namibias einzige natürliche Seen**

Otjikoto-See und Guinas-See

Ein weiteres von Namibias zahlreichen Naturwundern befindet sich 25 km nordwestlich von Tsumeb (an der B 1): Der Otjikoto- und der nahe Guinas-See sind die einzigen natürlichen Seen Namibias. Seit 1955 ist der Otjikoto Nationales Denkmal. Der fast kreisrunde und über 100 m tiefe See war einst eine Höhle, sichtbar wurde er erst nach dem Einsturz des Dachs. Die hier lebenden Fischarten sind Maulbrüter, heißen Filapia und werden bis zu 20 cm groß. Auf dem Gelände gibt es einen einfachen Campingplatz, und der See ist für Besucher zugänglich (Eintritt 70 N$, Auto 10 N$, Permit am Eingang erhältlich). Berühmt wurde der Otjikoto, weil deutsche Truppen kurz vor der Kapitulation 1915 einen Großteil ihrer Waffen und Munition darin versenkten. Taucher haben einen Teil davon später geborgen, u. a. einen Munitionswagen, der heute im Museum in ▶ Windhoek steht. Einige der Waffen kamen ins Museum von Tsumeb.
Noch idyllischer präsentiert sich der Guinas-See. Er soll 130 m tief sein und dient ebenso wie der Otjikoto-See der Wasserversorgung umliegender Farmen. Derzeit verläuft allerdings ein Zaun um das Gelände. Der See ist nicht zugänglich.

**Wanderungen auf den Spuren der San**

Muramba Bushman Trails

Reinhard Friederich organisiert auf seiner Farm Wanderungen, die einen Eindruck vom traditionellen Leben der San vermitteln. Man erreicht das Gelände der Muramba Bushman Trails über die C 75, die Tsumeb mit Tsintsabis verbindet. Nach 64 km biegt man rechts auf die D 3016 ab, nach weiteren 6 km hält man sich erneut rechts. Tagesbesucher sind willkommen, und wer möchte, kann auch in einfachen Hütten übernachten (Anmeldung unter Tel. 067 22 06 59). Folkloristische Darbietungen darf man hier allerdings nicht erwarten.

# SAN – NAMIBIAS UREINWOHNER

*Die Buschleute der Kalahari überleben unter widrigsten Bedingungen an einem der trockensten Plätze Afrikas. Wissenschaftler haben herausgefunden, dass sie die älteste Abstammungslinie der Menschheit verkörpern.*

Woher kommen wir? Wer sind unsere Vorfahren? Wenn wir diese Fragen beantworten wollen, kommen wir an den San nicht vorbei. 2010 fanden Wissenschaftler heraus, dass die Jäger und Sammler aus der Kalahari-Wüste mit der seltsamen Klicksprache die **älteste Abstammungslinie der Menschheit** darstellen. Laut Gentests tragen sie mehr als die meisten anderen Menschen auf unserem Planeten von der genetischen Vielfalt unserer Urahnen im Blut.
Einst bevölkerten die San große Teile des südlichen Afrika. Die Nomaden mit der gelblich-braunen Haut, deren Körpergröße nur selten 1,60 m überschreitet, lebten von der Jagd und dem Sammeln von essbaren Knollen und Beeren. Viele Jahrtausende lebten sie so, bis vor etwa 500 Jahren erst schwarze Bantu-Völker aus dem Norden kamen, später Weiße aus dem Süden auf der Suche nach neuem Land für ihre Tiere und nach neuen Feldern. Und wie so oft gingen die Einwanderer nicht besonders zimperlich mit den Ureinwohnern um. Die Weißen erschossen die San einfach wie Freiwild, und von den Bantu wurden die steinzeitlichen Jäger und Sammler versklavt, verkauft oder ebenfalls ermordet. Der Lebensraum der San wurde bis weit in die Kalahari zurückgedrängt.

## Organisationsform Großfamilie

Ursprünglich reichte das Verbreitungsgebiet der San vom Kap der Guten Hoffnung bis an den Malawi- und Tanganjikasee. Heute leben sie fast nur noch in der Kalahari und in einigen ihrer Randregionen in ihrer ursprünglichen archaischen Lebensform. Seit jeher ziehen sie in Familienverbänden von 20 bis höchstens 60 Personen umher. Größere Organisationsformen, die den Eroberern Widerstand hätten leisten können, fehlten völlig, und mit ihren vergifteten Pfeilen und Speeren hatten sie keine Chance gegen deren Feuerwaffen. Heute gibt es noch etwa 100 000 San, davon 35 000 bis 40 000 in Namibia. Die meisten von ihnen arbeiten als Farmarbeiter oder Subsistenzbauern – nur noch etwa 2000 durchstreifen die Kalahari als nomadisierende Jäger und Sammler. Einige der sesshaften Buschleute leben in einfachen Siedlungen und sind alkoholabhängig. Mittlerweile kümmern sich nicht nur einige Nichtregierungsorganisationen, sondern auch die Regierungen Namibias, Botswanas und Südafrikas mehr um die Ureinwohner. Nach und nach erhalten sie ihr Land zurück – und damit auch ihren Stolz.

## Vergiftete Pfeile und scharfe Sinne

Jeder der heute noch nomadisch lebenden Clans nennt ein bestimmtes Gebiet sein Eigen, das ihm auch von anderen Stammessippen zuerkannt wird. Hütten

Wie lange noch können die San ihr gewohntes Leben leben?

werden nach Bedarf gebaut. Sie sind schnell errichtet und bestehen aus etwa zweieinhalb Meter langen Ruten, die in einem Halbkreis in den Boden gesteckt, oben zusammengebunden und mit Riedgras überdeckt werden. Wandert eine Familie weiter, lässt sie diese Hütten einfach zurück. Um beweglich zu bleiben, besitzen die San nur das nötigste Hab und Gut. Und das ist, von persönlichen Dingen wie Waffen, Kleidung und Schmuck abgesehen, Eigentum der Gemeinschaft. **Helfen und Teilen ist selbstverständlich** – auch ohne die Worte »danke« und »bitte«, die in der San-Sprache gar nicht existieren.

Die Sippen kennen keinen Häuptling oder Anführer, Respekt jedoch genießen die alten und erfahrenen Jäger. Die San ernähren sich von Großwild, das die Männer mit ihren vergifteten Pfeilen erlegen, aber auch von Feldratten, Vögeln, Insekten etc., die ebenso wie Beeren, Wurzeln oder Nüsse von den Frauen und Kindern gesammelt werden. Mehr als 180 Pflanzenarten können die San ohne weiteres identifizieren. Auch ihre Sinnesorgane sind erstaunlich ausgeprägt: Mit bloßem Auge erkennen viele von ihnen die vier

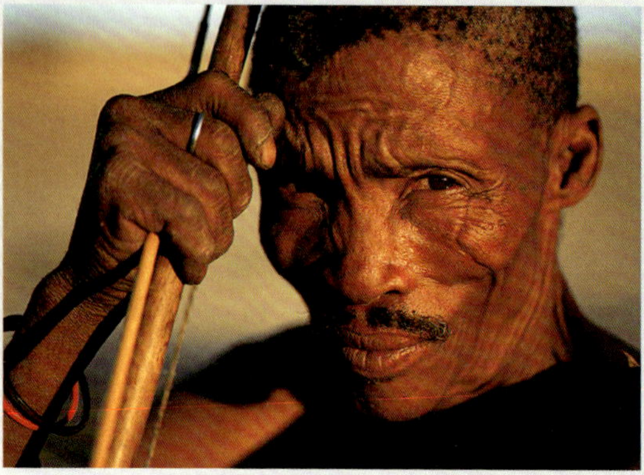

Auch er blickt eher skeptisch drein.

hängendes Lederfell – die verheiratete Frau lässt eine Brust frei, die unverheiratete hat beide Brüste unbedeckt. Die Moral der San ist eng mit dem Leben in der kleinen Gruppe verknüpft. Es gilt als »schlecht«, einem anderen die Frau wegzunehmen. Mord gilt als »sehr schlecht«, ebenso Inzest. Dem Übeltäter droht die Todesstrafe, man überlässt ihn unbestattet den Hyänen.

größten Monde des Jupiter am Himmel, und aus einer Entfernung von bis zu 100 Kilometer hören sie ein kleines Flugzeug herannahen. Selbst in den trockensten Regionen Namibias und Botswanas können die San noch Wasser finden. Sie gelten auch als große Geschichtenerzähler und können sich auch exzellent in Musik und Tanz ausdrücken.

Setzt bei einem Mädchen die erste Menstruation ein, schotten es die älteren Frauen vom übrigen Clan ab. Tagelang muss das Mädchen schweigen und wird währenddessen über die Aufgaben als Frau in der Ehe unterrichtet. Als Abschluss veranstaltet die gesamte Sippe ein großes »Reifefest« für sie. Als äußeres Zeichen der erwachsenen Frau lässt sie sich vernarbende Linien in die Wangen einritzen.

Der künftige Partner wird von der Mutter mit Zustimmung der Großmutter bestimmt, die auch in eine Liebesheirat einwilligen können. **Verheiraten ist Frauensache** – die Väter haben hier so gut wie nichts mitzureden. Männer wie Frauen tragen einen Lendenschurz und ein über Schulter und Oberkörper

## Hartes Leben in der Wüste

Das Leben der nomadisierenden San ist bis heute hart: Ihre durchschnittliche Lebenserwartung beträgt nur 45 Jahre. Zudem steigt die Population, wenn überhaupt, nur sehr gering an, da San-Frauen strikte **Geburtenkontrolle** praktizieren – mit Hilfe bestimmter Kräuter, die die Empfängnis verhüten, oder solcher, die zum Abtreiben genutzt werden. Wird dennoch ein unerwünschtes Kind geboren, wird es heute sesshaft lebenden Verwandten übergeben. Früher wurde das Kleine einfach ausgesetzt, um zu verhungern oder Opfer der Raubtiere zu werden. Meist aber funktioniert die seit Urzeiten praktizierte Familienplanung, und dann bringen San-Frauen durchschnittlich nur alle vier bis fünf Jahre ein Kind zur Welt. Zu große Familien finden in der kargen Umgebung nicht genügend Nahrung, um auf hergebrachte Art und Weise zu überleben. Bislang hat den San das ausgereicht, um ihr Volk am Leben zu halten. Aber wie lange noch?

# ★★ VICTORIA FALLS

**Region:** Grenzgebiet von Simbabwe und Sambia
**Höhe der Fälle:** 119 m

*Tosendes Wasser und eine Rauchsäule, die mehr als 300 Meter aufsteigt und kilometerweit zu sehen ist: Die Victoria Falls sind nicht nur die größten Wasserfälle Afrikas, sondern auch eines seiner großartigsten Naturschauspiele. Auf einer Breite von rund 1700 m stürzt der Sambesi an der Grenze von Simbabwe zu Sambia donnernd in die Tiefe. Die Victoriafälle gehören zum Weltnaturerbe der UNESCO und sind ein tolles Ziel vor oder zum Abschluss einer Namibiareise.*

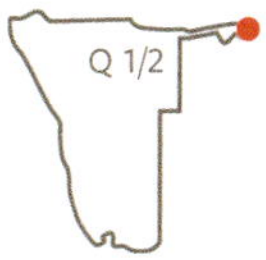


Der donnernde Rauch

Der schottische Missionar und Afrikareisende David Livingstone, der die Victoriafälle 1855 als erster Europäer zu Gesicht bekam, würde sich die Augen reiben: Auf dem Parkplatz am Eingang zum Victoria Falls National Park wartet ein Dutzend Busse in der Schlange. Vor seiner Statue, die direkt an den Fällen steht, drängen sich die Reisegruppen, und am Aussichtspunkt des Devil's Cataract, wo der Sambesi besonders spektakulär in die Tiefe stürzt, ist man sicher nicht allein. Die Victoriafälle haben sich zu einer der größten Touristenattraktionen des Kontinents entwickelt. Aus aller Welt reisen Besucher an, um das Spektakel zu bewundern. Und trotz der vielen Menschen, die vor allem in den Morgenstunden hierherkommen: Die Victoriafälle sind den Besuch auf jeden Fall wert, denn sie sind der breiteste durchgehende Wasserfall der Erde. Die Einheimischen nennen sie **Mosi-oa-Tunya:** donnernder Rauch.
Der Sambesi hat bei den Victoriafällen schon ein gutes Stück Weg hinter sich – und noch vor sich, denn der gewaltige Grenzfluss ist von seinem Ursprung im äußersten Nordwesten Sambias bis zu seinem Ende in Mosambik, wo er in den Indischen Ozean mündet, insgesamt 2574 km lang. Wie viel Wasser er führt, lässt sich an den Victoriafällen ablesen. Am beeindruckendsten sind sie zum Ende der Regenzeit im Februar und März. Im September und Oktober, zum Ende der Trockenzeit, schrumpft die Wassermenge erkennbar.

**So klappt die Reiseplanung**

An- und Einreise

Beide Städte, **Livingstone** in Sambia und **Victoria Falls** in Simbabwe, sind geeignete Ausgangspunkte für die Besichtigung der Fälle. Air Namibia fliegt ihre Flughäfen von Windhoek aus über Katima Mulilo (Caprivi-Streifen) mehrmals wöchentlich an. Für Autoreisende, die sich im Caprivi-Streifen aufhalten, lohnt sich der Abstecher ebenfalls (für den Grenzübertritt mit einem Mietauto braucht man die Genehmigung des Verleihers). Von Katima Mulilo kommt man auf zwei We-

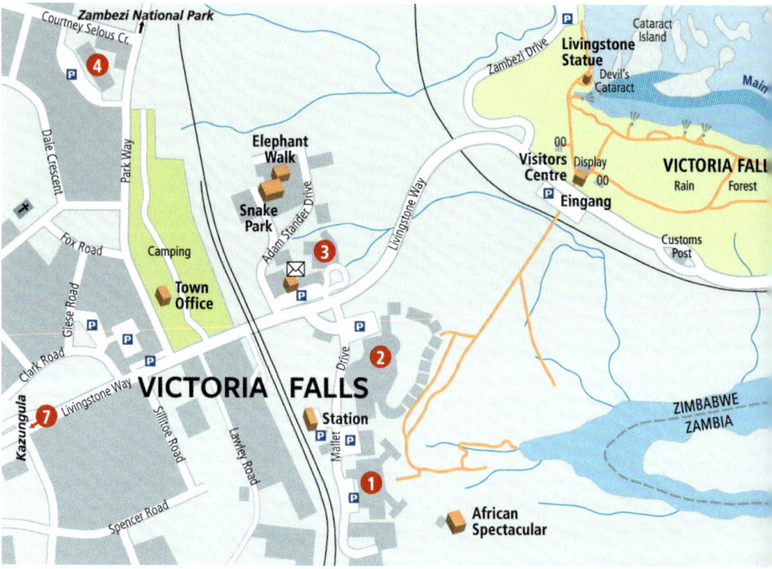


gen zu den Fällen: Entweder man fährt zunächst 70 Kilometer nach Südosten bis zur Ngoma-Brücke, dem Grenzposten zwischen Namibia und Botswana. Die 66 km zwischen Ngoma und Kasane legt man dann auf einer guten Schotterpiste, die restlichen 64 km bis Victoria Falls auf einer asphaltierten Straße zurück. Schneller geht es über Sambia. Dank der neuen Brücke über den Sambesi bei Katima Mulilo gelangt man auch auf der Nordseite des Flusses auf einer guten Teerstraße zu den Fällen (208 km).
Für Botswana braucht man kein Visum. Das **Touristenvisum** für die einfache Einreise nach Sambia kostet 50 US$, das Touristenvisum für Simbabwe 30 US$. Beide bekommt man direkt an den Grenzposten.

## Wohin bei den Victoriafällen?

### Eine Stadt für Touristen

Victoria Falls (Simbabwe)

Die betriebsame Kleinstadt Victoria Falls zählt rund 33 600 Einwohner und liegt unmittelbar hinter der Landesgrenze nach Sambia, dem ehemaligen Nord-Rhodesien. Bis zu dessen Unabhängigkeit im Jahr 1964 gehörte Victoria Falls zum nur 11 km entfernten Livingstone. Die Verbindung zwischen beiden Ländern stellt die 200 m lange, 130 m hohe kombinierte Eisenbahn- und Straßenbrücke her, die über die sogenannte Zweite Schlucht führt. Victoria Falls lebt vom Frem-

1 Victoria Falls Hotel
2 The Kingdom at Victoria Falls
3 Ilala Lodge
4 Rainbow Hotel
5 Tongabezi Lodge
6 Royal Livingstone
7 Amadeus Garden Guesthouse

denverkehr: Hotels, Banken, Restaurants, Fast-Food-Einrichtungen, Bars, Tankstellen, Andenkenläden, Safari-Anbieter und Mietwagen-Firmen prägen das Stadtbild. Das eigentliche Stadtzentrum befindet sich an der Kreuzung der beiden Straßen Livingstone Way und Park Way, sie heißt nach dem hier einst gelegenen Schnellimbiss »Wimpy-Corner«. Die schwarzen Einwohner leben in dem südlich gelegenen Ortsteil Chinotimba.

» Niemand kann sich die Schönheit des Ausblicks vorstellen, wenn er sie mit irgendetwas in England Gesehenem vergleicht. Szenen, so hübsch, wie sie nur Engel bei ihren Flügen sehen können. «

*David Livingstone*

**Wasser in seiner spektakulärsten Form**

★★ Victoria Falls National Park

Die Hauptattraktion sind die Fälle selbst, ihre nähere Umgebung wurde zum Victoria Falls National Park erklärt. Am Eingang informiert eine kleine Ausstellung über die Entstehung und die Geschichte der Fälle. Halten Sie sich links, um den Rundgang im Westen des Geländes, an der Livingstone-Statue, zu beginnen. Von hier genießt man einen ersten atemberaubenden Blick in die tiefe Schlucht, bei Son-

## AUSKUNFT

### VICTORIA FALLS TOURISM

Die gemeinsame Website des Zimbabwe Tourism Board und des Zambia Tourism Board bietet zahlreiche Informationen zu Aktivitäten rund um die Fälle.
www.victoriafallstourism.org

### ZIMBABWE TOURISM AUTHORITY

Park Way/Livingstone Way,Victoria Falls, Simbabwe
Tel. 00263 13 4 43 76
www.zimbabwetourism.net

### LIVINGSTONE TOURIST INFORMATION

Main St., Livingstone, Sambia
Tel. 00260 213 32 23 65
www.livingstonetourism.com

### GESUNDHEIT

Impfungen sind nicht vorgeschrieben, Malaria-Prophylaxe wird allerdings empfohlen. Bei Einreise aus einem Gelbfiebergebiet muss man eine gültige Gelbfieberimpfung nachweisen.

### ZAMBEZI RAFTING

Zambezi Rafting auf der sambischen Seite ist einer der ältesten Anbieter für Rafting-Touren an den Victoria-Fällen.
Tel. 00260 213 32 40 24
www.zambezirafting.com

### SHEARWATER BUNGEE

Hier kann man den ultimativen Adrenalinkick buchen: den Sturz in Tiefe von der Sambesi-Brücke. Shearwater Bungee sitzt in Simbabwe.
Tel. 00263 13 4 44 71
www.shearwaterbungee.com

### RUNDFLÜGE

Den schönsten Überblick über die Victoria Falls vermittelt ein ca. 15-minütiger Rundflug. Die beste Flugzeit sind die frühen Nachmittagsstunden. Zwei empfehlenswerte Anbieter sind:

### UNITED AIR CHARTER

in Sambia
Tel. 00260 213 32 30 95
www.uaczam.com

### ZAMBEZI HELICOPTER COMPANY

in Simbabwe
Tel. 00263 213 2 84 35 69
www.zambezihelicopters.com

### WEITERE ABENTEUER

Zudem werden Microlight-Flüge, Kanu- und Kreuzfahrten auf dem Sambesi, Trekking-Touren und mehr angeboten. Infos erteilen die Zimbabwe Tourism Authority in Victoria Falls und die Livingstone Tourist Information (s. o.) sowie alle Hotels und Lodges.

### 1 VICTORIA FALLS HOTEL €€€€

Das 1904 erbaute Nobelhotel bietet exquisite Küche. Von der großen Veranda und Terrasse hat man einen herrlichen Blick auf die Victoria-Falls-Brücke und die Schlucht.
1, Mallett Drive
Victoria Falls, Simbabwe
Tel. 00263 213 284 47 51
www.victoriafallshotel.com

### 2 THE KINGDOM AT VICTORIA FALLS €€€€

Das große Hotel mit Spielkasino liegt zehn Gehminuten von den Fällen.
1, Mallett Drive, Victoria Falls, Simbabwe

Tel. 00263 13 4 42 75
www.thekingdomhotel.co.za

**3 ILALA LODGE €€€€**
Die schöne Anlage mit gutem Restaurant liegt ebenfalls in Fußnähe zu den Fällen. Die Mitarbeiter organisieren auch Bootsfahrten, Bungee-Sprünge und Helikopter-Flüge.
Mosi-oa-Tunya Rd.
Victoria Falls, Simbabwe
Tel. 00263 213 284 47 37
www.ilalalodge.com

**4 RAINBOW HOTEL €€€**
Vom Rainbow Hotel im Zentrum von Victoria Falls sind die Fälle bequem zu Fuß erreichbar. Die Zimmer sind geräumig und sauber.
278, Parkway Dr.
Victoria Falls, Simbabwe
Tel. 00263 13 44 58 35
www.rainbowvictoriafalls.com

**5 TONGABEZI LODGE €€€€**
Die komfortable Lodge liegt nahe Livingstone oberhalb der Fälle direkt am Sambesi. Fast alle Aktivitäten sind hier aufs Wasser ausgerichtet. Zur Lodge gehört auch das Sindabezi Island Camp: vier schilfgedeckte Hütten auf einem Inselchen.
Kazangula Rd. (M10)
Livingstone, Sambia
Tel. 00260 2 13 32 74 68
www.tongabezi.com

**6 THE ROYAL LIVINGSTONE HOTEL €€€€**
Das exklusivste Haus auf der sambischen Seite der Fälle bietet allen erdenklichen Luxus. Von hier werden ebenfalls Ausflüge zu den Fällen angeboten.
Mosi-Oa-Tunya Road, Livingstone
Tel. 00260 213 32 11 22
www.royal-livingstone.anantara.com

**7 AMADEUS GARDEN GUESTHOUSE €€€**
2,5 km von den Wasserfällen entfernt liegt dieses schöne Gästehaus mit gutem Restaurant und Pool.
538 Reynard Road
Victoria Falls, Simbabwe
Tel. 00263 213 284 22 61
www.amadeusgarden.com

nenschein leuchtet in der Gischt ein herrlicher Regenbogen. Der Weg führt nun nach Osten, die Eindrücke werden von Aussichtspunkt zu Aussichtspunkt dramatischer. Eine steile Treppe führt hinunter zum **Devil's Cataract,** wo der Sambesi 70 m in die Tiefe stürzt; bei den Main Falls sind es bereits 93 m und bei den Rainbow Falls stolze 109 m. Die beiden letztgenannten Aussichtspunkte liegen in dem kleinen **Regenwald** gegenüber den Wasserfällen. Die hohe Feuchtigkeit und die große Hitze lassen hier eine wilde tropische Pflanzenwelt gedeihen. Viele der großen Ebenholz- und Mahagoni-Bäume sind mit Schlingpflanzen überwuchert. Besonders zahlreich sind die Feigenbäume, in denen vielerlei Vögel zwitschern. Erst am Aussichtspunkt auf die Eastern Falls erreicht man wieder trockenes Gelände. Beim **Danger Point** sieht man die Rainbow Falls und den schmalen Durchlass, durch den der Sambesi in die nächste Schlucht, die sogenannte **Second Gorge** gedrängt wird, die bis zu 100 m breit und nahezu 2 km lang ist.
tgl. 8–18.30 Uhr | Eintritt: 30 US$ | Bei Bedarf gibt es gleich hinter dem Eingang Regenjacken und -schirme | www.zimparks.org

### Schön für Tagesausflüge

Zambesi National Park

Der nahe Zambesi National Park beginnt wenige Kilometer flussaufwärts am Ende des Park Way. Er erstreckt sich über 40 km entlang des Sambesi mit schönen Ausblicken auf den träge dahinfließenden Fluss mit seinen zahlreichen Flusspferden, auch Elefanten sieht man immer wieder am Wasser. Zahlreiche Vögel leben ebenfalls hier. Wer nicht als Selbstfahrer unterwegs ist (Allradfahrzeug empfohlen), kann bei ortsansässigen Safari-Unternehmen Ausflüge buchen.
tgl. 8–18.30 Uhr | Eintritt: 15 US$

### Sehenswerte Sammlung

Jafuta Heritage Centre

Das kleine Kulturzentrum am Adam Stander Drive bewahrt das Kulturerbe einheimischer Stämme wie der Shona, der Ndebele, der Tonga und der Lozi. Im angegliederten Shopping & Artist Village gibt es simbabwisches und afrikanisches Kunsthandwerk zu kaufen.
tgl. 8–18 Uhr | www.elephantswalk.com/heritage.htm

### Besuch der Krokodilranch

Zambezi Nature Sanctuary

Etwa 3 km hinter dem Hotel Elephant's Hill liegt ein kleiner Tierpark mit rund 5000 Krokodilen und anderen Tieren.
310 Parkway Drive | tgl. 8–17 Uhr

### Im Wald am Fluss

Zambezi Drive

Der Zambezi Drive beginnt am Big Tree, einem Prachtexemplar von Affenbrot-Baum. Von hier aus führt ein Fußweg mehrere Kilometer flussaufwärts durch immergrünen Uferwald. Doch Vorsicht ist geboten: Der Weg wird auch von Büffeln und Elefanten genutzt. Am Ufer stößt man unter Umständen auf dösende Krokodile.

### Des Teufels Badewanne

Livingstone (Ort in Sambia)

Das sambische Städtchen Livingstone erreicht man von Victoria Falls über die legendäre Brücke über die Sambesi-Schlucht. Die Wasserfälle liegen im Mosi-oa-Tunya National Park etwa 11 km außerhalb der Stadt unmittelbar an der Grenze zu Simbabwe. Ein Pfad führt zum Besucherzentrum mit einer kleinen Ausstellung zur Tier- und Pflanzenwelt sowie zur Geologie. Auch hier geht es auf angelegten Wanderwegen zu verschiedenen Aussichtspunkten. In Livingstone informiert das **Nationalmuseum** über die Geschichte des Landes. Das Capitol Theatre (Kino) stammt von 1931, das ehemalige Livingstone Hotel am Kuta Way von 1906. Das sicher eindrucksvollste Erlebnis ist ein Bad im **Devil's Pool** auf Livingstone Island am Rand der Fälle. Man erreicht sie mit dem Boot die meiste Zeit des Jahres über – außer zwischen März und Mai, da dann der Wasserstand zu hoch ist.
Museum: tgl. 9–16.30 Uhr | Mosi-oa-Tunya Rd. bzw. Main St., gegenüber der Tourist Information

OBEN: Lange bevor die Fälle nach Queen Victoria benannt wurden, hattensie ihren Namen schon weg: »Donnernder Rauch«.

UNTEN: Nerven wie Drahtseile sollte haben, wer sich am Gummiseil den Fällen entgegenstürzt.

# DONNERNDER RAUCH

*Feiner Sprühnebel umhüllt die Umgebung, das Donnern ist wahrlich ohrenbetäubend und der Anblick dann nahezu unvergesslich: Ein Sinneserlebnis der Superlative sind die Victoriafälle – und außerdem der breiteste herabstürzende Wasserfall der Welt.*

**Entstehung**
Die Victoriafälle entstanden und entstehen weiterhin an Kluft- bzw. Verwerfungslinien innerhalb einer größeren Basaltfläche. Dabei räumt der Sambesi immer wieder die Klüfte und Spalten aus, die von unterschiedlich widerständigem und verhältnismäßig leicht abtragbarem Gestein (v. a. Sandstein) gefüllt sind.

**1 Eine gigantische Wasserwand**
Das Wasser des Sambesi stürzt derzeit auf einer Breite von rund 1700 m in eine 80 – 109 m tiefe und nur 40 – 100 m breite Schlucht. Sie ist die jüngste einer ganzen Reihe von Canyons, die der Fluss im Laufe der Zeit durch rückschreitende Erosion geschaffen hat. In der Regenzeit rauschen bis zu 5400 m³ Wasser pro Sekunde hinab, in der Trockenzeit sind es gerade knapp 300 m³/sec.

**2 Devil's Cataract**
Hier tost das Wasser besonders wild, es deutet sich bereits die nächste »Zacke« des Schluchtverlaufs an.

**3 Horseshoe Falls**
Sehr eindrucksvoll stürzen die Wassermassen an dieser heufeisenförmigen Kerbe in die Tiefe.

**4 Rainbow Falls**
Bei richtigem Einfall des Sonnenlichts entsteht hier ein herrlicher Regenbogen.

**5 Boiling Pot**
An dieser Biegung der Schlucht dreht sich das Wasser in mächtigen Strudeln.

**6 Gorges**
Die Schluchten (second, third und fourth Gorge), an die sich flussabwärts noch fünf weitere anschließen, markieren Stadien der Flussgeschichte.

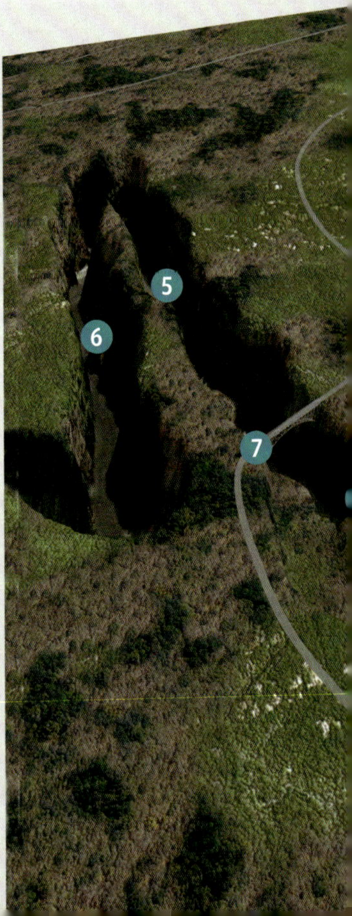

**7 Victoria Falls Bridge**
Die 200 m lange Brücke überspannt die Sambesi-Schlucht. Tipp: Man kann auf ihr zu Fuß nach Sambia gehen; der Blick ist atemberaubend!

**8 Livingstone Statue**
Der schottische Missionar und Afrikaforscher entdeckte die Wasserfälle 1855 und benannte sie nach der englischen Königin Victoria. In der Sprache der Makalolo, die ihn zu den Fällen geführt hatten, hießen sie treffender »Mosi-oa-Tunya«, »Rauch, der donnert«. Und so beschrieb Livingstone die Fälle 1855:

»Nach zwanzig Minuten Fahrt von Kalai aus sahen wir zum ersten Male die Rauschsäulen, die sich in einer Entfernung von fünf bis sechs Meilen erhoben, gerade wie wenn große Strecken Gras in Afrika angebrannt werden«.

**9 Danger Point**
Aussichtspunkt

**10 Knife Edge**
Aussichtsterrasse

# WALVIS BAY

**Region:** Erongo | **Höhe:** Meereshöhe | **Einwohnerzahl:** 62 100

***Traumhafte Lage am Meer und der ideale Zugang zum Sandmeer der Namib: Lange war die ehemalige südafrikanische Exklave Walvis Bay so etwas wie das Aschenputtel unter Namibias Städten. Seit einigen Jahren mausert sich die drittgrößte Stadt des Landes zu einem Topziel für Touristen.***

Lagunen-stadt

Nur wenige Sekunden nach dem Ablegen verwandelt sich die »Mola Mola«, ein 32-sitziger Katamaran, in einen schwimmenden Zoo. Auf dem Deck haben es sich ein halbes Dutzend Pelikane gemütlich gemacht, über den Köpfen der Gäste kreisen die Möwen im Tiefflug. Und »Lady Gaga« ist auch da. Die halb zahme Robbe schwimmt neben dem Katamaran her, der sich eben auf einen Ausflug durch die Lagune von Walvis Bay aufgemacht hat.
In den vergangenen Jahren hat sich die Lagunenstadt zu einem der beliebtesten Ziele in Namibia entwickelt. Die reiche Meeresfauna, die Vögel, die Nähe zur Namib-Wüste und das wachsende Freizeitangebot locken immer mehr Besucher nach Walvis Bay. Ihnen fällt meist sofort auf, dass Walvis Bay anders wirkt als die meisten namibischen Ortschaften. Das liegt an der langen Zugehörigkeit zu Südafrika. Die ganz von Wüste und Meer umschlossene Stadt entstand am Reißbrett und hat einen schachbrettartigen Grundriss mit auffallend breiten Straßen. Diese haben keine Namen, sondern Nummern. Die »Roads« führen zur Küste hin, die »Streets« verlaufen parallel zu ihr.

## Wohin in Walvis Bay?

### Geschichte im Detail

Civic Center

Von Swakopmund kommend erreicht man Walvis Bay am Diaz Circle, an dem auch die aus Windhoek herführende C 14 endet. Von hier aus ist es nicht weit zum Civic Center (10th Street). In dem modernen Gebäude sind unter anderem das Fremdenverkehrsamt, die öffentliche Bibliothek und ein Museum untergebracht. Letzteres zeigt prähistorische Funde und eine Mineraliensammlung und informiert über die wechselvolle Stadtgeschichte.

Mo.–Do. 8–17, Fr. bis 16.30 Uhr

### Die wandernde Kirche

Rheinische Missionskirche

Das älteste Gebäude der Stadt ist die Rheinische Missionskirche. Sie wurde 1879 in Hamburg als Fertigbau hergestellt, in Einzelteilen nach Walvis Bay verschifft und 1880 am Hafen aufgebaut. 1960, als der

## WALVIS BAY ERLEBEN

### WALVIS BAY MUNICIPALITY
Civic Center (im Rathaus)
Nangolo Mbumba Drive
Tel. 064 2 01 32 18
www.walvisbaycc.org.na

Die Lagune von Walvis Bay lässt sich zu Fuß oder zu Wasser erkunden. Boots- und Allradausflüge zu Robben, Delfinen und Walen sind von September bis Oktober möglich. An der Waterfront von Walvis Bay bieten rund ein Dutzend Firmen Ausflüge in die Lagune, zu den Robbenkolonien, zu den Guano-Inseln und aufs Meer an.

### MOLA MOLA
Zum Angebot gehören u. a. Halbtagesausflüge und ein sehr lohnenswerter Ganztagesausflug aufs Meer (vormittags) und nach Sandwich Harbour (nachmittags).
Tel. 064 20 55 11
www.mola-namibia.com

### LARAMON TOURS & CATAMARAN CRUISES
Tel. 081 1 24 06 35
www.laramontours.com

### LEVO DOLPHIN TOURS
Tel. 064 20 75 55
www.levotours.com

### THE RAFT €€€
Das beliebte Restaurant steht auf Stelzen über der Lagune. Besonders schön ist es hier bei Sonnenuntergang. Sonntags geschlossen.
Esplanade
Tel. 064 20 48 77
www.theraftrestaurant.com

### HICKORY CREEK SPUR €€
Die Steakhouse-Kette »Spur« bietet gute und günstige Steaks und Burger.
14, Theo Ben Gurirab StreetTel.
064 20 79 91
www.spurinternational.com

### CAFÉ RESTAURANT PROBST €€
Im Café Probst gibt es außer Frühstück und kleinen Gerichten angeblich auch Namibias beste Schwarzwälder Kirschtorte. Sonntag ist Ruhetag.
148, Theo Ben Guriab St.
Tel. 064 20 27 44
www.williprobstbakery.webs.com

### COFFEESHOP VON MOLA MOLA €-€€
Auch wenn man nicht bei Mola Mola bucht, bekommt man hier guten Kaffee und kleine Mahlzeiten.
Esplanade/Atlantic St.
Tel 064 20 55 11
Mo. bis 12, sonst bis 14 Uhr
www.mola-namibia.com

### LAGOON LODGE €€€
Die schönste Unterkunft im Ort liegt direkt an der Lagune. Sie bietet acht individuell eingerichtete Zimmer, einen Swimmingpool und auf Vorbestellung exzellentes Abendessen.
88, Kowambo Nujoma Drive
Tel. 064 20 08 50
www.lagoonlodge.com.na

### SHIFTING WHISPERING SANDS GUEST HOUSE €€
Im dem kleinen Guesthouse im Zentrum von Walvis Bay gibt es auch Frühstück und kleine Mahlzeiten.
82, Sam Nujoma Ave.
Tel. 064 20 53 48
https://shifting.wheretostay.na/

Hafen vergrößert wurde, musste sie an ihre heutige Stelle, in die 5th Road/Hage Geingob Street, versetzt werden.

**Am unterirdischen Fluss**

Hafen

Walvis Bay ist eine riesige Bucht und der einzige richtige Tiefseehafen an der südwestafrikanischen Küste. Die Hafenstadt lebt hauptsächlich vom Fischfang und der Fischverarbeitung sowie von der Salz- und Guano-Gewinnung. Jährlich werden hier rund 5 Mio. Tonnen Fracht umgeschlagen. Der Hafen liegt im Mündungsbereich des Kuiseb, der hier unterirdisch fließt. Nur wenn der Fluss extrem viel Wasser führt, was in den vergangenen 150 Jahren 16-mal geschah, mündet er oberirdisch. Mit einer Genehmigung darf man ihn besichtigen, Auskunft erteilt das Fremdenverkehrsbüro im Civic Center.

**Ein Paradies für Wasservögel**

★ Lagune

Die Lagune ist eine der größten Brutstätten für See- und Landvögel im südlichen Afrika und eine der Hauptattraktionen von Walvis Bay. Eine Landzunge schützt sie vor dem offenen Meer. Ihr nördlichster Punkt ist der **Pelican Point** mit dem Leuchtturm, den man nur bei Ebee und mit einem Geländewagen erreicht, und einer kleinen Robbenkolonie. Bei einem Spaziergang auf der Esplanade, der Uferpromenade, genießt man einen schönen Blick. Im nährstoffreichen Flachwasser der Lagune suchen Tausende Flamingos, Pelikane, Möwen und andere Seevögel nach Fischen und Muscheln. Flamingos dominieren das Bild, außer von Mitte April bis Mitte Juli; dann ziehen sie sich zum Brüten ins Landesinnere, z. B. in die Etosha-Pfanne, zurück. Manchmal sieht man hier auch Delfine – sogar vom Land aus.

## Rund um Walvis Bay

**Hier wird fleißig Dünger produziert**

Bird Island

Auf Bird Island, einer künstlichen Insel 10 km nördlich von Walvis Bay, lassen Pelikane, Kormorane und andere Seevögel im Februar nach der Brutzeit eine ca. 6 cm hohe Kot-Schicht aus rund 1000 t **Guano** zurück. Eine Seilbahn bringt den begehrten Dünger aufs Festland.

**Der Name ist Programm**

Langstrand

Langstrand ist ein schnell wachsendes Feriendorf am Atlantik 15 km nördlich der Stadt mit Hotels, Restaurants und Läden. Auch einen Campingplatz gibt es hier.

**Blick über die Namib**

Düne Nr. 7

Verlässt man Walvis Bay auf der C 14 in Richtung Windhoek, führt nach knapp 7 km ein kurzer Abstecher nach Norden zur Düne Nr. 7, dem mit 50 m höchsten Sandberg der Gegend.

**Erkundungsfahrt im Naturschutzgebiet**

Rooibank

Bleibt man auf der C 14, zweigt kurz darauf die Pad 1983 in Richtung Süden nach Rooibank ab. Das umliegende Gelände wurde ebenso wie die Lagune bei Walvis Bay ursprünglich als **Walvis Bay Nature Park** unter Naturschutz gestellt. Seit 2010 ist es Teil des Dorob National Park. Bei Rooibank versorgen Bohrlöcher die Städte Walvis Bay und Swakopmund mit Trinkwasser aus dem unterirdisch verlaufenden Kuiseb (▶ Namib Naukluft Park). Auf einer Piste kann man von Rooibank aus das Schutzgebiet auch mit einem Pkw erkunden.

**Die weißen Berge bei Walvis Bay**

Salzwerke

Die südlich von Walvis Bay liegenden Salt Works sind der größte Salzproduzent Afrikas. Die schneeweißen Berge sieht man schon von weitem in den Himmel ragen.

**FLUGMANÖVER**

Südlich von Walvis Bay liegt einer der faszinierendsten Orte Namibias: die zehn Kilometer lange Meerwasserlagune Sandwich Harbour. In den seichten Gewässern halten sich je nach Jahreszeit bis zu 450 000 Tiere auf, darunter Zehntausende Flamingos, Pelikane, Kormorane und bis zu 170 000 Seeschwalben. Ein wunderbares Bild, wenn sie abheben und ihre Kreise ziehen! Nur mit geführten 4 x 4-Touren von www.mola-namibia.com.

**Eine Tour durch die Dünen und ein Traum in Blau**

★ Sandwich Harbour

Das Naturschutzgebiet Sandwich Harbour liegt rund 45 km südlich von Walvis Bay und gehört zum ▶ Namib Naukluft Park. Kern des Schutzgebiets ist eine mehr als 10 km lange Lagune, die sich ständig verändert. Daran schließt nach Osten eine grandiose Dünenlandschaft an. Der Küstenabschnitt ist vor allem bei Naturliebhabern und Anglern beliebt. Die Lagune wurde von der Ramsar-Konvention als international bedeutendes Feuchtgebiet anerkannt. Sie ist Rückzugsraum für 45 000 Kleine Flamingos, 10 000 Große Flamingos, bis zu 170 000 Seeschwalben und viele andere Vogelarten. Heute kann man kaum noch glauben, dass Sandwich Harbour im 19. Jahrhundert ein Fischereihafen und beliebter Ankerplatz für Walfänger, Schmuggler und Piraten war, zumal es eine Quelle gibt, die für Frischwasser sorgt. 1890 wurde am Südrand der Lagune eine kleine Fleischfabrik errichtet, die nach Versandung des Ankerplatzes schon fünf Jahre später wieder aufgegeben wurde. An sie erinnern nur noch die verwitterten Balken und das aus dem Sand ragende Dach.
Man erreicht Sandwich Harbour nur mit einem Allradfahrzeug. Die Pisten sind weder gekennzeichnet noch befestigt und streckenweise geht es durch tiefen Sand – fahren Sie also besser nicht auf eigene Faust hin, sondern buchen Sie eine organisierte Tour. Das Gebiet bei der Lagune kann man nur zu Fuß erkunden. Ein traumhafter Blick bietet sich vom Kamm der benachbarten Düne.

# ★ WATERBERG PLATEAU PARK

**Region:** Otjozondjupa | **Fläche:** 405 km² | **Höhe:** bis 1857 m ü. d. M.

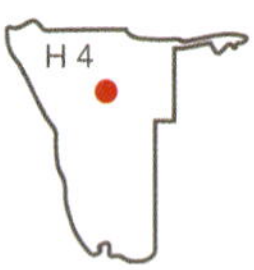


***Der Waterberg ist eine der eindrucksvollsten Landschaften im Norden Namibias. Über 50 km erstreckt sich die Hochfläche aus porösem Sandstein, sie überragt das Umland um etwa 200 m. Das Besondere am Waterberg sind seine Quellen. Dank ihnen schmiegt sich eine üppig grüne Pflanzendecke an den Fuß der steilen Felswände.***

Der Name passt

Es ist der Blick, der den Waterberg so besonders macht. An kaum einem anderen Ort im Norden Namibias reicht die Aussicht so weit wie hier. Im Tal ziehen sich die Zäune der umliegenden Farmen kilometerlang, manche bis zum Horizont. Die Flanken des Waterbergs erstrahlen dazu in leuchtendem Grün. Wo kommt das bloß her? Auf

Weit schweift der Blick hinaus auf das Land am Waterberg Plateau.

dem »Wasserberg« gibt es relativ viel Oberflächenwasser. Zwar versickern die Niederschläge sofort, eine wasserundurchlässige Tonschicht am Fuß des Waterbergs staut sie jedoch und lässt sie als Quellen wieder zutage treten. Die wasserarme, bis zu 16 km breite Hochfläche bedecken deshalb nur Baum- und Buschsavanne, am Fuß des Plateaus dagegen fühlen sich tropische Gewächse wohl. Am Waterberg wachsen wilde Feigenbäume, Akazien und Farne. Auffallende Blütenpflanzen sind Feuerlilien und Korallenbäume. Die Hauptattraktionen sind aber andere: Im Park wurden einige **seltene und bedrohte Tierarten** erfolgreich wieder angesiedelt, darunter Pferde-, Rappen- und Elenantilopen, Giraffen, Streifengnus sowie Breit- und Spitzmaulnashörner. Auch Kudus, Impalas, Spieß- und Steinböcke, Klippspringer, Geparde, Leoparden und Schakale leben hier. Mehr als 200 Vogelarten wurden am Waterberg nachgewiesen, darunter auch Kapgeier. Von dieser weltweit äußerst seltenen Geierart sind derzeit rund ein Dutzend hier heimisch.

### Der Berg als Schicksalsort

Schlacht am Waterberg

Schwer vorstellbar, dass diese wunderschöne Landschaft einmal der Schauplatz blutiger Auseinandersetzungen war. 1873 wurde am Waterberg eine Rheinische Missionsstation gegründet, die 1880 in den

## WATERBERG PLATEAU PARK ERLEBEN

### EINTRITT

Der Waterberg Plateau Park ist täglich von 8 Uhr bis Sonnenuntergang geöffnet. Der Eintritt kostet 80 N$ pro Person und 10 N$ pro Pkw und ist beim staatlichen Waterberg Resort zu entrichten.

### ANFAHRT

30 km vor Otjiwarongo biegt man von der B 1 auf die C 22 und nach 41 km links auf die D 2512. Auf der gut befahrbaren Sandpiste gelangt man nach 18 km zur Abzweigung in den Park (der letzte Streckenabschnitt ist nach starken Regenfällen oft schwer zu befahren!). Fahrten mit dem eigenen Fahrzeug innerhalb des Parks sind nicht erlaubt, dafür gibt es frühmorgens und spätnachmittags organisierte Wildbeobachtungsfahrten und verschiedene Wanderungen (Anmeldung im Waterberg Resort, Tel. 067 30 50 01)

### TAGESWANDERUNGEN

Der »Mountain View Walk« ist der kürzeste mehrerer Wanderwege und besonders schön. Zunächst schlängelt sich der Pfad zum Fuß der steilen Felswände, dann geht es aufwärts zum Plateau (festes Schuhwerk und Trittsicherheit unbedingt erforderlich, Aufstieg ca. 30 Min.). Der »Mission Way« führt vom Restaurant vorbei an Mauerresten der Missionsstation zum zuvor erwähnten Soldatenfriedhof.

### MEHRTÄGIGE TOUREN

Der 42 km lange »Waterberg Trail« dauert vier Tage (April bis November, mind. 3, max. 10 Wanderer starten mittwochs auf eigene Faust, samstags werden sie im Camp zurückerwartet).

Der 50 km lange »Waterberg Wilderness Trail« wird von einem Naturschutzbeamten begleitet und dauert vier Tage (April bis November, Start: am 2., 3. und 4. Donnerstag des Monats um 14 Uhr am Onjoka Gate, mind. 3, max. 8 Personen).

Campingausrüstung und Lebensmittel müssen mitgebracht werden. Geführte wie ungeführte Wanderungen müssen im Voraus über Namibia Wildlife Resorts in Windhoek (▶ S. 317) gebucht werden.

### ❶ WATERBERG RESORT €€€

Das staatliche Camp bietet 34 Doppelzimmer, 35 Chalets, einen schattigen Campingplatz, ein Restaurant, einen Kiosk, einen Lebensmittelladen und einen Swimmingpool. Das Restaurant befindet sich in der 1908 erbauten ehemaligen deutschen Polizeistation. Auch Tagesbesucher sind willkommen.
Tel. 061 285 72 00 und
067 30 50 01
www.nwr.com.na

### ❷ WATERBERG GUEST FARM €€€

Familiäre Atmosphäre herrscht auf der Gästefarm Okosongomingo an der C 22 etwa 26 km vom Waterberg entfernt. Neben dem Gästehaus mit vier Gästezimmern gibt es zusätzlich noch fünf sehr schöne Busch-Bungalows. Die Gastgeber bieten verschiedene Ausflüge an.
Tel. 081 7 51 48 66
www.waterbergnamibia.com

### ❸ WATERBERG PLATEAU LODGE €€€

Die Lodge liegt traumhaft auf einer Hochterrasse am Hang des Waterbergs und bietet einen grandiosen Blick über die endlose Buschsavanne der Kalahari. Es gibt acht Doppelzimmer-Chalets mit Dusche/WC, Sitzecke und Kaminofen für kalte Winterabende, außerdem drei weitere Unterkünfte, darunter die ebenfalls zum Unternehmen gehörende Waterberg Wilderness Lodge, sowie einen Campingplatz.
Tel. 067 68 70 18
www.waterberg-wilderness.com

Kriegen zwischen Nama und Herero zerstört wurde. Im Jahr 1904 kam es hier zur Entscheidungsschlacht, in der sich mehrere zehntausend Herero – Männer, Frauen und Kinder mit Vieh und ihrem gesamten Besitz – und etwa 2000 deutsche Soldaten auf einer 40 km langen Frontlinie gegenüberstanden. Der Bewaffnung der deutschen Truppe waren die Herero nicht gewachsen. Sie flohen nach Osten in die Kalahari. Viele, die die Schlacht überlebt hatten, verdursteten bzw. verhungerten, da ihnen der Rückweg von den deutschen Truppen abgeschnitten wurde. Am zweiten Sonntag in jedem August gedenken Herero und Deutsche auf dem Soldatenfriedhof beim Waterberg der Toten.

## Rund um den Waterberg Plateau Park

**Schritte in eine bessere Zukunft**

Okakarara

Südöstlich des Waterberg Plateau Park liegt die Ortschaft Okakarara. Sie war einst der Hauptort des Homelands »Hereroland« und ist entsprechend bedeutend als Gewerbe-, Verwaltungs- und Schulzentrum. Holz- und Wellblechhütten beherrschen das Straßenbild, die Arbeitslosigkeit ist hoch, die Perspektiven schlecht. »Seit uns die Deutschen unser Land, unsere Kühe und damit unsere Kultur genommen haben, leben wir hier wie auf dem Friedhof«, sagte einst ein Herero-Führer. Ende 2004 wurde mit Unterstützung des damaligen Deutschen Entwicklungsdienstes in Okakarara ein **Kultur- und Tourismuszentrum** errichtet. Touristen können Ausstellungen und Veranstaltungen besuchen, örtlich produziertes Kunsthandwerk kaufen und auf dem kleinen Campingplatz übernachten. Einen Besuch wert ist auch das durch Spenden finanzierte Projekt »Steps for children« (www.stepsforchildren.de).

# ★★ WINDHOEK

**Region:** Khomas | **Höhe:** 1656 m ü. d. M. | **Einwohnerzahl:** 322 500

*Jan Jonker Afrikaner würde »seine« Stadt nicht wiedererkennen. Im Gegenteil: Der Nama-Führer, der Windhoek in den 1840er-Jahren gründete, würde sich verdutzt die Augen reiben. Kaum eine Hauptstadt Afrikas hat sich in den vergangenen Jahren so verändert. Unabhängigkeitsmuseum, Freedom Plaza, Hilton Hotel, The Grove Mall – alles neu. Lassen Sie sich verzaubern von einer der kleinsten und doch modernsten Hauptstädte Afrikas!*

Afrikas kleinste Kapitale

Am besten lässt sich das neue Windhoek vom Lovers Hill aus bestaunen. An klaren Tagen erstreckt sich von dem Hügel über der Innenstadt – von der Independence Avenue ist man mit dem Auto in fünf Minuten dort – ein einzigartiges Panorama über das, was Besucher wohlwollend als Afrikas kleinste Kapitale bezeichnen. Vom Aussichtspunkt reicht der Blick über die berühmte Christuskirche, das neue Unabhängigkeitsmuseum, das die Stadt in goldenem Glanz überragt, das Hilton Hotel und die Freedom Plaza. Jeden Tag macht das gigantische Bauprojekt riesige Fortschritte.
Das moderne Windhoek ist das Zentrum seines Landes. Die Stadt ist Regierungssitz, Wirtschafts- und Kulturzentrum zugleich. Heute vermischen sich hier deutsche Kolonialarchitektur, hochmoderne Bau-

WINDHOEK
ÜBERSICHT
Fresh 'n Wild
Klein Windhoek Guesthouse
Belvedere Boutique Hotel
Utopia
Casa Blanca
1 km
©BAEDEKER
Okahandja
Monte Christo
Claudius Kandovazu
Soweto Market
Katutura Stadion
Shanghai
Hans Dietrich Genscher St.
Western Bypass
Hosea Kutako Drive
Wanaheda
A. Mashego
KATUTURA
Willibald Kapuenene
Katatura Community Art Centre
NORTHERN INDUSTRIAL AREA
Mungunda
Independence Avenue
SWAPO Hauptquartier
Katutura State Hospital
Rand
St.
B 1
Florence Nightingale
Mahatma Gandhi
Simon de Wit Bridge
EROS-PARK
KHOMASDAL
Moses Garoeb
WINDHOEK NORTH
Windhoek State Hospital
Robert Mugabe Avenue
Eros
EROS
Olaf Palme
Bach
DORADO PARK
Harvey
National Library
Kornalyn
Pasteur
Windhoek Station
Uhland Street
KLEIN WINDHOEK
Nelson Mandela Avenue
WINDHOEK WEST
Swakopmund, Daan Viljoen Game Reserve
C 28
Sam
DORADO PARK
Dr Kwame Nkrumah
CENTRE
LUDWIGS-DORF
ROCKY CREST
Nujoma Drive
Sam Nujoma Drive
B 6
Hosea Kutako Int. Airport
Gobabis,
B 1
TAUBEN GLEN
HOCHLAND PARK
Rehobother Rd.
Jan Jonker
Aigams Station
David Hosea Meroro
Hendrik
Gammams Station
Windhoek Show Grounds
Maerua Mall
SOUTHERN INDUSTRIAL
Neues State House
Andimba Toivo-ya-Toivo
Laurent Desire Kabila
Jordan
PIONIERS-PARK
Hintrager
Witbooi
Drive
C 26
SUIDER-HOF
OLYMPIA
Western Bypass
Rehobother Road
F. Fredericks Drive
Esther Brand
Dr Moses Tjitendero
Mandume Ndemufayo Avenue
Eros
University of Namibia
Sean McBride St.
ACADEMIA
Golf Course
Golf
Western Bypass
Walvis Bay
B 1
Rehoboth, Keetmanshoop

ten des 21. Jahrhunderts und die Kultur einer jungen Generation zu einer spannenden Melange. Windhoek ist ein bisschen Europa und ein bisschen Afrika – auf jeden Fall bunt, exotisch und jung. Und das Gute ist: Alle Hauptsehenswürdigkeiten der Stadt sind an einem Tag bequem zu Fuß erkundet. Planen Sie ruhig trotzdem ein bis zwei Tage für Ihren Aufenthalt ein, um Windhoek auch abseits der Vorzeigestraßen zu entdecken.

## Wohin in Windhoek?

### Mitten im Geschehen

Independence Avenue

Wer Windhoek kennenlernen will, kommt um die Independence Avenue nicht herum. Sie hieß noch bis 1990 Kaiserstraße und zieht sich von Süden in Richtung Norden bis nach ▶ Katatura. In Gehweite der pulsierenden Meile, die Windhoeks Stadtparlament in naher Zukunft möglicherweise sogar in eine Fußgängerzone umwandeln will, liegen alle wichtigen Sehenswürdigkeiten. Ein ausgezeichneter Startpunkt für einen Rundgang ist die Ecke Independence Avenue/Fidel Castro Street. Von hier geht man in etwa zwei Minuten die Fidel Castro Street bergauf, bis man an der Christuskirche angelangt, dem Wahrzeichen der Stadt.

### Koloniales Schmuckstück

★★ Christuskirche

Kaiser Wilhelm stiftete die Buntglasfenster im Altarraum, seine Frau Auguste die auf dem Altar liegende Bibel, das Portal wurde aus Carrara-Marmor gefertigt: Windhoeks Christuskirche ist ein Schmuckstück! Die Pläne für das neogotische, 1910 eingeweihte Gotteshaus der evangelisch-lutherischen Gemeinde lieferte der deutsche Regierungsbaumeister **Gottlieb Redecker.** Der für den Bau verwendete Quarzsandstein wurde in der Nähe von Windhoek gebrochen. Sehen Sie sich unbedingt das Altarbild an der Seitenempore an – es ist eine Kopie der »Auferweckung des Lazarus« des flämischen Meisters Rubens. Das Original verbrannte 1945 in Berlin. Eine enge Treppe führt auf den 42 m hohen Kirchturm, der Ausblick ist allerdings nicht allzu beeindruckend. Die Kirche ist meist geöffnet, andernfalls erhält man den Schlüssel beim Kirchenbüro in der Fidel-Castro-Str. 12.

### Standort eines Politikums

★ Alte Feste

1890 wurde in Windhoek Geschichte geschrieben: In nur wenigen Monaten erbaute 1890 der Schutztruppen-Offizier Curt von François die Alte Feste als Hauptquartier der deutschen Schutztruppe – das erste Gebäude aus Stein im ganzen Land. Die Alte Feste, die auf einer strategischen Anhöhe nahe der Christuskirche thront, hat in all der Zeit nie einen Kampf erlebt. Dennoch ist sie so etwas wie der Kristallisationspunkt der deutschen Herrschaft in Südwest, denn hier nahm

Hie die von Kaiser Wilhelm II. gestiftete Christuskirche, da das Unabhängigkeitsmuseum, erbaut von einem nordkoreanischen Unternehmen

Windhoeks moderne Geschichte ihren Ausgang.
Bis 1915 wurde die Feste als Befestigungsbauwerk genutzt, später beherbergte sie erst ein Internat, dann ein Museum. Mit der Eröffnung des ► Unabhängigkeits-Gedenkmuseums 2014 gleich nebenan wurden viele der Ausstellungsgegenstände dorthin gebracht. Die in der Feste verbliebenen Exponate sind in ziemlich desolatem Zustand, auch das Gebäude ist mittlerweile verwahrlost. Dass die Alte Feste trotzdem noch einen Baedeker-Stern bekommt, liegt an etwas anderem: Im Innenhof befindet sich seit 2013 das **Reiterdenkmal.** Völlig unspektakulär steht der berühmte Reiter von Südwest im Hof, gestützt von vier Metallstangen. Das wäre allein nicht der Rede wert, handelte es sich dabei nicht um ein Politikum, denn das historische Reiterdenkmal ist wie kein anderes Monument ein Symbol der deutschen Kolonialherrschaft in Namibia. Die SWAPO-Regierung störte sich so sehr an dem Bronzereiter, der bis 2009 zwischen Christuskirche und Alter Feste thronte, dass sie ihn für den Bau des neuen Unabhängigkeitsmuseums gleich zweimal verschob. Zunächst vom Ort, an dem heute das Museum steht, 100 Meter weiter vor die Alte Feste. Von dort wurde der Reiter in der Nacht des 24. Dezember 2013 klammheimlich in den Hof der Alten Feste geschafft, wo er heute ein bescheidenes Dasein führt. Gerade viele deutschsprachige Namibier waren darüber sehr verärgert, denn beschlossen wurde der Umzug

# WINDHOEK ERLEBEN

## NAMIBIA TOURISM BOARD (NTB)
Namibisches Fremdenverkehrsbüro
Ecke Haddy Street/Sam Nujoma Drive
Tel. 061 2 90 60 00
www.namibiatourism.com.na

## WINDHOEK TOURISM OFFICE
Informationsbüro der Stadt Windhoek
7, Post Mall Street
Tel. 061 2 90 26 90,
www.windhoekcc.org.na

## NAMIBIA WILDLIFE RESORTS
Zentrales Reservierungsbüro für die staatlichen Parks und Unterkünfte gegenüber dem Zoopark.
181 Gathemann Building
189, Independence Avenue
Tel. 061 2 85 72 00,
www.nwr.com.na

## SICHERHEIT
Im Stadtzentrum sollte man keine Wertgegenstände offen am Körper tragen. Die landesweite Notrufnummer ist 1 01 11.

## EINKAUFSSTRASSEN
Haupteinkaufsstraßen sind die Independence Avenue und ihre Parallel- und Seitenstraßen.

## NAMIBIA CRAFT CENTRE
Hier bekommt man traditionelles namibisches Kunsthandwerk, darunter Gewebtes, Lederarbeiten, Schmuck und Schnitzereien. In dem Bau befindet sich auch ein sehr schönes Café.
40, Tal Street
www.namibiacraftcentre.com

## BUSHMAN ART GALLERY
Neben einer reichhaltigen Verkaufsausstellung afrikanischer Kunst gibt es in den riesigen Geschäftsräumen auch Trommeln, Masken, Stoffe, Kunsthandwerk und Schmuck jeder Art.
187, Independence Ave.
Tel. 061 22 88 28
www.bushmanart-gallery.com

## ADRIAN & MEYER
Das Juweliergeschäft hat hochwertigen Schmuck, edle Uhren und Diamanten im Angebot.
250, Independence Ave.
Tel. 061 23 61 00
www.adrian-meyer.com

## NAKARA BOUTIQUE
Bei Nakara gibt es die ausgefallensten und schönsten Lederwaren des Landes, vom Zebrafell über die Handtasche bis zum Stiefel.
Shop G4, Mutual Tower
165, Independence Avenue
Tel. 061 22 42 09
www.nakara-namibia.com

## CYMOT
Die Firma wirbt damit, mehr als 25 000 Artikel im Angebot zu haben: Auto-Ersatzteile, Angel-, Fahrrad- und Outdoor-Equipment.
15, Newcastle St.
Northern Industrial Area
Tel. 061 2 95 60 00
www.cymot.com

## BUSHWHACKERS
Hier findet man alles für den Outdoor-Trip.
32, Rhino Street
Tel. 061 25 87 60
www.nambush.com

🍴

1. Leo's
2. Bolster Restaurant
3. Craft Café
4. Joe's Beerhouse
5. Fresh 'n Wild
6. Klein Windhoek Guesthouse
7. Le Marmite Royale

⌂

1. Avani Hotel
2. Hotel Heinitzburg
3. Hilton Windhoek
4. Belvedere Boutique Hotel
5. Hotel-Pension Steiner
6. The Olive Exclusive
7. Utopia
8. Casa Blanca
9. The Village Courtyard

## WINDHOEKER BUCHHANDLUNG

Bücher, Landkarten, Reiseführer: In der Windhoeker Buchhandlung gibt es für Leseratten alles, was das Herz begehrt. Natürlich überwiegend auf Deutsch.
69–73, Independence Avenue
Tel. 061 22 52 16
www.windhoekerbuchhandlung.com

## THE GROVE MALL

Das 2014 eröffnete Einkaufszentrum ist mit mehr als 55 000 Quadratmetern Fläche eines der größten im südlichen Afrika. Hier finden sich Dutzende Geschäfte der verschiedensten Branchen, darunter Checkers, Spar und Woolworths sowie zahlreiche Restaurants und Cafés.
Ecke Chasie/Frankie Fredericks Road
Tel. 061 24 36 03

## MAERUA MALL

In der hochmodernen Shopping-Mall findet man alles, was man sich nur wünschen kann: 122 Geschäfte auf mehr als 50 000 Quadratmetern, zudem zwei Kinos und sogar ein Fitnesscenter. Zu den vertretenen Marken gehören Checkers, Truworths, Stuttafords, Mr. Price und Virgin Active.
Ecke Robert Mugabe Avenue/Jan Jonker Street
Tel. 061 42 32 20
www.maeruamall.com

## WERNHIL PARK

Das Einkaufszentrum am Ende von Windhoeks belebter Post Street Mall bietet auf 38 000 Quadratmetern 75 Geschäfte für Mode, Beauty und Elektronik, dazu mehrere Cafés und Restaurants.
Ecke Fidel Castro/Mandume Ndemufajo Street
Tel. 061 37 45 45
www.wernhilpark.com

## NATIONAL THEATRE

Theater, Tanz, Musik, Oper – in Namibias Nationaltheater gibt es nichts, was es nicht gibt. Das Programm steht auf der Website.
Robert Mugabe Avenue/John Meinert Street
Tel. 061 37 44 00
www.ntn.org.na

## WAREHOUSE THEATRE

Die beste Abendunterhaltung bietet nach Ansicht vieler Hauptstädter das im selben Gebäude untergebrachte Warehouse Theatre. Moderne Theaterstücke, Jazz oder auch Kabarett stehen auf dem abwechslungsreichen Spielplan.
Talstr. 48
Tel. 061 40 22 53
www.warehousetheatre.com.na

## FRANCO NAMIBIAN CULTURAL CENTRE (FNCC)

Einer der wichtigsten Player in Windhoeks Kulturszene organisiert Ausstellungen aller Art und Shows, außerdem werden Filme gezeigt. Angeschlossen sind noch eine kleine Bibliothek und das Restaurant »Le Petit Paris«.
118, Robert Mugabe Ave.
Tel. 061 38 73 30
www.fncc.org.na
Mo.–Do. 9–17, Fr. 9–13 Uhr

## 1 LEO'S AT THE CASTLE €€€

Das Leo's ist eine der besten Restaurant-Adressen der Stadt – berühmt sind die Sonnenuntergänge auf der Terrasse. Hier werden tagsüber auch Getränke, Kaffee und Kuchen serviert.
22, Heinitzburg Street
Tel. 061 24 95 97
www.heinitzburg.com

### ❷ BOLSTER RESTAURANT €€-€€€

Im Restaurant von Big-Brother-Afrika-Gewinnerin Dillish Mathews stehen traditionelle namibische Gerichte von der Straße auf der Karte, zubereitet aber durchaus auch für europäische Mägen: frittierte Mopane-Würmer, Erdnuss-Suppe, gekochte Ziegen-Kutteln mit Tomaten und Zwiebeln und Oshiwambo-Hühnchen mit Marula-Öl in Omwayi-Soße.
Post Street Mall, Shops 25/26, Town Square
Tel. 061 30 33 99
www.bolster-exclusive.com

### ❸ CRAFT CAFÉ €€

Da zentral gelegene Craft Café im Namibia Craft Centre zwischen Independence Avenue und Talstraße ist ein idealer Ausgangspunkt für Touren durch die Innenstadt. Leckere Sandwiches, feine Kuchen!
40, Tal Street
Tel. 061 24 22 22
www.namibiacraftcentre.com

### ❹ JOE'S BEERHOUSE €€-€€€

Das rustikale Restaurant mit seinem originellen Biergarten ist eines der beliebtesten der Stadt. Serviert werden vor allem Wildgerichte und klassische deutsche Gerichte wie Eisbein und Schnitzel, neuerdings aber auch Vegetarisches.
160, Nelson Mandela Ave.
Tel. 061 23 24 57
www.joesbeerhouse.com

### ❺ FRESH 'N WILD €€

In dem ruhigen Innenhof des Fresh'n Wild hat man die Wahl zwischen allerlei feinen Gerichten wie Quesadillas mit Spinat, kross gebratenem Speck und Cheddar-Käse, Vollkorn-Sandwiches mit geräuchertem Lachs, Kapern und frischen Kräutern und eine gewaltige Auswahl Salate. Dazu gibt's leckere Fruchtshakes, Smoothies und jede Menge frisch gepresste Säfte.
Liliencron Street 18
Tel. 00264/61/240346
www.villagecourtyardsuites.com

### ❻ KLEIN WINDHOEK GUESTHOUSE €€

Die »River Bar« und das Restaurant liegen schön an einem Flussbett im Stadtteil Klein-Windhoek. Es gibt eine große Auswahl an Fleisch-, Fisch- und Pastagerichten sowie Salate – und die beste Pizza der Stadt!
2, Hofmeyer Street
Tel. 061 24 25 40
www.kleinwindhoekguesthouse.de

### ❼ LA MARMITE ROYALE €€

Hier serviert man schmackhafte afrikanische Gerichte jeder Art – von Wild bis zum Eintopf – in einem schönen Ambiente im Café Zoo im Zoo Park.
129, Independence Avenue
Tel. 061 23 56 47

### ❶ AVANI HOTEL (EHEM. KALAHARI SANDS HOTEL) €€

Das Avani liegt von Weitem sichtbar im Herzen der Innenstadt. Beliebt sind unter anderem das Schwimmbad auf der Dachterrasse und das angeschlossene Kasino.
129, Independence Ave.
Tel. 061 2 80 00 00
www.avanihotels.com/windhoek

### ❷ HOTEL HEINITZBURG €€€

Das romantische Burghotel ist bekannt für den Ausblick auf Windhoek. Das Terrassencafé sowie das Gourmetlokal »Leo's« mit gut sortiertem Weinkeller stehen auch Nichthotelgästen offen.
22, Heinitzburg Street
Tel. 061 24 95 97
www.heinitzburg.com

### ❸ HILTON WINDHOEK €€€€
Das erste Fünf-Sterne-Hotel des Landes ist ein großer, schicker Neubau mit 150 Zimmern. Alle sind mit traditionellem afrikanischem Dekor ausgestattet, verfügen über King-Size-Betten, TV und WLAN. Dazu gibt es einen beheizten, 18 Meter langen Swimmingpool, ein Fitnesscenter und Spa.
Rev. Michael Scott Street
Tel. 061 2 96 29 29
www.hilton.com

### ❹ BELVEDERE BOUTIQUE HOTEL €€€
Die individuell gestaltete Unterkunft in Ludwigsdorf, Klein Windhoek, bietet viele Ruheinseln und ein eigenes Spa.
76/78, Dr. Kwame Nkrumah Street
Tel. 061 25 88 67
www.belvedere-boutiquehotel.com

### ❺ HOTEL-PENSION STEINER €€
Hier wohnt man in familiärem Ambiente. Das Haus hat einen hübschen Garten mit Pool.
Wecke Street
Tel. 061 41 44 00
www.hotelpensionsteiner.com

### ❻ THE OLIVE EXCLUSIVE €€€€
Das Boutique-Hotel gehört zu den schönsten Unterkünften der Stadt. Die sieben Suiten sind modern und doch afrikanisch eingerichtet. Das gleichnamige Restaurant serviert exquisite mediterrane Küche, aber auch herausragende afrikanische Gerichte werden angeboten.
22, Promenaden Street
Tel. 061 23 91 99
www.theolive-namibia.com

### ❼ THE UTOPIA BOUTIQUE €€€
Das Hotel mit seinen elf geräumigen Zimmern, sechs Suiten und einem kleinem Schwimmbad liegt etwa 15 Gehminuten vom Zentrum an der Nelson Mandela Avenue in Klein Windhoek und ist eine Oase der Ruhe.
64–66, Nelson Mandela Avenue
Tel. 085 5 88 77 04
www.utopiaboutique.com

### ❽ CASA BLANCA BOUTIQUE HOTEL €€
Die weiß gestrichenen Fassaden und den gemütlichen Innenhof könnte man so auch in Spanien oder einer der griechischen Inseln erwarten. Auf den ordentlichen Zimmern gibt es WLAN, und das Hotel hat einen schönen Pool, es liegt allerdings etwa fünf Kilometer außerhalb des Zentrums.
52, Fritsche St.
Tel. 061 24 96 23
www.casablancahotelnamibia.com

### ❾ THE VILLAGE COURTYARD SUITES €€€
Im Stadtteil Eros steht diese ruhige Haus. Im idyllischen Innenhof läd ein hübscher Brunnenzum Verweilen ein. Übernachten kann man in Ein-, Zwei- und Dreibett-Apartments sowie sieben Suiten.
18, Liliencron Street
Tel. 061 40 05 10
www.villagecourtyardsuites.com

### GOCHE GANAS €€€€
Die luxuriöse Lodge 29 Kilometer südöstlich von Windhoek bietet jeden irgendwie erdenklichen Komfort. So gibt es unter anderem ein hauseigenes »Wellness Village«, ein beheiztes Hallenbad, Open-Air-Swimmingpool, Grottensauna, Kneipp-Duschen sowie Fitnessgeräte und Yoga-Einrichtungen. In den 6000 Hektar des großen Naturreservats leben 25 verschiedene Großwildarten.
Tel. 061 22 49 09
www.gocheganas.com

vom damaligen Präsidenten Hifikepunye Pohamba (SWAPO) quasi im Alleingang und gegen den Willen weiter Teile der deutschsprachigen Gemeinde. Unabhängig von der emotionalen Diskussion über seinen Verbleib ist der Südwest-Reiter bis heute ein Stück Geschichte, das man gesehen haben sollte. Entworfen wurde er von Adolf Kürle, enthüllt 1912 am Geburtstag des Kaisers. Das Denkmal ehrt die während der Feldzüge gegen die Nama und Herero 1904–1907 gefallenen deutschen Soldaten.
tgl. 9–17 Uhr | Eintritt frei

### Made in North Korea

★★ Independence Memorial Museum

40 Meter hoch schraubt sich seine Fassade in den Himmel, golden strahlt sie über Windhoeks Regierungshügel. Zwischen Christuskirche und Alter Feste thront das wohl auffälligste Gebäude der Stadt: das 2014 eingeweihte **Unabhängigkeits-Gedenkmuseum.** Das quaderförmige Gebäude erinnert an die Unabhängigkeit Namibias im Jahre 1990 und an die während der Kolonialzeit gefallenen Herero und Nama. Vor diesem Speicher der Geschichte thront der Unabhängigkeitsheld und erste Präsident der Republik Namibia: Sam Nujoma. Kaum 100 Meter entfernt erhebt sich in Erinnerung an den deutschen Völkermord an den Herero (▶ Baedeker Wissen, S. 152) von 1904 ein schwarzes Paar, das martialisch seine Ketten sprengt.
Das neue Museum prägt die Skyline von Windhoek wie kein anderes Gebäude – es entzweit aber auch die Gemüter wie kein anderes. Kritiker beanstanden nicht nur die pompöse Architektur des Gebäudes und der Monumente, die seine Flanken zieren, sondern vor allem, dass nicht namibische Architekten mit dem Bau beauftragt wurden: Das Gebäude wurde für 60 Mio. N$, umgerechnet vier Millionen Euro, vom nordkoreanischen Bauunternehmen Mansudae Overseas Projects geplant und errichtet, ohne die Bevölkerung einzubeziehen oder lokale Firmen zu beteiligen. Auch die Exponate wurden von Nordkorea hergestellt. Die im Museum ausgestellte Kunst sei völlig **»unafrikanisch«**, sagen Kritiker. Was die ausgestellte Kunst angeht, hätten viele Windhoeker gerne namibischen Architekten, Ingenieuren und Künstlern die Chance gegeben, sich hier auszudrücken. Sie beklagen auch die teils martialischen Metaphern aus dem Unabhängigkeitskampf in den Ausstellungsräumen. Zu sehen sind großflächige Bilder mit Fotografien und riesige Bronzereliefs, dazu Objekte des Freiheitskampfs wie Panzerwagen, Waffen und Uniformen.
tgl. 8–17.00 | Eintritt frei

### Machte seinem Namen alle Ehre

Tintenpalast

Seinen Spitznamen erhielt das Verwaltungsgebäude der Kolonialregierung, der Tintenpalast, tatsächlich deshalb, weil dort viel Tinte verschrieben wurde. Allerdings kam der deutsche Landesrat hier nur ein Jahr – von Mai 1914 bis Mai 1915 – zusammen, bis Deutschland

BAEDEKER ÜBERRASCHENDES

# 6x TYPISCH

*Dafür fährt man nach Namibia.*

## 1. KULT-RESTAURANT

Namibische Gemütlichkeit: Der Besuch im Kult-Restaurant **»Joe's Beerhouse« in Windhoek** gehört zu Namibia wie Etosha und die Dünen der Namib. (▶ **S. 215**)

## 2. KIRSCHTORTE

Schwarzwälder Kirschtorte in Namibia? Das gibt es, denn sie gehört zum deutschen Erbe. Man probiert sie am besten im **Café Anton in Swakopmund**. (▶ **S. 170**)

## 3. WEITE DER WÜSTE

Sie fasziniert zivilisationsgeplagte Mitteleuropäer wie kaum ein anderer Ort: die Wüste. Am besten erkundet man sie zu Fuß in **Sossus- und Deadvlei** im Namib Naukluft Park (▶ **S. 146 bzw. 148**)

## 4. ETHNO-KUNST

Wunderschöne Ketten und Armreifen, Schmuck aus Straußeneischalen, Geschnitztes: Das **»Namibia Craft Center« in Windhoek** ist der beste Ort, um Mitbringsel einzukaufen. (▶ **S. 212**)

## 5. BRAAI

Flammende Liebe: Das ist für viele Namibier ihr »Braai« (Afrikaans = braten). Nirgendwo sonst in Afrika wird so leidenschaftlich gegrillt wie hier (▶ **S. 298**)

## 6. TIERISCHE AUSSICHTEN

Exzellente Tierbeobachtung ist nicht nur in ▶Etosha, sondern auch im ▶Caprivi-Streifen und in zahlreichen privaten Wildreservaten wie **Erindi** möglich. (▶ **S. 151**) vor der einmarschierenden Armee aus Südafrika kapitulierte. Errichtet wurde der Verandenbau 1912 nach Plänen von Gottlieb Redecker. Heute tagt hier die National Assembly, die Nationalversammlung (www.parliament.gov.na). Vor dem Parlament stehen die Statuen von drei namibischen Freiheitskämpfern: in der Mitte Hosea Kutako, ein wichtiger Herero-Führer, Hendrik Witbooi, der Enkel des legendären Nama-Führers (links), und Theophilus Hamuntubangela, ein Ovambo-Priester (rechts). Der in den 1930er-Jahren angelegte **Park** des Tintenpalasts ist neben dem Zoopark die einzige öffentliche Grünanlage der Stadt.

### Schon der Name ist ein Phänomen

Owela Museum

Das gibt es wohl nur einmal in Afrika, dass ein Brettspiel einem Museum seinen Namen gab: Bei Owela handelt es sich um eine Art Backgammon, das in ganz Afrika gespielt wird. Das Museum etwas nördlicher an der Robert Mugabe Avenue ist so etwas wie die **natur- und volkskundliche Sammlung** der Nationalgalerie. Die Ausstellungen und Dioramen behandeln Themen wie »Seilherstellung bei den Buschmännern«, »Kleidung und Schmuck der Herero und Himba«, »Feldbaumethoden bei den Dama«, »Waffen und Pfeilgifte der verschiedenen Völker Namibias« und »Fellbearbeitung bei den Nama«.
Mo.–Fr. 9–18.00, Sa. 10–12.30 und 15–18 Uhr

### Zeitgenössische Kunst

Nationalgalerie

Noch etwas weiter nördlich auf der Robert Mugabe Avenue befindet sich die Nationalgalerie. Sie gibt in einer ständigen Ausstellung einen Überblick über das Kunstschaffen in Namibia und Südafrika. Werkschauen stellen die besten zeitgenössischen Künstler des Landes vor.
Mo.–Fr. 8–17, Sa. 9–14 Uhr | Tel. 061 23 11 60 | www.nagn.org.na

### Eigentlich mehr ein Kirchlein

St. George's Cathedral

Die anglikanische St. George's Cathedral schräg gegenüber in der Love Street ist vermutlich die kleinste Kathedrale im südlichen Afrika. Sie wurde 1924 erbaut und bietet maximal 120 Gläubigen Platz.

### Hier wurde Geschichte geschrieben

Turnhalle

Sie sieht nicht so aus, doch die Turnhalle an der Ecke Robert Mugabe Avenue/Bahnhofstraße ist eines der wichtigsten Gebäude Namibias. Ursprünglich zur Leibesertüchtigung der Bürger bestimmt tagte in dem 1909–1912 erbauten Gebäude im Jahr 1975 die erste verfassunggebende Versammlung des Landes, die sogenannte **Turnhallen-Konferenz** (Turnhalle Constitutional Conference). Sie legte den Grundstein für die Verfassung des heutigen Namibia. Daran erinnert immer noch der Name der Oppositionspartei **Democratic Turnhalle Alliance.** Heute ist die Turnhalle der Sitz des Gerichtshofs der Südafrikanischen Entwicklungsgemeinschaft (SADC).

### Namibias Gedächtnis

National-bibliothek

Folgt man der Robert Mugabe Avenue weiter stadtauswärts, passiert man an der Ecke zur Marien Ngouabi Street die Nationalbibliothek. Untergebracht ist sie im ehemaligen Estorff-Haus. Es entstand 1891 als einer der ersten Bauten in Windhoek.

Mo.-Fr. 9-19 Uhr | Tel. 061 2 93 53 00

### Das alte und das neue State House

State House

Im nahen State House gab sich einst Namibias Polit-Prominenz die Klinke in die Hand. Das Repräsentationsgebäude entstand 1959. Bis 1989 residierte dort der Statthalter Südafrikas, nach 1990 der erste Präsident der unabhängigen Republik, Sam Nujoma, und anschließend sein Nachfolger Hifikepunye Pohamba. 2002–2008 entstand am anderen Ende der Robert Mugabe Avenue südlich des Zentrums und von nordkoreanischen Arbeitern erbaut ein **neues State House,** das wegen seiner enormen Kosten allerdings umstritten ist.

### Ein schwarzes Bähnchen hält davor Wache

Bahnhof

Der erste Zug hielt in Windhoek im Jahre 1902. Und das war genau hier: am westlichen Ende der Bahnhofstraße, die noch heute so heißt. Das eigentliche Bahnhofsgebäude wurde allerdings erst 1912 errichtet und 1929 vergrößert. Es ist ein hübsches Stilgemisch aus wilhelminischen und Jugendstilelementen. Auf dem Gelände davor steht »Poor Old Joe«, eine von mehr als 100 Schmalspur-Lokomotiven, die einst aus Deutschland importiert wurden. Im ersten Stock des Bahnhofsgebäudes macht das **Transnamib Transport Museum** die Geschichte der namibischen Eisenbahn lebendig.

Mo.-Fr. 9-12 und 14-16 Uhr

### Ein tierischer Wegweiser

Kudu-Denkmal

Der »Kudu«, wie die Windhoeker das Denkmal an der Ecke John Meinert Street/Independence Avenue nennen, muss jeden Tag nicht nur für hunderte Erinnerungsfotos herhalten, sondern auch als Wegweiser. »Wir wohnen in der zweiten Straße links hinterm Kudu«, so orientiert man sich gerne in der Hauptstadt. Geschaffen hat es der Münchner Professor Fritz Behn 1960 in Erinnerung an die große Rinderpest von 1896, bei der auch unzählige Wildtiere ihr Leben ließen.

### Was darf es sein? Sie finden es hier

Post Street Mall

Den Eingang zu einer der beliebtesten Shoppingmeilen Windhoeks kann man gar nicht verfehlen: Wo sie von der Independence Avenue abzweigt, steht Windhoeks markanter Uhrturm. In der als Fußgängerzone gestalteten Poststraße bieten Straßenhändler Souvenirs und Waren aller Art an, die Geschäfte verkaufen alles von Briefmarken über Postkarten und Schmuck bis hin zu Haute Couture. Blickfang ist der **Meteoritenbrunnen** mit 33 Gesteinsbrocken, die

Windhoek hat auch ein modernes Gesicht. Und entsprechenden Verkehr.

600 Millionen Jahre alt sein sollen und bei der Ortschaft Gibeon in einem Meteoritenschauer niedergingen. Der britische Forscher James Edward Alexander entdeckte sie 1836. Insgesamt fand man dort 120 Meteoriten. Das westliche Ende der Post Mall Street beherrscht das **Wernhil Park Centre** mit Boutiquen, Läden und Cafés. Hier befindet sich auch das Bolster Restaurant von Big-Brother-Africa-Gewinnerin Dillish Matthews, ein beliebtes Restaurant der schwarzen Mittelklasse. Den Brunnen in der Fußgängerpassage, die parallel zur Post Mall Street verläuft, verzieren in Bronze gegossene Perlhühner (»Guinea Fowls«), ein Werk der namibischen Künstlerin Dörte Berner.

### Noch stehen die alten Gebäude

Gathemann-Haus

Weiter geht's auf der Independence Avenue nach Süden. Und nun wähnt man sich fast in Deutschland, denn hier steht das Gathemann-Haus, das Genossenschaftshaus und Gebäude des ehemaligen **Hotel Kronprinz.** Die denkmalgeschützten Fassaden mit ihren Giebeln und Erkern sollten eigentlich abgerissen werden und einem weiteren modernen Hochhaus weichen, doch so weit kam es bislang nicht. Leider hat das altehrwürdige Gathemann-Restaurant seit Dezember 2016 seine Türen geschlossen.

### Windhoeks gigantisches neues Bauprojekt

Freedom Plaza

Die volle Dimension des neuen Windhoek wird einem klar, wenn man vom Gathemann-Haus ein Stück weiter über den Gehweg der Independence Avenue schlendert. Auf dem ehemaligen OK-Parkplatz rangieren heute Lastwagen und Bagger, denn dort entsteht gerade Namibias mit Abstand größter Gebäudekomplex: die Freedom Plaza. Die viele Millionen Namibia-Dollar teure Geschäfts- und Wohnanlage beinhaltet nicht nur das 2011 eröffnete Hilton Hotel, das erste Fünf-Sterne-Hotel des Landes, sondern auch den Hauptsitz von Namibias First National Bank (FNB), den Sitz der Sozialversicherungskommission (SSC), Dutzende Büros, Geschäfte und Wohnungen sowie das Hilton Garden Inn, ein achtstöckiges Hotel direkt neben dem Hilton, das 2018 eröffnen soll. Insgesamt kostet die Freedom Plaza mehr als 130 Millionen Euro. Damit ist sie die mit Abstand teuerste neue Immobilie in Windhoek. Für die Stadt scheint der neue Komplex das große Los zu sein. Schon seit Jahren überlegen Stadtverantwortliche und Politiker, wie sie mehr Passanten und damit mehr Kaufkraft in die Innenstadt locken können.

### Das wichtigste Gericht Namibias

Justizpalast

Man sieht es dem gewaltigen Gebäude an: Das Supreme Court in der Rev. Michael Scott Street gleich neben dem Hilton ist das wichtigste Gericht des Landes. Es ist Oberster Gerichtshof und Verfassungsgericht zugleich.

### Das Mittelalter lässt grüßen

Schwerinsburg, Heinitzburg, Sanderburg

Sie könnten am Rhein stehen, in Baden-Württemberg oder in Bayern: Über den Sam Nujoma Drive und die Robert Mugabe Avenue gelangt man zu den drei mittelalterlich wirkenden Trutzburgen Windhoeks. Der Architekt **Wilhelm Sander** errichtete 1913 zunächst die Schwerinsburg in der gleichnamigen Straße. Sie ist heute Residenz des italienischen Botschafters. Kurz darauf erhielt Sander den Auftrag für eine zweite Burg: Die Heinitzburg (1914) war für Schwerins Gemahlin bestimmt, eine geborene von Heinitz, die darauf bestand, standesgemäß, aber getrennt von ihrem Mann zu leben. Seit 1996 ist die Heinitzburg ein schönes Luxushotel. Restaurant und Café sind auch für Nichthotelgäste geöffnet. Der Ausblick von der Terrasse über die ganze Stadt ist herrlich. Von dort sieht man auch hinüber zur nahen Sanderburg, die sich Wilhelm Sander 1917 als eigenen Wohnsitz errichtete (befindet sich in Privatbesitz). Ein stimmungsvoller Ort ist der nahe gelegene Alte Friedhof mit vielen Gräbern aus den Gründungsjahren der Stadt; er liegt südlich an der Robert Mugabe Avenue.

### Entspannte kleine Welt

Botanischer Garten

Der Botanische Garten ist eine ruhige Oase in der wachsenden Großstadt. Er bietet nicht nur eine der schönsten und umfangreichsten

Pflanzensammlungen des Landes, sondern auch hübsche Plätze zum Verweilen. Auf elf Hektar bekommt man einen Überblick über die Flora des Landes – vom Köcherbaum bis zu den seltensten Sukkulenten der Namib-Wüste – und kann an geführten Touren teilnehmen.
Hugel Street | Mo.–Fr. 8–17 sowie jeden zweiten Samstag im Monat 8–11 Uhr | Tel. 061 2 02 20 17 | www.nbri.org.na

## Rund um Windhoek

**Kein selbst gewählter Ort**

Katutura

Die schwarze Bevölkerung Windhoeks lebt überwiegend in dem Viertel Katutura 8 km nordwestlich vom Stadtzentrum. Früher wohnte sie im heutigen Stadtteil Hochland Park, aus dem sie teilweise mit Gewalt umgesiedelt wurde. Blutiger Höhepunkt war der 10. Dezember 1959, als die Polizei elf Menschen erschoss. Dieser Tag ging als »Aufstand in der Alten Werft« (engl. Old location uprising) in die Geschichte Namibias ein. Gemäß den südafrikanischen Apartheids-Gesetzen wurde Katutura in einzelne Viertel für Ovambo, Herero und Damara unterteilt, die hier weder Land noch Haus besitzen durften. Auch nach der Zwangsumsiedlung gab es Widerstand, dennoch war 1968 die Vertreibung aus der Old Location abgeschlossen. Besucher erleben in Katutura ein Stück »anderes« Namibia. Ein harter Kontrast zu den einsamen Wüsten, den edlen Lodges und den aufregenden Safaris, jedoch Alltagswirklichkeit eines Großteils der namibischen Bevölkerung. Das Viertel gibt sich lebendig, laut, bunt und aufstrebend. Das ehemalige Katutura Community Centre wurde zu einem Einkaufszentrum umgebaut. Der **Markt Soweto** mit seiner bunten Mischung aus afrikanischen Köstlichkeiten wie Datteln, Mopane-Würmern, Fett-Koekjes oder Oshikundu, dem aus Mahangu gebrauten Alkoholgetränk, ist ein Erlebnis (Independence Avenue/Abraham Mashego Street). Sehenswert ist auch das **Katutura Community Art Centre and Schoolnet Namibia** in der Auala Street, ein Kunst- und Unterrichtszentrum. Das **Sam-Nujoma-Fußballstadion** bietet Platz für 8000 Zuschauer (Andrew Mogalie Street, Ecke Claudius Kandovasu Street). Der **Goreangab Dam** war früher ein beliebtes Ausflugsziel der Weißen. Heute gibt es hier ein Selbsthilfeprojekt für Frauen. Am besten besucht man Katutura bei einer organisierten Tour (▶ Baedeker Wissen, S. 224/225).

**Picknick am Wasser**

Goreangab-Stausee

Baden und Schwimmen sind verboten, Spazierengehen und Picknickmachen erlaubt: Der 10 km nordwestlich von Windhoek gelegene Goreangab-Stausee ist ein beliebtes Ausflugsziel für die Einwohner der Hauptstadt.

# KATUTURA HAUTNAH

BAEDEKER WISSEN

*Wie leben die Menschen in Namibia? Welche Sorgen haben sie? Kaum ein normaler Namibia-Reisender macht sich je Gedanken darüber, wie der Alltag der Ärmsten der Armen wirklich aussieht. Einige lokale Veranstalter bieten Touren in die Armenviertel Windhoeks an. Eine Tour bietet bewegende Eindrücke.*

Der sechs Jahre alte Samuel ist Fußballfan. Ganz offensichtlich. Er trägt ein zerschlissenes Trikot des FC Bayern und ist außer sich vor Freude, auf dem Soweto Market von Katutura Fremde zu treffen. »Are you from Germany? «, fragt er forsch. »Muller, Schweinsteiger, I know them all.«
Nicht oft, aber immer öfter verirren sich Touristen in das einstige Township, denn Immer mehr Veranstalter bieten Touren in die Armenviertel Windhoeks an. Eine **Township-Tour** in die Siedlung Katutura zeigt die Wurzeln der Apartheid in Namibia und offenbart eindrucksvoll, wie die Bevölkerung heute lebt. Die Tour führt zu den informellen Siedlungen der Zuwanderer, in die Shebeens, die kleinen Bars, in denen die Einheimischen abends zusammenkommen, zu den Cuca Shops, den Metzgerläden, in denen das Fleisch meist direkt an der Straße hängt, und zu den Märkten unter freiem Himmel.

### Perspektiven

Der Name Katutura, der so viel bedeutet wie **»der Ort, an dem wir nicht bleiben können«**, sagt bereits vieles über die Wellblechsiedlung am Rande der Hauptstadt aus. Das ehemalige Township hat laut der letzten Volkszählung von 2011 nur 48 000 Einwohner, doch niemand weiß, wie viele es wirklich sind. Bis zu 300 000 Menschen sollen inoffiziell hier leben, und jeden Tag kommen neue Landflüchtlinge auf der Suche nach Arbeit hinzu. Trotzdem haben sich die Lebensbedingungen in den vergangenen Jahren stark verbessert: Die Regierung hat Wasserleitungen installiert, öffentliche Toiletten aufgestellt, Stromkabel gelegt. Dass das Leben in Katutura einfacher geworden ist, hat aber auch damit zu tun, dass viele Einwohner sich heute selbst helfen. In den

vergangenen Jahren sind **zahlreiche Selbsthilfeprojekte** entstanden. Eines der Musterprojekte ist das Penduka-Development-Projekt, das auf beinahe allen Touren besucht wird. Dort wurden in den vergangenen Jahren mehr als 500 Frauen zu Kunsthandwerkerinnen und Näherinnen ausgebildet. Viele von ihnen sind mittlerweile erfolgreich, haben ihr eigenes Geschäft und verdienen jetzt eigenes Geld. Neben Schauräumen, einem kleinen Laden, in dem die Produkte verkauft werden, und einem schönen Restaurant mit Blick auf den Goreangab-Stausee verfügt Penduka auch über einfache Unterkünfte und einen Campingplatz.

## Tour nach Katutura

Touren, bei denen man Einblicke in das Leben fernab der sauberen Straßen und fein getrimmten Grünflächen der Windhoeker Innenstadt gewinnen kann, können zum Beispiel bei Katu Tours (Tel. 061 21 00 97, www.katutours.com) und Face to Face Tours (Tel. 061 26 54 46, www.face2facenamibia.com) gebucht werden. Eine 3,5-stündige Fahrradtour kostet bei Katu Tours inkl. Fahrrad 750 N$ pro Person, ca. 51 €. Auskünfte zum Penduka-Frauenprojekt findet man unter www.penduka.com.

Katatura, eine Welt jenseits der gefegten Straßen

Ausflugsziel und Tierparadies vor der Haustüre: der Dan-Viljoen-Wildpark

### Nicht gerade Understatement

Heldenacker

Zehn Kilometer südlich von Windhoek an der B1 nach Rehoboth liegt eines der wohl pathetischsten Monumente Namibias. Hoch in den Auas-Bergen thront auf einer 732 Hektar großen Fläche der »Heroes Acre«. Viele der großen Helden des Landes haben hier ihr Grab oder einen Gedenkstein, darunter der berühmte Herero-Häuptling Samuel Maharero und der Nama-Führer Hendrik Witbooi. Über allem erheben sich ein gewaltiger Obelisk und der acht Meter hohe unbekannte Soldat. Zu Ehren der Helden der Unabhängigkeit brennt eine ewige Flamme. Auf dem Gelände befindet sich außerdem eine **Freilichtbühne** mit 5000 Sitzplätzen. Allerdings genießt das 2002 eingeweihte und rund 60 Millionen Namibia-Dollar teure Monument nicht den besten Ruf. Denn wie das Unabhängigkeits-Gedenkmuseum in der Innenstadt wurde es von nordkoreanischen Architekten und Arbeitern erbaut – und das trotz der Arbeitslosigkeit von mehr als 30 Prozent im Land.

### Nur 40 km² groß und doch jede Menge Wild

Dan-Viljoen-Wildpark

Der Dan-Viljoen-Wildpark 24 km westlich von Windhoek an der C28 ist eines der beliebtesten Ausflugsziele der Windhoeker. Hier leben

Giraffen, Kudus, Oryxantilopen, Elands, Bergzebras, Streifengnus, Springböcke, Kuhantilopen und Impalas. Gefährliche Tiere gibt es nicht, daher kann man den Park auf drei Wanderwegen auch zu Fuß erkunden (für alle Touren braucht man gutes Schuhwerk): Der 3 km lange, einfache **Wag'n-Bietje-Weg** führt zum Stengel-Stausee. In Jahren mit wenig Niederschlag ist er manchmal fast ausgetrocknet; gibt es Wasser, sieht man hier fast immer Wild und etliche der 200 im Park vorkommenden Vogelarten. Der 9 km lange **Rooibos-Rundwanderweg** (benannt nach dem hier verbreiteten »Rotbusch«) beginnt am Freibad. Der Weg entlang des Augeigas Dams eröffnet immer wieder schöne Ausblicke über die Hochland-Savannenvegetation und steigt bis auf 1763 m Höhe an. Vor allem in der warmen Jahreszeit sollte man früh losgehen, da man fast während des gesamten Wegs der prallen Sonne ausgesetzt ist. Ausdauernde Wanderer können außerdem eine 32 km lange Tour durch den Park absolvieren. Wer lieber mit dem Auto fahren will, dem steht eine 6,5 Kilometer lange Route offen, für die man allerdings ein Allradfahrzeug braucht. Für Übernachtungsgäste gibt es eine Lodge und einen Campingplatz.
tgl. von Sonnenaufgang bis 18 Uhr | Eintritt 50 N$ pro Person
Reservierung: Sun Karros, Tel. 061 23 23 93, www.sunkarros.com/sun-karros | Restaurant und Pool auch für Tagesbesucher geöffnet

# H

# HINTER-GRUND

*Direkt, erstaunlich, fundiert*

Unsere Hintergrundinformationen beantworten (fast) alle Ihre Fragen zu Namibia.

Die größten der »Big Five« ▶

# DAS LAND UND SEINE MENSCHEN

*Unendlich weit und einsam: Das ist es, was uns an Namibia so fasziniert. Das Sandmeer der Namib, die Tiere in Etosha, der tropische Norden – Namibia ist eine Augenweide. Es gehört nicht viel dazu, sich in dieses Land zu verlieben.*

Wüste, Weite, Einsamkeit

Einer der schönsten Blicke Namibias bietet sich von der Grootberg Lodge in der Nähe von Palmwag über die Etendeka-Berge. Der Blick reicht, so weit das Auge sehen kann, über eine von Menschen unberührte **Tafelberglandschaft.** Dazwischen blinzeln wie im Märchen golden leuchtende Butterbäume hervor. Namibia hat genau das, was vielen in Mitteleuropa fehlt: Es vereint Wüste, Weite und Einsamkeit wie nur wenige Länder der Erde. Dass dies so ist, hat das Land seiner Entstehungsgeschichte zu verdanken, denn das Gebiet des heutigen Namibia ist einer der ältesten Teile der Erdkruste. Schon lange vor der Entstehung des Super-Kontinents Gondwana bildeten sich vor mehr als zwei Milliarden Jahren auf dem Gebiet des heutigen Afrika zwei Festlandsockel – der Kongo-Kraton und der Kalahari-Kraton. Letzterer umfasste große Teile des heutigen Namibia. Für Geologen ist das Land ein Traum: An verschiedenen Orten liegen an der Erdoberfläche sehr alte Gesteinsschichten frei, z. B. im Kaokoveld und im Fish River Canyon. Die meisten Gesteine sind älter als die Kontinentalverschiebung während des Erdmittelalters, des Mesozoikums vor 70–220 Mio. Jahren, als sich Afrika und Südamerika trennten. Offenbar wurde in den letzten 100 Mio. Jahren der Erdgeschichte der südafrikanische Subkontinent mehrmals angehoben, wobei sich die Große Randstufe herausbildete, auf der auch Namibias Hauptstadt Windhoek thront. Dabei drangen Granitmagmen auf, die verschiedene Einzelberge und Bergmassive bildeten. Auffallend sind die Tafelberge wie eben die Etendeka-Berge, von Flüssen und Regen »glatt gespülte« Inselberge.

## Das Land mit den höchsten Dünen der Welt

Namibias unberührte Natur

Namibia besteht im Wesentlichen aus **vier Großlandschaften.** Die Küstenzone am Atlantik ist ganz von der Wüste Namib beherrscht, die bis zu 150 km weit ins Landesinnere reicht. Im Osten wird die Namib-Wüste von der sogenannten Großen Randstufe und dem anschließenden Binnenhochland begrenzt. Den dritten Naturraum bildet das östlich gelegene Kalahari-Hochbecken, zu dem hin sich die zentralen Hochländer leicht abflachen, und im Norden des Landes

OBEN: Die höchsten Dünen der Welt türmen sich im Sossusvlei auf.

UNTEN: Die Himba sind eines der vielen Völker Namibias.

schließlich herrscht Buschland vor, das über den Landkorridor des Caprivi-Streifens bis nach Simbabwe reicht.
In Namibia gibt es nicht weniger als **vier Wüstensysteme.** Die Sukkulenten-Karoo ist ein Küstengürtel mit Winterregen, der sich von Namibia nach Südafrika erstreckt. Hier gedeihen Wasser speichernde Sukkulenten-Gewächse. Die Nama-Karoo mit ihren weiten Grasflächen und Zwergsträuchern bildet den Übergang zwischen der Namib im Westen und der Trockensavanne der Kalahari-Wüste im Osten. In der Kalahari findet man teils bewachsene, parallel verlaufende Dünen aus dem charakteristischen roten Sand. An ihren Hängen gedeihen Bäume, in den Tälern wachsen Gräser. Das bekannteste Wüstensystem ist aber wohl das der Namib.

»
Die Wüste ist das Land, das Gott geschaffen hat, als er wütend war.
«
*Namibisches Sprichwort*

Namib-Wüste

Die subtropische Namib-Wüste erstreckt sich über ca. 2000 km von Port Nolloth (Südafrika) entlang der gesamten Küste Namibias bis weit nach Angola hinein. Mit teilweise weniger als 20 mm Niederschlag pro Jahr ist sie eine der trockensten Wüstenlandschaften der Welt. Verantwortlich dafür ist der Einfluss des kalten küstennahen **Benguela-Stroms**. Namib bedeutet »leerer Platz«, und obwohl weite Teile dieser Wüste tatsächlich leer sind, ist die Namib eine faszinierende Landschaft. Sie lässt sich in drei Zonen untergliedern: Im Süden präsentiert sie sich als stets im Wandel begriffenes Sandmeer mit den höchsten Dünen der Welt im **Sossusvlei**. Das Gebiet zwischen Kuiseb- und Ugab-Flusstal besteht aus ausgedehnten, grauschwarzen Schotterebenen und einzelnen Inselbergen. Die dritte Zone umfasst das gesamte Gebiet nördlich des Ugab-Flusstales. Zerfurchte Berge und ephemere Flusstäler prägen die Landschaft. Entlang der Küste erstreckt sich hier das Sandmeer der **Skeleton Coast**, an das sich nach Osten hin die Felsebenen des **Kaokovelds** anschließen. Fruchtbaren Boden gibt es in der Namib nur in den wenigen Flusstälern und -mündungen; weite Teile sind vegetationslos. Die 1570 km lange Westküste Namibias hat, von der Lüderitz- und Walfischbucht abgesehen, keine natürlichen Hafenplätze. Die Brandung ist stark, und die zahlreichen Untiefen vor der Küste wurden schon vielen Schiffen zum Verhängnis.

Binnenhochland

Die majestätischen Gebirge der **Großen Randstufe** (engl. Great Escarpment), zu denen unter anderem die **Naukluft-Berge** gehören, begrenzen die Namib-Wüste. Bis zu 2000 m hoch ragen die Berge hier auf, zur Wüste hin öffnen sie sich mit breiten und tiefen Tälern. Dieses zentrale Bergland bildet eine Nord-Süd-Achse, nur unterbrochen durch die »Randstufenlücke« in der Landesmitte. Im Osten geht die Randstufe in das Zentrale Hochland mit einer durchschnittlichen Höhe von 1400 bis 1800 m ü. d. M. über. Dieses wiederum senkt sich gleichmäßig nach Osten zur Kalahari hin ab.

Kalahari-Hochbecken

Das Kalahari-Hochbecken ist Teil eines gigantischen Binnenplateaus mitten im südlichen Afrika, mehr als 1,2 Mio. km² groß und meist 800–1200 m hoch. Die Kalahari umfasst den größten Teil Botswanas und reicht bis nach Angola, Simbabwe und Sambia. Charakteristisch für die völlig ebene, trockene Landschaft mit den nur spärlich bewachsenen Steppen und Savannen sind die schimmernden **Pfannen.** Periodisch fließende Flüsse führen ihnen nach seltenen ergiebigen Regenfällen Wasser zu, das schon bald wieder verdunstet. Zurück bleibt eine weißlich-gelbe Salz-Lehm-Kruste. Das beeindruckendste Beispiel einer solchen Pfanne ist der ▶ **Etosha-Nationalpark** im Norden Namibias.

Caprivi-Streifen

Im Nordosten des Landes erstreckt sich der Caprivi-Streifen wie ein tastender Finger nach Osten. In dieser Region mit den ziemlich hohen Niederschlägen und ständig Wasser führenden Flüssen gibt es üppige tropische Vegetation. Ausgedehnte Sumpfgebiete und Überschwemmungswälder (»Galeriewälder«) säumen die Flussläufe.

## Wasser ist Mangelware

Seen

Namibia ist ein Trockengebiet. Selbst in den sogenannten Feuchtlandschaften fallen eher wenige Niederschläge, weshalb es im ganzen Land nur wenige Oberflächengewässer gibt. Die einzigen natürlichen Seen sind der **Otjikoto-See** und der **Guinas-See** bei Tsumeb.

Flüsse und Quellen

Bei den wenigen ständig Wasser führenden Flüssen handelt es sich um »Fremdlingsflüsse«, also um Flüsse, die in feuchteren Landschaften entspringen und in die ariden Regionen Namibias hineinfließen. Dazu gehören der **Kunene** und der **Okavango** im Norden, der **Kwando** und der **Sambesi** im Nordosten des Landes sowie der **Oranje** im Süden. Der Kwando versickert in den Linyantisümpfen, der Okavango im Okavango-Delta in der Kalahari in Botswana, der Sambesi ist Grenzfluss zwischen Namibia und Sambia und bildet in seinem weiteren Lauf die eindrucksvollen **Viktoriafälle** an der Grenze zwischen Sambia und Simbabwe. Der Kunene und der Oranje fließen in den Atlantischen Ozean. Alle anderen Flussläufe – in Namibia nennt man sie Riviere – sind fast immer ausgetrocknet. Von Bedeutung ist vor allem der **Fish River**, der mit 660 km längste Fluss des Landes. Er wird bereits in seinem Oberlauf am **Hardap Dam** gestaut und führt daher nur nach

Lage:
**Südwestliches Afrika**
12° – 25° östlicher Länge
17° – 29° südlicher Breite

Fläche:
**824 292 km²**
(2,3-fache Größe Deutschlands)

Einwohner: **2,1 Mio.**
Im Vergleich:
Sachsen-Anhalt: 2,2, Mio.
**30% leben in Städten**

Bevölkerungsdichte:
**2,6 Einwohner/km²**
Im Vergleich:
Sachsen-Anhalt 109 Einw./km²

## Tierbestände

im Etosha-Nationalpark

| | Elefant | Oryx-Antilope |
|---|---|---|
| **1950** | 50 – 60 | 800 – 1200 |
| **2018** | 2500 | 6000 |

## Sprache

Englisch (Amtssprache), Afrikaans, Sprache der Bantu und anderer Gruppen, Deutsch

## Ethnische Gruppen

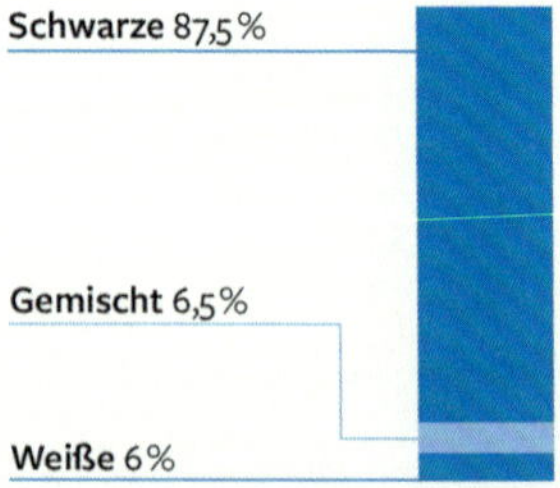


## Wappen/Flagge

Zwei Oryx-Antilopen halten das Wappenschild mit den Farben Namibias. Darunter befindet sich eine grüne Welwitschia mit drei roten Blüten und dem Staatsmotto »Unity, Liberty, Justice«.

## Staat

Namibia ist seit **1990** eine Republik mit eigener Verfassung.

## Religion

Neben den großen Religionen gibt es einige Anhänger traditioneller Naturreligionen. Muslime gibt es nur wenige Tausend.

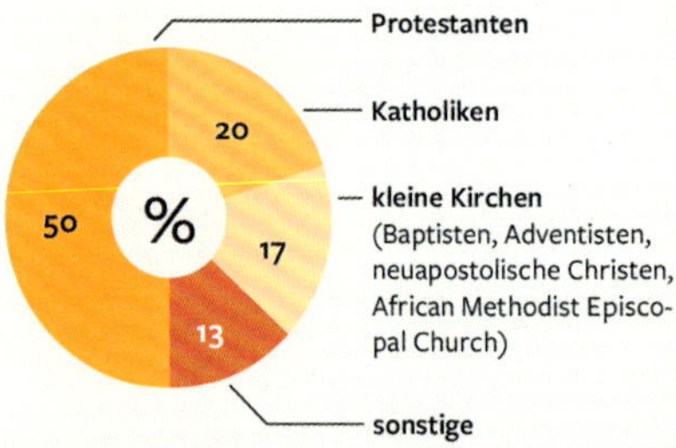

## Wirtschaft

Bruttoinlandsprodukt 2018:
**13,3 Mrd. US-$**

Beschäftigungsstruktur:

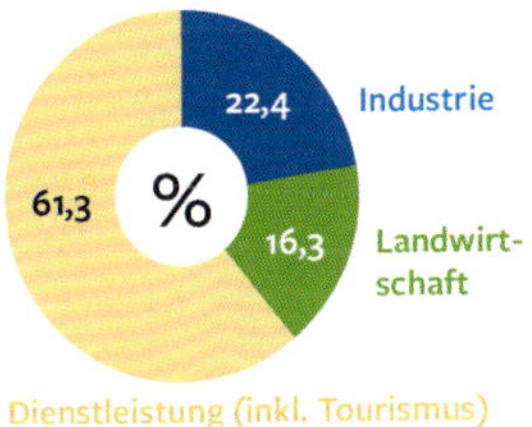


Arbeitslosenrate (2016): **24,7%**
Armutsrate (2016): ca. **20%**

**Hauptexportprodukte:**
Diamanten, Kupfer, Gold, Zink, Blei, Uran, Rind-, Schaf- und Straußenfleisch, Fisch, Tierhäute und Schaffelle

**Haupthandelspartner:**
Südafrika, Großbritannien, Angola, Kanada, USA

## Klimastation Windhoek

Durchschnittstemperaturen

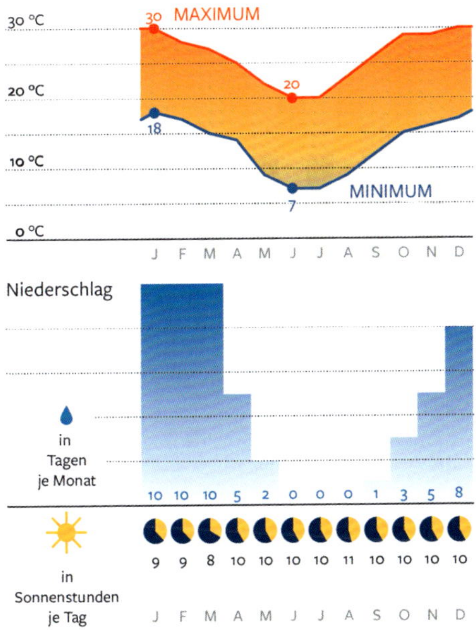


## Ungleiche Regenverteilung

Jährliche Niederschläge in mm

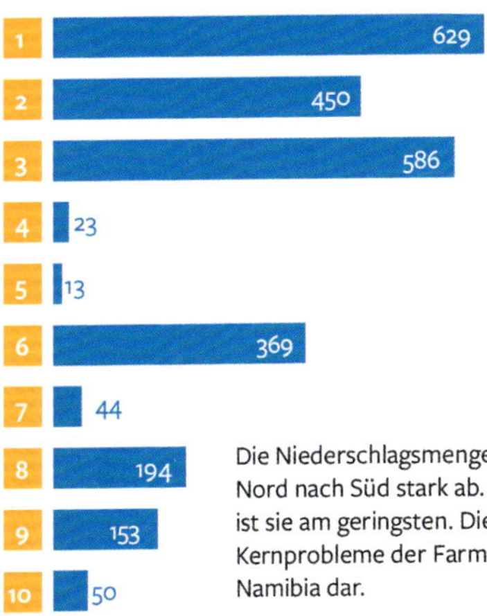

Die Niederschlagsmenge nimmt von Nord nach Süd stark ab. An den Küsten ist sie am geringsten. Dies stellt eines der Kernprobleme der Farmwirtschaft in Namibia dar.

stärkeren Regenfällen auf seiner gesamten Länge Wasser. Kurz vor seiner Mündung in den Oranje hat der Fish River eine eindrucksvolle Canyonlandschaft geschaffen. Von Zeit zu Zeit führen auch der Swakop und der Kuiseb, die beide in den Atlantik münden, Wasser. Im Osten füllen sich die Flussbetten von Omatako, Epukiro, Auob und Nossob nur nach heftigen Regenfällen mit Wasser. Auch im Umkreis der Flussbetten gibt es zumeist nur beschränkte Grundwasservorkommen, da die hier vorherrschenden Lockersedimentdecken das Wasser rasch versickern lassen. Auch wenn darüber hinaus noch eine Reihe von ganzjährigen Quellen existiert, leidet Namibia, vom Caprivi-Streifen einmal abgesehen, unter einem erheblichen Wassermangel, den es mit künstlichen Brunnen und Staudämmen zu beheben versucht.

## Tropisch bis wüstenhaft – das Klima

Subtropisch-kontinentales Klima

Die Jahreszeiten in Namibia sind denen in Europa entgegengesetzt. Der Sommer dauert von November bis März, der Winter von Mai bis September. Frühling und Herbst sind schwächer ausgeprägt. Das Klima in Namibia ist subtropisch-kontinental. Die Sonneneinstrahlung ist das ganze Jahr über sehr hoch, die täglichen und jahreszeitlichen

Der Okavango entspringt in Angola und heißt dort noch Cubango.

Temperaturschwankungen sind ausgeprägt. Das Land gilt als »aride« Zone, d. h. die Niederschlagsmenge ist deutlich geringer als die Verdunstungsmenge. Nur der äußerste Nordosten des Landes hat wechselfeuchtes Tropenklima; in dieser Region beträgt die durchschnittliche Niederschlagsmenge immerhin 400–650 mm. Bei über 500 mm jährlichem Niederschlag ist hier Regenfeldbau möglich.

Niederschläge

Niederschläge sind in Namibia, abgesehen vom Norden und Nordosten des Landes, etwas Unzuverlässiges. Generell gilt: Die Niederschläge nehmen von Nordosten nach Südwesten ab. Die durchschnittliche Niederschlagsmenge liegt bei etwa 250 mm jährlich (Deutschland: 1000 mm). Mehr als 80 % davon fällt in den Sommermonaten als kurze heftige Gewitterschauer.
Namibia liegt im Bereich des **Ostpassats**. Die Passatwinde verlieren einen Großteil ihrer Niederschläge bereits in Südafrika an der Großen Randstufe und dann weiter auf ihrem Weg nach Westen. Die Kalahari ist noch relativ niederschlagsreich, über dem Binnenhochland nimmt die Feuchtigkeit rapide ab, und die Namib-Wüste im Westen erhält fast keine Niederschläge mehr. Das Meer übt keinen so großen Einfluss auf das Klima aus, wie aufgrund der Lage zu erwarten wäre. Zwar herrschen im Küstenbereich starke Südwest- und Westwinde, diese werden aber über dem **Benguela-Strom**, der kaltes Meereswasser aus der Antarktis nach Norden in Richtung Äquator führt, stark abgekühlt und verlieren dadurch an Luftfeuchtigkeit. Über diesen kühlen Meeresluftmassen kühlen sich wiederum warme Luftschichten aus dem Landesinnern ab – die einzigen Niederschläge in der Namib sind der **Küstennebel** (an ca. 100 Tagen) und Tau.

## Pflanzliche Überlebenskünstler

Vegetationszonen

An extreme Trockenheit angepasste Wüstenvegetation, kälteresistente Hochgebirgsflora, immergrüne tropische Wälder – aufgrund der großen Klimaunterschiede können sie in Namibia nebeneinander bestehen. Beeindruckende Naturschauspiele kann man in kargen, trockenen Halbwüstengebieten erleben: Schon nach einem kurzen Regenschauer verwandeln sich die weiten, kahlen Flächen binnen weniger Tage in einen Blütenteppich. Man unterscheidet zwischen den drei Hauptvegetationszonen Wüste, Savanne und Trockenwald.

Wüste

Entlang der gesamten Westküste Namibias erstreckt sich die enorm trockene Namib-Wüste. Nur die anpassungsfähigsten Pflanzen gedeihen auf dem kahlen Boden. Manche setzen mit einer ledrigen Oberfläche oder filziger Behaarung die Transpiration auf ein Minimum herab, andere haben kleine Blätter, nur Dornen oder beson-

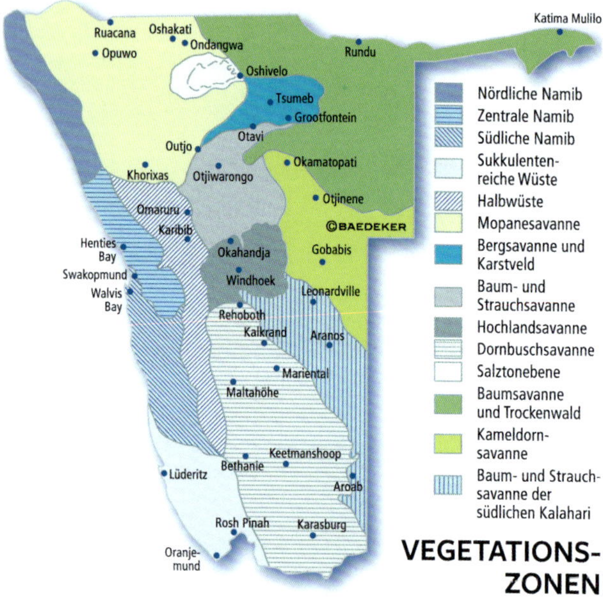


**VEGETATIONSZONEN**

ders dicke, fleischige Blätter, um darin Feuchtigkeit zu speichern. Daneben gibt es Pflanzen mit einem sehr kurzen Lebenszyklus, deren Samen oder Früchte überdauern und manchmal jahrelang auf Regen warten, um dann zu neuem Leben zu erwachen. Zu ihnen gehört die Wüstenmelone **Tsamma**. Besonders kennzeichnend für die Namib sind Flechten; mehr als 100 verschiedene Arten wurden hier identifiziert. Sie dienen nicht nur Tieren als Nahrung, sondern schützen vor allem den Boden vor Erosion. In der Namib gibt es einige endemische Pflanzenarten, die einzigartig auf der Welt sind. Da ist einmal der **Köcherbaum** (Aloe dichotoma) zu nennen. Diese langsam wachsende Sukkulente, deren Äste den San angeblich als Pfeilköcher dienten und die bis zu 9 m hoch werden kann, ist normalerweise ein allein stehendes Gewächs, bei Keetmanshoop jedoch gibt es einen kleinen »Wald«. Eine andere endemische Pflanzenart ist die **!Nara** (das Ausrufezeichen umschreibt einen Klicklaut), eine Verwandte unserer Gurke, die als dichtes, dornenbewehrtes Gewächs, das Kürbissen ähnelt, auf dem sandigen Boden überdauert. Die weiblichen Pflanzen leben jahrhundertelang und produzieren alljährlich Dutzende von sehr wasser- und fetthaltigen Melonen, die für viele Tiere Hauptnahrungsmittel sind. Die sicherlich bekannteste und wohl auch seltsamste Pflanze Namibias ist die **Welwitschia** (Welwitschia mirabilis), die mehr als 2000 Jahre alt werden kann und in der Gegend von Swakopmund wächst. Sie gehört botanisch zu den Zapfen tragenden Nacktsamern – wie die Kiefer oder die Baumfarne. Die Welwitschia begnügt sich mit der Feuchtigkeit des Küstennebels und dem Nachttau.

Savanne

Rund zwei Drittel der Landesfläche Namibias bestehen aus Savanne. Charakteristisch für die Savannenvegetation sind ein Unterwuchs aus bis zu einem Meter hohem Gras und Buschwerk sowie einzeln stehende Bäume. Im Nordwesten, in der Mopanesavanne, erscheint der von Elefanten als Nahrungsmittel geschätzte **Mopane** als Strauch oder Busch. Auch der **Affenbrotbaum** (Baobab) ist hier zu Hause. Im Osten, in der zentralen Kalahari, findet sich eine offene Baumsavanne, in der südlich angrenzenden Region herrschen **Kameldornbäume** vor. In weiten Teilen Zentralnamibias bilden die verschiedensten Akazienarten eine Dornbuschsavanne. Im zentralen Hochland mit Höhen bis zu 2000 m und der Hauptstadt Windhoek liegt die Hochlandsavanne mit **Bergdorn** und **Kudubusch**. Palmen gibt es nur im Norden und Nordosten. Es handelt sich dabei um die **Makalani-Palme** mit ihren apfelähnlichen Früchten.

Trockenwald

Auf dichten Trockenwald stößt man dort, wo jährlich mehr als 500 mm Niederschläge fallen, z. B. in der nördlichen Kalahari und im Caprivi-Streifen. Am häufigsten sind große wilde **Feigenbäume**, **Affenbrotbäume** und **Akazienarten**. Im Nordosten wechseln viele Bäume im Herbst ihr Laub, sodass ein »goldener Herbst« zustande kommt. Auch inmitten der Wüsten und Halbwüsten liegen an wasserreichen Flussläufen oft Galeriewälder, meist von Akazienarten gebildet, die sich wie grüne Mäander durch die Landschaft winden.

## Tierwelt: die »Großen Fünf« und viele andere

Säugetiere

Alten Reiseberichten zufolge war Namibia noch vor eineinhalb Jahrhunderten ein wahres Tierparadies (▶ Baedeker Wissen, S. 76ff.. Der üppige Bestand wurde durch Jagd und die Besiedlung durch den Menschen stark dezimiert. Dennoch gilt Namibia immer noch als eines der tierreichsten Länder des afrikanischen Kontinents – dank der derzeit 20 staatlichen Naturreservate, Nationalparks und Wildparks, die knapp 17 % der Landesfläche einnehmen und von denen der **Etosha- Nationalpark** der bekannteste ist. Hier fanden Elefanten, Nashörner, Büffel, Löwen und Leoparden, die berühmten **Big Five** der afrikanischen Tierwelt, sowie 109 weitere Säugetierarten wie Giraffen, Gnus, Zebras, Flusspferde, Hyänen, Wildhunde, allerlei Affenarten u. a. Zuflucht. In freier Wildbahn sieht man noch verschiedene Antilopenarten, darunter Eland, Kudu, Springbock und Oryx, das Wappentier Namibias, und

BAEDEKER ÜBERRASCHENDES

# 6X ERSTAUNLICHES

*Überraschen Sie Ihre Reisebegleitung: Hätten Sie das gewusst?*

## 1. SELTEN

Namibias 1700 km lange Küste ist von Wasser gesäumt. Aber das Land hat nur zwei natürliche Seen, die ständig mit Wasser gefüllt sind: den **Otjikoto- und den nahen Guinas-See** bei Tsumeb (▶ **S. 187**)

## 2. KUNSTSINNIG

Seit mindestens 28 000 Jahren haben sich zahlreiche Künstler auf Felsplatten im ganzen Land verewigt. Allein am **Brandberg** sind es mehr als 45 000 Malereien. (▶ **S. 50**)

## 3. STEINREICH

Namibia gehört zu den zehn größten Diamantenproduzenten der Erde. Seit Ende 2017 ist die 70 Jahre lang geschlossene **Diamantenstadt Oranjemund** für Touristen geöffnet. (▶ **S. 130**)

## 4. NATURBEWUSST

Namibia ist das erste Land der Welt, dessen Küste komplett unter Naturschutz steht. 1570 Kilometer Meereslinie sind heute komplett Nationalpark, der **Namib Naukluft Park.** (▶ **S. 134**)

## 5. STEINALT

Die 1859 entdeckte Pflanze **Welwitschia** mirabilis hat nur zwei Blätter und wird bis zu 2000 Jahre alt. Deswegen wird sie auch Methusalem der Wüste genannt. (▶ **S. 135**)

## 6. SCHMACKHAFT

Tagliatelle mit **Kalahari-Trüffel**? Das ist kein Witz. Nach der Regenzeit im März wachsen die auch »N'abbas« genannten Pilze in der Kalahari bei **Grootfontein.** (▶ **S. 93**) auch Raubtiere wie Gepard und Schakal. An der Küste tummeln sich Robben, die hier alljährlich ihre Jungen zur Welt bringen und großziehen; Wale und Delfine ziehen auf ihrer Wanderschaft vorüber.

Vogelwelt

887 Vogelarten gibt es im südlichen Afrika, mehr als 680 davon wurden in Namibia bisher registriert. 500 davon brüten im Land, während es sich bei den anderen um Zugvögel handelt. Endemische Vogelarten sind u. a. das Rosenköpfchen, das gern als Käfigvogel gehalten wird, und der Drosselwürger. An der Küste begegnet man Albatros und Sturmtaucher, die in dem planktonreichen Wasser ausreichend Fische finden. Zu den auffälligsten Vögeln gehören die Flamingos und Pelikane, die **Webervögel** mit den kunstvoll geflochtenen Kugelnestern sowie der Strauß, der größte Vogel der Welt.

Reptilien und Amphibien

Im Norden des Landes, in den Flüssen Kunene und Okavango, lebt das imposante Nilkrokodil. Für Geckos ist das Land ein Paradies, es gibt allein sechs verschiedene Arten von tagaktiven namibischen Geckos. Schildkröten sind in einer großen Artenvielfalt vertreten, und neben einigen weniger gefährlichen Viperarten kann man durchaus auch hochgiftigen Puffottern, Kobras und der Schwarzen Mamba begegnen.

Insekten

Namibia ist eines der afrikanischen Länder mit der größten Insektenvielfalt. Viele der hier registrierten 20 000 Arten kommen nur in diesem Land vor. Selbst die Namib verfügt über einen ungeheuren Insektenreichtum – mehr als die anderen Wüsten der Welt. Zu den Überlebenskünstlern an der wasserlosen Nebelküste gehört der **Schwarzkäfer:** Hoch aufgerichtet auf seinen langen Beinen streckt er sich kopfüber den heranziehenden Nebelschwaden entgegen – die Feuchtigkeit schlägt sich auf seinem Rückenpanzer nieder und verschmilzt zu Tropfen, die zum Maul hinabgleiten. In der Namib lebt auch das bisher einzige in der Biologie bekannte lebende Rad: die **»Wheelspider«**, eine Jagdspinne, die vor ihren Feinden flieht, indem sie ihre acht Beine zu einer Kugel am Körper zusammenzieht und sich den Dünenhang hinabwirbelt. Auffallend sind die riesigen Termitenbauten, die über das Land verstreut liegen. Vor einigen Jahren geriet der Brandberg durch eine sensationelle Entdeckung ins Rampenlicht der Forschung. Der namibische Wissenschaftler Martin Wittneben entdeckte 2001 bei einem Forschungsaufenthalt als erster **ein lebendes Fossil: den Gladiator.** Das Urzeitinsekt kannten Forscher bisher nur aus Versteinerungen – man vermutete, es sei seit Millionen von Jahren ausgestorben. Der Gladiator misst bis zu 2,5 cm und frisst am liebsten andere Insekten. Der Räuber ähnelt einer Mischung aus Stabschrecken und Gottesanbeterinnen. Mit dem Fund des Brandberg-Gladiators stieg die Zahl der Insektenordnungen auf 31 – eine wissenschaftliche Sensation. Zwar werden jedes Jahr zahlreiche neue Arten gefunden, doch eine komplett

Er ist grau und laut: Der Graulärmvogel lebt im Buschland.

neue Insektenordnung wurde zuletzt 1915 begründet. Wissenschaftler gehen davon aus, dass der Gladiator möglicherweise bereits seit Jahrmillionen am Brandberg lebt, ohne mit ähnlichen Arten in Kontakt gekommen zu sein.

## Nationalparks und Umweltschutz

Naturschutzgebiete

In Namibia hat der Schutz von Natur und Umwelt eine lange Tradition. Schon 1907 wurden die Etosha-Pfanne und das Kaokoveld unter Naturschutz gestellt. Heute ist der Schutz von Natur und Umwelt in der Verfassung verankert. Knapp 17 % der Landesfläche sind staatlich verwaltete Naturschutzreservate. Darüber hinaus gibt es immer mehr private Wildschutzgebiete. Hier versucht man eine **Allianz aus Tourismus und Naturschutz** zu bilden, denn der Tourismus bedeutet die vermutlich größte Gefahr für die Natur des Landes. Teilweise wurden restriktive Vorschriften erlassen, um die Natur in den ausgewiesenen Schutzgebieten wirkungsvoll zu schützen. So sind beispielsweise große Teile des Namib-Naukluft-Parks überhaupt nicht zugänglich, den gesamten Westteil des Etosha-Nationalparks dürfen Individualreisende erst seit 2014 befahren. Um die einzigartige Natur der Skelettküste und des benachbarten Kaokovelds zu schützen, wurde der Tsau //Khaeb National Park (früher Sperrgebiet-Nationalpark) mit dem Namib-Naukluft-Park, dem Dorob National Park, der ehemaligen West Coast Tourist Recreation Area und dem Meeresschutzgebiet Meob-Chamais zu dem insgesamt 107 540 km² umfassenden **Namib-Skelettküsten-Nationalpark** (Namib Skeleton Coast National Park) zusammengelegt. Gemeinsam bilden die Parks seit 2010 das größte Schutzgebiet in Namibia und das achtgrößte der Erde. Weitere Zusammenlegungen und Vergrößerungen der Schutzgebiete sind geplant. Namibia ist auch das einzige Land der Erde, das seine komplette Küstenlinie als Nationalpark unter Schutz gestellt hat.

Bedrohte Welt

Viele Pflanzen und Tiere stehen unter Naturschutz. Obwohl die Jagd auf Elefanten und Nashörner mit hohen Gefängnisstrafen geahndet werden kann, kam und kommt es auch in Namibia immer wieder zu **Wilderei**. Vor allem Nashörner sind durch die hohe Nachfrage nach Horn in Asien gefährdet. Mit Umsiedlungsaktionen wurde schon mehrfach versucht, bestimmte Wildarten wieder anzusiedeln.

Umweltgefahren

Nicht nur der Tourismus, auch der **Bergbau,** vor allem der Uran-Abbau in der Namib-Wüste (Rössing-Mine), bergen Umweltgefahren. Auch die intensive Beweidung durch die Landwirtschaft ist ein Problem: Durch die **Überweidung** wird das oft nur spärlich wachsende Gras abgefressen, stattdessen breiten sich sehr widerstandsfähige Dornbüsche aus, die keine Viehzucht mehr zulassen und den Boden auslaugen. Forstschutz ist ebenfalls nicht genügend gewährleistet; immer noch werden mancherorts aus mangelndem Bewusstsein für die Natur zu viele Bäume gefällt, was die Bodenerosion beschleunigt.

## Bevölkerung

Wo leben die Namibier?

Namibia ist doppelt so groß wie Deutschland, aber hier leben viel weniger Menschen als in Berlin. Die 2,4 Mio. Namibier verteilen sich den Lebensbedingungen vor Ort entsprechend recht unregelmäßig. Dicht besiedelt ist der feuchtere Norden des Landes. Hier lebt mehr als die Hälfte der Bevölkerung, vorwiegend in traditionellen ländlichen Siedlungen, nur 5 % davon in Städten. In Zentralnamibia sind 32 % der Bevölkerung zu Hause, die Hälfte davon lebt in den Städten (davon die Hälfte in der Hauptstadt Windhoek). Nur 7 % der Bevölkerung leben im südlichen Teil Namibias, wo die Großfarmen vorherrschen, 35 % davon in den Städten. Kaum bewohnt ist der westliche Landesstreifen, die Namib-Wüste, mit Ausnahme der Häfen und Bergbauzentren. Die größeren **Städte** Namibias sind an einer Hand abzuzählen. Die größte ist die Hauptstadt Windhoek, darauf folgen Rundu, Walvis Bay und Swakopmund.

**Bevölkerungswachstum** Zwischen 1970 und 1991 hat sich die namibische Bevölkerung verdoppelt. Seit 1974/1975 haben sich im Norden um die 80 000 Kriegsflüchtlinge aus Angola niedergelassen. Mit der Unabhängigkeit 1990 kehrten rund 20 000 Exil-Namibier aus aller Welt in ihr Land zurück. Die Bevölkerung wächst landesweit jährlich um etwa 2,2 %, in den Städten ist das Wachstum durch die Landflucht wesentlich höher. Bei den weißen Einwohnern Namibias geht die Geburtenzahl deutlich zurück. Obwohl Namibia heute noch eines der am dünnsten besiedelten Länder der Welt ist, führt der Bevölkerungsanstieg infolge Wassermangels und fehlender Wirtschaftskraft zu Problemen.

**Sozialstruktur** Die Sozialstruktur der Bevölkerung entspricht weitestgehend der ethnischen Zugehörigkeit. Lebensstil und -standard der Weißen und Farbigen ähneln der europäischen Lebensweise. Die schwarze Bevölkerung lebt zum Teil im Sippen- und Stammesverband in traditionellen Dorfstrukturen, während die städtischen Schwarzen stärker europäisiert sind; die zahlreichen männlichen Wanderarbeiter stellen oft ein Bindeglied zwischen ländlichen und städtischen Strukturen dar. Viele Dörfer haben durch die Arbeitsmigration relativ hohe Anteile von Frauen, Kindern und älteren Menschen.

**HIV/Aids-Infektionsrate** Eine schwere soziale und wirschaftliche Hypothek trägt Namibia mit der sehr hohen HIV/Aids-Infektionsrate. Die verheerenden Auswirkungen der Krankheit drohen die Entwicklungserfolge der letzten Jahre zunichte zu machen. Derzeit sind rund 13 % der Bevölkerung mit dem Virus infiziert. Die Regierung setzt auf Prävention, Therapie und häusliche Pflege, dennoch gelang es bislang nicht, die Dramatik der Lage maßgeblich zu entschärfen.

## Ethnische Gruppen

**Ein Land, viele Völker** Das wichtigste demografische Merkmal des Landes ist die außergewöhnlich heterogene Zusammensetzung seiner Bevölkerung (▶ Baedeker Wissen, S. 246/247). Mehr als ein Dutzend verschiedene große Volksgruppen leben hier. Die **Bantu-Völker** (die miteinander verwandte Bantu-Sprachen sprechen) stellen mehr als 80 % der Bevölkerung, wobei die **Ovambo** rund 50 % der Gesamtbevölkerung ausmachen. Danach folgen die ebenfalls zur Bantu-Gruppe gehörenden **Kavango** im Nordosten mit etwa 9 % Anteil, die **Herero** in Zentralnamibia und im Osten, die **Damara** im Westen (jeweils 7 %), die **Nama** im Süden (5 %) und die **Caprivianer** am Caprivi-Streifen (4 %). Rund 140 000 **Weiße** leben in Namibia, damit stellen sie 6 % der Bevölkerung (1970 waren es noch über 11 %). Mit ca. 38 000 sind die **San** die kleinste Gruppe im Land.

San

Die auch als »Buschleute« oder »Buschmänner« bezeichneten San sind **die Ureinwohner des Landes**. Sie stellen heute nicht einmal 2 % der Bevölkerung. Die San haben eine eher kleine Statur – kaum jemand ist über 1,60 m groß – und eine gelbliche Hautfarbe. Sprachlich und ethnisch sind sie mit den Khoikhoi (vgl. Nama) eng verwandt, weshalb sie zusammen mit diesen als Khoisan-Völker oder Khoisanide bezeichnet werden. Früher bewohnten die San gemeinsam mit den Khoikhoi das gesamte Küstengebiet von Namibia und das südafrikanische Küstengebiet bis auf die Höhe des heutigen East London. Da sie scheu und friedfertig waren, zogen sich die San vor den weißen und schwarzen Zuwanderern immer weiter zurück bis in die unwegsame Kalahariwüste. Hier und in anderen Gebieten Namibias führen einige San bis heute ein ursprüngliches Leben (▶ Baedeker Wissen, S. 188/189). Die meisten Buschleute arbeiten als Hilfskräfte bei weißen und schwarzen Farmern oder versuchen sich als Subsistenzbauern. Doch die sesshafte Lebensweise entspricht nicht den Lebensformen der San – ihre Zukunft ist ungewiss.

Damara

Wie die San gelten auch die Damara (oder Bergdama) als **Urbevölkerung** des Landes. Sie leben überwiegend in den Bergen des mittleren Nordwestens, zwischen dem Kaokoveld im Norden und Erongo

Schwarz und Weiß finden sich zusammen.

# VIELVÖLKERSTAAT

BAEDEKER WISSEN

*Dreizehn verschiedene Bevölkerungsgruppen, 30 verschiedene Sprachen: Namibia ist wahrlich ein Vielvölkerstaat. Bis auf drei sind alle diese Völker im Lauf der Zeit zugewandert.*

▶ **Bevölkerung**

Die Ovambo sind die weitaus größte Bevölkerungsgruppe. Auf sie stützt sich die regierende SWAPO-Partei. Jedoch ist der größte Teil der Wirtschaft weiterhin in weißer Hand.

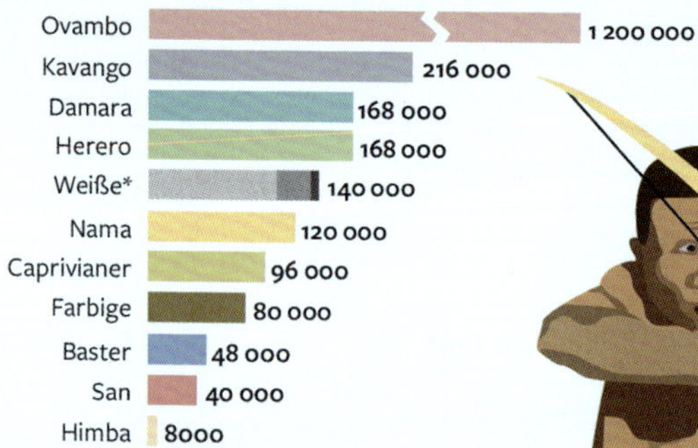


* Buren 105 000
Deutsche Siedler 28 000
Portugiesen 7000

▶ **Zuwanderung nach Namibia**

| Zeit | Volk | Herkunft |
|---|---|---|
| 16./17. Jh. | Ovambo | unklar |
| 16.–18. Jh. | Kavango | Südwesten des heutigen Tansania |
| | Damara | Urbevölkerung |
| 19. Jh. | Weiße | Deutschland, Südafrika |
| 18./19. Jh. | Nama | Kapregion |
| 16. Jh. | Herero | Ostafrika |
| | Caprivianer | Urbevölkerung |
| | San | Urbevölkerung |
| ab 1860 | Baster | Südafrika |
| 15./16. Jh. | Himba | aus dem heutigen Botswana |

▶ **Kerngebiete der Völker Namibias**

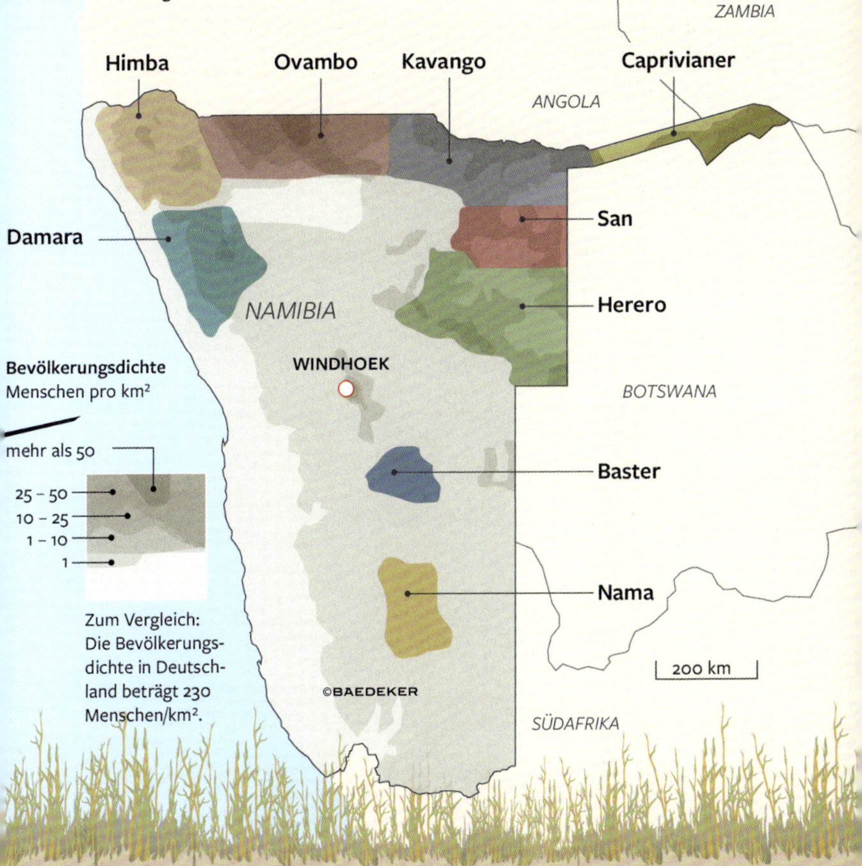


**Sprachenvielfalt**

| SPRACHFAMILIE | BANTU | BANTU | KHOISAN | INDOGERMANISCH |
|---|---|---|---|---|
| Sprachgruppe | **OshiWambo** | **SeTswana** | **Khoekhoegowab** | |
| Sprache | OshiKwanyama<br>OshiNdonga | SeTswana | Khoekhoegowab | Englisch<br>Afrikaans<br>Deutsch<br>Portugiesisch |
| Sprachgruppe | **RuKavango** | **SiLozi** | **San** | |
| Sprache | RuKwangali<br>RuGoiriku | SiLozi<br>CiSubiya<br>ChiFwe<br>ShiYeyi<br>ChiTotela | Kung<br>Kxoe<br>Naro | |
| Sprachgruppe | **OtjiHerero** | | | |
| Sprache | OtjiHerero | | | |

im Süden. Anders als die San waren die Damara immer ein sesshaftes Volk, das seinen Lebensunterhalt durch Jagen, Sammeln, ein wenig Gartenbau und Viehzucht bestritt. Auch die Damara kennen keine Anführer, Häuptlinge oder Könige; die größte soziale wie politische Einheit ist die Großfamilie. Dementsprechend ließen sie auch nie kriegerische Ambitionen erkennen. Heute leben die meisten Damara in relativ ärmlichen Verhältnissen; wer Glück hat, findet eine Anstellung als Minenarbeiter.

Ovambo

Die Ovambo sind **das größte Volk Namibias**, sie stellen etwa die Hälfte der Landesbevölkerung. Die Mehrheit der Ovambo lebt im Norden, in der gut beregneten Region nördlich der Etosha-Pfanne zwischen dem Kaokoveld im Westen und der Kalahari im Osten. Eingewandert sind sie im 16./17. Jh.; über ihre Herkunft ist nur wenig bekannt. Die Ovambo sind ein matrilineales Volk (d. h. im Erbrecht gilt die mütterliche Linie); durch den Einfluss der Missionare tendieren sie allerdings immer mehr zur patrilinealen Ordnung. 1870 sind die ersten Ovambo zum Christentum bekehrt worden, heute gehören 80 % dieses Bantu-Volks, zu dessen Traditionen der Glaube an ein höchstes Wesen und eine starke Ahnenverehrung zählen, christlichen Kirchen an. Die Ovambo sind in **acht Volksgruppen** unterteilt, von denen die Kwanyama und die Ndonga die größten sind. Viele Ovambo leben noch traditionsgemäß in von Pfahlzäunen umschlossenen Siedlungsstätten (Kraal), betreiben Feldbau oder Viehhaltung und entsprechen damit von allen schwarzen namibischen Völkern am ehesten dem Klischee vom schwarzen Afrika. Doch darf das nicht darüber hinwegtäuschen, dass ihr Siedlungsgebiet eine krisengeschüttelte Region ist, in der vielen nur noch die Kontraktarbeit und Landflucht bleibt, wenn sie der extremsten Armut entgehen wollen.

Kavango

Ebenso wie die Ovambo gehören die Kavango zu den Bantu-Völkern. Sie leben vorwiegend im Nordosten des Landes, am südlichen Ufer des wasserreichen Okavango. Sie sollen aus Ostafrika eingewandert sein. Ihre Lebensgrundlage bilden Getreideanbau (Mais, Hirse), Viehzucht (Rinder, Ziegen, Schweine) und Fischfang. Fernab der »Zivilisation« wohnen sie heute noch in traditionellen palisadenumfriedeten Einzelgehöften. In allen **fünf Volksgruppen** gibt es ein erbliches Häuptlingstum (Mann oder Frau).

Herero

Seit wann die Herero im heutigen Namibia leben, ist nicht exakt geklärt. Vermutlich wanderten sie ab dem 16. Jh. aus den Savannen Ostafrikas nach Südwestafrika. Die Herero waren **Halbnomaden**, die von der Rinderzucht lebten. Auf der Suche nach neuen Weidegründen drangen sie immer weiter in den Süden des Landes vor, unterdrückten die dort lebenden San und Damara und führten schließlich mit den schafzüchtenden Nama vor allem um die Mitte des 19. Jh.s blutige und erbitterte Kriege um Weideländer. Als ihr Lebensraum durch die deutschen Siedler immer weiter eingeengt wurde, erhoben sie sich 1904 gegen die Kolonialherren. Nach der verlorenen Schlacht am Waterberg flüchteten sie nach Osten, in ein nahezu wasserloses Gebiet, wo nur ein Fünftel der Gesamtbevölkerung überlebte. Heute leben viele Herero über den ganzen mittleren Landesteil verteilt. In einigen ländlichen Gebieten des einstigen Homelands halten sie an alten Traditionen und Bräuchen fest. Das wohl wichtigste Ritual ist die Verehrung eines »heiligen Feuers«, das als Symbol für das Weiterleben des Stammbaums gilt und daher niemals verlöschen darf. Das augenfälligste Merkmal der Herero ist die traditionelle Tracht der Frauen: lange, farbenfrohe Gewänder im viktorianischen Stil. Der Volksmund in Namibia hat auch eine Erklärung, weshalb die Missionarsfrauen die Hererofrauen in der Kunst des Schneiderns unterrichteten: Sie waren darüber verärgert, dass ihre Männer immer den halbnackten schwarzen Schönheiten hinterherblickten!

Himba

Die ursprünglichen Lebensformen der Herero haben sich bei den eng mit ihnen verwandten Himba und Tjimba (▶ Baedeker Wissen, S. 104/105) noch erhalten. Ihr Siedlungsgebiet ist das Kaokoveld. Die Himba stammen von Hererohirten ab, die sich auf der Flucht vor den kriegerischen Nama im 19. Jh. in dieser unwirtlichen, trockenen Region im Nordwesten des Landes niedergelassen haben.

Nama

Vielen kommt immer noch die mittlerweile verpönte Bezeichnung »Hottentotten« über die Lippen, wenn von den Nama die Rede ist. Diesen Namen erhielten sie, weil sie Reiseberichten aus dem 19. Jh. zufolge bei der Begegnung mit Weißen tanzten, sangen und das Wort »Hottentot« ausstießen. Sie selbst nennen sich **»Khoikhoi«**, was so viel wie »Männer aller Männer« bedeutet oder eben »Nama«. Sie bilden die größte überlebende Gruppe der Khoikhoi, die einst weite Teile des südlichen Afrika bewohnten. Sprachlich und von der Physiognomie her sind die Nama und die San eng miteinander verwandt. Während die San jedoch von der Jagd leben, sind die Nama traditionell halbnomadische Hirten. Die meisten Nama wurden missioniert und haben einen westlichen Lebensstil angenommen. Viele arbeiten auf Farmen, besonders als Hirten von Karakulherden, und als Vieh haltende Bauern.

Caprivianer

Die rund 96 000 Caprivianer leben im äußersten Nordosten des Landes an der Grenze zu Angola, Sambia und Botswana. Die beiden größeren Völker sind die Mafwe (Mafue) und die Masubia (Subia). Sie gehören zur **Bantu-Sprachfamilie** und werden nach überlieferter Tradition von Stammeshäuptlingen regiert. Die Caprivianer leben vom Fischfang, von Viehzucht, Ackerbau und zum Teil auch von der Jagd. Verwaltungszentrum der Region ist Katima Mulilo am Sambesi.

Tswana Die rund 7000 Tswana sind **die kleinste** der ethno-linguistischen Gruppen Namibias. Sie leben nordöstlich und südöstlich von Gobabis im sogenannten Sandveld, das an Botswana grenzt. Die katholisch missionierten Tswana arbeiten auf Farmen und in Städten, vor allem in Windhoek, oder sie widmen sich der Viehwirtschaft.

Baster Die rund 48 000 Baster sind Nachfahren aus Ehen zwischen weißen südafrikanischen Farmern und Khoikhoi-Frauen. Sie wanderten in den 1860er-Jahren in Namibia ein, wo sie den Ort Rehoboth südlich von Windhoek gründeten. Dort errichteten sie eine kleine, von ihnen selbst verwaltete »Republik«, die sogar von der deutschen Kolonialmacht toleriert wurde. Die Baster sind **alle calvinistisch**, sprechen Afrikaans und führen einen verwestlichten Lebensstil. Sie haben eine strenge patriarchalische Gesellschaftsordnung und gelten als die konservativste Volksgruppe in Namibia. Ihre Lebensgrundlage bildet u. a. die Zucht von Rindern und Karakulschafen.

Farbige Gemischter Abstammung sind etwa 80 000 Namibier. Die Angehörigen dieser heterogenen Gruppe werden als »Farbige« bezeichnet. Sie entstanden aus einer Vermischung der ersten europäischen Einwanderer mit schwarzen Frauen, aber auch mit aus Malaysia eingeführten Sklavenarbeiterinnen. Die Farbigen leben vor allem in den Farbigen-Vororten der Städte (z. B. in Khomasdal in Windhoek).

Weiße In Namibia leben rund 140 000 Weiße europäischer Herkunft. Etwa zwei Drittel von ihnen sind **Buren,** die Nachkommen jener holländischer Einwanderer, die schon seit der Mitte des 17. Jh.s das südliche Afrika kolonisierten. Der überwiegende Teil der Afrikaans sprechenden Buren ist ab 1915 von Südafrika nach Namibia eingewandert, als im Ersten Weltkrieg der südliche Nachbar die Verwaltungsgeschäfte in Südwestafrika übernahm. Die zweitstärkste Gruppe der Weißen Namibias bilden die **Deutschsprachigen,** Nachfahren der Siedlerfamilien, die während der deutschen Kolonialzeit ins Land kamen, bzw. Neuzuwanderern. Von den rund 22 000 Deutschstämmigen besitzt etwa ein Drittel auch die deutsche Staatsangehörigkeit. Die Englischsprachigen, die ebenfalls ab 1915 eingewandert sind, machen 7 % der weißen Bevölkerung aus. Im Norden des Landes, an der Grenze zu Angola, leben ca. 5000 Portugiesen. Die Weißen spielen – auch nach der Unabhängigkeit – immer noch eine zentrale Rolle in der Wirtschaft des Landes. Sie besitzen das beste Farmland und arbeiten im Handel, in der Industrie und – wenn auch mit rückläufiger Tendenz – im öffentlichen Dienst. Die Mehrheit von ihnen lebt in den Städten Zentral- und Südnamibias.

## Sprachen: Jeder lernt mindestens zwei

Sprachgruppen

In Namibia sind drei große Sprachgruppen vertreten mit 30 verschiedenen Unterformen und Dialekten: Bantu-Sprachen (Caprivianer, Herero, Kavango, Ovambo, Tswana), Khoisan-Sprachen (Damara, Nama, San), indogermanische Sprachen (Baster, Farbige, Weiße). Namibia legt Wert auf die Pflege der einzelnen Sprachen auch in den Schulen. Jeder Namibier wächst also heute mindestens zweisprachig auf, mit der Amtssprache Englisch und der eigenen Muttersprache.

Amts- und Verkehrssprachen

Seit der Unabhängigkeit gilt **Englisch** als die offizielle Amtssprache des Landes. Allerdings müssen Gesetzestexte, Verwaltungsentscheidungen und Urteile auch in der jeweiligen Regionalsprache veröffentlicht werden. Die in fast allen Landesteilen verbreitetste Umgangssprache ist das aus dem Niederländischen entstandene **Afrikaans,** das bis zur Unabhängigkeit Amtssprache war. Gesprochen wird es von den Buren (Kapholländern), den Baster und den Farbigen, aber auch die übrigen Weißen beherrschen diese Sprache meist. Auch **Deutsch** ist noch eine Verkehrssprache in Namibia. Die deutsche Gemeinde war stets darum bemüht, ihre Traditionen zu bewahren, so konnte die deutsche Sprache erstaunlich gut erhalten werden.

Bantu, Khoisan

Die drei wichtigsten afrikanischen Sprachen sind die beiden Bantu-Sprachen Oshivambo und Otjiherero sowie die Khoisan-Sprache Nama/Damara. Oshivambo wird von den Ovambo gesprochen, Otjiherero ist die Sprache der Herero und Himba. Nama/Damara sprechen 13 % der Namibier.

## Politik im unabhängigen Namibia

Verfassung

Die Verfassung Namibias wurde am 9. Februar 1990 von der verfassunggebenden Versammlung verabschiedet; sie trat mit der Proklamation der Unabhängigkeit am 21. März 1990 in Kraft. Namibia erklärt sich in seiner demokratisch-liberalen Verfassung zu einem unabhängigen, säkularen und demokratischen Einheitsstaat mit Mehrparteiensystem. Die Verfassung garantiert grundlegende Menschen- und Freiheitsrechte sowie rechtsstaatliche Grundsätze. Eine Verfassungsänderung ist nur durch eine Zweidrittelmehrheit in der Nationalversammlung und im Nationalrat möglich, die Grundrechte sind unveränderbar.

Exekutive, Legislative, Judikative

Staatsoberhaupt ist der direkt vom Volk gewählte **Präsident,** der zugleich Oberkommandierender der Streitkräfte ist. Seine Amtszeit beschränkt sich auf zweimal fünf Jahre. Sein Stellvertreter ist der Premierminister. Die Gesetzgebung liegt in den Händen des **National**

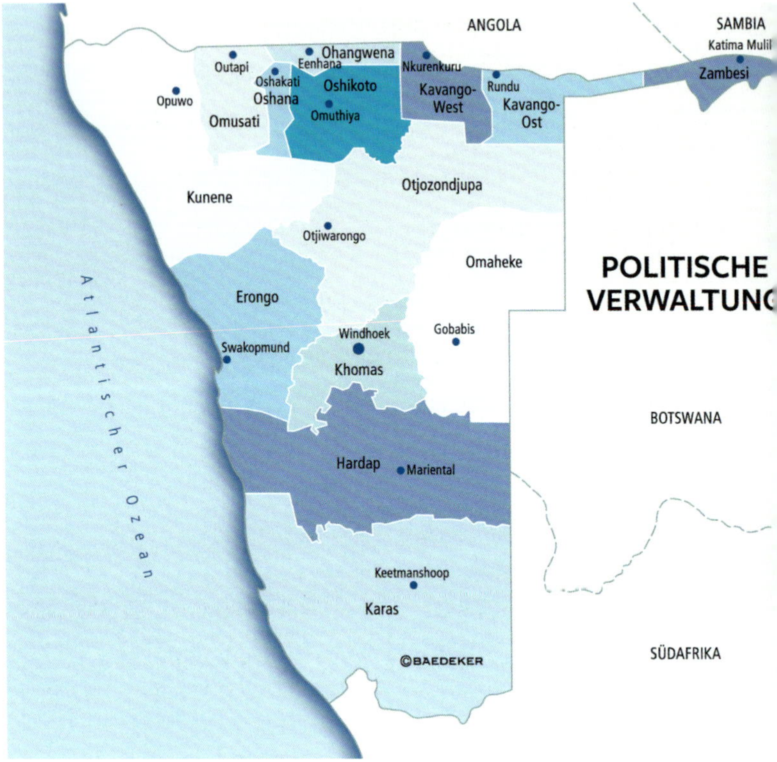


**Assembly** (Parlament) und des **National Council** (Nationalrat). Das Parlament setzt sich aus 104 auf fünf Jahre gewählten Abgeordneten zusammen, inklusive sechs vom Präsidenten ernannten Deputierten. Der aus 42 Mitgliedern bestehende Nationalrat repräsentiert die 14 Regionalvertretungen, die in Regionalwahlen ermittelt werden. Ein **»Rat der traditionellen Führer«,** d. h. der traditionellen Oberhäupter der einzelnen ethnischen Gruppen, berät den Präsidenten. Das namibische Gerichtswesen besteht aus drei Ebenen. Höchstes Rechtsorgan ist der auch als Verfassungsgericht fungierende **Supreme Court** (Oberster Gerichtshof). Ihm folgen der **High Court** (Obergericht) und die **Lower Courts** (Amtsgerichte).

Regionalverwaltung

Bis 1992 gliederte sich Namibia in zehn **Homelands** (▶ Reservate, S. 271). Das Restgebiet, etwa 60 % der Landesfläche, beanspruchte die weiße Bevölkerung. 1992 erfolgte eine neue Gliederung mit 13

Regionen; 2013 wurde die Region Caprivi in Zambesi umbenannt und Kavango geteilt, sodass es nun 14 Regionen gibt. Die jeweiligen Regionen wiederum sind in Städte, Gemeinden und Dörfer unterteilt.

Armee

Nach Erlangung der Unabhängigkeit erhielt Namibia eine eigene Armee, heute mit einer Truppenstärke von 9000 Mann. Ausgebildet werden die Streitkräfte von britischen und deutschen Militärs.

Gesundheit und Bildung

Neben dem Erziehungswesen gilt dem Ausbau der **medizinischen Versorgung** die größte Aufmerksamkeit. Während in den städtischen Zentren und teils auch im weißen Farmland die ärztliche Versorgung gewährleistet ist, fehlen in den abgelegenen, überwiegend von Schwarzen bewohnten Gebieten Ärzte und medizinische Einrichtungen. Mobile Praxen sollen zumindest eine medizinische Grundversorgung sicherstellen.
In das **Bildungswesen** fließen 20 % des gesamten namibischen Haushalts, dennoch reichen diese Geldmittel nicht aus, um dem Land zu einem für alle gleichermaßen guten Erziehungs- und Bildungssystem zu verhelfen. Noch immer können viele Nichtweiße schulisch nicht betreut werden, vor allem in den dünn besiedelten Farmgebieten von Zentral- und Südnamibia. Immerhin konnte die **Analphabetenquote** von 60 % (1990) auf rund 15 % (2007) gesenkt werden.

Parteien

Regierungspartei ist die **SWAPO** (South West African People's Organization of Namibia, ▶ Geschichte) unter ihrem Parteipräsidenten **Hage Geingob,** die seit der Unabhängigkeit Namibias ununterbrochen an der Macht ist. Die Oppositionsparteien sind schwach und zunehmend zersplittert.

Internationale Mitgliedschaften

Namibia ist als 160. Mitglied in die Vereinten Nationen aufgenommen worden und seit 1990 50. Mitglied des Britischen Commonwealth. Das Land erhielt Zutritt zum Internationalen Währungsfonds, zur Weltbank und zur Entwicklungskonferenz der Staaten des südlichen Afrika. 2014 bis 2016 hielt Namibia einen Sitz im Menschenrechtsrat der Vereinten Nationen.

## Fast alles für den Export: Namibias Wirtschaft

Allgemeines

Namibias Wirtschaft hat nach mageren Jahren wieder Fahrt aufgenommen. Das liegt nicht nur an einer höheren Bergbauproduktion, sondern auch an der Erholung der Landwirtschaft. Nach einer dreijährigen Dürre gab es 2016/17 vielerorts wieder gute Regenfälle, sodass sich die Ernteerträge und Weidebedingungen deutlich verbessert haben. In der Viehzucht wird es jedoch noch einige Jahre dauern, bis die Herden wieder auf ihre alte Größe aufgestockt sind.

Namibia produziert fast ausschließlich für den Export. Fast alles, was es verbraucht, muss importiert werden. Das durchschnittliche jährliche **Pro-Kopf-Einkommen** lag 2017 bei 5358 US-$ (ca. 4328 Euro). Mehr als die Hälfte der Bevölkerung liegt an oder unter der Armutsgrenze. Die **Arbeitslosigkeit** ist hoch (▶ Baedeker Wissen, S. 234/235), besonders betroffen sind Frauen. Immer noch zeigen sich die Folgen der südafrikanischen Mandatszeit, als Namibia als »fünfte Provinz« in den Wirtschaftskreislauf Südafrikas integriert war.

Bergbau

Knapp 12 % des Bruttosozialprodukts wird im Bergbau erwirtschaftet. Die wichtigsten Rohstoffe des Landes sind Uran, Kupfer und Diamanten (▶ Baedeker Wissen, S. 256/257), doch werden zudem auch Gold, Blei, Zink, Salz und Erdgas gefördert. Daneben enthält der Boden Namibias zahlreiche andere Edel- und Halbedelsteine in großen Mengen und von ausgezeichneter Qualität, darunter einige, die bisher nirgendwo sonst gefunden worden sind. Auf namibischem Boden soll es mehrere Erdölfelder geben, sie sind jedoch noch nicht voll erforscht.

Landwirtschaft

Der landwirtschaftliche Sektor trägt zwar nur noch mit 5,5 % zum Bruttoinlandsprodukt bei, dennoch sind 70 % der Bevölkerung direkt oder indirekt von der Landwirtschaft abhängig. Über 90 % der landwirtschaftlichen Erträge kommen aus der Viehzucht. Der **Ackerbau** spielt aufgrund der zu geringen Niederschlagsmengen in den meisten Landesteilen nur eine untergeordnete Rolle. Der Anbau von Kartoffeln, Mais, Bohnen und Weizen genügt gerade für den Eigenbedarf, und auch die Gartenwirtschaft (Obst, Gemüse, Grünfutter, Hirse, Erdnüsse, Sonnenblumen, Wein) findet man nur in gut bewässerten Gegenden. Die einzigen großen Ackerbaugebiete liegen im Karstveld um Tsumeb und um den Hardap-Staudamm im Süden. Namibias Norden hat das höchste Potenzial für Getreideanbau. Rinder- und Schafzucht sind die wichtigsten Bereiche der **Viehhaltung**. Rinder werden hauptsächlich im Norden und Zentrum Namibias gezüchtet, Schafe im Süden des Landes. Wegen der geringen Niederschlagsmenge sind die Weiden sehr spärlich, sodass zur Ernährung des Zuchtviehs große Flächen nötig sind. Das meiste Schlachtvieh wird exportiert; allein 90 % gehen nach Südafrika. Neben der Zucht von Woll- und Fleischschafen konnte die **Karakulzucht** große Erfolge vorweisen. Zuwachsraten sind seit Jahren in der **Wildfarmerei** zu verzeichnen – vor allem die Straußenzucht wächst schnell –, die lukrativste Einnahmequelle ist hier der **Jagdtourismus** (Trophäenjagd).

Tourismus

Seit der Unabhängigkeit 1990 hat sich der Tourismus in Namibia zum zweitwichtigsten Wirtschaftsfaktor entwickelt (15 % des BIP). Internationale Flugverbindungen und ein gut ausgebautes Straßennetz sowie hervorragende Unterkünfte locken neben Südafrikanern immer mehr Europäer nach Namibia.

Viehzucht ist eine der Säulen der namibischen Landwirtschaft.

Fischerei

Der kalte Benguela-Strom vor der Küste Namibias war einmal einer der reichsten Fischfanggründe der Welt. Den Fischbestand stark dezimiert haben erst unkontrolliert und zum Teil illegal fischende ausländische Flotten, dann sauerstoffarmes Wasser, das durch ungünstige Umwelteinflüsse in den Küstenbereich gelangte. Dennoch trägt die Fischerei in den Häfen Walvis Bay, Lüderitz und Arandis rund 7 % zum Bruttosozialprodukt bei und ist nach dem Tourismus der am stärksten wachsende Wirtschaftszweig.

Landreform

Als Namibia 1990 unabhängig wurde, besaßen etwa 4500 kommerzielle Farmer rund 33 Mio. ha Nutzfläche, während rund 150 000 Haushalte sich weitere 33 Mio. ha nutzbaren kommunalen Landes teilten. Das Gesetz zur Bodenreform 1995 sollte das Land gerechter verteilen, auf freiwilliger Basis nach dem Prinzip **»willing seller – willing buyer«**. Der Staat erhielt das Vorkaufsrecht. Allerdings gab es weit mehr Antragsteller als geschätzt, zudem verlangsamten Umgehungsstrategien vieler Farmer und Bürokratismus die Reform. Um katastrophale Zustände wie in Simbabwe zu vermeiden, wo die Bodenreform jahrzehntelang verzögert worden war, begann die Regierung in Windhoek 2004 damit, Farmen gegen Entschädigung zu enteignen, die geplante Umstrukturierung gelang aber nicht.

# DIAMANTEN

*Namibia gehört zu den rohstoffreichsten Ländern Afrikas. Abgebaut werden u.a. Diamanten, Halbedelsteine, Uran, Gold, Silber, Zink, Kupfer, Blei, Zinn, Marmor und Granit. 60% der namibischen Exporteinnahmen werden mit Bergbauprodukten erzielt, Diamanten machen davon fast die Hälfte aus. Die Steine werden auch mit einem besonderen Verfahren vom Meeresboden geholt.*

## ▶ Entstehung

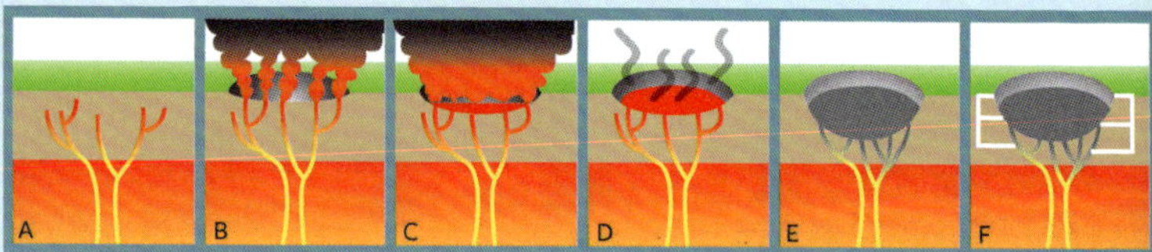


Diamanten entstanden bis vor ca. 15 Mio. Jahren 150 bis 300 km unter der Erdoberfläche unter sehr hohen Drücken und Temperaturen (min. 1500 °C). In schlanken vulkanischen Durchschlagsröhren (A) drang diamanthaltiges Material binnen weniger Stunden an die Erdoberfläche (B). Es füllte Spalten (C) und Hohlräume (D) in der Erdkruste und erkaltete (E). Diamantführendes Gestein, das in Pipes erloschener Kimberlit-Vulkane gefunden wird, kann von Schächten (F) aus abgebaut werden.

## ▶ Marine Mining

Vor der Küste Namibias werden Diamanten vom Meeresgrund geborgen, die der Orange River aus dem Inneren Südafrikas herangespült hat. Beim »Marine Mining« werden von Schiffen aus Sand- und Kiesschichten abgesaugt und an Bord nach Diamanten durchgefiltert. Der Abraum wird dann wieder auf dem Meeresboden verteilt.

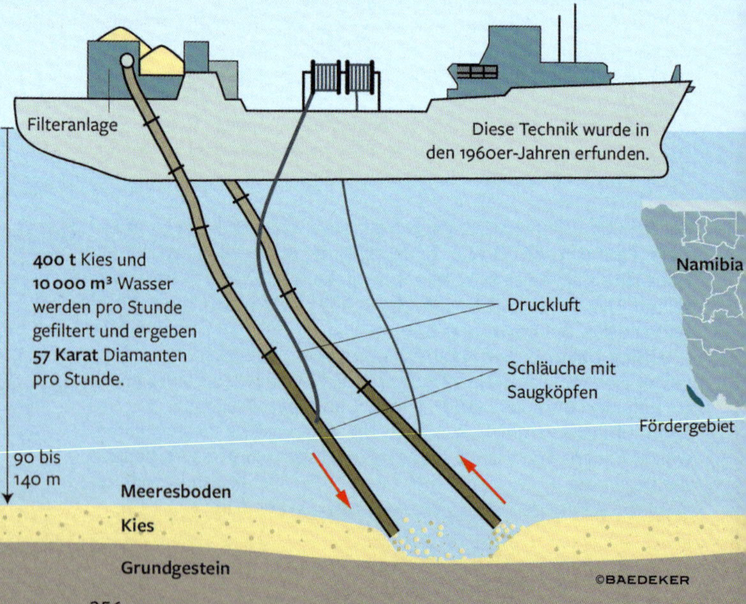

## Anteile Rohdiamantenproduktion
(2017, nach Mio. Karat Fördermenge)

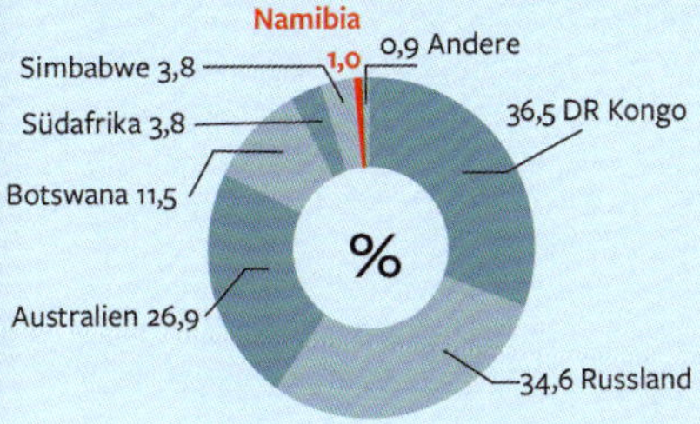


## Globale Rohdiamantenproduktion (Mio. Karat)

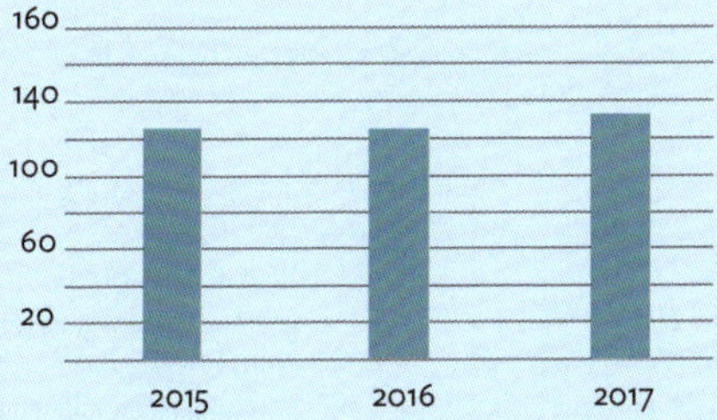


## Förderländer

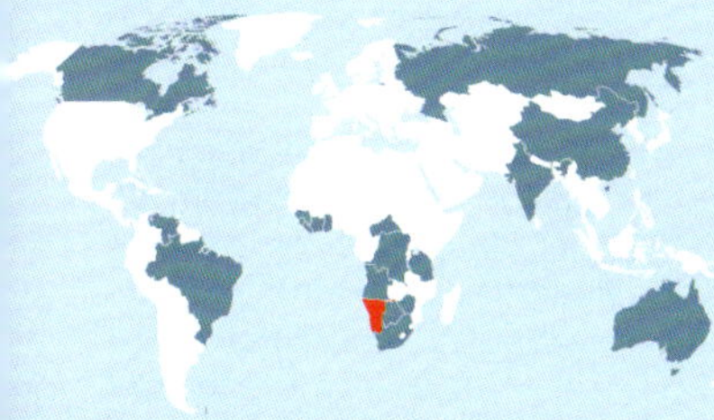

## Kimberley-Prozess: gegen Blutdiamanten

Mit dem Zertifizierungssystem des sog. Kimberley-Prozesses (KP) soll seit 2003 der Handel mit Blutdiamanten unterbunden werden. Rohdiamanten dürfen zwischen den teilnehmenden Staaten nur in plombierten Behältern zusammen mit einem Zertifikat, das die unbedenkliche Herkunftder Steine bestätigt, transportiert werden.

## Diamantschliff

Wegen der extremen Härte konnte man Diamanten früher nur mit anderen Diamanten schleifen. Heute werden immer häufiger Laser benutzt.

1 Karat = 0,2 Gramm

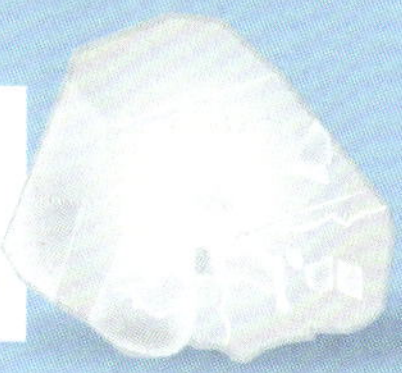

Rohdiamant

Kristallstrukturen von Diamanten

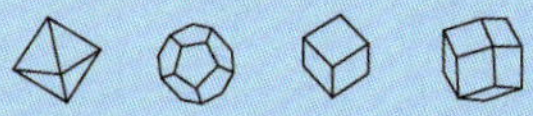

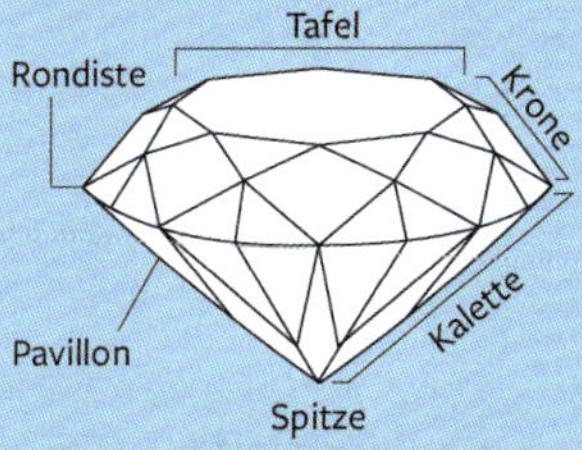


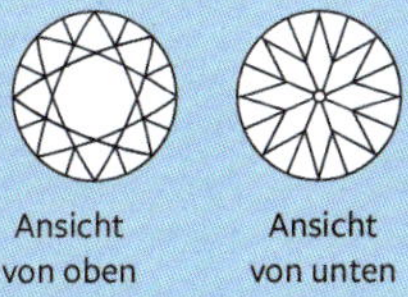


## Die Farben

Farblose (weiße) Diamanten sind am wertvollsten. Weitere Färbungen sind:

häufig

selten

Auch Namibias aktueller Präsident Hage Geingob konnte bis heute kein neues, von allen Seiten akzeptiertes Landreformgesetz verabschieden. Die für Ende 2017 geplante zweite nationale Landkonferenz wurde auf unbestimmte Zeit verschoben, weil sich verschiedene Gruppierungen an Präsident Geingob gewandt hatten – es brauche mehr Zeit für Vorbereitungen und Beratungen. Die Regierungspartei SWAPO steckt im **Dilemma,** denn sie hat im Unabhängigkeitskampf versprochen, die ungerechten Besitzverhältnisse in Namibia rückgängig zu machen. Das Apartheids-Regime zieht allerdings einen niedrigen Bildungsstand und **Fachkräftemangel** nach sich. Außerdem sind nur 42 % Namibias landwirtschaftlich nutzbar, und aufgrund der **Wasserknappheit** sind nur größere Farmen wirtschaftlich. Seit Jahren kauft die Regierung deshalb Farmland, um es günstig an die Kommunen weiterzugeben. Tausende von Kleinbauern wurden bereits in ökologischer Landwirtschaft unterrichtet, doch laut einer Studie ist der Großteil des umverteilten Farmlands unproduktiv und weitgehend ungenutzt. Es fehle an Wasser, Ausbildung und Kapital; die meisten Neubauern seien arm wie nie zuvor. Ohne Zweifel lässt sich die **Kluft zwischen Arm und Reich** nur mit einer Umverteilung weißen Farmlands an schwarze Kleinfarmer nicht schließen. Dennoch macht die Landreform Fortschritte. Bis 2014 wurden etwa 8 Millionen Hektar Land an landlose Bürger umverteilt, mehr als die Hälfte der bis 2020 angestrebten 15 Millionen Hektar. Die Politik zur Landfrage bleibt trotzdem ein **Balanceakt**. Sie ist politische Notwendigkeit und wirtschaftliches Harakiri zugleich. Und die Wogen schlagen hoch. Der Vorwurf vieler Farmbesitzer: Die Regierung enteigne gegen Gesetz und Verfassung, zudem würden die Enteignungen nicht Landlosen, sondern politischen Funktionären zugutekommen. Wie in Simbabwe werden in Namibia verdiente Helden des Befreiungskampfs mit dem enteigneten Land entlohnt. Fast alle gehören dem Stamm der Ovambo an, der führenden Kraft hinter der regierenden SWAPO-Partei. Bislang konnte die SWAPO-Regierung die Fehler des Nachbarlands jedoch vermeiden: Sie verhielt sich weitgehend verfassungstreu, es gab keine willkürliche Landvergabe und man bemüht sich seit 1991 kontinuierlich um die Landreform.

Wasserversorgung

Die Wasserversorgung ist ein großes wirtschaftliches Problem, denn Namibia ist ein Trockengebiet. Die einzigen ganzjährig Wasser führenden Flüsse Okavango, Kunene und Oranje liegen weit von den Städten entfernt. Unabdingbar für die Wasserversorgung sind **Stauseen**. Es gibt Zehntausende von Staubecken, allerdings nur sechs mit einem Fassungsvermögen von mehr als 20 Mio. $m^3$. Auf abseits gelegenen Farmen wird Wasser oft mit Hilfe eines Windmotors aus einem **Brunnen** gepumpt; die Liefermenge vieler der etwa 15 000 Bohrlöcher beträgt aber oft nur 1 $m^3$ pro Stunde. Schwere Dürren in den vergangenen Jahren haben die Wasserproblematik verschärft. Hoffnung nährt die Entdeckung eines unterirdischen Wasservorkommens nahe der Grenze zu Angola, das noch erforscht werden muss.

Elektrizität

Namibia hat eine Elektrizitätsförderkapazität von mehr als 420 Megawatt. Der Großteil des Stroms wird durch Wasserkraft erzeugt. Das Staatsunternehmen Namibia Power Corporation (NamPower) kontrolliert die Stromversorgung des Landes. Die wichtigsten Energielieferanten sind das Ruacana-Wasserkraftwerk am Kunene und das Van-Eck-Kohlekraftwerk nahe Windhoek. Namibia ist außerdem an das südafrikanische ESKOM-Stromnetz angeschlossen. Von dort wird bislang der meiste Strom bezogen. Um die Abhängigkeit von Energieimporten langfristig zu verringern, sind neue Kraftwerke in Planung, darunter das Kudu-Gaskraftwerk.

Häfen

Der einzige Tiefseehafen an der namibischen Küste liegt in Walvis Bay, er soll massiv ausgebaut und um ein Containerterminal erweitert werden. Von Walvis Bay bestehen ausgezeichnete Straßen- und Eisenbahnverbindungen ins Landesinnere. Lüderitz, der zweite Hafen Namibias an der Südküste, ist in erster Linie ein Fischereihafen.

# GESCHICHTE

*Im Südwesten Afrikas finden sich sehr alte Spuren der Menschheitsentwicklung, auch wenn der seit 1990 unabhängige Staat Namibia einer der jüngsten der Welt ist. Seine heute gültigen Grenzen erhielt Namibia erst gegen Ende des 19. Jh.s, als die Kolonialmächte Deutschland, Großbritannien und Portugal die Flächenausdehnung von Deutsch-Südwestafrika aushandelten.*

## Vorgeschichte bis zum Beginn der Kolonialzeit

Alles begann in Afrika

In der Wissenschaft gilt Afrika als die »Wiege der Menschheit«. Hier entwickelte sich der moderne Mensch und drang dann nach Norden vor. In Namibia fand man Spuren sehr früher »Menschenartiger«, sogenannte Hominoiden. So stieß man 1991 bei den Ausgrabungen einer frühgeschichtlichen Siedlung in einer Höhle in den Otavi-Bergen auf die Kieferfragmente eines Otavipithecus namibiensis, dessen Alter auf 12–15 Mio. Jahre geschätzt wird. Im zentralen Hochland nördlich von Windhoek wurden Schädelknochen und Rückgrat eines weiteren Frühmenschen, des Menschen von Otjiseva, gefunden. Um welchen Menschentyp es sich handelt, ist unbekannt.

**Urbevölkerung**

Die bedeutendste Hinterlassenschaft der Urbevölkerung Namibias sind ihre **Felsbilder,** von denen die ältesten vermutlich bereits vor 28 000–26 000 Jahren entstanden (▶ S. 50, 116). Darüber hinaus gibt es zahlreiche Funde von Steinwerkzeugen und -waffen aus der Mittel- und Jungsteinzeit in ganz Namibia, vor allem in der Umgebung von Windhoek, aber auch an einigen Stellen in der Namib-Wüste. Viele der erhaltenen Felszeichnungen und -gravuren entstanden in den letzten beiden Jahrtausenden, bis ins 19. Jh. hinein. Sie werden den **San** zugeschrieben, die zusammen mit den **Damara** als die ältesten bekannten Völker Namibias gelten.

» Die Welt ist veränderlich wie das Horn des Kudu. «

*Sprichwort der Damara*

**Schwarze Völker Namibias**

Ein Großteil der San wurde durch Bantu-Völker, die von Norden her in ihr Gebiet einfielen, nach Süden, Osten und Südosten verdrängt. Aber auch das Hirtenvolk der Nama (oder Khoikhoi), das vor 2600 Jahren von Süden kommend in das Gebiet des heutigen Namibia eindrang, machte den San und den Damara den Lebensraum streitig. Die Nama bevölkerten vor allem die zentralen und südlichen Gebiete des

Auf den Felsbildern stellten die Menschen der Urbevölkerung u.a. die Jagd und die Tiere dar.

Landes. Vermutlich wanderten ab dem 16. Jh. aus den Savannen Ostafrikas die Herero, ein halbnomadisches Hirtenvolk, in das nördliche Siedlungsgebiet der Buschleute und Damara ein. Auf der Suche nach neuen Weidegründen drangen sie immer weiter in den Süden des Landes vor. Das Gros der Herero erreichte bis zur Mitte des 19. Jh.s Zentralnamibia. Ein weiteres großes Volk, das sich einst im Bereich der heutigen Grenze zwischen Namibia und Angola niederließ und auch heute noch dort lebt, sind die aus Zentralafrika stammenden Ovambo. Um 1800 überquerten die Oorlam, eine Nama-Gruppe, die sich z.T. mit den Buren vermischt hatte, den Oranje im Süden. Durch den Kontakt mit Weißen bereits mit Pferden und Feuerwaffen ausgerüstet, waren sie den hier lebenden schwarzen Völkern überlegen. Bald unterjochten sie die Nama und Damara und kontrollierten unter Führung von **Jonker Afrikaner** das südliche und zentrale Namibia. Die waffentechnisch unterlegenen Herero, mit denen es immer wieder zu kriegerischen Auseinandersetzungen kam, mussten dabei zunehmend nach Norden ausweichen. Die letzten Einwanderer der Vorkolonialzeit waren die friedliebenden Baster, Nachkommen von Buren und Nama-Frauen. Sie wichen um die Mitte des 19. Jh.s, von burischen Siedlern verdrängt, nach Namibia aus und machten die Gegend südlich von Windhoek vor allem im heutigen Rehoboth zu ihrer neuen Heimat.

Territoriale Zersplitterung

Bis zur Ende des 19. Jh.s beginnenden Kolonialzeit war Namibia territorial zersplittert. Es gab keine genau festgelegten Herrschaftsgebiete der einzelnen Völker und es fehlten staatstragende Gesellschaftsstrukturen. Gebietsstreitigkeiten erschwerten zudem das Verhältnis zwischen manchen Bevölkerungsgruppen. Vor allem die Nama und die Herero führten Mitte des 19. Jh.s Kriege um die Vormachtstellung, um Wasser und Weideland, die letztendlich jedoch ergebnislos blieben. Die territoriale Zersplitterung erleichterte das Eindringen des »weißen Mannes« im südwestlichen Teil Afrikas und ermöglichte den Aufbau der deutschen Kolonialherrschaft, deren Repräsentanten die unterschiedlichen Interessen der einzelnen einheimischen Völker gern gegeneinander ausspielten.

Portugiesen

Es waren wohl die Portugiesen, die als erste Europäer die Küste Südwestafrikas betraten. Der Seefahrer Diogo Cão (▶ Interessante Menschen) ging 1486 beim heutigen Cape Cross an Land und errichtete dort ein Kreuz aus Kalkstein. Diese Kreuzesaufstellung ist das erste historisch verbriefte Ereignis der gesamten Geschichte Namibias. Diogo Cãos Landsmann Bartholomeu Diaz landete 1487 und 1488 in der heutigen Lüderitz-Bucht, die er »Angra Pequena« (Kleine Bucht) nannte. Auch er stellte ein Kreuz auf. Weder die Portugiesen noch andere europäische Mächte wollten allerdings wirklich von dem rauen, unwirtlichen Land Besitz ergreifen.

# EPOCHEN

## VORGESCHICHTE BIS ZUM BEGINN DER KOLONIALZEIT

| | |
|---|---|
| **vor 12–15 Mio. J.** | Die ersten Hominoideae leben auf dem Gebiet des heutigen Namibia. |
| **vor 28 000–26 000 J.** | Die ältesten Felsbilder in Namibia entstehen. |
| **ab ca. 400 v. Chr.** | Andere schwarze Völker ziehen in das Gebiet Namibias und verdrängen die beheimateten San und Damara. |
| **1486** | Der portugiesische Seefahrer Diogo Cão geht bei Cape Cross an Land. |
| **Ende des 18. Jh.s** | Walfänger landen in Walvis Bay. |
| **1805** | Die ersten Missionare kommen ins Land. |
| **1840** | Erste Erwähnung einer Nama-Siedlung namens Windhoek |

## KOLONIALZEIT IN SÜDWESTAFRIKA

| | |
|---|---|
| **1884** | Proklamation der Deutschen Schutzherrschaft |
| **1890** | Gründung der Hauptstadt Windhoek |
| **1893** | Nama-Aufstand |
| **1904** | Herero-Aufstand |
| **1908** | Entdeckung der ersten Diamanten bei Lüderitz |
| **1914** | Beginn des Ersten Weltkriegs |
| **1915** | Ende der deutschen Kolonie Südwestafrika |

## VOM ENDE DER KOLONIALZEIT BIS HEUTE

| | |
|---|---|
| **1919** | Das Deutsche Reich muss im Versailler Vertrag auf alle seine überseeischen Kolonialbesitzungen verzichten. |
| **1939–1945** | Im Zweiten Weltkrieg steht Südafrika neben Großbritannien auf Seite der Alliierten. |
| **1946** | Südafrika weigert sich, der UNO die Treuhandschaft über Südwestafrika zu übergeben. |
| **1960** | Gründung der SWAPO |
| **1964** | Südafrika richtet sogenannte Homelands für die verschiedenen Bevölkerungsgruppen ein. |
| **1973** | Die UNO erkennt die SWAPO als alleinigen Vertreter des namibischen Volkes an. |
| **1975/1976** | Turnhallenkonferenz mit Verfassungsentwurf für ein unabhängiges Namibia |
| **1990** | Proklamation der Unabhängigkeit |
| **1990** | Wahl Sam Nujomas zum Präsidenten |
| **1994** | Nujoma wird überlegen wiedergewählt, die SWAPO erreicht im Parlament eine Zweidrittelmehrheit. |
| **1999** | Nujoma wird für eine dritte Amtszeit gewählt. |
| **2005** | Amtsübergabe an Präsident Hifikepunye Pohamba |
| **2008** | Der deutsche Bundestag lehnt Reparationszahlungen an die Herero ab. |
| **2009** | Wiederwahl Pohambas als Präsident |
| **2015** | Hage Geingob wird als dritter Präsident des unabhängigen Namibia vereidigt. |

Walfänger, Guano-Sammler

Erst gegen Ende des 18. Jh.s tauchten wieder Seefahrer an den Küsten Namibias auf – diesmal amerikanische und englische Walfänger auf der Jagd nach den großen Meeressäugern. Ihren Anlegeplatz hatten sie in der Walfischbucht (Walvis Bay), woran bis heute der Name erinnert. Anfang des 19. Jh.s ging der Walfang zurück. Nun war es der in meterdicken Schichten auf den Pinguin-Inseln vor der Küste gefundene Guano, der in Europa als Düngemittel sehr beliebte Vogelmist, der die namibische Küste wieder attraktiv machte.

Erzfunde

Das Land hatte aber noch mehr Reichtümer zu bieten. Bereits 1681 hatten Nama dem holländischen Gouverneur der Kapkolonie kupferhaltiges Erz als Geschenk überbracht. Daraufhin war zwar sofort eine Expedition ausgesandt worden, die auf der Suche nach Kupfer im Oranje-Gebiet fündig wurde, doch eine systematische Erkundung der Bodenschätze Südwestafrikas setzte erst ein Jahrhundert später ein. Bei Keetmanshoop wurden 1761 weitere Lagerstätten entdeckt. Ein britisches Unternehmen erhielt 1854 die erste Bergbaukonzession: für die Kupfermine Matchless südwestlich von Windhoek.

Missionen

Zu den ersten Weißen, die sich in Südwestafrika ansiedelten, gehörten neben Walfängern, Händlern, Forschern, burischen Siedlern, Großwildjägern und Abenteurern auch christliche Missionare. Im Auftrag der **Londoner Missionsgesellschaft** ließen sich 1805 Abraham und Christian Albrecht bei den Nama nördlich des Oranje nieder. Heinrich Schmelen gründete 1815 in Bethanien eine Missionsstation. Diese übernahm 1840 die **Rheinische Missionsgesellschaft**. Weitere Missionsstationen entstanden. Erfolg hatten die Verkünder Gottes vor allem bei den Nama, die bereits in der holländisch verwalteten Kapprovinz mit dem Calvinismus in Berührung gekommen waren. Schwierig war es dagegen, die stolzen, auf Unabhängigkeit pochenden Herero zu missionieren. Die Rheinische Missionsgesellschaft erwarb sich im Südwestafrika des 19. Jh.s einen durchaus zweifelhaften Ruf. Sie trieb einen schwunghaften Handel mit Waffen. Unterstützt wurde damit immer das schwarze Volk, das die eigenen Interessen am wenigsten gefährdete. Als sich die Auseinandersetzungen zwischen Herero und Nama zuspitzten, plädierte die Missionsgesellschaft für die Errichtung einer Kolonialherrschaft, man bat 1863 Großbritannien um Schutz.

Britische Einflussnahme

Tatsächlich erklärten die Briten, die mittlerweile einen Machtzuwachs des Deutschen Reiches fürchteten, lediglich das Gebiet um die Walvis Bay 1878 zu ihrem Besitz. Ansonsten beabsichtigten sie nicht, sich in die Auseinandersetzungen der schwarzen Völker einzumischen.

Lüderitz

Am 1. Mai 1883 unterzeichnete der 21 Jahre alte Kaufmannsgehilfe Heinrich Vogelsang im Auftrag des Bremer Tabakhändlers Adolf Lüderitz (▶ Interessante Menschen) mit dem Nama-Führer Joseph Fredericks einen Vertrag, in dem dieser die Bucht von Angra Pequena und den angrenzenden Küstenstreifen gegen Geld und Gewehre an Lüderitz abtrat. Dabei nutzte er einen Trick: Im Vertrag setzte er statt einer englischen Meile (1,609 km) die deutsche Meile (7,149 km) ein. Lüderitz hoffte, in dem Gebiet auf Bodenschätze zu stoßen.

## Kolonialzeit in Südwestafrika

Schutzherrschaft

Ein Jahr später, am 24. April 1884, kam Reichskanzler Bismarck einem Interventionsantrag von Adolf Lüderitz nach und proklamierte die deutsche »Schutzherrschaft« über dessen käuflich erworbene Gebiete in Südwestafrika. Das deutsche Kaiserreich des ausgehenden 19. Jh.s hatte seine erste Kolonie. Die erhofften Bodenschätze wurden allerdings erst 1908 entdeckt.

Aufbau der deutschen Kolonialherrschaft

In den ersten Jahren tat sich in **Deutsch-Südwestafrika** verwaltungstechnisch nicht viel. Außerhalb der Hauptstadt gaben vor allem die Handels- und Bergbaugesellschaften den Ton an, die auch über eine gewisse Rechts- und Militärhoheit verfügten. Die Deutsche Kolonialgesellschaft für Südwestafrika holte deutsche Siedler ins Land und verkaufte oder verpachtete ihnen Ländereien ohne Rücksicht auf die eigentlichen Eigentümer. Die San und die Ovambo ergaben sich in ihr Schicksal – anders als die Nama und die Herero. Ihnen missfiel, dass sich die Deutschen nicht an die vereinbarten »Schutzverträge« hielten. Innerhalb von zwei Jahren hatten die Deutschen mit einem Dutzend solcher »Schutzverträge« ihr Herrschaftsgebiet bis auf die Größe des heutigen Namibia ausgedehnt. Die schwarze einheimische Bevölkerung in Südwest wollte aber tatsächlich, wie in den Verträgen zugesichert, beschützt werden: die Nama gegen ihre Feinde, die Herero, und umgekehrt. Doch die Reichsregierung verfolgte natürlich ihre eigenen Interessen und war auch kaum in der Lage, sich militärisch allzu sehr zu engagieren: Bis 1888 bestand die Kolonialtruppe nur aus zwei deutschen Offizieren, fünf Unteroffizieren und zwanzig schwarzen Soldaten.

Curt von François

Hauptmann Curt von François ging 1889 in Walvis Bay mit 21 Soldaten an Land, um die sich ständig bekämpfenden Herero und Nama zu befrieden und die deutschen Siedler, die von diesen Kriegen nicht unverschont blieben, zu schützen. Am Rande der Hauptsiedlungsge-

Großwildjagd in Deutsch-Südwest: Der weiße Mann schießt, der schwarze Mann schafft weg.

biete der Völker und am Schnittpunkt traditioneller Verkehrswege gründete er die Stadt **Windhoek**, die dann Sitz der Schutztruppe und der Kolonialverwaltung wurde.

Festschreibung der Grenzen

Nach der Berliner Afrika- bzw. Kongo-Konferenz von 1884/1885, in der sich Deutschland Südwestafrika als deutsches »Schutzgebiet« bestätigen ließ, wurden mit europäischen Kolonialmächten weitere Grenzziehungen vereinbart. 1886 einigte sich das Deutsche Reich mit dem nördlichen Nachbarn Portugal auf die Nordgrenze Südwestafrikas. Durch den Helgoland-Sansibar-Vertrag, den Reichskanzler Leo von Caprivi, Bismarcks Nachfolger, am 1. Juli 1890 mit Großbritannien schloss, erhielt Deutschland den Caprivi-Streifen im Nordosten der Kolonie, einen Landkorridor zum Sambesi.

Etablierung der Kolonialmacht

Erst nach der Gründung von Windhoek (1890) begann eine systematische Einwanderung deutscher Siedler. Ihr Fortbewegungsmittel waren zunächst Ochsengespanne, aber als 1897 eine Rinderpest ausbrach, beschlossen die Behörden den Bau einer **Bahnlinie:** 1902 wurde die Strecke von Swakopmund nach Windhoek dem Verkehr übergeben. Die Deutschen bauten außerdem Farmgebäude, ganze Dörfer, Militäreinrichtungen, Kirchen, Schulen und Krankenhäuser. Kaufleute und Handelsgesellschaften machten gute Geschäfte in Südwestafrika. Doch ein Problem hatten fast alle Neuankömmlinge: Es herrschte Frauenmangel! Dass viele ihr Glück bei schwarzen Frauen suchten, liegt auf der Hand. Man fürchtete eine zukünftige »Bastardkolonie«, und so schickte die Deutsche Kolonialgesellschaft bis 1902 tatsächlich insgesamt 57 (weiße) Frauen nach Südwestafrika, um »wenigstens dem größten Übelstande zu steuern«.

Diamanten

Der Arbeiter Zacharias Lewala entdeckte 1908 bei Lüderitz zufällig einen Diamanten im Sand. Innerhalb weniger Monate war das gesamte Gebiet mit Claims abgesteckt, und obwohl Bergbauexperten von einer maßlosen Überschätzung der Vorkommen sprachen, erklärten die deutschen Behörden das Gebiet zur Sperrzone und übertrugen die Schürfrechte der Deutschen Diamantengesellschaft.

Nama-Aufstand

Der Nama-Führer **Hendrik Witbooi** (▶ Interessante Menschen) erhob sich 1893 gegen die deutschen Kolonialherren. Nachdem mehrere Versuche, ihn zu einer freiwilligen Unterwerfung zu bewegen, gescheitert waren, sollte ihn eine 214 Mann starke Schutztruppe in die Knie zwingen. Als sich die Kämpfe ohne entscheidende Erfolge für die Deutschen hinzogen, entsandte Berlin **Major Theodor Leutwein**. Gegen die Übermacht der Schutztruppe von nun fast tausend Mann und vor allem gegen die schweren Feldgeschütze hatten die Nama keine Chance. Am 15. September 1894 unterwarf sich Witbooi.

Herero-Aufstand

Theodor Leutwein blieb bis 1905 in Südwestafrika – als Reichskommissar und Gouverneur. In seiner Amtszeit wurde die deutsche Herrschaft, die bisher nur auf dem Papier bestanden hatte, zu einem realen Machtfaktor. Auch der größte Aufstand in der Kolonie, der sogenannte Herero-Aufstand, konnte daran nichts mehr ändern. Dieser Aufstand, der am 12. Januar 1904 in Okahandja ausbrach, war nicht allein eine Erhebung der Herero. Er erfasste schließlich das ganze Land, auch die Nama und die Ovambo versuchten, die deutsche Herrschaft abzuschütteln. Allerdings bekämpften sich die schwarzen Völker auch weiterhin untereinander und schlossen zeitweilig Bündnisse mit dem weißen Eindringling zur Durchsetzung ihrer jeweiligen Interessen. Initiator des Aufstands war der Herero-Führer **Samuel**

BAEDEKER MAGISCHE MOMENTE

## AUSFLUG IN DIE VERGANGENHEIT

Wie ist Namibia zu dem geworden, was es heute ist: ein skurriles Gemisch aus afrikanischer und deutscher Kultur? Wer durch die versandeten Ruinen der ehemaligen Diamantenstadt Kolmannskuppe bei Lüderitz stapft, ist dem Diamantenfieber ganz nah und kann den einstigen Wohlstand erahnen. Der feine Wüstensand ist mittlerweile meterhoch in die Häuser eingedrungen, was die Atmosphäre im Kasino, im Theater und in der Kegelbahn noch gespenstischer macht. Lüderitz Safaris & Tours: www.namibweb.com/ludtour.htm.

Die Herero waren am Waterberg der deutschen Übermacht hoffnungslos unterlegen.

**Maharero** (► Interessante Menschen). Die Herero überfielen Farmen, eine kleine Militärstation und Handelsniederlassungen. Die Reichsregierung schickte einen neuen Truppenführer nach Südwest: General Lothar von Trotha, einen erfahrenen Frankreich- und China-Kämpfer, der den »weichlichen« Theodor Leutwein ablösen sollte. In Trothas Gefolge befanden sich 10 000 Soldaten und modernstes Kriegsgerät, Kanonen und Maschinengewehre. Am 11. August 1904 kam es am Waterberg, wo sich Maharero mit seinem Volk und Kämpfern verschanzt hatte, zur Entscheidungsschlacht. Gegen die Artillerie und die überlegene Militärtechnik der Deutschen konnten sich die Herero nicht behaupten. Sie flüchteten nach Osten, **in die Omaheke-Wüste**, ein riesiges, wasserloses Sandfeld. Für die meisten Herero gab es kein Zurück mehr. Berittene Patrouillen suchten in der Wüste nach herumirrenden Herero, mit dem Auftrag, sie zu töten oder gefangen zu nehmen. Nach Schätzungen von deutschen Missionaren starben zwischen 40 000 und 60 000 Herero. Nur wenige konnten sich gemeinsam mit Maharero nach Britisch-Betschuana-Land in Sicherheit bringen. Die Nama, die bis 1909 einen Guerillakrieg gegen die Deutschen führten, verloren mit 10 000 Menschen die Hälfte ihrer Bevölkerung. Insgesamt kamen bei dem Herero-Aufstand etwa 100 000 schwarze Afrikaner gewaltsam ums Leben.

Erster Weltkrieg

Der Ausbruch des Ersten Weltkriegs blieb auch auf Deutsch-Südwest nicht ohne Auswirkungen. Anfang 1915 begannen südafrikanische Truppen unter Führung von General Botha ihren Feldzug gegen Deutsch-Südwest. Für die in der Kolonie lebenden Deutschen kam dieser Angriff überraschend, war doch auf der Berliner Kongo-Konferenz 1884/1885 von allen Teilnehmerstaaten vereinbart worden, im Kriegsfall das Kongobecken (inklusive das südliche Afrika) zu einer neutralen Zone zu erklären. Der deutschen Schutztruppe mit ihren knapp 2000 Soldaten und 1000 –1500 kampfbereiten Farmern stand ein südafrikanisches Heer gegenüber, das aus ca. 80 000–90 000 Weißen und Farbigen zusammengesetzt war und über moderne Kriegsgeräte verfügte. Zunächst eroberten die Südafrikaner Swakopmund, wodurch die Deutschen von ihrem Nachschub abgeschnitten wurden. Dann stießen sie nach Windhoek vor, das am 11. Mai 1915 fiel. Die Deutschen konnten nur noch nach Norden ausweichen, wo sie sich unter ihrem Kommandeur Franke am 9. Juli 1915 im Minengebiet von Otavi der südafrikanischen Übermacht ergaben. Deutsch-Südwestafrika existierte nicht mehr.

Militärregierung

Nach der Kapitulation der deutschen Schutztruppe 1915 setzte die Südafrikanische Union in Südwestafrika eine Militärregierung ein. Deutsche Offiziere und Polizeibeamte wurden bis Kriegsende in einem Lager bei ▶ Aus interniert.

Diamantenförderung

Im Jahr 1920 ging die Konzession für die gesamte Diamantenförderung in Südwestafrika auf die Consolidated Diamond Mines (CDM) über, eine Tochter des südafrikanischen Großkonzerns De Beers (heute Anglo American).

## Vom Ende der Kolonialzeit bis heute

Kolonialstatus

Im Friedensvertrag von Versailles 1919 musste das Deutsche Reich auf alle seine überseeischen Kolonialbesitzungen verzichten. Das seit 1915 in Südwestafrika bestehende Kriegsrecht bestand noch bis 1920, als der 1919 ins Leben gerufene Völkerbund der Südafrikanischen Union das ehemalige Deutsch-Südwest als sogenanntes C-Mandat anvertraute, d. h. Südafrika durfte es als Teil seines eigenen Hoheitsgebiets verwalten. Wie das Deutsche Reich zuvor betrachtete auch das zum britischen Commonwealth gehörende Südafrika das südwestafrikanische Nachbarland als Kolonie. Schon ab 1915 wurde an Südafrikaner fruchtbares Land vergeben, nicht zuletzt um damit den Anteil der deutschen Bevölkerung im Gebiet des heutigen Namibia zu verringern. Um als vollberechtigte Bürger des Mandatsgebiets Südwestafrika anerkannt zu werden, musste die deutsch sprechende Bevölkerung die britische Staatsbürgerschaft annehmen.

Zweiter Weltkrieg

Zum Zeitpunkt von Hitlers Machtergreifung war noch ein Drittel der etwa 30 000 weißen Bewohner Südwestafrikas deutschstämmig. Viele von ihnen ließen sich von nationalsozialistischem Gedankengut infiltrieren und sannen auf die Schaffung einer zweiten deutschen Kolonialära in Afrika. Die NSDAP richtete Parteistellen in Südwestafrika ein, auch die Hitlerjugend bekam Zulauf. Gleich zu Beginn des Zweiten Weltkriegs, in dem Südafrika erneut neben Großbritannien auf alliierter Seite stand, wurden alle »wehrhaften« Deutschstämmigen in ein südafrikanisches Internierungslager gesteckt. Mit dem knappen Wahlsieg der rechts gerichteten Nationalen Partei (NP) der Buren in Südafrika im Mai 1948 endete die gegen die Deutschstämmigen gerichtete Politik. Nun durften auch die letzten Internierten wieder auf ihre Farmen und in ihre Häuser zurückkehren.

Widerstand gegen die Mandatsmacht

Vor allem im Süden des Landes erhoben sich bald Schwarze gegen den südafrikanischen Kolonialismus. 1922 waren es die **Bondelswarts** (eine Untergruppe der Nama), die, in ein unfruchtbares Reservat zurückgedrängt und dem Verhungern nahe, sich gegen die neuen Herren zur Wehr setzten. Gegen die waffenmäßig überlegenen Südafrikaner hatten sie letztlich keine Chance. Auch die **Baster**, die unter den Deutschen weitgehend autonom gewesen waren und die von Südafrika 1924 die vollständige Unabhängigkeit forderten, mussten klein beigeben, als Südafrika ihre Hauptstadt von einem großen Truppenaufgebot umzingeln ließ.

Fünfte Provinz

Die UNO, Nachfolgeorganisation des Völkerbunds, verlangte 1946 von Südafrika die Treuhandschaft über Südwestafrika. Doch die Regierung in Pretoria weigerte sich, das Gebiet an die Vereinten Nationen abzutreten. Sie verwaltete Südwestafrika weiterhin als »fünfte Provinz«.

Apartheidspolitik

Die schwarze Bevölkerung, die sich nach dem Ende der deutschen Herrschaft 1915 eine Revision kolonialer Landverteilung und eine Verbesserung ihrer sozialen und wirtschaftlichen Lage erhofft hatte, wurde bitter enttäuscht. Während immer mehr Weiße ins Land geholt wurden, zu deren Nutzen Südafrika die infrastrukturelle und wirtschaftliche Entwicklung fast ausschließlich förderte, mussten die Schwarzen in kleine und unfruchtbare, wirtschaftlich unrentable Reservate ausweichen. Benachteiligt wurden sie auch in den Städten: Sie durften sich nur in den Randbezirken niederlassen. Selbst der Viehbesitz unterlag gesetzlichen Einschränkungen. Schwarze Hausangestellte durften körperlich gezüchtigt werden, sie wurden mit nächtlichen Ausgangssperren belegt und verhaftet, wenn sie sich irgendwo im Land »illegal« aufhielten. Wie die deutsche Kolonialverwaltung mischte sich auch die Mandatsmacht in die Erbfolge und Ernennung von »Häuptlingen« ein, um die schwarze Bevölkerung mittels willfähriger Führer besser kontrollieren zu können.

Afrikanische Politiker wiesen vor der UNO wiederholt auf die Unterdrückungspolitik Südafrikas hin und forderten eine von den Vereinten Nationen geleitete Kontrollinstanz für das Land im Südwesten Afrikas. Die Durchführung der Apartheidspolitik in Südafrikas »fünfter Provinz« stieß international auf Ablehnung. Ende der 1950er-Jahre formierte sich auch in Südwestafrika selbst der Widerstand gegen die politische Bevormundung aus Pretoria. Internationale Proteste

Aus Südafrika zurückkehrende Studenten gründeten 1959 die »South West African National Union« (SWANU), die sich die Unabhängigkeit Namibias auf ihre Fahnen schrieb. Doch mehr Breitenwirkung als dieser Zusammenschluss Intellektueller erzielte eine Arbeiterorganisation: Im südafrikanischen Kapstadt wurde 1957 der »Ovamboland People's Congress« (OPC) gegründet. Um alle Namibier ansprechen zu können, nannte sich die zunächst gewaltfrei operierende Organisation ab 1960 »South West Africa People's Organization« (SWAPO). Bald kam man jedoch zu der Erkenntnis, dass ein unabhängiges und von Apartheid freies Namibia nicht allein mit friedlichen Mitteln zu erreichen sei. Daraufhin verließen Hunderte von SWAPO-Anhängern das Land, um sich in Ägypten militärisch ausbilden zu lassen. SWAPO

Der Internationale Gerichtshof in Den Haag wies 1966 eine Klage Liberias und Äthiopiens gegen Südafrika wegen illegaler Machtausübung und wegen Einführung der Apartheid zum wiederholten Male zurück. Nach Vorschlägen der »Odendaal-Kommission« hatte Südafrika 1964 damit begonnen, auch im Gebiet des heutigen Namibia »Homelands« für die verschiedenen Bevölkerungsgruppen einzurichten: Gebiete **mit begrenzter Autonomie**, die aber unter der Kontrolle der südafrikanischen Behörden blieben. Die Ovambo wurden als erste in ein solches »Homeland« gepfercht, es folgten Gebiete für die Herero, Damara, Kavango, Tswana, Nama, Baster und San. Die schwarzen »Homelands« sollten, nach südafrikanischem Vorbild, mit der Zeit »unabhängig« werden – schwarze Namibier wären damit in einem Großteil ihres Geburtslands zu Ausländern mit Gastarbeiterstatus verdammt gewesen. Diesmal setzte sich die Generalversammlung der UNO über die Entscheidung des Internationalen Gerichtshofes hinweg und forderte Südafrika auf, sich aus der »fünften Provinz« zurückzuziehen. Das Land sollte unmittelbar der UNO-Kontrolle unterstellt werden. Südafrika jedoch ignorierte den Beschluss der Vereinten Nationen. Homelands

In der Zwischenzeit hatte die SWAPO von südangolanischen Basen aus den Guerillakrieg gegen südafrikanische Truppenverbände aufgenommen, der erst 24 Jahre später ein Ende finden sollte. Die SWAPO musste in den Untergrund ausweichen. Guerillakrieg

SWAPO: von der Befreiungsbewegung zur politischen Partei

**Neuer Staatsname: Namibia**

Die SWAPO schlug 1968 der UNO die Umbenennung des Landes in Namibia vor. Noch im selben Jahr nahm die UNO diesen Vorschlag an. Der UN-Sicherheitsrat erklärte 1969 die südafrikanische Mandatsherrschaft in Namibia für illegal und forderte Pretoria zum sofortigen Rückzug auf; 1971 wurde diese Erklärung vom Internationalen Gerichtshof in Den Haag bestätigt. Südafrika verstärkte jedoch eher sein diktatorisches Regime in Namibia und schlug 1972 im Ovamboland einen Aufstand brutal nieder. 1973 entschloss sich die UNO, die SWAPO als »alleinigen Vertreter« des namibischen Volkes anzuerkennen. Die Befreiungsorganisation erhielt einen Beobachterstatus bei den Vereinten Nationen. Nach der Entlassung der portugiesischen Kolonien Angola und Mosambik in die Unabhängigkeit (1975) erlaubte die neue Regierung von Angola der SWAPO, entlang der Grenze zu Namibia Militärstützpunkte zu errichten und damit ihre Angriffe auf die südafrikanischen »Besatzer« zu forcieren.

**Turnhallenkonferenz**

Doch die Regierung in Pretoria hatte ihre Strategie schon längst geändert: Mit der Schaffung einer scheinbar unabhängigen Verwaltung versuchte sie, eine innenpolitische Opposition gegenüber der SWAPO zu errichten und an der UNO vorbei eine eigene Lösung des Namibia-Problems zu finden. Auf der sogenannten Turnhallen-Konferenz 1975/1976 (benannt nach dem Tagungsgebäude **in Windhoek**), an der Delegationen und Parteien aller Bevölkerungsgruppen beteiligt waren, ließ sie einen Verfassungsentwurf für ein unabhängiges Namibia ausarbeiten. Im September 1978 verabschiedete der UN-Sicherheitsrat die Resolution 435, die einen Friedensplan für Namibia festschrieb und den Abzug der südafrikanischen Truppen zur Vorbedingung für die Unabhängigkeit des Landes erklärte. Aus den ersten namibischen Wahlen im Dezember 1978 ging die DTA, ein Zusammenschluss von zwölf liberal-konservativen Parteien, als eindeutiger Sieger hervor. Die UNO erkannte das offensichtlich manipulierte Wahlergebnis nicht an, auch weil die SWAPO die Wahlen boykottiert hatte. Der weiße Siedler **Dirk Mudge** wurde Vorsitzender des Ministerrats, doch die wesentlichen politischen Entscheidungen fielen weiterhin in Pretoria. Mudge gab 1983 wegen seiner eingeschränkten Handlungsfreiheit resigniert auf, woraufhin Südafrika wieder, wie kurz vor den Wahlen 1978, einem südafrikanischen Generaladministrator die Alleinherrschaft über das Land übertrug.

Übergangsregierung

Zwischen 1984 und 1986 setzte Pretoria eine Übergangsregierung aus sechs politischen Gruppierungen (einschließlich der DTA und der SWAPO-Demokraten) ein, die auf der Basis der 1982 von Südafrika anerkannten UNO-Resolution 435 eine interne politische Lösung zu erreichen versuchte. Die SWAPO lehnte eine Beteiligung ab und die Interimsregierung wurde international nicht anerkannt, dennoch leistete auch sie einen Beitrag auf dem langen Weg zur Unabhängigkeit. Doch zunächst verschärften sich die bewaffneten Auseinandersetzungen zwischen SWAPO-Kämpfern und südafrikanischen Armee-Einheiten: Immer wieder drangen südafrikanische Kommandos in Angola ein, das den namibischen Guerillas Rückzugsgebiete eingeräumt hatte. Die westlichen Staaten (darunter auch die Bundesrepublik Deutschland) versuchten mehrmals, mit Südafrika über Namibia zu verhandeln, doch ohne Erfolg.

Freie Wahlen

Erst im Rahmen der Ost-West-Entspannung Ende der 1980er-Jahre bemühten sich alle Parteien verschärft um eine Lösung im Namibia-Konflikt. Man einigte sich darauf, dass die UNO-Resolution 435 am 1. April 1989 endgültig in Kraft treten sollte. Anfang Juni 1989 durften die ersten der insgesamt 40 000 Exilanten nach Namibia zurückkehren, darunter auch der Nationalheld **Sam Nujoma**. Im November fanden die ersten freien Wahlen zur verfassungsgebenden Versammlung unter UN-Aufsicht statt. Zehn Parteien und mehrere Wahlbündnisse bewarben sich um die Sitze im Parlament. Die Wahlbeteiligung betrug über 95 %. Eindeutiger Sieger war die SWAPO, die 41 von 72 Sitzen erhielt. Kurz darauf verließen die letzten südafrikanischen Truppen das Land. Anfang 1990 wählte das Parlament Sam Nujoma zum ersten Präsidenten. Am 21. März 1990 wurde die **Unabhängigkeit Namibias** feierlich proklamiert.

Politik der Versöhnung

Die Angst vieler Namibier, weißer wie auch schwarzer, vor Vergeltungsmaßnahmen der SWAPO erwies sich als unbegründet: »Reconciliation«, »Versöhnung«, schrieb sich die erste freie, demokratische

Regierung auf ihre Fahnen und holte sich auch Weiße und Mitglieder verschiedener schwarzer Volksgruppen in ihre Ministerien. Auch nach der zweiten Wahl 1994, die der SWAPO fast eine Dreiviertelmehrheit bescherte, hielt die amtierende Regierung an ihrer Versöhnungspolitik fest.

Die 1990er-Jahre

Nach der Reform der Regional- und Kommunalverwaltung 1992/1993 wurden die »Homelands« aufgelöst, heute gibt es 14 gleichberechtigte Regionen. 1993 führte Namibia eine **eigene Währung**, den Namibia-Dollar, ein. Ein Jahr später erhielt das Land von Südafrika Walvis Bay und zwölf vorgelagerte Inselchen zurück – damit verfügt es über einen bedeutenden Handels- und Fischereihafen –, und 1995 wurde Walvis Bay zur Freihandelszone erklärt. Der gute Ruf Namibias als Hort der Demokratie erlitt Schaden, als Nujoma im November 1999 im Verstoß gegen die Verfassung für eine dritte Amtszeit kandidierte und mit großer Mehrheit wiedergewählt wurde.

Ende der Ära Nujoma

Ende 2004, Nujoma kandidierte nicht mehr, wurde der bisherige Landwirtschaftsminister **Hifikepunye Pohamba** zum Präsidenten gewählt. Bei den Parlaments- und Präsidentschaftswahlen 2009 trat erstmals eine von der SWAPO abgespaltene Partei, die »Rally for Democracy and Progress« gegen sie an und erreichte immerhin 11 %. Die SWAPO kam auf 74 % der Stimmen; bei den letzten Wahlen 2014 baute sie ihren Stimmenanteil auf über 80 % aus. Ernsthafte Konkurrenz gibt es nicht. Präsident Hifikepunye Pohamba übergab das Amt 2015 an **Hage Geingob**. Kurz darauf trat er auch als Parteivorsitzender der SWAPO zurück.

# KUNST UND KULTUR

*Der Kunstbegriff ist ein Konzept der Weißen. Im traditionellen Afrika war und ist Kunst immer ein ganz selbstverständlicher Teil des Lebens. Und zum Leben gehören Spiritualität, Musik und Tanz, aber auch kunsthandwerkliche Gebrauchsgegenstände und kulturelle Alltagstraditionen.*

## Felsbilder

Malereien und Gravuren

Die frühesten Zeugnisse namibischer Kunst sind Felsbilder. Man unterscheidet zwischen Malereien und in Steinplatten eingekratzten Gravierungen. Die Malereien sind häufig ein-, selten mehrfarbig. Als Farbstoff dienten hauptsächlich Mineralien oder Holzkohle. Bisher hat man etwa 80 000 Malereien und Gravierungen an ungefähr 1200 Fundstellen entdeckt; viele davon sind noch nicht registriert und dokumentiert. Die Fachwelt geht davon aus, dass noch viele weitere Felszeichnungen auf ihre Entdeckung warten.

Tiere und Menschen als Motive

Zentrales Thema der Gravierungen sind Antilopen, Giraffen, Nashörner, Elefanten, Zebras etc. oder ihre Fährten, aber auch geometrische Formen (Kreise, Spiralen etc.), bei denen es sich vermutlich um Landkarten handelt, die beispielsweise zu einer Quelle weisen. Selten finden sich gravierte Darstellungen von Menschen. Bei den Malereien zeichneten die frühen Künstler Menschen ebenso häufig wie Tiere, doch anders als die meist naturgetreu dargestellten Tiere treten die Menschen in stilisierter Form auf. Alle Kunstwerke sind relativ klein, es gibt selten größere Figuren als 50 cm. Die Bedeutung der Bilder ist unklar: Sind die Felszeichnungen Abbildungen des Alltags oder haben sie einen magisch-religiösen Hintergrund?

Ursprung

Es gibt keine zuverlässige Methode, das Alter der Felsbilder zu bestimmen. Da die Farbe überwiegend aus Stoffen besteht, die mineralischen Ursprungs und daher Millionen von Jahren alt sind, erwies sich die Radiokarbonmethode als wenig hilfreich. Dann konnte man durch den Beschuss mit Atompartikeln Erfolge verbuchen: Kleine Steinplättchen, die 1969 in den westlichen Hunsbergen in der **»Apollo-11-Höhle«** entdeckt wurden – hier gibt es die wohl sensationellsten Kunstwerke unter den Felsbildern –, sollen um die 27 000 Jahre alt sein. Weitere bedeutende Felsbilder wurden am Brandberg (vor allem Malereien) und in Twyfelfontein (vor allem Gravuren) gefunden, im Erongo-Gebirge, in den Hunsbergen, im Khomashochland, in der Naukluft und im Spitzkoppe-Gebirge.
Die meisten anderen Felsmalereien und -gravuren sind wohl erheblich jüngerals die in der Apollo-11-Höhle. Nach Augenzeugenberichten weißer Forscher, Abenteurer und Siedler im 18. und 19. Jh. haben die San solche Kunstwerke hergestellt; auch fand man einmal am Gürtel eines von Weißen erschossenen San einen Beutel mit zehn Farben, darunter Metall- und Pflanzenfarben sowie eine Mischung aus gebranntem Kalk und Blut von erlegten Wildtieren. Sicherlich sind viele der jüngeren Felsbilder von den Buschleuten angefertigt worden, bei den älteren jedoch geht man mittlerweile davon aus, dass sie von einem unbekannten nomadisierenden Jägervolk stammen.

## Volkskunst · Bildende Kunst

Volkskunst

Im traditionellen Kunsthandwerk unterscheiden sich die Nomadenstämme von den sesshaften Volksgruppen. Die **Nomaden** konnten nur das Notwendigste auf ihren Wanderungen mitnehmen, ihre

Holzschnitzereien wie diese Masken haben ihre Vorbilder Angola und Simbabwe.

handwerklichen Erzeugnisse beschränken sich auf Schmuck, Kleidung, Transportgefäße und andere Haushaltsgeräte. Die Materialien sind Leder, Fell, Horn, Elfenbein, Muscheln, Schnecken, aber auch Straußeneischalen sowie Kupfer, Eisen und Messing. Die im Nordwesten des Landes lebenden Himba haben einen besonderen Reichtum an Arm- und Beinschmuck aus Eisen und Kupfer. Bei den **sesshaften Völkern** findet man auch kunstvoll hergestellte Schemel und Vorratsgefäße, Töpferwaren und Götter-, Tier- und Menschenstatuen aus Lehm. In Nordnamibia, bei den Ovambo und den Völkern von Caprivi, werden zunehmend Holzschnitzereien (Masken, Trommeln, Hocker und andere Kleinmöbel) angeboten. Allerdings sind diese »typisch namibischen« Holzarbeiten auf den Einfluss von Schnitzern aus Angola und Simbabwe zurückzuführen und dienen in erster Linie dazu, Touristen zum Kauf zu verlocken – Massenware statt Kunst.

Bildende Kunst

Der wohl bekannteste namibische Künstler, der auch zu internationalem Ansehen gelangte, war der schwarze Maler und Grafiker **John Muafangejo** (▶ Interessante Menschen). Aufsehen erregten vor allem seine Linolschnitte, die vom Stammesleben seines Volkes, der Ovambo, erzählen. **Joseph Madisia** entwickelte die Linoltechnik zu sogenannten Cardboard Prints weiter, indem er das teure Linol durch einfache Pappe ersetzte und so interessante Effekte erzielte. Mittlerweile gibt es eine junge Generation von schwarzen Künstlern, die mit Stipendien eine künstlerische Ausbildung u. a. an der Windhoeker Akademie erhalten und sich mit oft schrillen, kontrastreichen

Grafiken und Gemälden einen Namen machen. Zu den bekannteren unter ihnen gehören **Andrew van Wyk** und **Tembo Masala**. Beobachten lässt sich, dass sich die Künstler wieder verstärkt den traditionellen Wurzeln annähern. Eine erwähnenswerte Bildhauerin ist die in Deutschland aufgewachsene **Dörte Berner**. Sie stellt aus einheimischem Material (Steatit, Marmor, Sandstein) faustgroße bis lebensgroße Skulpturen, Einzelplastiken und Gruppendarstellungen her.

## Architektur

Deutsche Kolonialzeit

Während der deutschen Kolonialzeit entstanden in Namibia die meisten Massivbauten, die bis heute das Bild zahlreicher Orte prägen. Der Baustil orientierte sich am verspielten **wilhelminischen Barock**, an **Jugendstil** und **Historismus**. Die Festungsanlagen hatten Zinnen und Wehrtürme wie die Alte Feste in Windhoek und das Namutoni-Fort im Osten der Etosha-Pfanne. Privathäuser und Villen schmückten sich mit ornamental verspielten Erkern und Giebeln; es wurden Fachwerkhäuser errichtet und – in Windhoek und Swakopmund – sogar »mittelalterliche Ritterburgen«. Auch in der Sakralarchitektur nahm man sich wilhelminische Kirchen zum Vorbild und fügte in den Kirchenbauten neoromanische, neogotische und neobarocke Bauelemente ein. Vor allem aber vermögende Privatleute ließen ihre Häuser und Villen derart pompös gestalten, dass die Deutsche Kolonialgesellschaft 1913 das Reichskolonialamt bat, auf mehr Bodenständigkeit hinzuwirken. In zumindest einer Hinsicht hatte sich die deutsche Kolonialarchitektur den Gegebenheiten des Landes angepasst: Entsprechend den klimatischen Verhältnissen baute man den Gebäuden Veranden und Pultdächer an. So blieb das Innere des Hauses angenehm beschattet kühl, und die Mauern wurden vor Witterungseinflüssen geschützt. Auch wenn der Veranda-Stil keine deutsche Erfindung ist – entwickelt wurde er von Missionaren in Südafrika –, so stellt er doch die einzige eigenständige Leistung im deutschen Kolonialbau dar. Privathäuser wurden mit solchen überdachten Veranden umgeben, aber auch offizielle Bauten. Das berühmteste Beispiel ist der von Staatsarchitekt **Gottlieb Redecker** 1913 erbaute Tintenpalast in Windhoek, der Sitz der heutigen Regierung von Namibia.

Südafrikanisches Mandat

Während der südafrikanischen Mandatsherrschaft geschah bis in die 1950er-Jahre hinein architektonisch nicht viel. Als Folge der Apartheidspolitik entstanden jedoch die Wellblechsiedlungen für Schwarze und Farbige am Stadtrand der größeren Städte. In den Stadtzentren mussten die ehemaligen Wohngebiete der Schwarzen Bürobauten und Geschäftshäusern weichen. Auch viele Kolonialgebäude fielen dem Bauboom zum Opfer.

Nach der Unabhängigkeit

Erst nach der Unabhängigkeit wurden die Kolonialbauten unter Denkmalschutz gestellt. Die architektonisch auffälligsten Projekte im unabhängigen Namibia sind die Post Mall Street, ein postmodernes Einkaufszentrum mit Fußgängerzone in Windhoek, sowie das 2008 eingeweihte neue State House, ein umstrittener Prestigebau im Süden der Hauptstadt. 2010 kam das Hilton Hotel im Zentrum an der Independence Avenue hinzu, 2014 eröffnete das Unabhängigkeits-Gedenkmuseum in Windhoek. Es ist ebenfalls sehr umstritten wegen seines Standorts am Platz des einstigen deutschen Reiterdenkmals und weil es von einem nordkoreanischen Bauunternehmen errichtet wurde – verbunden mit der entsprechenden Ästhetik (▶ S. 212).

# INTERESSANTE MENSCHEN

## Der erfolgreichste Entdecker seiner Zeit: Diogo Cão

† ca. 1486
Seefahrer

Der erste Europäer, der – urkundlich belegt – seinen Fuß auf namibischen Boden setzte, war der Portugiese Diogo Cão. Er war auch der erste Europäer, der den Äquator überquerte. 1482 wurde er von König João II. von Portugal beauftragt, einen Seeweg nach Indien zu finden. Dabei erreichte er die Küste des zentralafrikanischen Königreichs Kongo und wenig später das Kap Santa Maria (im heutigen Angola). Eine zweite Afrikareise führte ihn 1485 zum Swakop-Fluss. Hier, beim heutigen Cape Cross, ging Diogo Cão an Land und errichtete ein Steinkreuz als Zeichen dafür, dass nun die portugiesische Krone Anspruch auf diesen Landstreifen erhob. Sein weiteres Schicksal ist unbekannt, vermutlich erkrankte er und starb auf der Rückreise nach Portugal.

## Namensgeber des Caprivi-Streifens: Leo von Caprivi

1831–1899
Reichskanzler

Leo von Caprivi folgte 1890 Otto von Bismarck im Amt des deutschen Reichskanzlers nach. Zwar wollte er in seiner Kolonialpolitik den Status quo des deutschen Engagements in Südwestafrika nicht in Frage stellen, doch war er an sich ein **Gegner aller kolonialen Ambitionen.** Sein bedeutendstes kolonialpolitisches Werk war die Verabschiedung des noch von Bismarck vorbereiteten Helgoland-Sansibar-Vertrags. Im Austausch gegen Helgoland und einen Landkorridor im Nordosten von Deutsch-Südwestafrika, dem Caprivi-Streifen – er sollte den Deutschen den Zugang zum Sambesi und damit zu den Märkten Ostafrikas erlauben – erkannte das Deutsche Reich die Schutzherrschaft Englands über Sansibar an.

## Einer der Schnellsten der Welt: Frank Fredericks

* 1967
Sportler

Der Leichtathlet Frank Fredericks aus Katutura bei Windhoek zählt zu den schnellsten Männern der Welt. Vor den Olympischen Spielen in Barcelona 1992 war er – selbst im eigenen Land – noch weitgehend unbekannt. In Barcelona jedoch wurde er mit einem Schlag berühmt, als er für Namibia zweimal Silber gewann, im 100-Meter-Lauf (mit 10,02 Sekunden) und über 200 Meter (20,13 Sekunden). Ein Jahr später holte er in Stuttgart den **ersten Weltmeistertitel für sein Land** und verwies den großen Carl Lewis aus den USA im 200-Meter-Lauf auf den zweiten Platz. Seine Siegzeit lag mit 19,85 Sekunden unter der magischen Grenze von 20 Sekunden. 2008 wurde Fredericks zum Vorsitzenden der Athletenkommission des Internationalen Olympischen Komitees (IOC) gewählt. 2017 wurde bekannt, dass ein Unternehmen, mit dem Frank Fredericks in Verbindung gebracht wird, am Tag der Vergabe der Olympischen Spiele von Rio de Janeiro eine Überweisung erhielt. Im November 2017 beschloss das IOC, den Namibier von allen Rechten und Funktionen, die er als IOC-Mitglied hat, zu entbinden.

## Namensgeber Namibias: Mburumba Kerina

* 1932
Politikwissenschaftler

Namibia hat seinen Namen von der Wüste Namib. Was jedoch kaum jemand weiß: Ein in Namibia geborener Professor, der 40 Jahre seines Lebens im Exil verbrachte, gab dem Land seinen heutigen Namen. Wie das ging? Mburumba Kerina studierte Politikwissenschaften; ein Stipendium führte ihn nach Indonesien. Dort erhielt Kerina eine Einladung von Präsident Sukarno, dem ersten indonesischen Präsidenten nach der Unabhängigkeit des Landes von den Niederlanden. Beim Tee fragte Sukarno den jungen Mann: »Mein Sohn, wie heißt Dein Land?« Kerina entgegnete, er stamme aus Südwestafrika. Sukarno erwiderte: »Sklaven und Hunde erhalten ihren Namen von ihren Haltern, freie Menschen geben sich selbst Namen.« Nach Abschluss seines Studiums reichte Kerina im Namen von Herero-Führer Hosea Kutako bei den Vereinten Nationen eine **Petition für die Unabhängigkeit Namibias** ein. Seine Konversation mit dem indonesischen Präsidenten im Hinterkopf schlug Kerina vor, das Land bei der Unabhängigkeit »Republik Namib« zu nennen. Der Name setzte sich nach und nach bei der SWAPO, deren Gründungsmitglied Kerina war, und bei den Vereinten Nationen durch und entwickelte sich schließlich zu »Namibia«. Heute lebt Namibias Namensgeber in Windhoek.

## Starke Frau an der Spitze: Saara Kuugongelwa-Amadhila

* 1967
Premierministerin

Namibia hat in den vergangenen Jahren viele starke Frauen hervorgebracht. Eine von ihnen ist Saara Kuugongelwa-Amadhila. Kuugongelwa ist langjähriges Mitglied der SWAPO, seit 1995 Mitglied der Nationalversammlung, war von 2003 bis 2015 Finanzministerin und ist seit 2015 Premierministerin Namibias. Geboren wurde Kuugongelwa in Otamanzi bei Omusati. Mit 13 Jahren ging sie ins angolanische Exil mit der SWAPO, später nach Sierra Leone. Sie studierte an der Lincoln University in Pennsylvania in den Vereinigten Staaten, wo sie als Wirtschaftswissenschaftlerin abschloss. Anschließend kehrte Kuugongelwa nach Namibia zurück, wo sie schnell Stabsoffizierin im Büro des damaligen Präsidenten Sam Nujoma wurde. 1995 ernannte man sie zur Generaldirektorin der Nationalen Planungskommission, 2003 wurde Kuugongelwa Finanzministerin. Der Höhepunkt ihrer politischen Karriere folgte 2015: Kuugongelwa wurde als Premierministerin von Namibia vereidigt. Sie ist die erste Frau in dieser Position.

## Schatzsuche mit Folgen: Adolf Lüderitz

1834–1886
Kaufmann

Bis heute ist eine Stadt in Namibia nach Adolf Lüderitz benannt, auf dessen Initiative es zurückzuführen ist, dass sich das Deutsche Kaiserreich in Südwestafrika als Kolonialmacht engagierte. Nachdem Lüderitz das Bremer Tabakgeschäft seines Vaters übernommen hatte, dehnte er seine Handelsbeziehungen nach Afrika aus. Hier erfuhr er, dass es an der Südwestküste gewaltige Erzvorkommen, aber auch Gold, Silber und Diamanten geben solle. Er beschloss, das Gebiet den dort lebenden schwarzen Völkern abzukaufen, und stellte eine Expedition unter der Leitung des afrikaerfahrenen Kaufmannsgehilfen Heinrich Vogelsang zusammen. Dieser kaufte 1883 dem Nama-Anführer Joseph Fredericks die Bucht von Angra Pequena und das angrenzende Land ab. Lüderitz reiste nach Südwestafrika, um sich persönlich um seine Landerwerbungen zu kümmern. Nachdem Lüderitz wiederholt in Berlin um staatlichen Schutz für seine Ländereien gebeten hatte, proklamierte Reichskanzler Bismarck 1884 die deutsche Schutzherrschaft über dessen Gebiete in Südwestafrika. Bereits ein Jahr später musste Lüderitz all seine afrikanischen Besitzungen für eine halbe Million Mark an die »Deutsche Kolonialgesellschaft für Südwestafrika« abtreten – in der Hoffnung auf enorme Gewinne in dem neu erworbenen Land hatte er bei immer neuen Expeditionen, Landaufkäufen und Probebohrungen **sein ganzes Vermögen verloren**. Doch er gab nicht auf und machte sich 1886 mit einem Trupp Männer auf die Suche nach Diamanten. Von dieser Expedition kehrte er niemals zurück.

OBEN: Adolf Lüderitz, ein Glücksritter, brachte die Deutschen nach Südwest.
UNTEN: Mburumba Kerina gab dem jungen Staat Namibia seinen Namen.

## Widerstandskämpfer: Samuel Maharero

1856–1923
Herero-Führer

Samuel Maharero übernahm 1890, nach dem Tod seines Vaters, die Regentschaft über die Herero. Zunächst war er an einer »Zusammenarbeit« mit den Deutschen durchaus interessiert, da er mit deren Hilfe die von ihm angestrebte, in seinem Volk bisher nur ansatzweisevorhandene »Oberhäuptlingschaft« erringen wollte. Dank der Einkünfte aus Landverkäufen an die neuen weißen Herren konnte er seine Machtposition festigen. Anfang 1894 war allerdings der Unmut unter den Herero und den Nama so groß, dass Maharero **zum Widerstand gegen die Kolonialherren aufrief.** Der Grund: die zunehmende Herrenpolitik der weißen Siedler und ihre Skrupellosigkeit gegenüber der schwarzen Bevölkerung. Für die Deutschen kam die Erhebung der Herero überraschend, mit Mut und Kampfeswillen bei der schwarzen Bevölkerung hatten sie nicht gerechnet. Doch Maharero verlor den von ihm ausgerufenen Kampf. Nach der entscheidenden Schlacht am Waterberg am 11. August 1904 musste er mit einem Großteil seines Volkes in die wasserlose Omaheke-Wüste fliehen, aus der es für die meisten Herero kein Entrinnen mehr gab. Maharero floh nach Britisch-Betschuana; er starb 1923 im Exil. Sein Grab befindet sich auf dem Friedhof in Okahandja.

## Der größte namibische Künstler: John Muafangejo

1943–1987
Künstler

John Ndevasia Muafangejo gilt als der bisher größte namibische Künstler. Schon zu seinen Lebzeiten fanden seine Werke nicht nur in Namibia große Anerkennung: In vielen afrikanischen Staaten, aber auch in den USA und in einigen europäischen Ländern, darunter auch Deutschland, waren seine Arbeiten zu bewundern. Geboren wurde er in Angola; im Alter von zwölf Jahren zog er nach Namibia. Dort entdeckte ein Missionar sein zeichnerisches Talent und verschaffte ihm zu einem Stipendium an der Kunstschule Rorkes Drift im südafrikanischen Natal, wo er die Technik des Holz- und Linolschnitts erlernte. Nach seinem Studium kehrte er nach Namibia zurück und arbeitete in Oshikango als Kunstlehrer, bis er sich im Windhoeker Schwarzenviertel **Katutura** niederließ. Hier erhielt er Unterstützung von der Namibian Arts Association. Muafangejo verstarb überraschend im Alter von nur 44 Jahren.

## Versöhnlich? Sam Daniel Shafiishuna Nujoma

* 1929
Erster Staatspräsident

1989 wurde in Namibia ein deutschstämmiger Rechtsanwalt mit Namen Anton Lubowski ermordet, weil er sich für die Unabhängigkeitsbewegung SWAPO engagiert hatte. In der ersten Reihe der

Trauergäste stand Samuel Nujoma. Allgemein wurde von dem SWAPO-Chef nun eine Trauerrede erwartet, in der er zu Rache und Vergeltung aufrufen würde. Doch tatsächlich forderte er das Gegenteil: die »Wiederversöhnung aller Rassen in unserer gemeinsamen Heimat Namibia«.

Sam Nujoma, Sohn eines armen Bauern aus Ongandjera, organisierte 1959 als führendes Mitglied der OPO (Ovamboland People's Organization) Protestaktionen der schwarzen Bevölkerung von Windhoek gegen Umsiedlungspläne der südafrikanischen Regierung; zusammen mit anderen OPO-Führern gründete er 1960 im Exil die SWAPO, zu deren Präsident er ernannt wurde. Nujomas langes Wirken für die Unabhängigkeit seines Landes hatte schließlich Erfolg: 1990 wurde er als erster Präsident des neuen Staates vereidigt. Der einstige Rebellenchef verlieh dem Land eine liberale, investorenfreundliche Wirtschaftsordnung und führte die **»Politik der nationalen Versöhnung«** ein. 1994 wurde er mit überwältigender Mehrheit wiedergewählt. Dennoch musste sich Nujoma den Vorwurf gefallen lassen, er habe Machtstellen des Landes mit SWAPO-Leuten durchsetzt, die angekündigte Landreform schleppend umgesetzt und auch hier die eigenen Leute vorrangig bedacht. Während seiner Regierungszeit hat sich Nujoma verändert. Die »Versöhnungspolitik« drohte zum Lippenbekenntnis zu ver-

Von der Macht wollte Sam Nujoma ungern lassen.

kommen, die Kluft zwischen wohlhabenden Weißen und armen Schwarzen wurde immer tiefer. Der **autokratische Regierungsstil** des Präsidenten, der laut Verfassung gar nicht mehr zur dritten Wahl hätte antreten dürfen, verärgerte und ernüchterte viele seiner Landsleute. Nach seiner dritten Amtszeit wurde Nujoma 2005 von seinem persönlichen Zögling Hifikepunye Pohamba im Amt des Staatspräsidenten abgelöst.

## Die Chronistin von Tsumeb: Ilse Schatz

1929–2017
Farmerin

Das kleine Museum von Tsumeb enthält Exponate zur historischen Entwicklung des Ortes, zum Bergbau und zur Kultur der San. Noch interessanter als die Ausstellungsstücke selbst sind die Erzählungen der Museumsgründerin Ilse Schatz aus Grootfontein. Nach der Heirat zog sie mit ihrem Ehemann Wolfgang auf die Farm Otjiguinas bei Tsumeb. Hier lebten ca. 70 Menschen, die meisten waren San. Ilse Schatz war nicht nur Farmersfrau und Mutter, sondern auch Hebamme, Ärztin und Lehrerin der Farmarbeiterfamilien. Es gelang ihr, das Vertrauen des Medizinmanns zu gewinnen, und er erlaubte ihr, **an San-Zeremonien teilzunehmen.** Das Museum in Tsumeb öffnete 1975 auf Initiative von Ilse Schatz seine Pforten. Ihre Erlebnisse, Eindrücke und Erfahrungen mit den San, ihr profundes Wissen über die Sitten und Bräuche dieses Volkes erschienen mit dem Titel »Unter Buschleuten auf der Farm Otjiguinas« (Selbstverlag, Tsumeb 1993).

## Ein Leben voller Konflikte: Hendrik Witbooi

ca. 1830–1905
Nama-Führer

An den Herero-Führer und zeitweiligen Verbündeten Samuel Maharero schrieb Hendrik Witbooi:

> »
> Du wirst zum Ende schwer bereuen,
> dass Du Dein Land und Deine Regierungsrechte
> in die Hände der Weißen gegeben hast.
> «

Während andere schwarze Führer bereitwillig große Gebiete ihres Landes an die Deutschen verkauften, rief Witbooi auch alte Feinde dazu auf, die mit dem Kaiserreich geschlossenen Verträge rückgängig zu machen. Hendrik Witbooi war der Anführer der mächtigsten Nama-Volksgruppe, der sogenannten Witbooi-Hottentotten. Er hatte den Süden Namibias unter seine Herrschaft gebracht, und nun führte er sein Volk in den fruchtbareren Norden Südwestafrikas, um auch die hier lebenden Völker zu unterwerfen. Ab 1890 unternahm er immer wieder Vorstöße ins Herero-Land. Als er erkannte, dass die Deutschen eine größere Gefahr darstellten als die Herero, ergriff er die Waffen gegen die Kolonialherren. Auf Dauer hatte Hendrik Witbooi gegen die Übermacht der Deutschen aber keine Chance: Als er mit seinem Volk vor eine deutsche Artilleriestellung lief und der deutsche Kommandeur Leutwein den Befehl gab, nicht zu schießen, war Witbooi von der Fairness des Gegners stark beeindruckt – 1894 unterzeichnete er einen Schutzvertrag mit dem deutschen Kaiser. Doch als 1904 der Herero-Aufstand ausbrach, erhob er sich erneut gegen die Kolonialmacht und fiel 1905 in einem Gefecht bei Fahlgras.

## Der Erfinder des Reiseführers: Karl Baedeker

1801–1859
Verleger

Als Buchhändler kam Karl Baedeker viel herum, und überall ärgerte er sich über die »Lohnbedienten«, die die Neuankömmlinge gegen Trinkgeld in den erstbesten Gasthof schleppten. Nur: Wie sollte man sonst wissen, wo man übernachten könnte und was es anzuschauen gäbe? In seiner Buchhandlung hatte er zwar Fahrpläne, Reiseberichte und gelehrte Abhandlungen über Kunstsammlungen. Aber wollte man das mit sich herumschleppen? Wie wäre es denn, wenn man all das zusammenfasste?

Gedacht, getan: Zwar hatte er sein erstes Reisebuch, die 1832 erschienene »Rheinreise«, noch nicht einmal selbst geschrieben. Aber er entwickelte es von Auflage zu Auflage weiter. Mit der Einteilung in »Allgemein Wissenswertes«, »Praktisches« und »Beschreibung der Merk-(Sehens-)würdigkeiten« fand er die klassische Gliederung des Reiseführers, die bis heute ihre Gültigkeit hat. Bald waren immer mehr Menschen unterwegs mit seinen »**Handbüchlein für Reisende, die sich selbst leicht und schnell zurechtfinden wollen**«. Die Reisenden hatten sich befreit, und sie verdanken es bis heute Karl Baedeker.

# E

# ERLEBEN & GENIESSEN

*Überraschend, stimulierend, bereichernd*

Mit unseren Ideen erleben und genießen Sie Namibia.

Wenn es Nacht wird im Etosha-Nationalpark ... ►

# BEWEGEN UND ENTSPANNEN

*Quad-Biken in den Namib-Dünen bei Swakopmund, Wildwasser-Rafting auf dem Oranje-Fluss, Trekking in den Naukluft-Bergen: Namibia ist ein Mekka für Outdoor-Fans und für alle, die ihren Urlaub aktiv verbringen wollen. Kurzum: Namibia ist ein sportverrücktes Land. Zwischen dem Kunene-Fluss im Norden und dem Oranje werden mehr als 50 Sportarten gepflegt.*

**Am liebsten in der Natur**

Nationalsport ist Fußball, sehr populär sind aber auch Cricket und Baseball. Leichtathletik erfreut sich ebenfalls großer Beliebtheit, vor allem seit den spektakulären Siegen von Frank Fredericks (Interessante Menschen). Doch gerade auf dem Land gehen diesen Sportarten nur die wenigsten nach. Viel beliebter ist Bewegung in der Natur. Dazu zählen nicht nur Rafting und Kanutouren, sondern auch Trekking und Wandern, Sandboarden, Dünen-Skifahren, Reiten und Angeln. Gerade in der Gegend um Walvis Bay und Swakopmund drängen immer mehr Anbieter auf den Markt, die die außergewöhnlichsten Aktivitäten anbieten. Einen Überblick gibt die kostenlose englischsprachige Broschüre »Namibia Holiday & Travel. The Official Namibian Tourism Directory«, die in Deutschland über das Namibia Tourist Board (NTB) an Reiseveranstalter verteilt wird. Vor Ort informieren die Reisebüros in Windhoek und Swakopmund über das breitgefächerte Angebot.

## Sport am Wasser

**Angeln**

In weiten Teilen der Westküste ist das Angeln ohne Angelschein erlaubt, es gelten nur Beschränkungen hinsichtlich der Größe und Anzahl der zu fangenden Fische. Das schönste Revier ist das etwa 300 km lange Küstengebiet von Sandwich Harbour über Walvis Bay, Swakopmund und Henties Bay bis hin zur Mündung des Ugab-Flusses im Norden. Die Region gilt als Anglerparadies. Besonders beliebt ist das Brandungsangeln, man kann aber auch vom Boot aus fischen (Langusten, Seehechte und sogar verschiedene Haie). Zum Süßwasserangeln in den Stauseen braucht man einen Erlaubnisschein, der bei der jeweiligen Park- oder Gemeindeverwaltung oder im Windhoeker Reservierungsbüro (▶ S. 313) erworben werden kann.

Auskünfte über Fangmengen, -größen, Erlaubnisscheine: Ministry of Fisheries and Marine Resources, Brendan Simbwaye Square, Block C, Ecke Uhland/Goethe St. | Tel. 061 205 39 11 | www.mfmr.gov.na

Baden

Das milde Klima macht die Küstenstädte Swakopmund, Walvis Bay und Lüderitz vor allem während der Monate Oktober bis März zu beliebten Ausflugszielen. Allerdings ist die Küste wegen des arktischen Benguela-Stroms in den Morgenstunden oft nebelverhangen. Der Atlantik ist aber ohnehin nicht zum Baden geeignet: Die Wassertemperaturen liegen zwischen 12 und 16° C. Außerdem ist die Brandung sehr stark, und Haie gibt es auch. Einige Lodges und Gästefarmen haben ausreichend große Pools, um richtig schwimmen zu können, meist reichen die Becken aber gerade zum Erfrischen. Packen Sie für alle Fälle trotzdem Badezeug ein.

Kanufahrten

Auf den ganzjährig Wasser führenden Grenzflüssen Kavango, Kunene und Oranje sind Kanufahrten möglich. Teilnehmen kann man auch an den alle zwei Jahre stattfindenden großen Kanurennen: am Osterwochenende an den viertägigen Namibia-Kanu-Meisterschaften auf dem Oranje und an den dreitägigen offenen Namibia-Meisterschaften auf dem Okavango im Mai.

Kite Surfing

In der Lagune von Walvis Bay treffen sich Anhänger des Extremsports Kite Surfing. Mit Hilfe eines Lenkdrachens werden die Surfer übers Wasser gezogen; die Drachen ermöglichen spektakulär hohe

Hier wird man besser gerudert: White Water Rafting unterhalb der Viktoriafälle.

Sprünge. Voraussetzungen (neben der Ausrüstung): Man muss gut schwimmen können, gutes Gleichgewicht, Mut und ganz schön viel Kraft haben.

**Surfen und Segeln** Auf den verschiedenen Stauseen des Landes (Hardap Dam, Naute Dam und Von Bach Dam) sowie an der Küste vor Swakopmund, Walvis Bay und Lüderitz bestehen Möglichkeiten zum Surfen und Segeln. Die Ausrüstung wird vor Ort verliehen.

## An Land und in der Luft

**Ballonfahrten** Ballonfahrten über die Wüste sind ein ganz besonderes Erlebnis. Erkundigen Sie sich in Sesriem oder Swakopmund; auch die Besitzer einiger Lodges (u. a. Kulala Lodge, Wolwedans Dune Camp) organisieren Ballonfahrten. Direkt buchen kann man bei Namib Sky Balloon Safaris nahe Sesriem (▶ S. 142, 292 ).

**Bungee Jumping** Bei den Victoria Falls in Simbabwe können ganz Verwegene von einer Brücke bei den Wasserfällen einen der tiefsten Bungee-Sprünge der Welt machen. Möglich sind auch Abseiling, Flying Fox und Gorge Swing, bei dem man nach dem Sprung an einem langen Seil hin und her schwingt (▶ S. 194)

**Geländewagenfahrten** Wer seine Fahrkünste und den gemieteten Geländewagen mal nach Lust und Laune bis an die Grenzen bringen möchte, der sollte sich auf einem ausgewiesenen 4 x 4-Trail versuchen. Einfach abseits der Straßen zu fahren ist aus Rücksicht auf die empfindliche Vegetation nicht erlaubt (Infos: Namibia Tourism Board, ▶ S. 313).

**Golf** Die beiden bekanntesten Golfplätze in Namibia sind der 18-Loch-Golfplatz des Windhoek Country Club Resorts (www.wccgolf.com.na) und der Rossmund Golf Course bei Swakopmund, ebenfalls ein 18-Loch-Platz (rossmund.com).

**Jagen** Viele ausländische Touristen kommen wegen der Trophäenjagd nach Namibia. Dafür steht eine große Auswahl an Jagdfarmen zur Verfügung. Die Trophäenjagd, die gleichzeitig den Wildbestand reguliert, findet zwischen dem 1. Februar und 30. November statt. Die Farmer schicken gerne vorab eine Jagdeinladung zu.

**Reiten** Viele Gästefarmen und Lodges halten Pferde und bieten Reitausflüge an. Ein Spezialanbieter ist Namibia Horse Safari Company mit verschiedenen kürzeren und längeren Ausflügen. Einer der Tourenhöhepunkte für Pferde- und Naturliebhaber ist der rund 400 km lange Ritt von Windhoek durch die Wüste nach Swakopmund.

Segelfliegen

Auf der Farm Bitterwasser (▶ S. 95) südlich von Mariental ist Segelfliegen möglich. Auch Segelflugkurse stehen hier auf dem Programm.

Sterne gucken

In Namibia erwartet einen vielerorts ein beeindruckendes Naturerlebnis: An kaum einem anderen Ort der Welt ist der Sternenhimmel so klar wie hier (▶ Das ist Namibia, S. 8ff.). Einige Gästehäuser halten eigene Teleskope vor. Die große Entfernung zur nächsten Ortschaft, 130 km Luftlinie bis Windhoek, aber auch die Tatsache, dass die Gastgeber Kirsten und Reinhold Schreiber ausschließlich Astronomen beherbergen, macht die **Tivoli Southern Sky Guest Farm**

BAEDEKER MAGISCHE MOMENTE

## EIN BETT UNTER DEN STERNEN

Einmal unter einem unglaublichen Sternenhimmel schlafen, gewärmt von einer Wolldecke? Das ist der Traum vieler Namibia-Reisender. Er muss nicht unerfüllt bleiben: Im traumhaften Dune Star Camp im Gondwana Namib Park können die Gäste ihre Betten auf die Terrasse schieben – sie haben Rollen. Die Bungalows liegen übrigens direkt auf den Dünen: Schöner kann Sternegucken nicht sein. Die Lodge befindet sich ca. 60 km nördlich von Sesriem an der C 19. Buchung: www.gondwana-collection.com.

# SPORTANGEBOTE

## BALLONFAHRTEN

### NAMIB SKY BALLOON SAFARIS
Ganzjährig außer von Mitte Januar bis Mitte Februar, vorher anmelden
Tel. 063 68 31 88
www.balloon-safaris.com

## GELÄNDEFAHRTEN
Geführte Touren durch das Diamantensperrgebiet

### COASTWAYS TOURS
in Lüderitz
www.coastways.com.na

### FACES OF THE NAMIB
in Walvis Bay
www.facesofthenamib.com

## JAGD

### BERUFSJAGDVERBAND (NAPHA)
Tel. 061 23 44 55
www.napha-namibia.com

## KANUFAHREN

### FELIX UNITE RIVER ADVENTURES
Bootstrips auf dem Oranje
Tel. +27 87 354 05 78
www.felixunite.com

## KITE SURFING

### WALVIS BAY KITE CENTER
Einer der renommiertesten Anbieter fürs Kite Surfing
Tel. 081 373 94 02
www.namibiakite.com

## REITEN

### GÄSTEFARM OKOMITUNDU
Die Unterkunft mit Reitstall befindet sich zwei Autostunden nördlich von Windhoek
Tel. 062 50 39 01
www.okomitundu.com

### KAMBAKU SAFARI LODGE
bei Otjiwarongo
Tel. 067 30 62 92
www.kambaku.com

### NAMIBIA HORSE SAFARI COMPANY
Dieser Anbieter hat die 400-km-Tour von Windhoek durch die Wüste nach Swakopmund im Programm.
P.O. Box 11778, Klein-Windhoek
Tel. 081 4 70 33 84 (mobil)
www.namibiahorsesafari.com

### PEGASUS REITERREISEN
Bei Pegasus kann man aus Deutschland, Österreich und der Schweiz verschiedene Reitprogramme in Namibia buchen.
www.reiterreisen.com

## STERNBEOBACHTUNG
Gästehäuser mit eigenen Teleskopen

### HAKOS GUEST FARM
Tel. 062 57 21 11
www.hakos-astrofarm.com

### KIRIPOTIB FARM
Tel. 062 581419
www.kiripotib.com

### SOSSUSVLEI DESERT LODGE
www.andbeyond.com

### TIVOLI SOUTHERN SKY GUEST FARM
Das Gästehaus hat eine eigene Sternwarte und zahlreiche riesige, ganzjährig aufgebaute Teleskope.
Tel. 062 58 14 05
www.tivoli-astrofarm.de

zu einem der schönsten Orte für die Sternbeobachtung. 15 km südlich von Windhoek steht das **Cuno Hoffmeister Memorial Observatory**.

Wandern und Trekking

In einigen Nationalparks kann man an bis zu einwöchigen Wander- bzw. Trekkingtouren teilnehmen. Die spektakulärsten Wanderrouten verlaufen durch den Fish River Canyon, durch die Naukluft-Berge, den Brandberg, das Erongo-Gebirge und durch den Waterberg Plateau Park. Sehr schöne kürzere Wanderungen kann man im Gebiet der Spitzkoppe sowie ebenfalls im Waterberg Plateau Park oder Daan Viljoen Wildpark unternehmen. Im Kapitel Reiseziele von A bis Z sind die schönsten Touren unter dem jeweiligen Stichwort beschrieben. Auch die Inhaber der meisten Gästefarmen und Lodges organisieren geführte Wanderungen auf ihrem Gelände.

# ESSEN UND TRINKEN

*Grüner Spargel aus Swakopmund, Trüffel aus der Kalahari, frische Austern an der Küste: Auch wenn man das kaum erwartet, Namibia ist ein Land unterschiedlichster kulinarischer Genüsse. Die Köche in Hotels, Restaurants, auf vielen Gästefarmen und Lodges warten mit einer Menge origineller und nicht zuletzt schmackhafter Kreationen auf.*

Feine neue Ideen

Von einer eigenständigen namibischen Küche zu sprechen, wäre vielleicht übertrieben. Dennoch werden Sie in Namibia hervorragend essen und trinken. Das liegt vor allem daran, dass sich der Tourismus nach der Unabhängigkeit rasant entwickelt hat. Viele Restaurants, Gästefarmen, Hotels und Lodges haben sich auf die Bedürfnisse der Besucher aus Europa eingestellt.
Es hat aber auch damit zu tun, dass die Natur im südlichen Afrika viele Köstlichkeiten bereithält,von denen man als Gast noch gar nichts ahnt. Die Küche in Namibia ist vor allem von den Zutaten geprägt, die die einheimische Natur hergibt: frisches Wild und frische Meeresfrüchte sowie Fisch aus dem Benguela-Strom, eines der fischreichsten Gewässer der Erde. Viele moderne Restaurants wie das Nice, das Leo’s at the Castle, das La Marmite Royale und das Weinberg Craft Kitchen in Windhoek verwöhnen ihre Gäste auch mit modernen Kreationen, zu denen nicht nur Fleisch und Fisch gehören, sondern immer häufiger auch Feinheiten wie Kalahari-Trüffel und grüner Spargel aus Swakopmund. Schließlich ist man in Namibia auf den Geschmack internationaler Küche gekommen, und mit Hilfe der abwechslungsreichen Küche Südafrikas entwickelte sich eine delikate

# TYPISCHE GERICHTE

**Milipap:** Nationalgericht und wichtigstes Grundnahrungsmittel in Namibia ist Milipap (auch Mieliepap geschrieben), ein fester Maisbrei. Dazu gibt es je nach Tradition und Geldbeutel Fleisch, Soße und Gemüse. Die Ovambo essen ihren Milipap häufig mit Ombidi, einem wilden, an Spinat erinnernden Gewächs. Die Herero bereiten ihr Milipap gerne mit Sauermilch (Omaere) zu. Milipap gibt es in allen Landesteilen und in allen Bevölkerungsschichten. Das Maismehl dafür ist in Namibia sogar von der Mehrwertsteuer befreit.

**Frische Austern**: Fischliebhaber kommen vor allem in den Küstenstädten Swakopmund, Walvis Bay und Lüderitz auf ihre Kosten. An der Küste werden Austern gezüchtet, die zu den besten der Welt zählen. In den Restaurants werden sie meist fangfrisch mit Zitrone und einem Schuss Tabasco serviert. Natürlich gibt es dazu meist auch ein Glas Sekt oder Champagner.

**Pilze aus Namibia**: Wenn im April auf der Karte eines Restaurants »Allerlei vom Trüffel« angeboten wird, dann ist das kein Aprilscherz. Die edlen Pilze wachsen nicht nur in Frankreich und Italien, sondern auch in Afrika – nämlich mitten in der Kalahari. War die Regenzeit zwischen März und Mai ergiebig, dann kochen Namibias Köche mit den auf Namibisch auch »N'abbas« oder »Omatumbula« genannten Pilzen allerlei feine Gerichte. Auch der »Omajova« ist kaum zu übersehen. Der Schirmpilz wächst ausschließlich am Fuß von Termitenhügeln und kann nach gutem Regen suppentellergroß und bis zu 1 kg schwer werden. Mit Zwiebeln und Speck gebraten und mit Sahne verfeinert gelten Omajovas in Namibia als Delikatesse.

**Deutsche Backwaren**: Fast überall in Namibia, egal, ob in den Großstädten oder auf Gästefarmen, findet man frische deutsche Backwaren. Die mächtigen Frankfurter Kränze, Schwarzwälder Kirschtorten, Windbeutel sowie Apfel- und Käsekuchen nach Rezepten aus Großmutters Zeiten sind immer noch sehr gefragt. Außerdem bieten viele Bäckereien Pumpernickel, Schwarzbrot, Vollkornbrot und Brötchen an. Hinzu kommen diverse Pasteten, köstlich gefüllt mit Fleisch oder Gemüse.

**Oryx-Steak:** Fleisch gibt es in Namibia in allen Formen. Typisch und in vielen Restaurants im Land serviert wird Oryx. Die riesige Antilope mit ihren spitzen Hörnern zählt zu den feinsten Wildarten des Landes. Die frischen Steaks werden meist mit Bratkartoffeln oder Pommes Frites serviert, dazu gibt es Salat, ein Glas Bier oder Wein. Das Fleisch schmeckt wie eine Mischung aus Wild und Rind. Oryx bestellt man am besten »medium« oder »rare«, also wenig gegart, denn sonst ist das Fleisch oft zäh.

**Mopane-Raupen**: Etwas mehlig, dafür reich an Protein sind die auf vielen Märkten im Land verkauften getrockneten Mopane-Raupen. Sie sind vor allem in ländlichen Gebieten eine Spezialität und Teil der sogenannten »Veldkost«, Speisen aus dem Busch. Die Raupen oder Würmer leben meist auf den im ganzen Land verbreiteten Mopane-Bäumen und geben eine proteinreiche Kost ab. Die fünf bis acht Zentimeter langen Insekten werden mit Tomaten, Chili und Zwiebeln zu einem Eintopf gekocht. Vielerorts gibt es sie auch geröstet in Tüten als Snack.

Cuisine. **Der deutsche Einfluss schwindet**, in einigen Restaurants in Windhoek, Swakopmund und Lüderitz stehen aber noch traditionelle deutsche Gerichte wie Schnitzel, Rouladen, Eisbein, Sauerkraut und saure Bohnen auf der Speisekarte.

Morgens, mittags, abends

In Namibia ähneln die Essensgewohnheiten den unseren. In den meisten Haushalten wird dreimal am Tag gegessen: morgens, mittags und abends. Gerade das Abendessen wird in vielen Restaurants, Hotels, Gästefarmen und Lodges wunderschön zelebriert. Nach einem Sundowner-Cocktail sitzt man oft draußen, in den abgelegenen Gästefarmen und Lodges häufig bei Kerzenschein. In stilvoller Atmosphäre wird dann **unter freiem Himmel** diniert. Die Speisen genügen meist höchsten Ansprüchen. Danach setzt man sich oft ans Feuer für einen »Absacker«, wo die Gastgeber die Stühle schon im Kreis aufgestellt haben. Dort ist Zeit, um das am Tag Erlebte gemeinsam mit den anderen Gästen Revue passieren zu lassen.

Trinkgeld

In Restaurants geben zufriedene Kunden ein »Tip« von bis zu 10 %. Kellner bringen meistens zunächst das gesamte Wechselgeld zurück. Anschließend lässt der Kunde das Trinkgeld zurück. Beim Bezahlen mit Kreditkarte kann das Trinkgeld auch per Karte gegeben werden.

## Namibias Köstlichkeiten

Fleisch- und Fisch-Gerichte

Namibia ist ein Fleischland. Wild in Form von Steak, Braten oder Ragout von Kudu, Springbock und Zebra wird fast überall serviert. Besondere Leckerbissen sind das cholesterinarme Straußenfleisch und Krokodilfleisch. Letzteres ist weiß und erinnert im Geschmack entfernt an Hühnchenfleisch. Eine Spezialität ist **Biltong,** luftgetrocknetes Fleisch von Rind, Eland, Springbock oder Kudu, eine kleine Knabberei für zwischendurch oder zum Sundowner. Dünne Fleischstreifen werden dabei mit Salz, Pfeffer, Koriander, Essig und Bikarbonat gepökelt und anschließend luftgetrocknet auf einem Teller serviert. Besondere Köstlichkeiten sind auch geräucherte **Landjäger** und **Boerewors,** eine gut gewürzte Bratwurst aus Rinder- und Hammelfleisch.

Fischliebhaber kommen vor allem in den Küstenstädten Swakopmund, Walvis Bay und Lüderitz auf ihre Kosten – bei hervorragend zubereiteten Seezungen, Kabeljaugerichten, Tintenfischringen und vielen anderen Speisefischen, darunter Streifenbrasse, Kingklip, Seewolf, Seehecht, Dorade, Stumpfnasenfisch und Hai. An der namibischen Küste werden auch **Austern** gezüchtet. Sie zählen zu den besten der Welt. Auch Hummer (Crayfish) und Langusten landen in den Küstenstädten fangfrisch auf dem Tisch.

OBEN: Die luxuriöse Variante: Safari-Picknick unter freiem Himmel

UNTEN: Die volkstümliche Variante: Braai ist mehr als bloß Grillen, es ist namibisches Lebensgefühl

Braai

Der Braai (Afrikaans = braten) ist ein Teil des namibischen Lebensgefühls. Kaum ein Sonntag vergeht, ohne dass im großen Stil mit Familie und Freunden irgendwo gegrillt wird. Zu einem guten Braai gehören mit Koriander gewürzte Burenwurst, Lammfleisch, Schwein oder Rind – und natürlich Wildfleisch wie Springbock, Kudu, Oryx und Strauß. Das Feuer wird idealerweise mit dem harten Holz des Kameldornbaums gemacht. Gegessen wird im Freien. Zum Fleisch gibt es in der Regel Salat und »squashes« oder »butternuts«, kleine Kürbisse. Sie sind auch eine Köstlichkeit für Vegetarier.
Gerne auf dem Feuer gegart werden auch **Potjies,** deftige Eintöpfe im gusseisernen Dreibeintopf. Wer es selbst mal ausprobieren will mit Braai oder Potjie, der findet auf nahezu jedem Campingplatz im Land seine ganz persönliche Grillstelle.

Obst und Gemüse

Wer selbst einkaufen geht, wird von den hohen Preisen bei Obst und Gemüse überrascht sein. Doch **Frisches gibt es in Namibia kaum**, die Anbaubedingungen sind einfach zu schwierig. Was auf dem Markt ist, stammt zum größten Teil aus Südafrika. Die Transportkosten erklären die Preise. Aber auch in Swakopmund, im trockenen Revier des Swakop-Flusses, wird neuerdings verstärkt Gemüse angebaut – allerdings ist auch das nicht günstig. Aus Swakopmund kommen außerdem Oliven: Sie werden auf der Farm Shalom vor den Toren der Stadt angebaut. Die Besitzer haben auf ihrem Grundstück etwa 1500 Bäume. Auf dem samstäglichen Markt auf ihrer Farm (an der D 1901 etwa zwölf Kilometer vor Swakopmund) verkaufen sie auch selbst gemachtes Olivenöl.

## Getränke

Alkoholfreie Getränke

Auf der namibischen Beliebtheitsskala rangieren Appletizer und Grapetizer – durstlöschende Getränke aus Apfel- oder Traubenkonzentrat – ganz oben. Sehr beliebt ist neben den Getränken Cola, Limo und Säften auch **Rockshandy,** eine Mischung aus Soda, Limonade und ein paar Tropfen Angostura. Serviert wird das erfrischende Getränk mit Eiswürfeln, die in Namibia meist unbedenklich konsumierbar sind.

Bier

Die »Nummer eins« unter den alkoholischen Getränken ist **Bier.** Gebraut wird es nach dem deutschen Reinheitsgebot, es enthält also nur Wasser, Hopfen, Malz und Hefe. Allerdings ist der Alkoholgehalt niedriger. Das beliebteste Bier im Land ist das leichte »Windhoek Lager« (Alkoholgehalt 4 %). Vor allem an heißen Sommertagen schmeckt das frische Windhoek Draught (ebenfalls 4 %). Etwas bitterer und stärker ist das »Windhoek Export«. Am meisten Alkohol (5,3 %) enthält das »Windhoek Special«, am wenigsten das »Windhoek Light« (1,9 %). Es gibt sogar einen Maibock (5,5 %), Seit 2009

Namibias Weine sind durchaus einen Versuch wert.

braut die neu gegründete Camelthorn Brewing Company in Windhoek nach bester bayerischer Brautradition auch ein Weizenbier.

Wein

Besonders groß ist das Angebot an südafrikanischen Weinen und Schaumweinen, sie schmecken nicht nur hervorragend, sie kosten in Namibia auch weniger als in Europa. Namibia hat aber auch **eigene Weine**. Zu den besten Kellereien gehören die **Kristall-Kellerei** der Familie Weder in Omaruru (www.kristallkellerei.com) und das **Neuras Wine and Wildlife Estate** vom Rand der Namib-Wüste (mit Übernachtungsmöglichkeiten, www.neuraswines.com). Neuras wurde vom früheren Shell-Manager und Weinliebhaber Allan Walkden-Davis gegründet und gehört zur N/a'ankusê-Stiftung, die sich für den Erhalt der Naturlandschaft in Namibia und den Schutz der Wildtiere einsetzt. Die Weinkellerei bietet zwei Weine an: Neuras Shiraz, einen ungewöhnlich leichten, beerig-würzigen Shiraz, und den dunklen, vollmundigen Neuras Red, eine Cuvée aus Shiraz, Merlot und Petit Verdot. Letzterer gilt als einer der ungewöhnlichsten Weine des südlichen Afrika.

Zum Abschluss

Nach dem Essen trinken viele Namibier gerne einen Schnaps oder Likör. Weit verbreitet sind Jägermeister und der südafrikanische Creme-Likör **Amarula** aus den Früchten des Marulabaums. Er erinnert geschmacklich an Bailey's.

# FEIERN

*Das gibt es sonst nirgendwo in Afrika: Namibia bietet eine einzigartige Mischung aus afrikanischen und europäischen Festen und Feierlichkeiten. Für afrikanisches Flair sorgen der Cassinga-Tag im Mai und vor allem der Herero-Tag im August. Kuriose Relikte aus der deutschen Kolonialzeit sind die Karnevalsfeiern in Windhoek und Swakopmund sowie das Oktoberfest, das ebenfalls in Windhoek gefeiert wird.*

So feiert Namibia

Das vielleicht farbenfrohste Fest des Landes ist der **Heldengedenktag** in Okahandja im August. Hier verbindet sich eindrücklich afrikanische Lebensart mit deutscher Kultur (▶ Baedeker Wissen, S. 152). Mit großem Aufwand wird jedes Jahr auch der Cassinga-

## FEIERTAGE

**1. Januar:**
Neujahrstag
**21. März:**
Tag der Unabhängigkeit
**März/April:**
Karfreitag und Ostermontag
**1. Mai:**
Tag der Arbeit
**4. Mai:**
Cassinga-Tag (in Erinnerung an den Unabhängigkeitskampf)
**April/Mai:**
Christi Himmelfahrt
**25. Mai:**
Afrika-Tag
**um den 26. August:**
Herero-Tag (»Heldengedenktag«) in Okahandja
**10. Dezember:**
Tag der Menschenrechte und der namibischen Frauen
**25. Dezember:**
Weihnachten
**26. Dezember:**
Familientag

## FESTE UND EVENTS

### FEBRUAR

NEDBANK CYCLE CHALLENGE
Eines der härtesten und heißesten Radrennen Namibias. .
www.nedbankcyclechallenge.com

### MÄRZ

POINTBREAK OPEN WATER SWIM
Jährliches Wettschwimmen am Oanob Dam bei Rehoboth, bei dem die Teilnehmer zwischen der 700-Meter-Sprintstrecke und den Langstrecken über 2,1 km und 5 km wählen können.
www.otbsport.com

### APRIL

WINDHOEK
Der Windhoek-Karneval hat Ende März/Anfang April seinen Höhepunkt

mit einem Umzug durch Windhoek. Es gibt auch eine Weiberfastnacht, einen Prinzenball mit Büttenreden, einen Maskenball sowie den Kinderkarneval.
www.wika.na

### KÜSTE
Bei der »Crockango Angling Bonanza« dreht sich alles darum, wer den größten Fisch aus dem Kunene-Fluss holt.
www.crockango.com

## JUNI

### OKAHANDJA
Bei der »Mbanderu Procession« gedenken die Herero ihres am 13. Juni 1896 hingerichteten »Chiefs« Nguvauva. Ein farbenfrohes Ereignis!

## JULI / AUGUST

### SWAKOPMUND
Wer noch nicht genug vom Karneval in Windhoek hat, kann in Swakopmund beim Küstenkarneval weiterfeiern.

## AUGUST

### WATERBERG PLATEAU PARK
Am ersten Sonntag nach dem 11. August treffen sich Deutschstämmige und Herero auf dem Soldatenfriedhof am Waterberg. Sie gedenken der am 11. August 1904 in der Schlacht am Waterberg Gefallenen beider Seiten.

### OKAHANDJA
Jedes Jahr am ersten Sonntag nach dem 23. August findet der Herero-Tag, der »Red Flag Day« oder auch der »Heldengedenktag« der Herero statt (▶ Baedeker Wissen S. 152).

## SEPTEMBER

### WALVIS BAY
Die »Walvis Bay Speed Week« zieht Segler aus aller Welt an.

## OKTOBER

### WINDHOEK
»Oktoberfest« – selbstverständlich orientiert man sich bei Trank und Tracht ganz am weltberühmten Münchner Original!
www.oktoberfestnamibia.com

### NAMA-GEBIETE
Die Nama feiern alljährlich um den 29. Oktober das Witbooi-Fest. Es dient der Erinnerung an die Geschichte ihres Volkes und dem Gedenken ihrer Ahnen.

### LÜDERITZ
Bei der über mehrere Wochen stattfindenden Lüderitz Speed Challenge treten Kite- und Windsurfer gegeneinander an. Hier werden regelmäßig Geschwindigkeits- und Weltrekorde aufgestellt.
www.luderitz-speed.com

## NOVEMBER

### DAMARA-GEBIETE
Mitte November begehen die Damara das Okombahe-Fest. Sie erinnern an ihre Traditionen und gedenken ihrer Vorfahren.

## DEZEMBER

### SWAKOPMUND
Die »Swakopmunder Musikwoche« findet seit über 60 Jahren einmal jährlich mit Seminaren, Workshops und natürlich vielen Konzerten statt. Bereits 1965 ins Leben gerufen, ist sie eines der ältesten Kulturevents des Landes. Der Fokus liegt auf klassischer Musik.
www.musikwoche.com

Tag am 4. Mai begangen. Einer der Höhepunkte des Fests zum Gedenken an die Unabhängigkeitskämpfe ist das jährliche Unabhängigkeitskonzert im Zoopark in Windhoek. Ganz der deutschen Tradition folgend finden in vielen Orten Namibias **Karnevalsfeiern** statt; der Windhoeker Karneval – jährlich im April – ist der größte. Die Narren sind aber auch in Swakopmund (Küska), Lüderitz (Lüka), Otjiwarongo (Hellau), Tsumeb (Tsumka) und jedes zweite Jahr in Witvlei (Oska) los. Ende September/Anfang Oktober wird in Windhoek ein Oktoberfest nach bester bayerischer Tradition gefeiert – samt Bier und Trachten.

In den vergangenen Jahren sind außerdem verschiedenste **Sportveranstaltungen** ins Leben gerufen worden, darunter der Ende April ausgetragene »Namibia Colour Run«, bei dem sich die Teilnehmer mit farbigem Pulver bewerfen, das sechstägige Mountainbike-Rennen »Namib Quest« durch die Namib-Wüste von Windhoek nach Swakopmund, das Fish River Ultra Race für Langstrecken-Trail-Läufer und verschiedene Surf- und Segelevents in Lüderitz, Walvis Bay und Swakopmund.

# SHOPPEN

*Namibia als Shopping-Paradies zu bezeichnen wäre wohl etwas übertrieben, doch in den vergangenen Jahren hat sich viel getan. In Windhoek sind zahlreiche Einkaufszentren nach europäischem Vorbild entstanden. Weit typischere Mitbringsel sind aber namibische Schnitzereien und Schmuck, Karakul-Teppiche, Halbedelsteine und – wer es sich leisten kann – Diamanten.*

**Diamanten**

Das glitzerndste Namibia-Souvenir ist ein lupenreiner Diamant aus Oranjemund im Süden des Landes. Dort werden angeblich die schönsten Steine der Erde gefunden. Der **Verkauf von Rohdiamanten ist verboten**, seit 2007 kann man aber geschliffene Diamanten erwerben. Seriöse und gut sortierte Juweliere findet man in Windhoek und Swakopmund. Günstiger als daheim kauft man die Edelsteine in Namibia aber in der Regel nicht.

**Halbedelsteine**

Namibia ist auch bekannt für seinen Mineralienreichtum. Gelegentlich werden Halbedelsteine wie Achat, Tigerauge, Jaspis oder Rosenquarz relativ günstig angeboten. Ein wunderschönes Mitbringsel sind Schmuckstücke in kreativem afrikanischem Design. Die Juweliere verwenden dafür gern Gold, Horn und Halbedelsteine. Achten Sie unbedingt darauf, was ausgeführt werden darf und was nicht, damit es mit dem Zoll keinen Ärger gibt.

Die auf dem Souvenirmarkt von Windhoek angebotenen Holzschnitzereien sind zwar eher »gesamtafrikanisch« als original namibisch, doch ein schönes Souvenir.

Sandrosen

Die seltsamen, aus Kalziumsulfatkristallen bestehenden Sandrosen findet man mit viel Glück in der Umgebung von Lüderitz, man kann sie aber auch in verschiedenen Läden kaufen. Nur Vorsicht beim Verpacken: Übrig bleiben sonst nur Krümel. Die auch als Wüstenrosen bezeichneten Mineralien sind so weich wie Gips. Sandrosen bilden sich aus sulfatreichem Wasser (Grundwasser, einsickernder Tau) in Hohlräumen unter dem Sand. Sie können mehrere Meter Durchmesser erreichen.

Teppiche

Aus der in Namibia produzierten Karakulwolle werden Teppiche, Wandbehänge und vieles mehr hergestellt. Gern ist man in den Webereien bereit, auf Wunsch des Käufers **individuelle Motive** in das Produkt einzuweben. Im Gebiet östlich von Windhoek zwischen Dordabis und Gobabis kann man verschiedene Karakul-Webereien besichtigen und deren Erzeugnisse natürlich auch erstehen.
Karakulteppiche mit eigenem Design gibt es auf der 65 km südlich vom internationalen Flughafen Hosea Kutako gelegenen **Farm Peperkorell** von Dörte und Volker Berner. Dem Besucher erschließen sich nicht nur die Ateliers und damit die Arbeit der Künstler, man kann auch an Workshops teilnehmen und in der komfortablen und wunderschönen Eningu Clayhouse Lodge wohnen.

Größere Teppiche werden von vielen Webereien als Seefracht an die Heimatadresse versandt. Wer aber nicht so weit fahren möchte, bekommt sehr schöne Teppiche auch in Windhoek und in Swakopmund, z. B. im **Namibia Craft Centre** in der Hauptstadt oder bei Karakulia Weavers in Swakopmund.

**Eningu Clayhouse Lodge:** Tel. 062 58 18 80, www.eningulodge.com
**Peperkorell Farm:** www.doerte-berner.com
**Namibia Craft Centre:** www.namibiacraftcentre.com
**Karakulia Weavers:** www.karakulia.com.na

**Felle** Bekannt sind auch Persianer-Felle aus Namibia. Sie werden unter dem Handelsnamen Swakara verkauft. Wer allerdings Felle von Wildtieren erwerben möchte, sollte bedenken, dass viele Arten bereits vom Aussterben bedroht sind. Beispielsweise fallen die Felle aller gefleckten Katzen unter das Washingtoner Artenschutzabkommen, das bedeutet, sie dürfen nicht in die Länder der Europäischen Union eingeführt werden.

**Shopping-Malls** Seit einigen Jahren kann man in Namibia ganz nach europäischem Stil einkaufen (► S. 212). Die im Jahr 2014 eröffnete **The Grove Mall** (Ecke Chasie/Frankie Fredericks Road) ist mit mehr als 55 000 Quadratmetern Fläche eines der größten Einkaufszentren im südlichen Afrika. Hier finden sich Dutzende Geschäfte der verschiedensten Branchen sowie Restaurants und Cafés.

In der **Maerua Mall** (Ecke Robert Mugabe Avenue/Jan Jonker Street) gibt es ebenfalls alles, was das Herz begehrt – das bedeutet konkret: 122 Geschäfte, zwei Kinos und sogar ein Fitnesscenter.

Der **Wernhil Park** (Ecke Fidel Castro/Mandume Ndemufajo Street) am Ende von Windhoeks belebter Post Street Mall bietet 75 Geschäfte aus den Bereichen Mode, Beauty und Elektronik, dazu mehrere Cafés und Restaurants.

**Mehrwertsteuer** Auf alle Waren (außer auf Grundnahrungsmittel) wird in Namibia eine Mehrwertsteuer erhoben. Sie beträgt zur Zeit 15 %. Touristen können sich die Mehrwertsteuer bei vielen Artikeln erstatten lassen – fragen Sie dazu beim Kauf in dem jeweiligen Geschäft danach. Weitere Informationen zur Vorgehensweise gibt es unter www.namibia-botschaft.de.

**Öffnungszeiten** Zum deutschen Vermächtnis Namibias gehört auch, dass die meisten Geschäfte ab Samstagmittag geschlossen sind; selbst die Hauptstadt wirkt am Wochenende wie ausgestorben. Werktags haben die Geschäfte normalerweise von 8.30 bis 17.30 oder 18 Uhr geöffnet. Nur einige große Supermärkte (in Windhoek und Swakopmund) haben auch am Samstagnachmittag und am Sonntagvormittag geöffnet.

# ÜBERNACHTEN

*Es ist das typische Namibia-Gefühl und eines der Bilder, die eigentlich jeder Namibia-Reisende mit nach Hause nimmt: Am frühen Abend steht man mit einem Glas Wein in der Hand auf der der Terrasse und sieht die Sonne feuerrot in der Wüste versinken, dazu knistert das Lagerfeuer. Im Land gibt es zahlreiche Unterkünfte – von der rustikalen Gästefarm bis zur Luxuslodge –, die dieses Erlebnis bieten.*

Umweltfreundlich übernachten

Unermessliche Wüstenlandschaften, bizarre Felsformationen und dichtes Grün: In Namibia erwartet die Besucher grandiose und abwechslungsreiche Natur. Sie ist das große Kapital des Landes, und so hat Namibia nach der Unabhängigkeit 1990 als eines der ersten Länder der Erde den Umweltschutz als vorrangiges Staatsziel in seiner Verfassung festgehalten. Heute setzt sogar die staatliche Parkgesellschaft auf **nachhaltigen Tourismus.** So wurden die zwei vor wenigen Jahren im Etosha-Nationalpark eröffneten Luxuscamps Onkoshi und Dolomite aus natürlichen, in der Region vorkommenden Materialien gebaut. Die Energie kommt aus Solarzellen und die Chalets sind auf Stege gebaut, um die Natur möglichst wenig zu belasten.
Der eigentliche Vorreiter in Sachen Umweltschutz und Nachhaltigkeit sind aber die privaten Investoren: Zahlreiche Hoteliers, Gästefarmer und Lodge-Betreiber arbeiten mittlerweile nach streng ökologischen Vorschriften. Große Firmen wie Wilderness Safaris und die Gondwana Collection haben das Thema Nachhaltigkeit fest in ihren Satzungen verankert. Ein Musterbeispiel ist die Wolwedans Collection im privaten Namib-Rand-Reservat. Die selbst auferlegten Regulierungen sehen höchstens ein Gästebett pro 1000 ha Reservatsfläche vor und maximal 20 Gästebetten pro Beherbergungseinheit. Damit die Dünen der Namib ungehindert wandern können, stehen sämtliche Unterkünfte auf Holzplattformen. Ein Großteil des Energiebedarfs auf Wolwedans wird mit Solar- und Fotovoltaik-Anlagen generiert. Die Abwasser der Camps werden so gefiltert und aufbereitet, dass sie zur Bewässerung der Gemüse- und Kräuterbeete der Lodge verwendet werden können.

Hotels, Pensionen, Gästefarmen

In den Städten gibt es Hotels und Pensionen, der Standard entspricht dem von Häusern vergleichbarer Kategorie in Mitteleuropa. Fast alle sind sauber, das Essen meist exzellent. Eine Besonderheit sind **Gästefarmen**, die man über das ganze Land verteilt findet. Die Inhaber betreiben weiterhin Viehzucht oder unterhalten eine Wild- oder Jagdfarm und vermieten darüber hinaus mindestens vier Gästezimmer (selten sind es mehr als zehn). Die Zimmer sind meist ansprechend ausgestattet. Großes Plus bei einer Übernachtung auf einer

Der Blick aus der Wolwedans Dune Lodge hat fast etwas Surreales.

Gästefarm ist der persönliche Kontakt zu den Betreibern. **Individuelle Betreuung und persönlicher Service** sind für die Gästefarmer eine Selbstverständlichkeit. Sprachprobleme gibt es in der Regel nicht, denn viele Farmer sind deutscher Abstammung. Neben Unterkunft und Verpflegung bieten sie oft auch Rundfahrten, Grillabende, Wanderungen über das Farmgelände oder Ausritte an. Gäste bekommen hier interessante Einblicke in das Farmleben. Die Preise starten bei fünf Euro pro Nacht und Person für einen Campingplatz mit Wasser und Sanitäreinrichtung bis 100 Euro für einen Bungalow.

**Lodges und Camps**

Lodges liegen meist auf ausgedehntem privaten Gelände, das bei geführten Pirschfahrten, Wanderungen, Heißluftballonfahrten, Ausritten u. a. erkundet werden kann. Hier wohnt man in der Regel in äußerst komfortablen kleinen Häusern oder in Hütten in traditionellem Stil. Übernachtet man nicht in einem Gebäude, sondern in einem Zelt, ist die Bezeichnung »Tented Camp« angebracht. Die meist sehr luxuriösen Zelte stehen oft auf festem Untergrund, haben regelrechte Betten und oft eine eigene Dusche und WC je Zelt.

**Camping**

Auch wenn das Outdoor-Abenteuer lockt: Wildes Campen ist nicht empfehlenswert. Viele Grundstücke und Farmen sind Privateigentum, **wild campen ist nur in Ausnahmefällen erlaubt** – fragen Sie die Farmer in jedem Fall vorher um Erlaubnis. Außerdem kommt es auch im grundsätzlich sicheren Namibia immer wieder zu Übergriffen auf Touristen, gerade nachts und in der Nähe größerer Orte. Aus demselben Grund sollte man die kleinen, unbewirtschafteten Rastplätze entlang der Landstraßen meiden. Die Naturschutzgebiete und viele der privaten Gästefarmen und Lodges haben gute und bewachte Campingplätze. Im Unterkunftsführer des Namibia Tourism Board (NTB) tragen viele Unterkünfte das Camping-Symbol. Ein Zusammenschluss von Gemeinden, den Communal Conservancies, bietet schöne und oft sehr günstige Campingplätze abseits der Hauptstraßen an, die von Einheimischen geführt werden und oft auch Kontakt zu diesen schaffen (www.namibiawildlifesafaris.com).

**»Camping und Caravan Parks«** gibt es unter anderem in Grootfontein, Keetmanshoop, Omaruru, Otavi, Otjiwarongo, Outjo, Swakopmund, Tsumeb und Walvis Bay. Sie haben immer Wasser- und Stromanschluss, oft gibt es auch Tankstellen und Läden. Kosten: zwischen 2 und 12 Euro pro Stellplatz.

# P

# PRAKTISCHE INFOS

*Wichtig, hilfreich präzise*

Unsere Praktischen Infos helfen in allen Situationen in Namibia weiter.

Per Ballon über den Etosha-Nationalpark – unvergesslich ▶

V5-HAH

## KURZ & BÜNDIG

### ELEKTRIZITÄT
220 /240Volt; Adapter sind notwendig.

### WÄHRUNG
Namibischer Dollar (N$ oder NAD)
▶ Geld

### SPERRNOTRUF
Zentraler Sperr-Notruf für verlorene oder gestohlene Karten sowie Handys:
Tel. 0049 116 116
www.sperr-notruf.de

Alternative Sperr-Notrufnummer:
Tel. 0049 30 4050 4050
www.kartensicherheit.de

Bankkarten-Notfallservice:
Tel. 0049 1805 02 10 21
(gebührenpflichtig)
Internationale Notrufnummern der Kreditkartengesellschaften:
Mastercard: 001 636 722 71 11
Visa: 001 303 967 1096
American Express: 0049 69 97 97 20 00
Diners Club: 0049 69 900 15 01 35

### ZEIT
Normalzeit (UTC +2). Während der mitteleuropäischen Sommerzeit liegen Namibia, Deutschland, Österreich und die Schweiz gleichauf. Von Ende Oktober bis Ende März müssen Urlauber aus Europa ihre Uhren bei der Landung in Namibia eine Stunde vorstellen.

# ANREISE · REISEPLANUNG

## Mit dem Flugzeug

Verbindungen

Von Frankfurt/Main gehen mehrmals in der Woche Direktflüge nach Windhoek (Hosea Kutako International Airport). Internationale Anschlussflüge gibt es u. a. nach Maun/Botswana, zu den Victoriafällen/Simbabwe, nach Johannesburg und Kapstadt in Südafrika sowie nach Luanda/Angola. Auch von Köln–Bonn gibt es Verbindungen in die namibische Hauptstadt. Alternativ können Sie über Johannesburg oder Quatar anreisen.

Internationaler Flughafen

Der **Hosea Kutako International Airport** liegt 45 km östlich von Windhoek. Vorbestellte Mietwagen können dort in Empfang genommen werden. Neben den Taxis bringt ein halbstündig fahrender Bus die Passagiere preiswert und sicher in 45 Minuten in die Stadtmitte. Viele Gästefarmer und Hotels holen ihre Gäste vom Flughafen ab.

Auto-transport

Wer auf das eigene Wohnmobil oder den Pkw nicht verzichten möchte, kann diesen nach Walvis Bay verschiffen oder auch per Luftfracht nach Windhoek transportieren lassen. Das Fahrzeug sollte möglichst in einem verplombten Container transportiert werden. Ein Partner in diesem Unterfangen ist die Spedition Ebert. Wer mit dem Auto einreist, muss eine Gebühr als Beitrag zur Straßeninstandhaltung entrichten. Infos gibt es auch beim ADAC (Tel. 0800 510 11 12, www.adac.de). Notwendige Papiere ▶ Ein- und Ausreisebestimmungen.

Inlandsflüge

▶ Verkehr

Individual-reisen, Pauschal-reisen

Namibia kann man sehr gut individuell bereisen. Allerdings empfiehlt es sich, Mietwagen und (zumindest in Hochsaisonzeiten) auch Unterkünfte in den Nationalparks und abgelegenen Regionen **im Voraus zu buchen.** Verschiedene Veranstalter organisieren Gruppen- und Individualreisen mit professioneller Beratung und qualifizierter Reiseleitung.

## Ein- und Ausreisebestimmungen

Personal- und Fahrzeugpapiere

Deutsche, österreichische und Schweizer Staatsbürger benötigen für die Einreise nach Namibia einen über das Rückreisedatum hinaus noch mindestens sechs Monate gültigen **Reisepass**. Kinder brauchen ein eigenes Reisedokument – je nach Alter Kinderreisepass, Reisepass oder Personalausweis. Das Touristenvisum (Visitors Entry Permit) für 90 Tage wird am Flughafen ausgestellt. Journalisten benötigen ein gesondertes Visum.
Zum Autofahren benötigt man den **Internationalen Führerschein** (erhältlich bei der Führerscheinstelle), der nur in Verbindung mit dem nationalen gültig ist. Für das eigene Fahrzeug sind darüber hinaus die Internationale Zulassung und ein »Carnet de Passage« für die vorübergehende zollfreie Einfuhr des Fahrzeugs notwendig. Es empfiehlt sich, alle Reisedokumente wenigstens einmal zu fotokopieren und die Kopien getrennt vom Original aufzubewahren. Oder man schickt sich die Scans selbst an seinen E-Mail-Account.

Grenz-übergänge

Die Grenzübergänge zwischen Namibia und Südafrika können problemlos passiert werden, sofern man die nötigen Papiere hat (Carnet de Passage oder die Freigabe der Autovermietung). Grenzübergänge

## INFORMATIONEN

AUTOTRANSPORTE

SPEDITION ANDREAS EBERT
Oststr. 58
22844 Noderstedt
Tel. 040 522 13 22
www.ebertsped.de

VISUMVERLÄNGERUNG

MINISTRY OF HOME AFFAIRS
Cohen Building, Casino Street
Windhoek, Tel. 061 2 92 21 11
Bürozeiten: 8–17 Uhr
www.mha.gov.na

REISEVERANSTALTER

ABENDSONNE AFRIKA
Zur Unteren Mühle 1
89290 Buch-Obenhausen
Tel. 0 73 43 92 99 80
www.abendsonneafrika.de

KARAWANE REISEN
Schorndorfer Str. 149
71638 Ludwigsburg
Tel. 07141 2 84 80
www.karawane.de

STUDIOSUS REISEN
Riesstr. 25
80992 München
Tel. 0 08 00 24 02 24 02
www.studiosus.com

LANDPROGRAMM

GONDWANA COLLECTION
Tel. 061 42 72 00
www.gondwana-collection.com

NATURE FRIEND SAFARIS
Tel. 061 23 47 93
www.naturefriendsafaris.com

HAUSTIERE

DIRECTOR OF VETERINARY SERVICES (MINISTRY OF AGRICULTURE, WATER AND FORESTRY)
P. O. Box 12022, Windhoek
Tel. 061 2 02 91 11
www.mawf.gov.na

sind Mata Mata, Klein Manasse, Hohlweg, Ariamsvlei, Velloorsdrift, Noordoewer, Sendelingsdrift und Oranjemund. Informationen, auch über die Bestimmungen für die Weiterreise in andere Nachbarländer: www.namibia-botschaft.de.

Impfungen, Malaria ▶ Gesundheit

## Zollbestimmungen

Einreise nach Namibia Zollfrei bei der Einreise nach Namibia sind Dinge des persönlichen Gebrauchs; ferner 1 l Spirituosen, 2 l Wein, 50 ml Parfüm, 250 ml Eau de Toilette, 200 Zigaretten oder 20 Zigarren, 250 g Tabak. Ohne Aufschlag dürfen Geschenke im Gesamtwert von bis zu 1250 N$ (laut NTB) eingeführt werden.

Wer mit dem Flieger aus Nicht-EU-Staaten in die EU-Länder Deutschland und Österreich einreist, darf Reiseandenken bis zu einem Warenwert von 430 Euro zollfrei einführen. Zollfrei sind außerdem 200 Zigaretten, 100 Zigarillos, 50 Zigarren oder 250 g Tabak, 50 g Parfüm und 250 ml Eau de Toilette, 1 l Spirituosen und 2 l Wein. Elfenbein darf gemäß dem Washingtoner Artenschutzabkommen nicht in die EU eingeführt werden.

Wiedereinreise nach Deutschland und Österreich

Für die Schweiz gelten folgende Freimengengrenzen: 200 Zigaretten oder 50 Zigarren oder 250 g Tabak, 2 l Wein oder andere Getränke bis 15 % Alkoholgehalt oder 1 l Spirituosen mit mehr als 15 % Alkoholgehalt. Souvenirs dürfen bis zu einem Wert von 300 SFr zollfrei eingeführt werden. Weitere Auskunft gibt die Eidgenössische Oberzolldirektion, Bern, www.ezv.admin.ch.

Wiedereinreise in die Schweiz

## Reiseversicherungen

Es ist ratsam, eine private Auslandskrankenversicherung abzuschließen. Angeboten werden auch Versicherungspakete, die neben der Krankenversicherung eine Gepäck-, Unfall- und Haftpflichtversicherung einschließen.

Krankenversicherung

# AUSKUNFT

### AUSKUNFT ZU HAUSE

#### NAMIBIA TOURISM BOARD (NTB)

Schillerstr. 42–44, 60313 Frankfurt/Main, Tel. 069 1 33 73 60
www.namibia-tourism.com
Das Büro ist auch für Anfragen aus Österreich und der Schweiz zuständig. Interessenten können hier ein kostenloses Infopaket bestellen. Telefonische Beratung Mo.–Fr. 9–12 und 14–16 Uhr.

#### DEUTSCH-NAMIBISCHE GESELLSCHAFT

Sudetenlandstr. 18, 37085 Göttingen
Tel. 0551 7 07 67 81
www.dngev.de

### AUSKUNFT IN NAMIBIA

#### NAMIBIA TOURISM BOARD

Ecke Haddy Street/Sam Nujoma Drive
Windhoek
Tel. 061 2 90 60 00
www.namibiatourism.com.na
Die oberste Kontrollbehörde der namibischen Tourismusindustrie

#### NAMIBIA WILDLIFE RESORTS

189, Independence Avenue (gegenüber dem Zoopark)
Windhoek
Tel. 061 2 85 72 00
www.nwr.com.na
Namibia Wildlife Resorts ist die wichtigste Adresse für Permits, Wande-

rungen und Übernachtungen in den staatlichen Parks; einfache Reservierung über ein Onlineformular möglich.

## NAMIBISCHE BOTSCHAFTEN

### DEUTSCHLAND
Botschaft der Republik Namibia
Reichsstr. 17
14052 Berlin
Tel. 030 2 54 09 50
www.namibia-botschaft.de

### ÖSTERREICH
Botschaft der Republik Namibia
Zuckerkandlgasse 2
1090 Wien
Tel. 01 4 02 93 71
www.embnamibia.at

### SCHWEIZ
Keine Vertretung in der Schweiz.

## DIPLOMATISCHE VERTRETUNGEN IN NAMIBIA

### DEUTSCHE BOTSCHAFT
145, Independence Ave.
Sanlam Center (6. Stock)
Windhoek
Tel. 061 27 31 00
Notfallnummer: 081 1 24 35 72
(Mobil) | www.windhuk.diplo.de

### ÖSTERREICH. HONORARKONSULAT
Am Wasserberg 13, Klein Windhoek
Windhoek
Tel. 061 22 21 59
www.austrian-consulate.com

### SCHWEIZER GENERALKONSULAT
No. 1 Thibault Square
Ecke Long Str./Hans Strijdom Avenue
26th Floor
8001 Kapstadt
Südafrika
Tel. +27 21 400 75 00
www.eda.admin.ch/capetown

## INTERNET

### WWW.NATRON.NET
Namibia Travel Online. Übersichtliche Linkliste mit aktuellem Beherbergungsführer, Liste der Mietwagen- und Safarianbieter, Nationalparks mit aktuellen Eintrittsgebühren und vielen anderen Informationen

### WWW.DNGEV.DE
Allgemeine Informationen von der Deutsch-Namibischen Gesellschaft

### WWW.ORUSOVO.COM/NAMMAP
Karten-Ausschnitte zum Download

### WWW.GRNNET.GOV.NA
Offizielle Seite des Staates Namibia

### WWW.NAMIBIA.DE
Nützliche Links und Foren.

### WWW.TASA.NA
Dachverband der Tour and Safari Association (Reiseveranstalter)

### WWW.TRAVELNEWSNAMIBIA.COM
Seite des Tourismusmagazins Travel News Namibia

### WWW.NAMIBIA-INFO.NET
Deutschsprachige Seite mit nützlichen Reiseinfos

### WWW.AZ.COM.NA
Website der Deutschen Tageszeitung in Namibia (Allgemeine Zeitung)

### WWW.NAMIBWEB.COM
Englischsprachige Seiten

### WWW.NAMIBIANA.DE
Seite des Namibiana-Buchdepots, Literatur- und Landkarten

### WWW.NAMIBIA-FORUM.CH
Deutschsprachiges Forum für Namibia-Reisende

# ETIKETTE

Vielvölkerstaat

Namibia ist ein Vielvölkerstaat mit einer von Konflikten und Gewalt geprägten Geschichte. Mehr als ein Jahrhundert lang haben Krieg, Kolonialisierung, Rassismus, Enteignung, Unterdrückung, Apartheid und eine Politik des »divide et impera« tiefe Wunden geschlagen, die in rund 20 Jahren der Unabhängigkeit natürlich nicht verheilt sind. Ungeachtet vieler Kontakte zwischen den Bevölkerungsgruppen im Alltag ist gegenseitiges Misstrauen nach wie vor spürbar. Das gilt übrigens keineswegs nur für das Miteinander von »Weiß«, »Farbig« und »Schwarz«, sondern auch für den Umgang der Völker innerhalb dieser Gruppen – etwa zwischen Ovambo und Herero oder Herero und Nama sowie zwischen Deutschstämmigen und Afrikanern/Buren. **»Reconciliation«** (Versöhnung) und **»Nation Building«** stellen Regierung und gesellschaftliche Gruppen vor große Herausforderungen; Landfrage, Bildungsdefizit und die auseinanderklaffende Schere zwischen Arm und Reich sind komplexe und mit Emotionen beladene Probleme, die sich nicht in drei Wochen besprechen oder gar lösen lassen. Als Gast aus dem sehr viel wohlhabenderen Europa ist es allemal ratsam, sich mit Bemerkungen zurückzuhalten, auf keinen Fall den Zeigefinger auszufahren und stattdessen lieber aufmerksam zu beobachten, zu fragen und zuzuhören.

Alles Deutsch – oder was?

Der Tourist, der vorwiegend Lodges und Gästefarmen besucht, begegnet vielen deutschen Gastgebern – pardon! Deutschstämmigen Namibiern, muss es natürlich heißen. Denn auch wenn sie (Südwester-)Deutsch sprechen und sehr auf ihre kulturellen Wurzeln bedacht, ja oftmals »deutscher als die Deutschen selbst« sind – sie empfinden sich als Namibier. Viele Deutschstämmige leben in der dritten oder vierten Generation im Land und grenzen sich bewusst von den »Deutschländern« ab, die sie gern scherzhaft als **Schneebantus** oder **Jerries** (engl. Jerry Can = Kanister) bezeichnen. Mit urigem Humor und oft telegrammartigem Sprachduktus vermitteln sie eine gute Vorstellung von Alltag und Lebensgefühl der Deutschstämmigen in Namibia. Wer den besserwisserischen Jerry herauskehrt, darf sich über kühle Distanz nicht wundern.

Aufgepasst beim Small Talk

Namibia ist zweieinhalb Mal so groß wie Deutschland – und zugleich ein Dorf. Innerhalb der Volksgruppen kennt jeder jeden, ist fast jeder mit jedem über mehrere Ecken verwandt oder befreundet. Ein wahres Minenfeld also für die Konversation, in dem der Ahnungslose mit jeder abfälligen Bemerkung über einen Dritten tiefe Krater reißen kann. Also: Vor jedem Schritt erst mal vorsichtig das Terrain sondieren (»Wir haben XY getroffen. Kennen Sie den?«).

Begrüßung

Der Händedruck vieler Schwarzer wirkt oft »schlaff«. Dies ist ein Ausdruck von Respekt, der mitunter noch dadurch unterstrichen wird, dass man die linke Hand in die rechte Armbeuge legt und sich beim Handreichen verbeugt. Viele Schwarze pflegen auch das Begrüßungsritual des **»Give me Five«**: Man drückt sich ganz normal die Hand, lockert den Griff, umgreift dann gegenseitig den Daumen, lockert den Griff erneut und drückt sich nochmals die Hand.

Fotografieren

Den erwiesenen Respekt sollte man erwidern. So gehört es sich, dass man jemanden um Erlaubnis bittet, bevor man ihn oder sie fotografiert. Falls im Gegenzug Geld, Zigaretten oder Süßigkeiten verlangt werden, empfiehlt es sich, abzulehnen und auf das Fotomotiv zu verzichten. Die Entscheidung bleibt natürlich jedem selbst überlassen, nur steht zu bedenken, dass Almosen in der Regel nicht helfen, sondern das **Problem des Bettelns** verstärken. Wird man angebettelt, sollte man bestimmt, aber in freundlichem Ton ablehnen. So mancher probiert es einfach, akzeptiert aber auch ein Nein.

Handeln ist Ehrensache

Die Souvenirs auf Straßenmärkten sind oft überteuert. Beim ersten Zögern wird der Preis oft schon auf die Hälfte reduziert. Handeln ist daher ein Muss, auch wenn man es angesichts der Armut der Menschen kaum übers Herz bringt.

# GELD

Währung

Währungseinheit ist der Namibische Dollar (N$ oder NAD). 1 N$ = 100 Cents. Es gibt Banknoten zu 10, 20, 50, 100 und 200 Dollar und Münzen zu 5, 10 und 50 Cents sowie zu 1 und 5 Dollar. Sie zeigen Ex-Präsident Sam Nujoma (10 und 20 N$) und Nationalheld Hendrik Witbooi (50, 100 und 200 N$).
1 N$ = 0,07 € oder 0,08 CHF; 1 € = ca. 15 N$, 1 CHF = ca.12,5 N$

Währungskoppelung

Der südafrikanische Rand ist gleichberechtigtes Zahlungsmittel, beide Währungen können zur Zahlung verwendet werden (in Südafrika kann allerdings nicht mit dem Namibischen Dollar bezahlt werden).

Ein- und Ausfuhr von Geld

Der Import und Export von Namibia-Dollar ist auf 25 000 N$ beschränkt. Der Import ausländischer Währungen ist unbegrenzt möglich, muss aber bei der Einreise deklariert werden. Der Export ausländischer Währung ist ebenfalls unbegrenzt möglich, allerdings nur bis zu dem Betrag, der eingeführt und deklariert wurde.

Bargeld, Kreditkarten

Bargeld benötigt man in der Regel, um zu tanken (Tankstellen dürfen keine Kreditkarten annehmen), Getränke, Souvenirs von Straßenmärkten oder andere kleinen Besorgungen zu kaufen, zur Zahlung bei einigen Gästefarmen und Restaurants sowie bei manchen Ausflugszielen.
Die meisten Hotels, Geschäften, Restaurants, Mietwagenunternehmen akzeptieren **internationale Kreditkarten,** am meisten verbreitet ist Visa, gefolgt von Mastercard. American Express und Diners werden wegen der hohen Gebühren nur in exklusiven Läden angenommen. An Bankautomaten in größeren Städten kann mit Kreditkarte und Bank-/Maestro-Karte an **Geldautomaten** (ATM) Geld abgehoben werden. Möglich ist auch die Mitnahme von **Reiseschecks**, am besten ausgestellt in Euro oder US-Dollar. Die **Banken** sind meist Mo.–Fr. 9–15.30 sowie Sa. 9–11 Uhr geöffnet.

Weiterreise

Wer von Namibia aus zu den Victoria-Fällen oder zu anderen Zielen in den Nachbarländern **Simbabwe** und **Sambia** weiterreisen möchte, muss darauf achten, in US-Dollar ausgestellte Reiseschecks bzw. Bargeld in US-Dollar dabeihaben. Die Visa zur Einreise in die Nachbarstaaten gibt es nur gegen US-Dollar.

# GESUNDHEIT

Ärztliche Versorgung

Die medizinische Versorgung in den Städten Namibias ist gut. Hier findet man Krankenhäuser, Kliniken und Apotheken (genannt »Apteek«, »Pharmacy« oder »Chemist«). Ärzte findet man im Telefonbuch unter »Medical Practitioners«, die Botschaften haben Vertrauensärzte. Auf dem Land gibt es meist keine Versorgung. Jeder Gästefarmer muss eine Erste-Hilfe-Apotheke besitzen, zu der auch diverse Gegengifte gegen Schlangenbisse gehören sollten.
Es empfiehlt sich der Abschluss einer privaten Auslandskrankenversicherung.

Impfungen

Bei der Einreise aus europäischen Ländern sind Impfungen nicht vorgeschrieben. Empfehlenswert sind Impfungen gegen Hepatitis A (bei längeren Aufenthalten auch Hepatitis B), Typhus, Tollwut und Meningitis. Generell sollte der Schutz gegen Tetanus, Polio und Diphtherie überprüft und gegebenenfalls aufgefrischt werden. Wer aus einem gelbfiebergefährdeten Land einreist, muss eine Gelbfieberimpfung nachweisen. Ausführliche Informationen erteilen Hausärzte, die Tropeninstitute im Heimatland und der Infodienst www.fit-for-travel.de.

## NOTRUFE

LANDESWEITER NOTRUF
Standort angeben, dann nach der örtlichen Polizeirufnummer fragen (englisch: »The local emergency police number, please.«).
Tel. 1 01 11

RETTUNGSDIENSTE

MED RESCUE NAMIBIA (FLUGRETTUNG)
Tel. 061 41 16 00
www.emed.com.na

MEDIZINISCHER FLUG-RETTUNGSDIENST ISOS
Windhoek: Tel. 061 289 09 99

KLINIKEN

ROMAN CATHOLIC HOSPITAL
92, Karl-Werner List Street, Windhoek Tel. 061 2 70 20 04
Bei Notfällen empfohlen.

MEDICLINIC
Heliodoor Street, 9000 Eros Windhoek
Tel. 061 22 92 46
www.mediclinic.co.za
Gilt als beste Klinik des Landes.

MEDICLINIC COTTAGE
Franziska van Neel Street, Swakopmund
Tel. 064 41 22 05

ONLINE REISEMEDIZIN
www.crm.de
www.fit-for-travel.de
www.rki.de
www.tropendoktor.de

TELEFONISCHE ANSAGEN

TROPENINSTITUTE
München: Tel. 089 2 18 01 35 00
Berlin: Tel.030 450 56 57 00
Tübingen: Tel. 07071 2 98 23 65

**Malaria** Im äußersten Nordosten (Caprivi) besteht ein ganzjähriges Malariarisiko, von Dezember bis April im gesamtem Norden und Nordosten des Landes. Viele gängige Medikamente schützen nicht immer vor einer Infektion. Abends ist das Tragen von langärmeligen Hemden und langen Hosen in Malariagebieten daher unbedingt zu empfehlen. Moskitoabweisende Mittel wie Sprays und Cremes sind – regelmäßig aufgetragen – ebenfalls effektiv. Sinnvoll ist es auch, unter einem Moskitonetz zu schlafen. Professionelle Prophlyaxe-Beratung erteilen alle Apotheken in Namibia.

**Reiseapotheke** In der Reiseapotheke sollten – für kleinere Notfälle – enthalten sein: Medikamente gegen Durchfall, Fieber und Schmerzen sowie Verbandsstoff, Pflaster und Wunddesinfektionsmittel.

**Trinkwasser** In Städten ist das Wasser sauber, und Leitungswasser kann bedenkenlos getrunken werden. Mancherorts, vor allem in ländlichen Gegenden, schmeckt das Wasser salzig, ist jedoch nicht gesundheitsschädlich.

# LESETIPPS

Belletristik

**Anke Weber:** Regenbogenasche, Ueberreuther 2013
Der letzte Wunsch von Rhinas Vater war es, in Namibia begraben zu werden. Also macht sie sich auf den Weg dorthin (Jugendbuch).

**Renate Klöppel:** Namibia, Namibia, Verlag Ulrich Wellhöfer 2015
Zwei junge Frauen in Namibia, eine schwarz, die andere weiß, verband eine kurze Freundschaft zu Zeiten der Apartheid. Nach Jahren im Ausland kehrt die Weiße zurück und erfährt viel über Kolonial- und Befreiungsgeschichte sowie über den Kampf um Gleichberechtigung.

**Helmut Lemmer:** Der Sand der Namib, Verlag Brockmeyer 2014
Historischer Roman über die Familie des Missionars Karl Skär

Sachbücher

**Henning Melber:** Namibia: Gesellschaftspolitische Erkundungen seit der Unabhängigkeit, Brandes & Apsel 2015
Kritische Analyse der postkolonialen Politik der SWAPO

**Süd-Afrika Magazin,** J. Latka Verlag
Vierteljährlich erscheinendes Magazin über Reise, Kultur, Gesellschaft im südlichen Afrika

**Fabian von Poser:** Durch die Augen des Geparden, Picus Verlag 2010 – Reportagen u. a. über die Himba, eine Fahrt durch die Dünen der Namib und eine Flugsafari an die windumtoste Skelettküste

**Namibia Magazin:** Zeitschrift für Politik, Tourismus, Kultur und Wirtschaft der Deutsch-Namibischen-Gesellschaft

**DuMont Bildatlas:** Namibia
Atmosphärereiches Porträt Namibias in Wort und Bild

# PREISE · VERGÜNSTIGUNGEN

Trinkgeld

Gepäckträger erwarten 2–5 N$, an Tankstellen gibt man ebenfalls 2–5 N$, der Autowäscher oder -aufpasser bekommt 1–2 N$ in der Stunde. In Lodges, auf Gästefarmen und in Hotels gibt es fast immer eine sogenannte Tip box, in die Sie bei der Abreise ein Trinkgeld für alle gemeinsam legen können. Die Höhe richtet sich ganz nach der Leistung und der Aufenthaltsdauer (zwischen 10 und 50 N$ pro Tag).

Vergünstigungen

Es lohnt sich, Flüge mit Air Namibia innerhalb des Landes oder zu den Victoria-Fällen von zu Hause aus zu buchen; das ist oft günstiger (▶ Verkehr).

Nationalparks

Die Eintrittspreise in die **staatlichen Nationalparks** liegen im Regelfall zwischen 40 und 80 N$ pro Person (das entspricht etwa 2,70–5,40 €) und 10 N$ (= 0,68 €) pro Auto. Die davon abweichenden, teureren Eintrittspreise (z. B. bei **privaten Parks**) werden im Kapitel Reiseziele von A bis Z beim jeweiligen Park erwähnt.

# REISEZEIT

Ganzjahresreiseziel

Mehr als **300 Sonnentage** im Jahr: Namibia ist ganzjährig ein Reiseland. Prinzipiell herrschen das ganze Jahr über angenehm warme Temperaturen mit einem durchschnittlichen Jahresmittel von 16 bis 22 °C. Am wärmsten ist es im namibischen Sommer (Oktober bis April) mit häufig über 30 °C, manchmal über 40 °C im Schatten. Zwischen Januar und März fallen die meisten Niederschläge, meist aber nur in Form von kurzen Gewitterschauern, im Süden und im Westen des Landes regnet es auch in diesen Monaten kaum. Kommt die Wüste doch einmal in den Genuss eines stärkeren Regenschauers, dann verwandelt sie sich für kurze Zeit in ein Blütenmeer. Im wasserreicheren Norden des Landes muss man damit rechnen, dass sich die ansonsten meist trockenen Flussbetten für kurze Zeit in reißende Ströme verwandeln und die Straßen überschwemmen. Kein Regen fällt hingegen im namibischen Winter (Mai bis September). Der Himmel ist strahlend blau bei Tagestemperaturen zwischen 20 und 25°C. In der Nacht kühlt es sich stark ab, Temperaturen unter 10 °C sind keine Seltenheit, manchmal sinken die Temperaturen sogar bis zum Gefrierpunkt ab.

Beste Reisezeit

Als beste Reisezeit bieten sich **Mai und Juni** an. Tagsüber ist es nicht zu heiß, nachts nicht zu kalt, und man hat die besten Chancen, viel Wild zu beobachten. Die Tiere sammeln sich in den trockenen Wintermonaten an den wenigen Wasserstellen. Außerdem ist zu diesem Zeitpunkt keine Hochsaison in Namibia, sodass man die Naturerlebnisse mit nicht allzu vielen Reisenden teilen muss. Aucht-

# 6x UNTERSCHÄTZT

*Genau hinsehen, nicht daran vorbeigehen, einfach probieren!*

## 1. ETOSHAS WESTEN

Der **Etosha-Nationalpark** besteht nicht nur aus seinem wildreichen Osten. Der erst seit kurzem zugängliche Westteil des Parks bietet neben viel Wild auch große Einsamkeit. (▶ **S. 64**)

## 2. SCHMACKHAFT

Appetitlich sehen sie nicht gerade aus, aber sie schmecken wunderbar: **Mopane-Raupen**. Auf vielen Märkten werden die 3–5 cm langen Insekten geröstet angeboten. (▶ **S. 295**)

## 3. REGENZAUBER

In der Regenzeit zwischen Dezember und März sollte man nicht nach Namibia reisen? Falsch! Zwar sieht man weniger Wild, dafür **blühende Landschaften**, stahlblauen Himmel und bauschige Wolken.

## 4. WÜSTENWEIN

In Namibia trinkt man nur Bier? Von wegen! Gekeltert werden auch **exzellente Weine**, z. B. in der Kristallkellerei in Omaruru und im Neuras Wine & Wildlife Estate. (▶ **S. 299**)

## 5. WÜSTENGOLF

In der Wüste Golf spielen: Auf dem **Rössmund Golf Course** bei Swakopmund geht das. Auf den Fairways laufen ganz nebenbei 250 Springböcke frei herum. (▶ **S. 176**)

## 6. ZU SCHNELL FAHREN

Jedes Jahr sterben hunderte Menschen auf Namibias Straßen, darunter viele Touristen. Die Polizei greift mittlerweile hart durch. Deshalb besser ans **Tempolimit** halten!

**September und Oktober** sind sehr gute Reisemonate, allerdings sind dann auch mehr Touristen im Land unterwegs. In den Caprivi-Streifen, wo die Luftfeuchtigkeit zwischen Dezember und März bis auf 70 % ansteigt, reist man besten in den Wintermonaten zwischen Mai und August.

# SICHERHEIT

Sicheres Reiseland

Namibia ist immer noch ein relativ sicheres Reiseland. Die Kleinkriminalität (Taschendiebstahl, Wageneinbrüche, Betrügereien, aber auch Straßenraub) hat allerdings in den vergangenen Jahren zugenommen. In der Regel handelt es sich aber um ein Problem in den Städten, vor allem Windhoek und Swakopmund.

Vorsichtsmaßnahmen

Grundsätzlich sollte man einige überall geltende Vorsichtsmaßnahmen beachten: Große Geldbeträge und andere Wertgegenstände im Hotelsafe aufbewahren, Fahrzeuge immer abschließen und keine Sachen darin liegen lassen, die die Aufmerksamkeit von Dieben herausfordern, Handtaschen und Fotoapparate (in Windhoek) eng am Körper tragen. Von Spaziergängen in der Dunkelheit wird abgeraten. Auch Überlandfahrten in der Dunkelheit sind nicht empfehlenswert, das Risiko eines Verkehrsunfalls durch Tiere auf der Straße ist groß. Vorsicht ist bei kleinen, unbewirtschafteten Rastplätzen entlang der Landstraßen angebracht, wo es wiederholt zu Überfällen auf Touristen gekommen ist.

# SPRACHE

Amtssprache ist **Englisch,** weit verbreitet ist **Afrikaans.** Gesprochen werden außerdem Oshivambo, Kwanyama, Ndonga, Rukwangali, Herero, Lozi und Khoekhoegowab (▶ S. 251) Hintergrund: Sprachen). Da viele Lodge-Betreiber und Gästefarminhaber deutscher Abstammung sind, wird man sich häufig auch auf **Deutsch** verständigen können.

Tierlexikon

Ein hilfreiches kleines deutsch-englisches Wörterbuch mit den wichtigsten Säugetieren in Namibia finden Sie unter dem Stichwort ▶ Tiere.

## SPEISEN- UND GETRÄNKE

| ENGLISCH | DEUTSCH |
|---|---|
| anchovie | **Sardellen** |
| apple | **Apfel** |
| asparagus | **Spargel** |
| bacon | **Schinkenspeck** |
| baked | **gebacken** |
| beef | **Rind** |
| beer | **Bier** |
| beverages | **Getränke** |
| boiled | **gekocht** |
| braised beef | **Schmorbraten** |
| bread | **Brot** |
| bream | **Brasse** |
| Brussels sprouts | **Rosenkohl** |
| butter | **Butter** |
| cabbage | **Kohl** |
| cake | **Kuchen** |
| carrots | **Karotten** |
| cauliflower | **Blumenkohl** |
| celery | **Sellerie** |
| cereal | **Getreide** |
| cheese | **Käse** |
| cherry | **Kirsche** |
| chicken | **Hähnchen** |
| chips | **Pommes frites** |
| chop | **Kotelett** |
| cod | **Kabeljau** |
| (decaffeinated) coffee | **(koffeinfreier) Kaffee** |
| crab | **Krebs** |
| cream | **Sahne** |
| cutlet | **Kotelett bzw. Schnitzel** |
| cuttle fish | **Tintenfisch** |
| draught beer | **Fassbier** |
| duck | **Ente** |
| egg | **Ei** |
| soft (hard) boiled | **weich (hart) gekocht** |
| fried egg | **gebratenes Ei** |
| poached egg | **verlorenes Ei** |
| scrambled egg | **Rührei** |
| fish | **Fisch** |
| french beans | **grüne Bohnen** |
| fried | **in der Pfanne gebraten** |
| fruit juice | **Fruchtsaft** |
| game | **Wild** |
| gammon | **geräucherter Schinken** |
| garlic | **Knoblauch** |
| goose | **Gans** |
| grapes | **Weintrauben** |
| haddock | **Schellfisch** |

| | |
|---|---|
| halibut | **Heilbutt** |
| ham | **gekochter Schinken** |
| haricot beans | **weiße Bohnen** |
| herbs | **Kräuter** |
| honey | **Honig** |
| ice-cream | **Speiseeis** |
| intestines | **Innereien** |
| jam (marmelade) | **Konfitüre (Orangenmarmelade)** |
| lamb | **Lamm** |
| leek | **Lauch, Porree** |
| lettuce | **Kopfsalat** |
| liver | **Leber** |
| lobster | **Hummer** |
| loin | **Lendenstück** |
| mackarel | **Makrele** |
| meat balls | **Fleischklößchen** |
| milk | **Milch** |
| minced meat | **Hackfleisch** |
| mineral water | **Mineralwasser** |
| mushrooms | **Pilze** |
| mussel | **Muschel** |
| mustard | **Senf** |
| mutton | **Hammelfleisch** |
| noodles | **Nudeln** |
| oil | **Öl** |
| onion | **Zwiebel** |
| orange juice | **Orangensaft** |
| oyster | **Auster** |
| pancake | **Pfannkuchen** |
| parsley | **Petersilie** |
| pastry | **Gebäck, Kuchen** |
| pea | **Erbse** |
| peach | **Pfirsich** |
| pear | **Birne** |
| pepper | **Pfeffer** |
| peppers | **Paprikaschoten** |
| perch | **Barsch** |
| pineapple | **Ananas** |
| plums | **Pflaumen** |
| pork | **Schweinefleisch** |
| porridge | **Haferbrei** |
| potatoes | **Kartoffeln** |
| poultry | **Geflügel** |
| prawn | **Garnele** |
| pumpkin | **Kürbis** |
| rabbit | **Kaninchen** |
| rice | **Reis** |
| roast | **Braten** |
| roll | **Brötchen** |
| salad | **Salat** |
| salmon | **Lachs** |

| | |
|---|---|
| salt | **Salz** |
| sausages | **Würstchen** |
| seafood | **Meeresfrüchte** |
| shark | **Hai** |
| sirloin steak | **Rumpsteak** |
| smoked | **geräuchert** |
| sole | **Seezunge** |
| soup (clear soup) | **Suppe (Fleischbrühe)** |
| sparkling wine | **Schaumwein** |
| spice | **Gewürz** |
| squid | **Tintenfisch** |
| steak | **Steak** |
| rare | **englisch, (kurz angebraten)** |
| medium | **mittel** |
| well done | **gut durchgebraten** |
| stuffed | **gefüllt** |
| sweetcorn | **Mais** |
| sweets | **Süßigkeiten, Nachspeise** |
| tart | **Obsttorte** |
| tea with lemon | **Tee mit Zitrone** |
| tender | **zart** |
| tomato juice | **Tomatensaft** |
| trout | **Forelle** |
| tunny | **Thunfisch** |
| turkey | **Truthahn** |
| veal | **Kalb** |
| vegetable | **Gemüse** |
| vinegar | **Essig** |
| wine (red, white, rosé) | **Wein (rot, weiß, rosé)** |

Nicht Pommes, sonder »chips« verspeisen die Damen.

# TELEKOMMUNIKATION · POST

**Telefonieren** In den Städten und vielfach auch auf dem Land ist das Telefonieren kein Problem: In rund 200 Länder bestehen gute Direktverbindungen. Von vielen Lodges und Hotelzimmern aus kann man Rufnummern im Ausland direkt anwählen. Billiger sind Gespräche von öffentlichen Fernsprechern (z. B. bei der Post). Sie funktionieren mit Münzen (selten) bzw. mit Telefonkarten (Telecards). Diese gibt es im Wert von 10, 20 und 50 N$ bei der Post, in Supermärkten und in Tankstellen.

**Mobiltelefon** Handyempfang (Handy = Cellular Phone, kurz Cell) gibt es in allen Städten, entlang der großen Straßen und mittlerweile auch an vielen abgelegeneren Orten. Aus Deutschland mitgebrachte Geräte funktionieren meist problemlos. Bei längeren Aufenthalten lohnt es sich, das eigene Handy mitzubringen und eine in Namibia gekaufte **Guthabenkarte** zu verwenden. Es gibt diese von verschiedenen Anbietern zu unterschiedlichen Preisen. Die zwei beliebtesten Anbieter sind MTC und Telecom. Ein Handy mieten kann man u. a. bei Be Local (Tel. 081 242 77 94, www.be-local.com).

**MTC:** Tel. 061 280 20 00, www.mtc.com.na

**Telecom:** Tel. 061 201 92 11, www.telecom.na)

**Internet** Wer ein Smartphone besitzt und eine einheimische Telefonkarte mit Internetguthaben gekauft hat, der hat auf seinem Telefon in allen Städten und entlang der Hauptverkehrsstraßen eine sehr gute Verbindung ins Internet. Zudem verfügen die allermeisten Lodges und Hotels mittlerweile über WLAN. Auch viele Restaurants und öffentliche Einrichtungen bieten ihren Kunden mittlerweile kostenloses WLAN an.

**Postämter** Postämter gibt es in allen Städten. Hier kann man auch telefonieren sowie Telegramme, teilweise auch Telefaxe verschicken. Luftpostbriefe nach Europa kosten 8,10 N$ pro 10 g; **Postkarten** werden für 7,90 N$ befördert. Weitere Preise im Internet unter www.nampost.com.na. Meistens sind Briefe von Windhoek und Swakopmund etwa fünf Tage nach Europa unterwegs, von anderen Landesteilen aus dauert es bis zu zwei Wochen. In Namibia gibt es keine Hauszustellung von Briefen, deshalb ist die Angabe der Postfachnummer (P. O. Box oder Private Bag) sehr viel wichtiger als die der Straße oder Hausnummer.

**Öffnungszeiten:** Mo. bis Fr. 8.30–16.30 Uhr, Sa. 8–12 Uhr.

LÄNDERVORWAHLEN

VON DEUTSCHLAND, ÖSTERREICH UND DER SCHWEIZ
nach Namibia: 0 02 64

VON NAMIBIA
nach Deutschland 0049
nach Österreich 0043
in die Schweiz 0041
nach Südafrika: 0027

TELEFONAUSKUNFT

NATIONAL
Tel. 11 88

INTERNATIONAL
Tel. 11 93

# TIERE

Tierbeobachtung

Mehr als 200 Säugetierarten und 620 Vogelarten sind in Namibia heimisch. Das meiste Wild sieht man naturgemäß in den National- und privaten Wildparks des Landes, aber auch sonst trifft man bei Überlandfahrten immer wieder auf Großwild; vor allem die verschiedenen Antilopenarten und Warzenschweine zeigen sich gerne rechts und links (oder auch auf) der Straße. **Tipp:** Fernglas nicht vergessen! Die besten Möglichkeiten zu einer aufregenden Tierbeobachtung ergeben sich in den trockenen Monaten zwischen Mai und November, wenn die Vegetation noch relativ spärlich ist und sich das Wild an den wenigen vorhandenen Wasserstellen sammelt. An viele Wasserstellen kann man in den Nationalparks ganz nah heranfahren. Am besten wartet man dann geduldig ab, welche Tiere sich zeigen. Zwischen Dezember und April dagegen ist die Chance größer, bei Rundfahrten durch das Gelände Tiere zu beobachten. **Beste Tageszeiten** zur Wildbeobachtung sind der frühe Morgen und der Spätnachmittag bzw. Abend.

## DIE WICHTIGSTEN SÄUGETIERE IN NAMIBIA

DEUTSCH
ENGLISCH

Breitmaulnashorn
**White Rhinoceros**

Büffel
**Buffalo**

Elefant
**Elephant**

Elenantilope
**Eland**

Flusspferd
**Hippopotamus**

Gepard
**Cheetah**

Giraffe
**Giraffe**

Hartmann-Bergzebra
**Hartmann's Mountain Zebra**

Hyäne/Tüpfelhyäne
**Spotted Hyaena**

Schabrackenhyäne
**Brown Hyaena**
Afrikanischer Wildhund
**Wild Dog**
Schwarzfersenantilope
**Impala**
Kirkdikdik
**Damara Dik-Dik**
Klippspringer
**Klipspringer**
Krokodil
**Crocodile**
Kudu
**Kudu**
Kuhantilope
**Red Hartebest**
Leopard
**Leopard**
Löffelhund
**Bat-eared Fox**
Löwe
**Lion**
Oryxantilope/Spießbock
**Gemsbok**
Pferdeantilope
**Roan Antelope**
Rappenantilope
**Sable Antelope**
Robbe
**Seal**
Schabrackenschakal
**Black-backed Jackal**
Schwarznasenantilope
**Black-faced Impala**
Spitzmaulnashorn
**Black Rhinoceros**
Springbock
**Springbok**
Stachelschwein
**Porcupine**
Steppenzebra
**Burchell's Zebra**
Strauß
**Ostrich**
Streifengnu
**Blue Wildebeest**
Sumpfantilope
**Sitatunga**
Warzenschwein
**Warthog**
Weißschwanzgnu
**Black Wildebeest**

# VERKEHR

## Flugverkehr

Flughäfen

Die nationale Fluggesellschaft Air Namibia fliegt von Windhoek nach Frankfurt am Main und London, zudem in einige angrenzende afrikanische Staaten und auch innerhalb des Landes. Der Windhoek International Airport Hosea Kutako befindet sich 45 km östlich der Hauptstadt. Vom **Flughafen Eros** am Südwestrand von Windhoek starten die meisten Inlandsflüge. Wegen der weiten Entfernungen ist das Flugzeug in Namibia ein beliebtes (und relativ preisgünstiges) Fortbewegungsmittel, und so besitzt jede größere Ortschaft einen Flugplatz.

Nationale Verbindungen

Von Windhoek Eros aus fliegt Air Namibia regelmäßig Swakopmund, Walvis bay, Lüderitz, Ondangwa, Rundu und Katima Mulilo an. Ferner bestehen Verbindungen zwischen Oranjemund und Lüderitz sowie zwischen Oranjemund und Walvis Bay. Vom Windhoek Hosea Kutako International fliegt Air Namibia mehrmals wöchentlich zu den Victoria Falls, nach Kapstadt, Johannesburg, Lusaka, Accra, Luanda, Maun, Gaborone und Harare.

Flugsafaris

Auf dem Landweg erreicht man einige abgelegene Reiseziele nur nach extrem langer Anfahrt (z. B. Skelettküste, Kaokoveld, Caprivi-Streifen). Dazu benötigt man mindestens zwei hervorragend ausgestattete Allradfahrzeuge. Problemlos ist die Anreise dagegen mit Kleinflugzeugen. Landeplätze besitzen alle Naturparks und die meisten größeren Lodges. **Fly-in Safaris** können über deutsche Reiseveranstalter im Voraus gebucht werden, im Land selbst erhält man bei Reisebüros nähere Informationen. Ein sehr exklusiver, aber guter Anbieter ist Skeleton Coast Safaris in Windhoek.

**Skeleton Coast Safaris:** Tel. 061 22 42 48
www.skeletoncoastsafaris.com

## Bahn

Eisenbahn

Das Bahnsystem ist nicht als alleiniges Fortbewegungsmittel zu empfehlen. Das namibische und auch das südafrikanische Eisenbahnnetz sind zwar miteinander verbunden – so gibt es eine Verbindung von Windhoek über Keetmanshoop, Upington, De Aar nach Johannesburg oder Kapstadt und zurück –, doch die Schienen sind in schlechtem Zustand, sodass eine Fahrt viele Stunden dauert. Die wichtigste Eisenbahnstrecke Namibias erstreckt sich zwischen Ariamsvlei im Süden über Keetmanshoop, Mariental, Windhoek und Okaandja nach Swakopmund und Walvis Bay im Westen und über Usakos, Otjiwarongo nach Tsumeb im Norden. Zweigstrecken ermöglichen den Anschluss nach Lüderitz, Gobabis, Outjo, Grootfontein und Oshikango (Auskunft und Reservierung bei Trans Namib, ► S. 333).

Desert Express

Der nostalgisch-luxuriöse Desert Express, welcher ebenfalls der Trans Namib gehört, pendelt zwischen Windhoek und Swakopmund sowie zwischen Lüderitz und Tsumeb. Er verkehrt wöchentlich freitags (Windhoek–Swakopmund) bzw. samstags (Swakopmund–Windhoek) zwischen beiden Städten. Mit der geruhsamen Geschwindigkeit von lediglich 30–60 km/h bezwingt der Wüstenexpress die knapp 400 km lange Strecke. Zwei Fahrtunterbrechungen mit Ausflügen in die Wüste und zu einer Tierbeobachtung erhöhen die Reisezeit auf ca. 22 Stunden. Man übernachtet in voll klimatisierten Abteilen. Ab und zu fährt der Desert-Express auch nach Etosha. Außerdem gibt es einen sechstägigen Trip von Windhoek über Swakopmund nach Etosha und zurück (Information und Buchung, ► S. 333).

## Busse

Angebot

Einen städtischen Busverkehr gibt es unter anderem in Windhoek und Swakopmund. Zwischen dem Internationalen Flughafen Hosea Kutako und dem Stadtzentrum Winhoek verkehren Busse. Die größeren Ortschaften Namibias sind durch ein **Überlandbusnetz** miteinander verbunden. Intercape Mainliner fährt vom Intercape Mainliner-Büro in der Bahnhof Street zum Beispiel nach Swakopmund, Walvis Bay, Kapstadt und Victoria Falls.

## Straßenverkehr

Straßen

Namibia hat ein hervorragendes Straßennetz. Von insgesamt rund 47 000 Straßenkilometern sind rund 7500 km geteert. Übrigens: Deutschstämmige Namibier sagen zu Straßen »Pads«.
Die gute, asphaltierte Straße nach Südafrika (B1) wurde schon in den 1970er-Jahren gebaut. Verhältnismäßig neu sind der asphaltierte Trans-Kalahari-Highway nach Botswana und Südafrika (in Namibia die B 6) sowie der Trans-Caprivi-Highway (in Namibia die B 8) durch den Caprivi nach Botswana und Simbabwe. Seit dem Bau der Brücke über den Sambesi westlich von Katima Mulilo im Jahr 2004 ist auch Sambia an diesen Highway angebunden. Auch auf den **Schotterstraßen** kommt man, sofern sie gut unterhalten werden, meist zügig vorwärts (das kann sich nach starken Regenfällen jedoch schnell einmal ändern!). Auf manchen Schotterstraßen erschwert das sogenannte **Wellblech** das Fahren. Hier erinnert die Straßenoberfläche an ein Wellblech. Ursache sind viele kleine Dellen, Spurrillen, die durch die Schwingungen der Reifen entstehen. Bei schneller Fahrt fliegt man über die Unebenheiten hinweg, allerdings ist die Bodenhaftung sehr reduziert und das Fahren entsprechend gefährlich. Bei langsamer Fahrt nimmt man jedoch jede einzelne Spurrille mit.

Verkehrsregeln

In Namibia herrscht **Linksverkehr.** Die Verkehrsschilder entsprechen denen in Europa, zusätzlich gibt es im südlichen Afrika auch Schilder, die z. B. vor Viehtoren warnen, die erst geöffnet werden müssen, um weiterfahren zu können. Es herrscht landesweit Anschnallpflicht. Die Geschwindigkeitsbeschränkung auf geteerten Überlandstraßen beträgt 120 km/h, auf Schotterstraßen 80 km/h und in den Städten 60 km/h. Man sollte sich grundsätzlich nicht dazu hinreissen lassen, die **Höchstgeschwindigkeiten** zu überschreiten, und im Zweifelsfall lieber einmal etwas langsamer fahren! Auf den geschotterten Pisten empfiehlt es sich, nicht schneller als 70–80 km/h zu fahren. Häufig tauchen völlig unerwartet Tiere auf der Fahrbahn auf, auch plötzliche Bodenwellen o. ä. führen immer wieder zu Unfällen. Bedenken Sie: Es können Stunden verge-

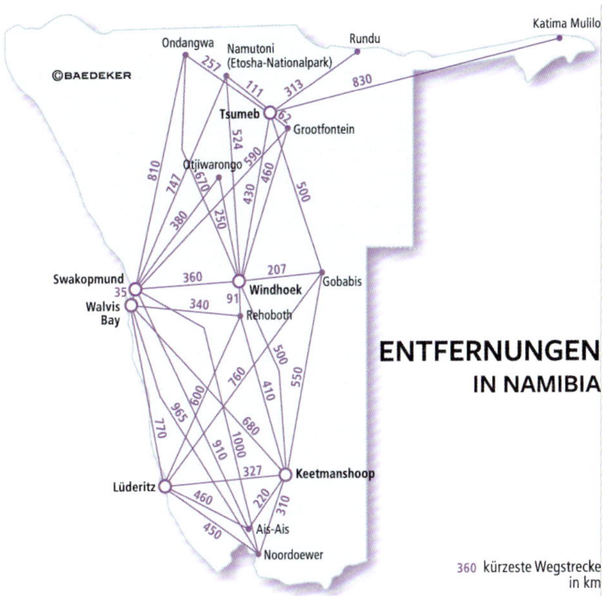


hen, bis jemand den Unfallort erreicht. Man sollte grundsätzlich bei Tageslicht fahren – die Dämmerung ist in Afrika nur sehr kurz, und nachts gibt es zusätzliche Gefahren: Wildtiere, die plötzlich im Scheinwerferlicht auftauchen, schlecht einzuschätzende Straßenverhältnisse etc.

In Zentralnamibia ist die Versorgung mit Treibstoff unproblematisch. Ausreichend Tankstellen sind vorhanden. Im Norden und Süden des Landes jedoch muss man manchmal Hunderte von Kilometern zurücklegen, bevor sich die nächste Möglichkeit zum Auftanken ergibt. Sicherheitshalber sollte man bei Fahrten in diese Regionen einen größeren Reservekanister mitführen und wann immer es geht, den Wagen volltanken! Erhältlich sind bleifreies Benzin (mit 91 und 95 Oktan) sowie Diesel. **Tankstellen akzeptieren keine Kreditkarten,** zum Tanken muss man immer genügend Bargeld dabeihaben. Besondere Vorkehrungen sind bei Fahrten in das Kaokoveld und in andere abgelegene Gebiete zu treffen. Tankstellen

Die Leistungen der »Automobil Association of Namibia« (AAN) sind kostenlos für Besitzer eines gültigen ADAC- oder AvD-Ausweises. Die Geschäftsstelle der AAN befindet sich in der Bismarck St. 22 in Windhoek West. Automobil Association Namibia

## Mietwagen

Gelände-wagen, Pkw

Da Namibia über ein recht gutes Straßen- und Pistennetz verfügt, weite Entfernungen zurückzulegen sind und öffentliche Verkehrsmittel nur eingeschränkt zur Verfügung stehen, ist für Individualreisende das Reisen mit dem Mietwagen die beste Art, Land und Leute kennenzulernen. Grundsätzlich ist zu überlegen, ob man einen Pkw, ein Wohnmobil oder ein geländegängiges Fahrzeug mit Vierradantrieb anmietet. Die Entscheidung hängt von der geplanten Route und vom Budget ab. Fahrten in das Kaokoveld, in den Kaudom-Nationalpark, in die Nationalparks im Caprivi-Zipfel sowie für die letzten 5 km zum Sossusvlei (hier gibt es aber auch einen Shuttlebus oder man läuft die Strecke) sind nur mit einem Geländewagen (4 x 4, Allrad) und teilweise nur im Konvoi möglich. Für die übrigen Hauptrouten ist ein Geländewagen nicht unbedingt erforderlich bzw. reicht ein normaler Pkw. Angenehmer und sicherer reist es sich aber in den etwas größeren Wagen mit mehr Bodenfreiheit. Fast alle Autovermieter bieten als Geländewagen die 4 x 4 Single Cabs, Einzelkabine, und 4 x 4 Double Cabs, Doppelkabine, für zwei bzw. vier Personen an. Die Geländewagen und VW-Busse gibt es auch mit Campingausrüstung.

Preise, Versicherung

Der Preis für einen einfachen Kleinwagen mit Klimaanlage beträgt pro Tag ab ca. 40 Euro, für einen Geländewagen muss man ab 80 Euro am Tag bezahlen. Beim Abschluss der Vollkaskoversicherung sollte man den »Schadensbehalt« durch einen zusätzlichen Betrag ausschließen. Unbedingt auch eine Scheiben- und Reifenversicherung abschließen, damit im Schadensfall der Autovermieter für den kompletten Schaden aufkommt.

Bei der Buchung eines Geländewagens mit zugehöriger Campingausrüstung ist es unter Umständen sinnvoll, sich an einen der Spezialvermieter in Windhoek zu wenden, bei denen deutschsprachige Betreuung und ein ausführliches Briefing in der Regel zum Service gehören.

Vor Fahrt-antritt

Bei Übernahme des Wagens sollte man sich die Reifen, auch den/die Ersatzreifen, genau ansehen und ggf. die Klimaanlage sofort auf ihre Funktionstätigkeit überprüfen. Eventuell vorhandene Vorschäden am Auto sollten mit dem Vermieter protokolliert werden, das kann eine Menge Ärger bei der Rückgabe ersparen. Es empfiehlt sich, grundsätzlich einen Benzinkanister mitzunehmen (und ausreichend Wasser). Bei geplanten Fahrten durch tiefen Sand kann eine elektrische Pumpe sinnvoll sein, da der Reifendruck ggf. vorher abgesenkt und danach wieder erhöht werden muss. Der Grenzübertritt mit dem Mietwagen in die Nachbarländer muss mit der Verleihfirma abgestimmt werden!

## FLUGVERKEHR

### AIR NAMIBIA
Kaiserstr. 77,
60329 Frankfurt
Tel. 069 77 06 73 030 (D))
27-29 Dr. W. Külz Street,
Windhoek
Tel. 061 2 99 61 11 (NAM)
www.airnamibia.com

### INTERNATIONAL AIRPORT HOSEA KUTAKO
Tel. 061 2 95 56 00
www.airports.com.na

### INTERNATIONAL AIRPORT EROS
Tel. 061 2 95 55 91
www.airports.com.na

## BAHNINFO & BUCHUNG

### TRANS NAMIB RAIL UND DESERT EXPRESS
Ecke Bahnhof St. & Independence Ave.,Windhoek
Tel. 061 2 98 11 11,
www.transnamib.com.na
www.namibweb.com/desertexpress.html

## BUSUNTERNEHMEN

### INTERCAPE MAINLINER
Rensburger St., Windhoek
Tel. 061 22 78 47
www.intercape.co.za

### TOWN HOPPERS SHUTTLE SERVICES
Ane Court, Shop 2, Otavi St.
Swakopmund
Tel. 064 40 72 23
www.namibiashuttle.com

## MIETWAGEN

### EUROPCAR
Namibia: Tel. 061 38 51 00
www.europcar.de

### AVIS
Namibia: Tel. 061 23 31 66
www.avis.de

### HERTZ
Namibia: Tel. 061 25 62 74
www.hertz.de

### ASCO CAR HIRE
195, Mandume Ndemufayo Ave.
Windhoek
Tel. 061 37 72 00
www.ascocarhire.com

### CAPRIVI CAR HIRE
Bessemer St., Southern Industry
Windhoek
Tel. 061 25 63 23
www.caprivicarhire.com

### CAMPING CAR HIRE
36, Joule St., Windhoek
Tel. 061 23 77 56
www.camping-carhire.de

### NAMIBIA CAR RENTAL
Ecke Hosea Kutako Drive/
Adler St., Windhoek
Tel. 061 24 92 39
www.namibiacarrental.net

### NAMIBIA 2 GO
Tel. 061 42 72 00
www.namibia2go.com
Namibias größter Lodge-Betreiber bietet neuerdings auch Pakete aus Mietwagen in Kombination mit den Unterkünften.

### WEITERE AUTOVERMIETER
www.natron.net/autos.htm

## AUTOMOBILCLUB

### AAN – AUTOMOBIL ASSOCIATION OF NAMIBIA
22 Bismarck St.
Windhoek West, Windhoek
Tel. 061 22 42 01
www.aa-namibia.com

# REGISTER

# E



# F



# G



# H



# I

# J



# K



# L



# M



# N

## T



## U



## V



## W

## Z

# BILDNACHWEIS

AKG S. 265, 268
Carlos A. Antunes/shutterstock.com S. 203
Borowski/Schliebitz S. 197 oben, 226
Celentano/laif S. 295 unten
DuMont Bildarchiv/C. Emmler S. 45, 51, 56, 71, 72, 89 oben, 152/153, 190, 231 unten, 245, 325
DuMont Bildarchiv/T. Schulze S. 4 (2x), 5, 7, 20/21, 22, 27, 28/29, 42/43, 54, 59 (2x), 62, 65, 67, 74, 77, 79, 81, 89 unten, 98, 105, 112, 118, 120, 127, 133, 136/137, 143, 147, 148, 157, 164, 166, 170, 180, 183, 197 unten, 218, 221, 224/225, 229, 231 oben, 236, 240, 242, 255, 267, 276, 281 (2x), 287, 291, 297 (2x), 299, 303, 321, U 7
fotolia S. 8/9, 11
Justin Foulkes/Huber images S. 109
getty images/Arctic-Images S. 12/13
getty images/Martin Harvey S. 24/25
getty images/NurPhoto S. 19
glowimages.com/Imagebroker RM S. 161
Harscher/laif S. 294 rechts
Hub/laif S. 289
huber-images.de/TC, Stockfood Gmbh S. 172/173
javaman/shutterstock.com S. 168
Laif S. 283
Laif/Emmler S. 2, 102/103, 189
René Mattes/hemis.fr/ laif S. 211
mauritius images/Reiner Harscher S. 47
Guilherme Mesquita/shutterstock.com S. 205
Mielke S. 306
picture alliance/Geisler-Fotopress S. 16/17
Fabian von Poser S. 14 (2x), 260, 272, 294 links, 295 oben, 309

Titelbild: Buena Vista Images/ Getty Images

# VERZEICHNIS DER KARTEN UND GRAFIKEN

# BAEDEKER VERLAGSPROGRAMM

Viele Baedeker-Titel sind als E-Book erhältlich:
**shop.baedeker.com**

A
Algarve
Allgäu
Amsterdam
Andalusien
Australien
Australien · Osten

B
Bali
Barcelona
Bayerischer Wald
Belgien
Berlin · Potsdam
Bodensee
Brasilien
Bretagne
Brüssel
Budapest
Burgund

C
China

D
Dänemark
Deutsche
Nordseeküste
Deutschland
Deutschland · Osten
Dresden
Dubai · VAE

E
Elba
Elsass · Vogesen

F
Finnland
Florenz
Florida
Franken
Frankfurt am Main
Frankreich
Frankreich · Norden
Fuerteventura

G
Gardasee
Golf von Neapel
Gomera
Gran Canaria
Griechenland
Großbritannien

H
Hamburg
Harz
Hongkong · Macao

I
Indien
Irland
Island
Israel
Istanbul
Istrien · Kvarner Bucht
Italien
Italien · Norden
Italienische Adria
Italienische Riviera

J
Japan
Jordanien

K
Kalifornien
Kanada · Osten
Kanada · Westen
Kanalinseln
Kapstadt · Garden
Route
Kenia

Köln
Kopenhagen
Korfu · Ionische Inseln
Korsika
Kos
Kreta
Kroatische Adriaküste · Dalmatien
Kuba

L
La Palma
Lanzarote
Leipzig · Halle
Lissabon
London

M
Madeira
Madrid
Maldavien
Mallorca
Malta · Gozo · Comino
Morrokko
Mecklenburg-Vorpommern
Menorca
Mexiko
Moskau
München

N
Namibia
Neuseeland
New York
Niederlande
Norwegen

O
Oberbayern
Oberitalienische Seen · Lombardei · Mailand
Österreich

P
Paris
Polen
Polnische Ostseeküste · Danzing · Masuren
Portugal
Prag
Provence · Côte d'Azur

R
Rhodos
Rom
Rügen · Hiddensee
Rumänien

S
Sachsen
Salzburger Land
Sankt Petersburg
Sardinien
Schottland
Schwarzwald

Schweden
Schweiz
Sizilien
Skandinavien
Slowenien
Spanien
Spanien · Norden · Jakobsweg
Sri Lanka
Stuttgart
Südafrika
Südengland
Südschweden · Stockholm
Südtirol
Sylt

T
Teneriffa
Tessin
Thailand
Thüringen
Toskana
Tschechien
Türkische Mittelmeerküste

U
USA
USA · Nordosten
USA · Nordwesten
USA · Südwesten
Usedom

V
Venedig
Vietnam

W
Weimar
Wien

Z
Zürich
Zypern

# IMPRESSUM

**Ausstattung:**
103 Abbildungen, 25 Karten und Grafiken, eine große Reisekarte

**Text:**
Fabian von Poser, Oliver Gerhard, Birgit Borowski, Achim Boumer, Anja Schliebitz, Sven-Eric Kanzler, Thomas Knemeyer

**Bearbeitung:**
Baedeker-Redaktion (Miriam Muschkowski)

**Kartografie:**
Christoph Gallus, Hohberg;
Klaus-Peter Lawall, Unterensingen
MAIRDUMONT Ostfildern (Reisekarte)

**3D-Illustrationen:**
jangled nerves, Stuttgart

**Infografiken:**
Golden Section Graphics GmbH, Berlin

**Gestalterisches Konzept:**
RUPA GbR, München

**Chefredaktion:**
Rainer Eisenschmid, Baedeker Ostfildern

9. Auflage 2019
Völlig überarbeitet und neu gestaltet



**Anzeigenvermarktung:**
MAIRDUMONT MEDIA
Tel. 0049 711 4502 333
Fax 0049 711 4502 1012
media@mairdumont.com
http://media.mairdumont.com

Trotz aller Sorgfalt von Redaktion und Autoren zeigt die Erfahrung, dass Fehler und Änderungen nach Drucklegung nicht ausgeschlossen werden können. Dafür kann der Verlag leider keine Haftung übernehmen.
Kritik, Berichtigungen und Verbesserungsvorschläge sind jederzeit willkommen. Schreiben Sie uns, mailen Sie oder rufen Sie an:

**Verlag Karl Baedeker / Redaktion**
Postfach 3162
D-73751 Ostfildern
Tel. 0711 4502-262
info@baedeker.com
www.baedeker.com

Printed in Italy

FSC www.fsc.org MIX Paper from responsible sources FSC® C015829

# Meine persönlichen Notizen

# Meine persönlichen Notizen

# Meine persönlichen Notizen

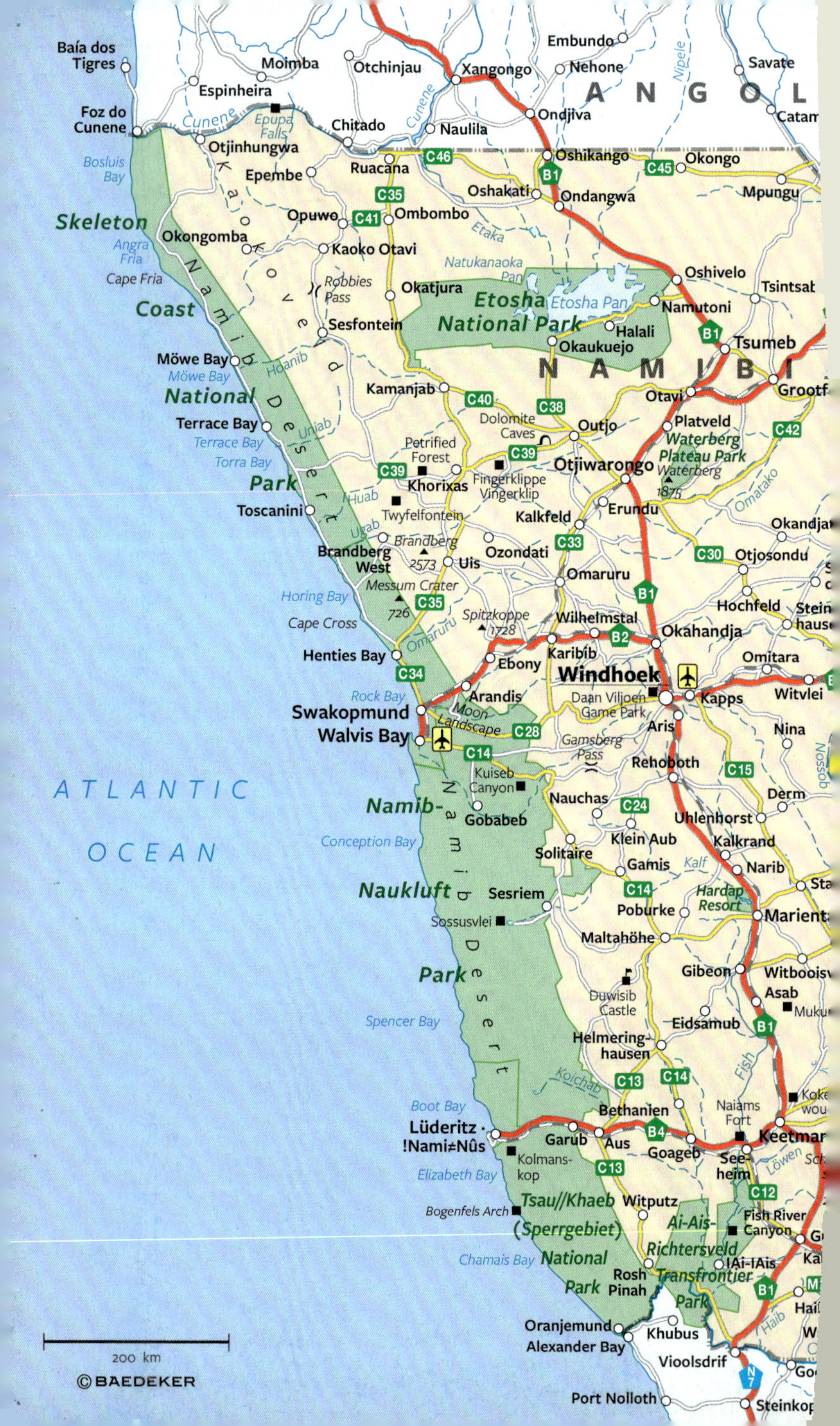

Baía dos Tigres
Moimba
Otchinjau
Xangongo
Embundo
Nehone
Savate
ANGOL
Espinheira
Foz do Cunene
Cunene
Epupa Falls
Chitado
Naulila
Ondjiva
Catam
Otjinhungwa
Bosluis Bay
Epembe
Ruacana
C46
Oshikango
B1
C45
Okongo
Mpungu
Oshakati
Ondangwa
C35
Skeleton
Opuwo
C41
Ombombo
Etaka
Angra Fria
Okongomba
Kaoko Otavi
Kaokoveld
Natukanaoka Pan
Oshivelo
Tsintsab
Cape Fria
Robbies Pass
Okatjura
Etosha National Park
Etosha Pan
Namutoni
Coast
Sesfontein
Halali
Tsumeb
Okaukuejo
Möwe Bay
Hoanib
NAMIBI
Namib Desert
National
Kamanjab
C40
Otavi
Grootf
C38
Terrace Bay
Uniab
Dolomite Caves
Outjo
Platveld
Waterberg Plateau Park
C42
Petrified Forest
C39
Otjiwarongo
Waterberg
Torra Bay
C39
Fingerklippe Vingerklip
1875
Park
Khorixas
Omatako
Huab
Erundu
Toscanini
Twyfelfontein
Kalkfeld
Okandja
Ugab
Brandberg
Ozondati
C33
Brandberg West
2573
Uis
C30
Otjosondu
Messum Crater
Omaruru
Horing Bay
C35
B1
Hochfeld
Stein hause
726
Spitzkoppe 1728
Cape Cross
Wilhelmstal
Omaruru
B2
Okahandja
Henties Bay
Ebony
Karibib
Omitara
C34
Windhoek
Kapps
Witvlei
Rock Bay
Arandis
Swakopmund
Daan Viljoen Game Park
Moon Landscape
Aris
Nina
Walvis Bay
C28
Gamsberg Pass
C14
Nossob
Rehoboth
ATLANTIC
Kuiseb Canyon
C15
Nauchas
Derm
Namib-
C24
Uhlenhorst
Gobabeb
OCEAN
Klein Aub
Kalkrand
Conception Bay
Solitaire
Gamis
Kalf
Narib
Naukluft
Sesriem
C14
Hardap Resort
Sta
Poburke
Marient
Sossusvlei
Maltahöhe
Park
Gibeon
Witbooisv
Duwisib Castle
Asab
Muku
Spencer Bay
Eidsamub
B1
Helmeringhausen
Fish
Koichab
C13
C14
Boot Bay
Koke wou
Bethanien
Naiams Fort
Lüderitz · !Nami≠Nûs
Garub
Aus
B4
Keetmar
Goageb
Kolmanskop
Seeheim
Löwen
Elizabeth Bay
C13
C12
Tsau//Khaeb (Sperrgebiet)
Witputz
Ai-Ais-Richtersveld Transfrontier Park
Bogenfels Arch
Fish River Canyon
Chamais Bay
National Park
Ai-Ais
Rosh Pinah
B1
Oranjemund
Khubus
Alexander Bay
Haib
Vioolsdrif
N7
Port Nolloth
Steinkop
200 km
© BAEDEKER